U0456007

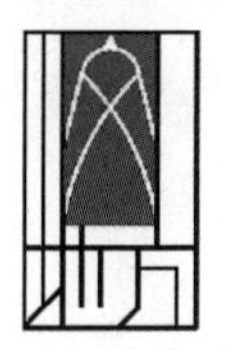

天津学

第一辑

主编　王振良　副主编　杨　鹏
天津师范大学地方文献研究中心编辑

天津社会科学院出版社

图书在版编目（CIP）数据

天津学. 第1辑 / 王振良主编. -- 天津 : 天津社会科学院出版社，2024. 12. -- ISBN 978-7-5563-1054-8

Ⅰ. K292.1

中国国家版本馆CIP数据核字第2024N6F500号

天津学. 第1辑
TIANJIN XUE. DI YI JI

选题策划：韩　鹏
责任编辑：周知航
责任校对：李思文
装帧设计：崔文川
出版发行：天津社会科学院出版社
地　　址：天津市南开区迎水道7号
邮　　编：300191
电　　话：（022）23360165
印　　刷：北京明恒达印务有限公司
开　　本：710×1000　　1/16
印　　张：31.5
字　　数：520千字
版　　次：2024年12月第1版　　2024年12月第1次印刷
定　　价：98.00元

《天津学》编辑委员会

（按汉语拼音排序）

代序
史以载道　学以致用:天津史研究与天津学筹创*

任吉东

我国史学自古就有“经世致用”的传统,史和学之间的关系可以说是史为根基,学为干躯,由历史而奠定现实,由现实而展望未来。《贞观政要》上说:“以铜为镜,可以正衣冠;以史为镜,可以知兴替;以人为镜,可以明得失。”①天津史研究的发展已经为天津学的建立奠定了基本条件,而天津学的筹创必将进一步带动天津史研究的深入细化。

一、天津史的研究现状

天津史的研究成果可谓汗牛充栋、硕果累累。② 1949 年以前的天津史研究多集中在史地资料类作品,以对天津的各种社会调查、风土人情和城市基本概貌为主,内容以描述性传记类居多。此外,这段时期关于天津史的志书不乏精品,如宋蕴璞的《天津志略》、王守恂的《天津政俗沿革记》、张江裁的《天津杨柳青小志》等,同时还有大量雅俗共赏的知识性读物涌现,如《津门纪略》《天津指

* 本文曾发表于《理论与现代化》2013 年 3 期。

① 吴兢:《贞观政要译注》卷二《任贤第三》,裴汝诚等译注,上海古籍出版社,2007。

② 参见万新平:《近年来天津地方史研究概况》,《中国史研究动态》1988 年第 8 期;张利民、任吉东:《近代天津城市史研究综述》,《史林》2011 年第 2 期;林娈呈:《英美近代天津城市研究综述》,《史林》2012 年第 1 期。

南》《天津快览》《津门杂谈》《天津游览志》等,这些作品从不同的侧面展示了天津的市情市貌和时代特点。

1949 年以后,天津史研究进入新的时期,从研究内容及方法上可以分为三个阶段:第一阶段是中华人民共和国成立到 1978 年前,第二阶段是从改革开放的 1978 年到 20 世纪末,第三阶段是 21 世纪至今。据统计,在报纸、杂志和资料书刊上发表的文章,从中华人民共和国成立到 1978 年总计 282 篇,1979 年到 1999 年的 20 年内发表总数为 3600 余篇,2000 年至 2012 年的 12 年发表论文资料总数为 4200 余篇。

第一阶段,研究队伍开始形成,研究内容主要以中共党史、工人运动为主,并对义和团、三条石工人进行了调查;初步探讨了天津城市形成、经济发展以及水患等问题。

第二阶段是改革开放到 20 世纪末,其特点是多点开花。一方面,研究天津历史的科研机构纷纷建立并出版相关领域的丛书与资料,大大丰富了天津史研究的内容和形式。在方志史料方面,天津市地方志编修委员会编撰的《天津通志》全书共 85 个分志(卷),成书字数 3400 多万字,是天津文化建设史上最大的系统工程。其他官方编撰的方志还有《天津市地名志》《天津海关志》《天津邮政志》等,以及通史方面的《天津港史》《天津简史》《天津近代史》等。

另一方面,这一时期学术研究已经出现多元化趋势。学者们从城市历史的各个方面,进行了不同角度的研究,出版了《天津公路运输史》《天津邮政史料》《天津近代经济史》《天津金融简史》《天津近代教育史》《天津人口史》《天津土地开发历史图说》等专门史著作。在文史刊物方面,中国人民政治协商会议天津市委员会文史资料委员会编辑的《天津文史资料选辑》出版了上百辑,成为研究天津史不可或缺的珍贵史料。另外还有天津市文史研究馆编辑的《天津文史丛刊》,天津市文化局编辑的《天津文化史料》,天津市地方志编修委员会办公室编辑的《天津文化通览》,天津社会科学院历史研究所编辑的《天津历史资料》等。

第三阶段的特点是深入与普及并重。新时期的研究一方面主要借助历史地理、社会学等新的理论方法,从国家与社会、天津与腹地等方面进行研究,尤其重视空间的概念;另一方面则是有计划地编纂专题研究、档案资料汇编、外文

资料汇编、外文选译等丛书以及档案和资料的整理出版。另外,在天津设卫建城600年之际,出版了大量的各具特色,且针对不同读者群的书籍。天津市各个区县乡镇也在这段时间集中推出了本地区的方志,还有村街志,极大地丰富了天津史的资料。

总结以上研究趋势,我们可以看到天津史研究成绩斐然,研究领域日趋多样、研究队伍日趋壮大、研究成果层出不穷。但总体而言,无论是研究内容还是学者团队,都处于各自为政的局面,缺乏彼此的交流和合作。因此,开展天津学的研究,有助于提高整体研究的自觉性,有利于整合天津学者各自的优势,有利于在整体研究中寻求天津发展过程中带有规律性的问题。可以说天津史是天津学的基础和源泉,而站在天津学的高度来研究天津史,也必然会使天津史研究迈进新的领域和取得新的成绩。

二、天津学的特色功用

"城市学"是包括自然科学和人文科学中诸多学科的一种"科学共同体",它的建立是一个城市走向成熟和可持续发展的必然结果。从世界范围来看,从20世纪50年代以来,各国城市化进展相当迅速,与此相适应,形成了研究城市的许多新学科。但是,"在对城市的认识上,历来习惯于从政治、经济或建筑等某一个侧面孤立地看待城市。其结果常常忽略城市的整体性,忽略城市问题复杂、综合的特点,因而对城市运动规律及其本质难以取得正确的了解。"①而城市作为一个复杂的系统的整体,无论是在理论上还是在实践上,都必须对其进行综合的研究,建立综合研究城市的新学科,以便从整体上把握城市运动的规律,这个新学科就是城市学。城市学的基本任务是要揭示城市发展历史过程中的规律性,城市与文化同步发展的机理,以及它在塑造社会文明、民族历史、国家制度中的多重作用,从而对当前社会转型期一些导向问题作出回答:诸如人口和产业的重新布局、综合的环境质量、城市系统综合质量指标评价、资源的合理开发和利用、社会发展战略、决策选择、宏观预测、政策设计,匡正讹误概

① 李铁映:《城市与城市学》,《城市问题》1983年第1期。

念等。

全球著名的大都市都拥有自己的城市学,它通过比较完善的学科体系系统研究该城市如何发展。如在欧洲,伦敦学、巴黎学、罗马学都早已存在;在日本,不但早就有了东京学、大阪学、横滨学,而且《东京学》《大阪学》的著作早已问世;韩国也开设有汉城学。聚集海峡两岸及香港,台北有"台北学"之说,大陆的《成都学》也已经出版,香港的学者已经出版了《香港学》专书。1986 年,上海大学成立了上海学研究所;1998 年 1 月,北京学研究所在北京联合大学成立;杭州城市学研究理事会已经成立并从事实际研究;温州、西安、武汉等城市学研究亦相继行动。据不完全统计,迄今为止已经在报纸期刊上出现的个体城市学名称,还有澳门学、潮州学、大理学、鄂尔多斯学、湖州学、绍兴学、景德镇学、宁波学、重庆学、成都学、邯郸学、大连学等。其中,上海学、延安学和北京学研究成果相对较多。①

是否每个城市都有建"学"的必要和可能呢?有学者认为能够建"学"的城市必须具备下列条件:第一,建城之后历史发展的轨迹十分清晰完整,而且发展的阶段分明、内容丰富;第二,在国内外具有重大的影响;第三,以城市为中心,构成文化体系;第四,灿烂的历史和光辉的现实争荣比美。

天津史的研究清晰地告诉我们,天津自公元 1404 年建城之后,在发展的过程中时间上没有间断过,空间上没有改变过,其"过去时"的发展轨迹十分完整清晰。既有发展过程的连续性又有发展过程的阶段性,而且每一发展阶段的内容都十分丰富多彩。天津不但在国内外有重大的影响,而且具有其他城市所无法取代的地位:其政治地缘使其分担了首都的部分功能,是对外联络的窗口;近代又有中国国别最多的外国租界,中外文化交流频繁;其经济地理又决定了它是华北地区的经济龙头,承担着对外贸易的桥梁等等。因此"研究这两个城市(另一个是上海——笔者注),意味着综合考察中国各城市所具有的特性"。②而天津的地方文化,具有数百年深厚的历史积淀,是在集中外文化之神韵、汇海

① 王续琨:《个体城市学:综合性与交叉型的新兴城市科学》,《中国社会科学报》2010 年 8 月 19 日。

② 水羽信男:《日本的中国近代城市史研究》,《历史研究》2004 年第 6 期。

陆之精髓于一身的融合过程中逐渐形成独具特色的津派文化体系。

因此,从天津史研究出发,结合天津现实发展需要,发展天津学完全可行,而且势在必行。天津学的基本定位是鉴史资治,明史辅政。就其范围而言,是研究天津城市及其环境共同组成的这个城市综合体,以及这个城市综合体的形成、演化和发展规律;就其内容而言,包括天津区位与环境、人口、政治、经济、文化、民族宗教、城市建设,研究天津这座城市综合体的特点及其发生、发展规律等诸方面的问题。还可以进一步细化为发展文化产业、旅游资源开发、城市风貌保护、自然生态环境建设与可持续发展、国内外城市比较研究等课题。总而言之,天津学就是融汇天津历史、现实、未来三方面进行多学科的研究探讨,并同国内外有关城市进行横向的比较,鉴古知今,观彼知己,从而达到致用目的的一门学科。

三、天津学的创建途径

作为涉及人文社会科学多个学科领域的一门综合学科,天津学不仅涉及政治、思想、经济、军事、外交、宗教、科技、历史、文学、艺术、地理、环境等方面内容,而且遍及历史学、考古学、文学、地理学、哲学等多学科的研究领域。因此其筹创需要各方面有识之士共同关注、共同协作。笔者认为,应该从以下几个方面入手,循序渐进,以达实效。

一是整合科研力量,设立研究机构。首先要建立研究城市与城市问题的学术团体、机构、课题小组。在天津各科研单位、大专院校和有关管理部门,根据自己专业与工作方向,设立分支学科,分门别类进行研究,并进行研究成果交流。同时,在市级层面设立城市发展研究的专门机构或借助市社联、文教科协系统,组织协调各课题小组的多学科专题科研工作,同时承担一些总体综合的科研课题和咨询任务。

二是占领学术制高点,出版专业期刊。天津作为直辖市,应该争取在该领域走在国内的前端,发挥示范作用,占据学术制高点,并与国内各个城市开展学术交流活动,互相访问考察、合作承担研究项目、共同举办学术研讨会。与此相对应,还需要出版天津学研究的刊物,作为刊登有关课题研究成果的阵地并借此同国内外相关机构加强联系和交流。同时,建立相关资料中心,开展天津学系统数据库建设。

三是加强交流合作,扩展宣传层面。天津学的研究既要立足于天津,又要放眼全国。天津基本情况的了解和评估,取决于对其他城市,尤其同类的“大城市”“沿海城市”“国际性城市”的了解和评估,天津的特点才能显现出来。没有参照系的研究,是不可能真正深化天津学的研究的。因此,很有必要和已经开展城市学研究的各城市通过互通研究信息进一步加强学术交流。

天津学作为基础与应用并重的学科,一方面,可以将各种有价值的研究论著加以整理,陆续出版,进行理论体系的创建;另一方面,也要广泛利用报纸、杂志、电视台、网络等新闻媒体,宣传天津学研究动态,使天津学研究成果广为传播,让政府和广大民众都了解和支持天津学的发展。

(任吉东,天津社会科学院历史研究所)

目　录

地理与文化

文学与文献

人物与史事

近代公共事业

近代工商业

附录

地理与文化

明朝建卫之前的天津画像*

王中良

天津地名始自明朝，也是中国唯一有确切建城时间的城市。目前天津市行政区域总面积11966.45平方千米。但在历史长河中，天津城市行政隶属关系变化频繁且复杂。包括建卫之前的天津地区，不同年代的地理区域是不一样的。

目前天津行政区域北部和西南部人类文明历史悠久，而以海河三岔河口为原点的天津中心城区则相对年轻。就地理格局而言，海河水系将天津辖域自然地缘连成一体。所以，细究天津地理辖域的时空变化，还应从天津城市原点海河三岔河口说起。研究其如何一步步发展，又如何体现兼容并包的地理空间演化过程，有助于读者从地理角度了解天津这座历史文化名城的前世今生以及不同历史阶段的发展轨迹。

一、东汉：天津还是一片沼泽

东汉时期，天津（目前天津行政区域）中南部地区仍为一片沼泽，聚落人口稀少。建安年间，曹操出于北征乌桓的军事需要，开凿了平虏渠和泉州渠运河工程。第一次把天津附近分流入海的众河流联通在一起，海河水系开始初显端

---

* 本文曾发表于2022年9月13日《今晚报》。

伣,也为隋朝完全沟通各支流并最终形成海河水系打下基础。

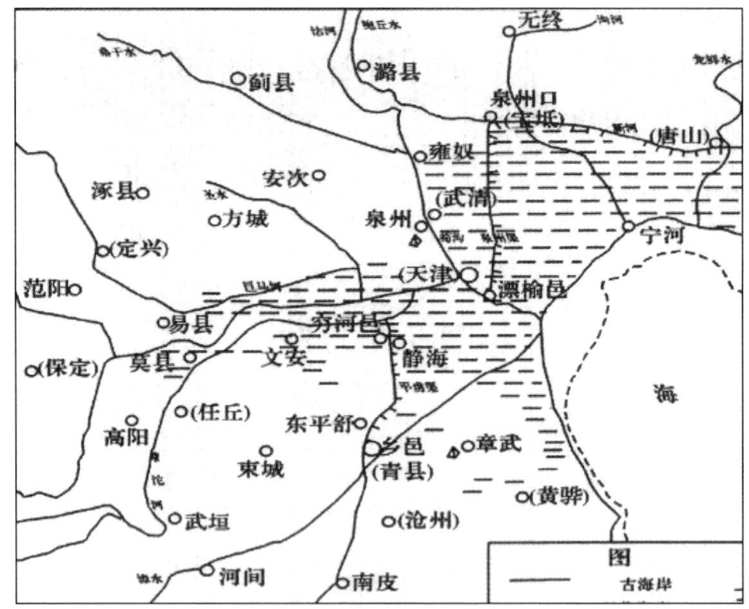

图 1　汉末天津地区洼淀示意图

二、唐朝:“三会海口”在军粮城

隋炀帝时期,为应对与高句丽的战争,隋朝在涿郡建立大本营。出于运输需要,就有了开凿大运河永济渠段的历史壮举。当时永济渠进入天津地区后,由静海县独流附近西折,穿越冀中洼地流向北京,没有经过现天津海河三岔口地区。

唐太宗至唐高宗时期,唐朝在约 25 年的时间内多次用兵,彻底解除了高句丽对北方的军事威胁。唐代天津地区的沽河(潞河)、清河(永济渠)、滹沱河(大清河)汇合入海处史称“三会海口”。目前多数学者倾向于“三会海口”大致位置在现天津军粮城遗址处。唐朝征高句丽,对于天津地区的开发确实起到了一定的推动作用,相关港口、河口、海岸等历史故事开始逐渐增多。

图 2　唐代军粮城附近水系示意图

三、北宋：宋辽对峙的“界河”

宋真宗景德二年(1005)，常年交战的北宋和辽订立了澶渊之盟，双方以白沟河为界对峙，史称“界河”。北宋控制的界河以南大片地区，出于军事需要被改造成了一片汪洋，史称“塘泺防线”，主要是防止辽军骑兵冲击。北方平原地带就形成了一道令人叹为观止的“水长城”，西起今满城县，东至泥沽海口，绵延九百里，“深不可舟行，浅不可徒涉”。“葭苇蒙密，径路迂直”描述的就是当时天津地区的自然状况。

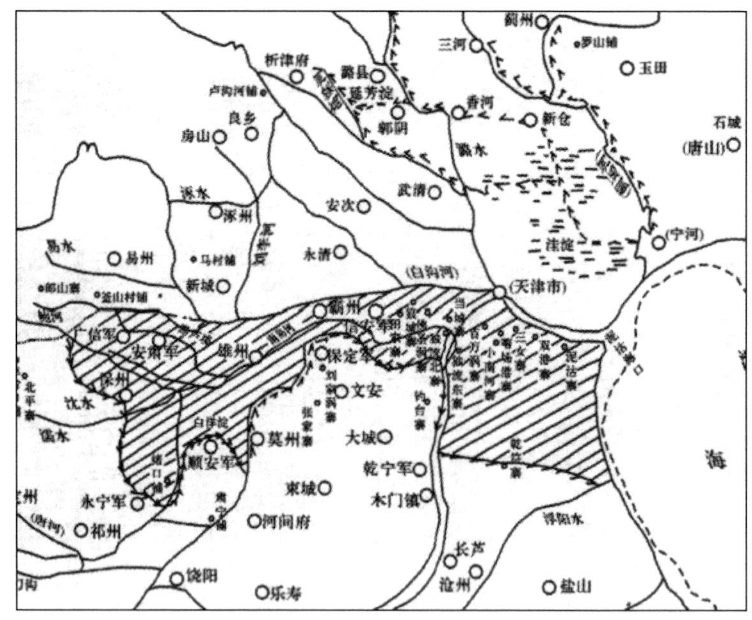

图 3　宋、辽界河示意图

为守塘泺防线,北宋又沿界河建设了一系列军事据点——砦,北宋出版的《武经总要》对这些军砦的位置进行了详细记述,其中有十一寨在后来的天津界内。当年 11 个寨名中,有泥沽、双港、小南河、沙窝、当城、独流、钓台等 7 个地名流传至今。清代诗人蒋诗写道:“燕山府里界河横,辽宋分疆是武清;海口又连三女寨,古来天堑最分明。”说的就是当时宋辽对峙的人文地理局面。

当时除了少数军寨以外,就是人烟稀少的“信安海堧(ruán)”了。信安海堧地名最早见于《金史 · 河渠志》。从文献内容看,金代海河三岔河口形成前,信安海堧已经存在,推测形成时间,应在北宋末年。

海堧,是对傍海滩地滩涂和湿地的笼统称呼。信安海堧在信安以东,向海口方向,沿海河两岸的长条地区。信安镇,西距河北霸州二十多千米,东距天津杨柳青也有二三十千米。《金史》记载:“金都于燕,东去潞水五十里……其通漕之水……皆合于信安海堧,溯流而至通州。”说明南来的漕船经过信安海堧就可以沟通潞水,北上通州了。可见信安海堧是天津城市发展历史中一个重要的人文和地理节点,为后来金代海河三岔河口地区地理格局的形成打下了基础。

四、金代:“直沽”地名初现

“直沽”地名的出现,与金代运河新河段开挖密不可分。

1125 年,宋金战争再起,北宋战败南撤,天津地区尽入金军之手。1151 年,金定中都于燕(今北京)。为了通过漕运供应中都的粮食等物资,需要对受到塘泺防线破坏以及长期欠修的隋代永济渠(其天津段相当于南运河)和潞河(北运河)进行改道或整修。金章宗泰和五年(1205),对从独流西折的永济渠进行改道,决定漕船不再经信安北上中都,而是开挖了经独流至柳口(今杨柳青)折向东北的一条新河道,在三岔河口与潞河及海河相连。

这一地区开始出现了“直沽”地名称谓,大致范围是西北到现北仓甚至达武清杨村、东南至大直沽、西南含柳口镇,沿河的一片漕粮水运及码头、粮仓组成的区域,核心地带在三岔河口金家窑至老城东北角一带。

因为地处漕运重要节点,金宣宗贞祐元年(1213)在此设立了寨堡性质的“直沽寨”,用以护卫漕运。当时,作为军事建置的直沽寨属武清县管辖。就现在的天津中心城区而言,直沽寨是最早有文献记载的地名,也被多数史学家认为是天津城市的地理原点。

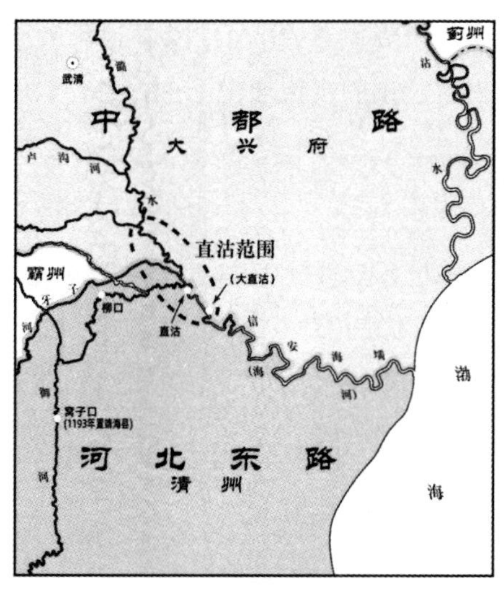

图 4　金直沽寨位置示意图

五、元代:小直沽设“海津镇”

不过,金朝统治直沽寨时间很短,不到两年。1214 年,直沽地区归入元朝统治。元朝将河运通漕改为河海联运,直沽变得更加繁忙,极大地促进了地区经济繁荣。

元代诗人张翥“晓日三岔口,连樯集万艘”的诗句,即为当时的艺术写照。据明初胡文璧《与彦式伦求志书》记述:“元统四海,东南贡赋集刘家港,由海道上直沽,达燕都。舟车攸会,聚落始繁。”元代诗人傅若金《直沽口》诗云:“远漕通诸岛,深流会两河。鸟依沙树少,鱼傍海潮多。转粟春秋入,行舟日夜过。兵民杂居久,一半解吴歌。”元明诗人宋讷《直沽夜泊》诗云:“海舶河帆到此分,直沽名旧远方闻。十年水路兵尘隔,两岸人家野火焚。鸥鹭沙边船泊月,鱼虾乡里饭抄云。却思昔日曾经过,红酒青歌醉落曛。”

因海运接驳的需要,在直沽下游东南方十余里的地区,逐渐繁荣兴盛,于是“大直沽”地名应运而生。而原先位于三岔河口附近的“直沽”就改称为“小直沽”了。为适应社会发展形势的需求,元朝延祐三年(1316)在小直沽设“海津镇”,虽依然为军政兼顾性质的建置,但以“镇”代“寨”,说明其行政功能提升,社区人烟更为稠密。海津镇的设置,在天津城市发展史上具有重要意义,说明天津地区向城市性质发展迈进的步伐加快了。

(王中良,天津城建大学)

大运河天津段的前世今生*

董欣妍

大运河是中华民族优秀文化和伟大智慧的结晶，也是世界水利史上的奇迹，在世界文明史上书写了浓重的一笔。

大运河包括隋唐大运河、京杭大运河和浙东大运河，拥有 2500 多年历史，全长近 3200 千米，流经北京、天津、河北、山东、河南、安徽、江苏、浙江 8 个省（市），沟通黄河、海河、淮河、长江、钱塘江五大水系，融汇京津、燕赵、齐鲁、中原、淮扬、吴越等地域文化，是世界范围内建造时间最早、使用最久以及空间跨度最大的人工运河。2014 年，大运河正式被列入世界文化遗产名录。

大运河天津段是漕粮进京的门户区段，包括南运河和北运河，大运河天津段贯穿天津境内 7 个区，总长度为 195.5 千米，其中与河北省共用段为 5.0 千米，从北部的木厂闸（隶今天津市武清区河西务镇）—九宣闸（隶今天津市静海区唐官屯镇）182.6 千米，南运河故道为 7.9 千米。核心监控区及滨河生态空间范围总面积约 670 平方千米。

大运河天津段的形成及变迁经历了以下四个发展阶段。

一、曹操开凿平虏渠

曹操是中国古代杰出的政治家、军事家、文学家、书法家。东汉末年权臣

* 本文曾发表于武清文联《运河》杂志 2023 年第 2 期。

(丞相),三国时期曹魏政权的奠基者(魏王曹丕逼迫汉献帝让位后,改汉为魏,追尊曹操为武皇帝,庙号太祖)。东汉建安五年(200),在著名的官渡之战中,曹操大败袁绍主力,随后削平袁尚、袁谭。

汉末的时候,我国的辽西、辽东、右北平三郡,时为乌桓(北方游牧民族)统治,史称"三郡乌桓",其首领为辽西郡的蹋顿。三郡乌桓与袁氏关系一直很好,并屡次侵扰汉朝边境,掳掠人口财物。为肃清袁氏残余势力,也为彻底解决三郡乌桓入塞的问题,曹操决定远征乌桓。

为远征乌桓,曹操做了充分的准备工作,其中之一就是开凿水道用于军事运输。建安十一年(206),先后开凿了平虏渠、泉州渠及新河等三条人工运河,并海河自然水系连通。其中的平虏渠自今河北青县北出,至今静海区独流镇附近入今大清河,是今南运河的前身。平虏渠北起沟河(蓟运河)口,南至潞河(今天津市军粮城附近)。新河西起泉州口,东至新河,与滦河相汇。平虏渠、泉州渠和新河,都是具有重要军事意义的水道。建安十二年(207)五月至九月,曹操亲率大军东征,利用三条水道达到达无终(今河北省玉田县),再出卢龙塞(今河北省喜峰口附近),"堑山堙谷五百余里",直指乌桓老巢柳城(今辽宁省朝阳市南),俘敌20余万。自此,我国北方地区基本上实现了统一。

二、隋炀帝开凿大运河

隋炀帝杨广,乃为隋代第二位皇帝,隋文帝杨坚与文献皇后独孤伽罗嫡次子。初封雁门郡公,开皇元年(581)被册立为晋王,开皇二十年(600)被册立为皇太子,仁寿四年(604)七月正式即皇位。

登基之后,于隋代大业元年(605),命人营建东都洛阳,征调民夫二百万人,经十个月努力始完工。为巩固其对全国的统治,增强北方的边防力量,在原有运河和天然河道的基础上,组织人力开凿了通济渠、永济渠,并重修了江南运河,从而形成了以东都洛阳为中心,北抵河北涿郡(今北京市一带)、南达浙江余杭的大运河。其中的永济渠,经今河南省的新乡、汲县、滑县、内黄,河北省的魏县、大名、馆陶、临西、清河,山东省的武城、德州,再经河北省的吴桥、东光、南皮、沧县、青县等市县,抵今天津静海区及天津市区。再由天津市区折向西北,经河北省的霸州、东安(今河北省廊坊市安次区),到达涿郡(今北京市境),全长900千米左右。

京杭大运河自隋炀帝开凿之日起,迄今约有1400年。它对我国海上丝绸之路和陆上丝绸之路具有重要的连通作用,并使我国的内贸和外贸易实现了一体化,对促进经济发展和南北文化交流起到了巨大的推进作用。

大运河天津段为永济渠的一部分,这部分开凿于隋炀帝大业四年(608)。“诏发河北诸郡男女百余万,开永济渠,引沁水南达于河,北通涿郡。”涉及今天津市静海区、西青区和中心城区。

三、萧太后开凿运粮河

辽代由契丹人(北方少数民族)统治。现在的北京城,曾作为辽国的五都之一,时称南京(又称燕京)。

辽与宋隔“塘泺防线”(海河干流及以西的河道、洼淀形成的边界)处于对峙状态。由于二者之间长时期处于并立状态,所以,今天津境内的永济渠被人为割裂为南北两部分。海河以南,仍为宋朝管辖,海河以北则为辽国属地。在这样的政治环境下,海河以北的水道运输自然受到影响。

萧太后,名绰,是辽代的女政治家、军事家和改革家。萧绰为后族重臣萧思温之女。保宁元年(969),辽景宗耶律贤继位后被选为贵妃,同年五月又被册立为皇后。保宁三年(971),生辽圣宗耶律隆绪。乾亨四年(982),耶律贤去世,11岁的耶律隆绪继位,尊萧绰为皇太后。从此,萧绰开启了27年的临朝摄政生涯。在她摄政期间,辽代进入了历史上最为鼎盛的时期。

辽代为解决南京用粮之需,并为扩大国土,需要从海上将东北一带的粮食及东南部的食盐运往北塘河口,再通过运河水路转运至南京。于是,萧太后便组织人力,在自然河道的基础上,将相关河道打通,形成纵横交错的运粮河水系。这个水系被后人称作“萧太后运粮河”。

水系的主干部分,包括今北京境内的萧太后运粮河、从张家湾至武清境内下伍旗镇西王庄村北的潞河(北运河前身)、从西王庄东行的黄沙河部分河段(潞河故道)、柳河部分河道,一直通到河北屯镇八间房、后洞上、南北口哨,往东北到今今宝坻大口屯镇,再转东南入七里海、北塘海口,并与蓟运河相汇。除主干部分外,这条河道所经区域,还连通了众多河道,从而形成了海河以北、涉及北京和天津的纵横交错的运输河网,这个河网成为辽代自成体系的交通大动脉。

四、将潞水改作北运河

北宋年间,黄河改道频繁,一度在天津海河以南入海,运河因此受到破坏。公元 1128 年(南宋建炎二年)以后,黄河夺淮入海。从此,黄河不再对海河流域产生直接影响。由于人工影响因素的增加,以漳河、卫河为主体的南运河基本形成。

到了金代,运河永济渠的漕运被放弃,改由渤海—海河—潞河为主的动输线进行皇粮漕运。潞河即今北运河的前身。金初迁都燕京后,于金泰和五年(1205),将三岔河口以北的潞水改作运河,“穿杨村以南直抵直沽”,并经杨村、河西务至通州,然后直达燕京。元朝灭金后,在北京设立了元大都,由于海河不再成为界河,南运河与通漕后的潞水也就不再受到国界影响,而是变成一条贯通南北的交通要道,南方的大量物资经这条水道运往大都。从此,天津就成了南北漕粮运输的重要码头和交通枢纽。元代至元二十年(1283)以后,海、河两途漕运并行(海运为主,辅之以河运)。至明清时期,北京继续作为首都,天津仍为京城门户、漕运枢纽。自江南起始的河、海两运,皆经天津转输北京,沿运河设立了多处仓廒,门户地位进一步加强,天津逐渐发展成为南北交流的商贸中心。

明初,朝廷决定在永乐二年十一月二十一日(1404 年 12 月 23 日)三岔河口南部设卫(包括天津卫、天津左卫、天津右卫)筑城,以拱卫京师安全,并维护天津漕运秩序。明永乐十三年(1415),经清淤后的大运河,再次实现南北贯通,在此前提下,明廷下令罢海运及陆运,专事河运,河运重新兴盛。随着河运鼎盛,人口密集,经济发达,天津的地位得到快速提升。

明清两代,天津发展进入快车道。清顺治九年(1652),天津卫、天津左卫和天津右卫三卫合并为天津卫,设立民政、盐运和税收、军事等建置。清朝雍正三年(1725)设立天津县。雍正三年(1725)升天津卫为天津州。雍正九年(1731)升天津州为天津府,辖六县一州。

到了清末,由于海禁大开,轮船通行,北方运河的漕运功能即告结束。随着开埠通商,火车、汽车等现代交通工具的出现对漕运产生了进一步冲击,同时由于战乱和社会动荡,河道年久失修,运河航运走向没落。1872 年,轮船招商局在上海成立,正式用轮船承运漕粮。1901 年,朝廷决定停止运河漕运。1904 年,裁撤漕运总督。1911 年,津浦铁路全线通车。从此京杭大运河沿线旧日的风光不再,重要城镇的地位一落千丈。

民国时期,为了防洪及航运之需,官方多次对海河及南、北运河进行整治。其中具有代表性的事件,是在 1918 年成立了顺直水利委员会,并筹建了我国第一个水工试验室。同时整治了海河水系,陆续完成了三岔口河道的裁弯取直、新开河整治、北运河回归故道、海河放淤等工程。

中华人民共和国成立后,为根治海河,先后开挖了独流减河、永定新河等,多次疏浚或治理南、北运河,天津段南运河一度成为引黄入津、南水北调的重要通道。

自东汉至清末,大运河天津段经历了朝代的更迭和历史演进,在这个过程中,也见证了天津地区的发展及繁荣。尤其是元朝后,天津境内的南北运河成为漕运的重要通道,带动并促进了天津这座码头城市的形成及发展壮大。从这一点上看,与海河一样,大运河同样是天津的母亲河。在新时代,大运河天津段作为重要的历史文化遗产,正以它独有的优势和文化底蕴,在文旅产业融合发展、生态文明建设和乡村振兴中发挥着重要作用。“一条高品位的文化长廊、一条高颜值的生态绿带、一条大美的精品旅游彩链”将会在不久的将来呈现在人们面前！我们期待着。

(董欣妍,中老年时报社)

天津与淮扬

——大运河与南北文化沟通融合的例证*

张红侠

运河的开凿具有很强的功能性,元朝定都北京,修浚开凿京杭大运河是为了保证国家的统一和首都的安全,最直接的功能是解决首都和边疆地区的粮食供给。明清两朝,运河依然承载着南粮北运的重要功能。运河对于维护国家的统一和政治安全、社会稳定发挥了重要的作用。漕运的兴盛,形成了人和物大规模的流动,带动沿岸地区经济增长和区域发展,造就杭州、苏州、扬州、淮安、济南、沧州、天津、北京等若干富庶市镇,同时也为这些城市注入运河文化血脉,促进了南北方文化的交流融合,留下了若干文化遗存。

清末,运河的漕运功能被铁路运输和海运所替代,大运河虽然已经不复昔日的辉煌,但大运河作为线状分布的物质和非物质文化遗产族群,依然扮演着文化传播的作用。大运河作为南北文化交流融合纽带的例证随处可寻,但如果以城市发展为视角,淮安、扬州对天津的影响无疑是个绝佳的样本。

---

* 本文曾参与2023年中国地方志与中华优秀传统文化论坛“通波千里 万家灯火——运河文化与城市发展”分论坛交流。

一、天津卫城与淮安的渊源

在人类文明发展史上，城市的兴起是区域社会经济发展到一定阶段的产物，同时也与城市的地理位置有着密不可分的关系。天津位于华北平原东北边缘，临近渤海，往西通过冀中平原和太行山脉相连，往北和燕山山前平原接壤，东南面越过鲁西北平原是泰山山脉，整个地势像一只不规则的畚箕，向渤海倾斜，天津处于畚箕口。基于这样的地势，发源于太行山区和燕山地区的河流，都汇集于此，流注渤海，这即是著名的海河水系，所以天津有“九河下梢”之称。天津背靠华北平原，面朝大海，独特的地理位置决定了天津是水上交通要冲，二千五百多年前的《禹贡》便记录了这一北方的水上门户。“三会海口”和“泥沽海口”都是历史上闻名于世的天津港口名。但是由于六千多年前、两千多年前的两次海水入侵，使整个平原先后被海水淹没达数千年之久，人们被迫迁移，海侵以前的历史被湮没，以至于天津平原被认为是“滨海弃壤，无古可考”。使天津平原的历史发展脉络呈现间断多、波动大的特点，这也成为天津城建城较晚的重要因素，天津建城于明朝永乐二年，即公元 1404 年，只有 600 余年建城史。

天津城市的建设与发展与运河开凿有着密切的关系，运河开凿改变了天津平原的水系，诸河相汇之处的村落逐渐由金代的直沽寨发展成为元代的海津镇，因处于漕运的重要位置，明代设置天津卫并筑城，随着区域行政级别的提升，天津日益成为一座繁荣的城市。就建城的历史而言，淮安比天津久远很多，有 2200 多年建城史。早在秦时，淮安就已经置县，随着运河的开凿浚通，淮安成为漕运枢纽、盐运要冲，驻有漕运总督府、江南河道总督府，历史上与苏州、杭州、扬州并称运河沿线的“四大都市”。因运河而生，因运河而长的天津，在城市发展历程中必然深受“中国运河之都”淮安的影响，明代天津卫筑城就被称为“赛淮安”。

（一）曹操开凿运渠使天津成为诸河相汇之处

曹操为讨伐北方，在渤海湾西岸的滨海平原上开凿运渠，以运粮饷。此举使河北平原河流下游的结构发生重大变化，给天津历史带来了深远影响。《三国志·魏书·武帝纪》云:“三郡乌丸承天下乱,破幽州,略有汉民合十余万户。……公将征之,凿渠,自滹沱入泒水……又从洵河口凿入潞河……以通海。”①曹操开凿的运渠有两段,一段是沟通滹沱河和泒水,另一段是沟通洵河和潞河。沟通滹沱河和泒水段为平虏渠,沟通洵河和潞水的是泉州渠。曹操沟通了滹沱河至鲍邱河之后,又自鲍邱河支出一渠,一直向东延伸至滦河,名叫新河。曹操开凿的运渠,环绕渤海湾西、北两面,穿过整个天津平原,使偏居北方的滦河水系,和以黄河为中心的中原河系相联结,无疑是中国运河史上的一大创举。曹操凿渠虽然只是军事上的一时之需,却使河北平原上出现众流归一的局面,这就是《水经注》所说的“清、淇、漳、洹、滤、易、涞、濡、滹沱同归于海。”此河道结构一经出现,便标志海河水系形成。海河水系形成,使位于众河汇合处的“天津”,具有了成为航运枢纽的区位优势,对天津城市的形成和发展产生决定性影响。

(二)漕运兴起天津向城市发展

608年,隋炀帝征发河北诸郡壮丁百余万,开永济渠。永济渠从洛阳的黄河北岸,引沁水东流入清河(卫河),到“天津”附近,经沽水(白河)和桑干河(永定河)到涿郡(北京)。金朝建都北京,金章宗改凿运渠,大力发展以保障首都为目的的漕运,天津作为运河重要节点,为保护漕运和镇慑地方设直沽寨,是可以追溯到今天津市区的最早聚落。元朝统一全国后,初期漕运由内河进行,将隋炀帝开凿的隋唐大运河,多次疏通、改造之后,凿成著名的京杭大运河,直沽成为名副其实的河海航运枢纽和京畿门户。政治、军事的需求冲破了九河下梢水患频发对天津发展的自然因素制约,以直沽为中心的“天津”经济却得到日益发展,商业繁荣,人口激增,盐业生产规模也不断扩大,直沽寨升置为海津镇,“天津”开始了向城市发展的历程。

(三)陈瑄筑造卫城天津初具城市规模

金、元时期,虽已出现了“直沽寨”和“海津镇”,但今天津一带主要还是军事据点。天津城的筑建,是在明永乐年间,“天津”这个名称,也是在那时才出

① 陈寿:《三国志》卷一《魏书一》,陈乃彩校点,中华书局,1959,第28页。

现的。建文元年(1399),燕王朱棣发动了“靖难之变”,反对明惠帝朱允炆(即建文帝)的削藩政策。建文四年(1402),燕王兵陷都城南京,次年于南京称帝,改年号为“永乐”。据李东阳《修造卫城旧记》载:“我朝太宗文皇帝兵下沧州,始立兹卫,命工部尚书黄福、平江伯陈瑄筑城浚池,立为今名,则象车驾可渡处也。”①清代《天津卫志》记载,明永乐二年(1404),文皇命工部尚书黄福、平江伯陈瑄、都指挥佥事凌云、指挥同知黄纲筑城浚池。民有“赛淮安城”之说。这部《卫志》刻印于康熙十四年(1675),是现存天津最早的方志。明朝首任整饬天津等处兵备按察副使刘福的墓志刻有“商贾辐辏,几如淮安”字样。根据以上史料推测,天津“赛淮安”的说法应当起自明代。

“赛淮安”说明天津卫城在漕运上具有重要地位。天津卫的筑造离不开一个重要人物——陈瑄,陈瑄字彦纯,安徽合肥人,是明朝漕运制度的创立者。《天津卫志》记载了黄福、陈瑄、凌云、黄纲四位筑城官员,明李东阳《创造天津卫城碑记》等史料只记载了黄福、陈瑄两位。黄福时任工部尚书,专门负责营缮工建事务,因为被弹劾“不恤工匠”于永乐三年(1405)去职,《明史》为其立传时没有提及其建造天津城的功绩。《陈瑄传》却赫然记载:“永乐元年命瑄充总兵官,总督海运,输粟四十九万余石,饷北京及辽东。遂建百万仓于直沽,城天津卫。”陈瑄自永乐元年(1403)起担任漕运总兵官,总督海上漕运供给北京和辽东,在直沽建粮仓储存粮食,因天津拱卫北京,为保障漕运,陈瑄作为漕运总督参与筑天津卫城。永乐十三年(1415),陈瑄在江淮疏浚河道之后,南北大运河全线修通。陈瑄继续坐镇淮安,督管漕运,赋粟北输,明宣宗时“命守淮安,督漕运如故”,陈瑄不仅总督漕运而且监管淮安地方事务。明朝为漕运而建天津卫城,陈瑄总督漕运而参与建城,筑城墙、建粮仓、修天妃宫,对于天津城初期规划贡献很大,天津卫城从建筑之初就刻上了深深的漕运印记。天津置卫与筑城,天津卫、天津左卫和天津右卫并置于一城,使天津由“海津镇”发展为一个略具城市规模的军事堡垒。

“赛淮安”说明天津卫城和淮安城的规模相当。明孝宗弘治四年(1491),日渐残破的天津卫土墙经历了第一次重修加固。时任天津兵备副使刘福委派

---

① 《新校天津卫志》(以下简称《卫志》)卷四《修造卫城旧记》。

都指挥使陈达将土墙垫高加厚,外面砌满了青砖,还重修了城楼城门,城门高楼壮观。巧合的是淮安城也曾经在新旧两座土城外包砖加固,最大的旧城周长十一里,修葺一新的天津卫城周长九里十三步和淮安城的规模相当,清人咏津城"雉堞周遭九里宽,至今犹说赛淮安"。

"赛淮安"说明天津商业繁荣近如淮安。据《明实录》记载,运河行船,粮艘商舶,"淮安、济宁、东昌、临清、德州、直沽,商贩往来之所聚",道出了以淮安为起点的大运河北段,沿河各城市商贸活跃的景象。淮安是南北大运河的重要节点,总督漕运的衙署设在淮安。宣德年间,漕运"军民相半",曾经实行"民运至淮安或瓜洲水次交兑,漕军运抵通州",淮安成为民船交付军运的交接点。可见淮安之于运河,不仅是枢纽,也是大码头。而天津具有九河下梢,通衢入海的重要地理位置,必然也是大码头,南北商贩往来、物流互通,与之形影相随的,必然还有城与城之间的文化对话。

"赛淮安"之说是大运河造就的城际佳话,将天津卫与运河漕运重镇淮安类比,说明漕运是天津立城兴城的重要依据,运河不仅载来了天津城,也带来了江南文明,滋养了天津这座城市文化的底色。

二、漕运枢纽使天津成为"小扬州"

元朝诗人张翥有"晓日三岔口,连樯集万艘"的诗句,写出了运河里船桅如林的壮观景象。张传山《怀天津旧游》写道"十里鱼盐新泽国,二分烟月小扬州",天津进士于豹文《天津口号五十首》则吟出"元宵灯火似淮扬"。扬州是古老的运河之城,隋唐大运河、京杭大运河都经过这里,便利的交通使扬州自古为淮盐总汇,商业发达。"小扬州""似扬州"生动概括了伴随天津城日益成为漕运枢纽,呈现出的商业繁荣、盐业发达、精致社会风尚的城市发展水平。

(一)天津成为商业繁荣的城市

十七世纪初期,随着巡抚一职成为定制,天津开始了由军事重镇向行政区划的过渡。雍正三年(1725)三月,天津卫改为天津州,隶属于河间府,后由天津州升为天津府,天津由卫改州是天津由军事城堡发展为封建城市的重要标志。在这个转变过程中,产生了虹吸效应,大量的商贾和居民迁入天津。天津作为南北运河交汇处,河海运输中转站,京畿门户,必然是漕运的重要枢纽,不少管理机构也相继由外地移入天津,长芦盐政署由北京迁来,长芦盐运使司署由沧州迁来,河道总督署由山东济宁府迁来。从明代开始,漕运的运军中就有夹带土特产的现象,万历年间,允许每船夹载60石。漕运夹带的行为带来了南北物资的交流,促进了商品经济的发展。明朝大文豪李东阳曾作《吴粳万艘》:“盛朝供奉出三吴,白粲千钟转舳舻。欸乃声连明月夜,参差帆指紫云衢。万年壮丽留畿甸,千里清香上御厨。圣主忧勤先稼穑,予来应未有稽逋。”描绘了江南稻米经三岔河口转运京师的盛况。明代京杭大运河通航,征收过往船只、商品的关税成为政府税收来源之一,明代在运河沿岸设置了八大钞关。

康熙四年(1665)河西务钞关移驻到天津,在南运河北岸甘露寺旁,设立了一个规模很大的天津钞关,百姓俗称“北大关”。钞关迁至天津极大地促进了商业的繁荣,从南方运来的粮食、丝绸、糖茶、百货等各种商品都要在此完税方能放行,故浮桥两侧常常停满了大小商船。漕运的发达促成了北大关侯家后一带的商业繁荣,清代的“康乾盛世”,更使北大关的商业繁荣达到鼎盛,也带动了商业和服务设施的发展。在清朝雍正、乾隆年间,天津的地位已凌驾于邻近的顺天,河间、济宁诸府之上,成为京畿地区最为瞩目的城市。

(二)天津成为盐务总汇之地

“盐政于国计为最巨”,天津逐渐发展为运河枢纽的同时,又以区位优势承当起盐业总汇的新角色。渤海沿岸出产优质盐,元初直沽就出现了煮盐业,天津最早的居民中就有煮盐户。“芦台玉砂”是对天津盐的赞称,长芦贡盐在津贮存留下盐坨村的地名。天津盐业在明清获得巨大发展,清康熙八年(1669),长芦巡盐御史署由北京移驻天津,八年后,长芦盐运使司由沧州移至天津。这些盐政机关的入驻,极大促进了天津城市实力的增长,提升了天津在政治经济文化各方面的地位。

历史上盐业实行专卖制度,盐税是官府重要税源,盐利富了盐商。天津成为长芦盐业的产运销中心,提高了城市经济体量。拥有巨大财富的盐商阶层越来越追求生活品质、文化格调,逐渐形成奢华精致的风尚,使天津城市品位及繁华程度得到提升。这与两淮盐商聚集地扬州的繁华,以及精致生活、奢华风尚就有了共通之处。

(三)天津与扬州的城际因缘

天津和扬州都守着运河,都拥有发达的盐业,都聚集一大批商贾,都追求精致奢华之风尚。天津"小扬州"之誉,既是清代人关于天津与扬州的比对,也是千里运河一线牵的城际因缘。乾隆皇帝曾经六次下江南,驻跸盘桓扬州城,盐商们为奉迎皇帝,在瘦西湖建五亭桥,民间还有用盐包一夜建白塔的传说。天津作为京畿之地,乾隆巡游更是频繁。盐商们也是捐出银两为天子做事,换得优恤、赏赉。

清代天津盐商巨富查日乾、查为仁父子于雍正元年(1723)营建了私家园林别墅,称为"水西庄"。这座水西庄的自然环境与景观十分幽雅精致,凭河造景,巧夺天工,江南色彩极为浓厚。根据《清实录》记载,乾隆皇帝从 1748 年起,除了游览盘山,总共八次巡视天津,而其中有四次都驻跸水西庄。究其原因,水西庄不仅大大满足了乾隆游览观光的兴致,还满足了乾隆皇帝的胃。乾隆每次来到水西庄都对这里美食赞不绝口,想必也和运河带来南北饮食文化的交流大有关系。天津的菜品受山东菜系和淮扬菜系的影响较大,淮扬菜是宫廷菜的一部分,讲究炖、焖、煨、焐,追求鲜、淡、滑、嫩,现在所谓的津菜就是在鲁菜和淮扬菜的基础上发展起来的。运河将南方食材运到了天津,丰富了天津人的餐桌,南来北往的文人、客商、劳力也由此带来了各地各阶层的饮食习惯,丰富了天津料理的方法。

三、天津与淮扬城际文化交流的运河基因

观乎人文,化成天下。文化是凝结在物质之中又游离于物质之外的能够被传承的历史、地理、风土人情、传统习俗、文学艺术、价值观念乃至信仰等。[①] 运河是天津城市之根、天津地方文化之脉,天津地方文化的兴起与天津独特的地理位置关系密切,尤其与运河渊源颇深。大运河所体现的线性遗产特征,代表

① 吴欣:《大运河文化的内涵与价值》,《光明日报》2018 年 2 月 5 日,第 14 版。

着人类的迁徙和流动,代表着多维度的商品、思想、知识和价值的互惠和持续不断的交流。天津与淮安、扬州在文化传播上必然带有运河基因。

(一)运河是流动的文化载体

天津作为封建城市的形成和发展,固然与军事、政治地位的重要紧密相关,但经济基础仍是主要的因素。基于大运河而带来的天津漕运、渔业、盐业、商业的发展成为天津城市发展的经济基础。天津由一个九河下梢的小村落,发展为直沽寨、海津镇、天津卫、天津州、天津府,以至于成为近代北方重要的大都市,有赖于运河的开凿与京杭大运河的漕运之利,所以说"天津是运河载来的城市"丝毫不为过。作为运河城市,天津自古融于运河主导的交流之中——人员的和商品的,物质的和文化的。

运河是流动的文化载体,漕运鼎盛不仅带来南方的商品,也带来江南文化、中原文化、齐鲁文化,在文化的互碰和交融中,逐渐形成天津地方文化中的盐商文化、码头文化、戏曲文化、饮食文化、建筑文化、法治文化等内容,同时也造就了天津兼容并蓄、海纳百川、勤恳务实、勇于创新的城市文化基调。以天津运河重镇杨柳青为例,杨柳青的一些建筑的建筑风格,北方非常少见,天津老城区也没有。如由花檐、瓦脸、滴水三部分组成的瓦当还有院墙向内凹进去的八字门,这些建筑风格在常州、上海、安徽等地则较为常见,由此可见这些南方的建筑风格就是随着运河流传到了天津。

(二)人是流动的文化交流主体

"知有南来船,烟中闻吴语","门临卫水当孔道,冠盖如云喜经过",走这条水道来到津沽的有运卒船夫,也有官员、商贾、文人雅士、赶考学子。运河使天津成为交通枢纽水陆大码头,古人留下的行旅诗很多,运河畔的杨村、蔡村、河西务、杨柳青、独流这些村镇都留下了题诗。明代文学家吴承恩从淮安来,留下了《泊杨柳青》一诗:"村旗夸酒莲花白,津鼓开帆杨柳青。壮岁惊心频客路,故乡回首几长亭。春深水暖嘉鱼味,海近风多健鹤翎。谁向高楼横玉笛?落梅愁觉醉中听。"明代时来华的传教士利玛窦运河乘船奔北京,在天津眼见岸边的房子、战船和士兵,还听说新巡抚上任,他将这些记入"中国札记"。

康熙乾隆年间,天津诗文兴盛,津门乡贤与外来宾客携手作出了贡献。留下佳话的有遂闲堂、帆斋、大悲院都坐落在南北运河交汇的三岔河口附近,水西庄则傍着南运河。水西庄吸引了大批的文人墨客,很多南方诗朋文友由运河北上聚集在水西庄,有些文人干脆常驻水西庄,水西庄成为天津的文化中心。本地诗人与外地诗人吟咏唱和,高水平地书写了天津清代文学的篇章。水西庄的宾客、钱塘诗人汪沆,参与撰修《天津县志》,还完成《津门杂事诗》百首,成为津沽文史的珍贵文本。汪沆的成名作是《咏保障河》:“垂杨不断接残芜,雁齿虹桥俨花图。也是销金一锅子,故应唤作瘦西湖。”由此,保障河得名瘦西湖,从而使得扬州的瘦西湖名扬天下。汪沆沿着运河从杭州、扬州、天津的“文化行走”,也体现了循运河展开的人员流动、知识交流和思想交流。

(三)再续前缘促进沿运河省市的文化交流

漕运耗费大量的人力、物力,加之多年形成的盘根错节的利益集团,使运输成本过高。道光六年(1826)因洪泽湖决口,黄水倒灌,导致高邮、宝应至清江浦一段河道淤塞,漕粮无法北上,清政府被迫将漕粮改为海运。虽然1827年又恢复了河运,但是1846年清政府再次改用海运,从此临海州县海运漕粮和陆运成为常态,运河作为政治经济命脉的使命逐渐结束。1860年天津开埠,在天津设立新海关,漕运“钞关”遂成历史。作为封建城市的天津兴起于漕运,作为开放型(对外开放)半殖民地城市的天津兴起则是伴随着大运河漕运的没落,这不得不说是历史的弄人之处。

自此以后,天津虽遭受九国租界殖民之耻辱,但也成为中国汲取世界近代文明的窗口。19世纪下半叶至20世纪上半叶,东西方文明在天津碰撞与交融,天津社会发展的各个领域几乎是全方位地在中国近代化旅程上引领风气之先,形成了天津城市历史文化的独特魅力,这不得不说是运河文化底色使然。

2014年6月,中国大运河成功入选《世界遗产名录》,大运河作为中华民族精神的物质载体成为一张闪光的世界级文化名片。习近平总书记高度重视大运河文化的保护传承与利用,多次作出指示和批示。2019年3月,中共中央办公厅、国务院办公厅印发了《大运河文化保护传承利用规划纲要》,北京、天津、河北、山东、河南、安徽、江苏、浙江等8个沿运河省(市)为规划范围,8个省市要深入挖掘大运河保障首都、兼容并蓄、海纳百川、勤恳务实、勇于创新等精神内核，以运河为纽带，进行文化交流，打造民族文化的高地，提升文化自信心。

“赛淮安”“小扬州”之称是历史的赠予，从侧面反映了古代天津城市发展的两个阶段，也是大运河文化传播、南北文化融合的佐证。新时代要加强运河沿线省市的合作，打造大运河璀璨文化带、绿色生态带、缤纷旅游带，延续壮美运河的千年神韵，将大运河文化保护好、传承好、利用好，使之成为新时代宣传中国形象、展示中华文明、彰显文化自信的亮丽名片。

（张红侠，中共天津市委党校）

试论天津市河海文化体系的构建及其意义*

周 持　　刘 阳

随着文旅融合发展理念不断深化,天津城市史逐渐成为地区性热门学科,有关专家学者从经济、政治、文化、社会等不同层面研究天津城市发展历程,并提出运河文化、漕运文化等多种具有天津地域特色的文化现象,有些文化现象如妈祖文化,已形成完备的研究体系,并编纂出版了专业志书。在丰富天津城市地域文化覆盖面的同时,结合天津依河傍海的人文地理特点,深入发掘天津各类文化现象内涵,充分整合运河文化、海河文化、漕运文化、妈祖文化、港口文化等文化现象,构建综合性的华北地区河海文化体系,并将其打造为天津的靓丽名片。

一、地理因素造就了天津独特的文化现象

(一)天津地区自然地理的最大特点——依河傍海

1. 依海河而生

天津地形地貌形成、发展的过程正是海河水系形成的过程。海河水系由蓟运河、潮白河、北运河、永定河、大清河、子牙河、漳卫南运河、黑龙港运东地区诸

---

* 本文曾参与 2023 年中国地方志与中华优秀传统文化论坛“通波千里 万家灯火——运河文化与城市发展”分论坛交流。

河和海河干流组成,[①]形如一把蒲扇,而蒲扇之柄——海河,恰好贯穿天津市区,这种地理现象导致了天津依河而生、与河共生。

2. 傍渤海而生

全新世时期(约距今7500—5000年前)曾发生全球性海进,我国称之为"天津海进",华北地区被淹没范围从现在渤海海岸线直至白洋淀。在距今5500年左右,"天津海进"开始消退。此后海岸线经过多次变化,至距今700年时天津海岸线基本稳定,形成今日轮廓。[②] 由于天津处于渤海湾腹地,气候条件较为平稳,台风出现频率较低,故而成为我国北方天然良港,同时也造就了天津发展傍海而生、向海而行的特点。

(二)天津独特的城市文化现象——"大河文化"与"海洋文化"的交融

在史学界,大河文明特指古代亚非地区古埃及、古两河流域、古印度和中国四大文明。四大文明均发源于大河沿岸,经济生产方式以农耕为主,利用大河水利灌溉农田发展经济,并沿河建立聚落,逐渐发展为城市。海洋文明则专指古希腊文明,古希腊因临近地中海,航海技术发达,经济发展方式以商业为主,相较大河文明而言更为开放,其城邦主要分布在海岸线附近或克里特岛等海岛上。

天津作为一个城市,其文化特征不宜以"文明"这一较为宏观的概念来表述,但通过分析天津依河傍海的自然地理特点可知,天津的城市文化同时具备了大河文明和海洋文明的一些特点,因此可以说天津城市文化特点就是"大河文化"与"海洋文化"相交融,即"河海文化"。

---

① 水利部海河水利委员会编:《2018海河年鉴》,天津科学技术出版社,2018,第19-20页。

② 徐华鑫:《天津自然地理》,天津市地言史志编修委员会总编辑室,1988年4月版,第57-60页。

二、河海文化体系概述

(一)不同城市的河海文化

河海文化这一概念并非主观臆造,也并非仅仅适用于天津这一座城市,每一座依河傍海的城市都可以打造具有自身特色的河海文化。当前,营口市、宁波市等城市已经提出河海文化的概念。

1. 营口市的河海文化

营口市临近渤海,又是辽河改道之前的入海口,于 1861 年开埠,是东北地区最早开埠的口岸。其自然地理和人文地理情况与天津有极大的相似之处。2023 年开始,营口市打出河海文化的口号,并将其作为营口市对外展示的名片,充分挖掘辽河和渤海所蕴藏的文化内涵,积极发展辽河和渤海沿线休闲旅游业,并通过博物馆等文化机构围绕河海文化组织画展等活动。

2. 宁波市的河海文化

宁波市濒临东海,甬江贯穿全市最终流入东海。同时,宁波又是京杭大运河延伸段浙东运河(杭甬运河)的入海口,也属于运河文化的重要组成部分,被列入《世界遗产名录》的点段有 3 处,河道长约 34.4 千米。港口方面,宁波-舟山港的货物吞吐量连续 14 年位居世界首位。上述自然地理和人文地理优势决定了宁波在探索城市文化的过程中必将以甬江、浙东运河、东海为突破口。2023 年 1 月 5 日,民盟宁波市委在宁波市政协十六届第二次会议上进行口头发言,提出应深入发掘、充分利用、高效开发宁波特色的河海文化,以提高宁波都市辨识度,并以此推动宁波海上丝绸之路申遗。同时,宁波积极打造“河海文化第一体验地——宁波三江口”夜游项目,将河海文化这一概念引入本地旅游业发展中,真正做到了文旅融合发展。

(二)河海文化体系的共同特点及构建模式

1. 河海文化体系的共同特点

营口市和宁波市一个地处东北、一个位于华东,一个是东北第二大港口城市、一个是具有世界影响力的计划单列市，虽然城市地理位置和城市定位有所不同，但在河海文化建设方面有其共通之处。

一是紧密结合本地区自然地理和人文地理环境。建设河海文化的城市必然符合依河傍海的自然地理环境特征，且该城市应为河流入海口，这样可以建立河流与海洋的自然联系，便于发掘该城市大河文化与海洋文化的共性。

二是充分发掘城市历史文化特性和城市建设特点。营口市和宁波市在河海文化体系建设过程中融入了本地区特有文化现象，使本地区河海文化体系更为健全、饱满。例如，宁波就充分利用本地区在航运史上的独特地位和悠久历史，以及宁波-舟山港世界第一大港的优势，将宁波河海文化与海上丝绸之路联系到了一起。

2. 河海文化体系的构建模式

通过分析营口市和宁波市这两个成功案例可知，一座城市的河海文化体系构建模式应为“自然地理+经济基础+文化现象”，三大要素缺一不可，其中又以文化现象为最终落脚点。

(1)河海文化的自然地理因素

河海文化的自然地理因素即上文所提到的依河傍海的地理位置，此处不再赘述。

(2)河海文化的经济基础因素

城市经济基础决定了本地区河海文化的发展方向。例如，宁波城市发展以港口和浙东运河起家，因此其河海文化的打造必然会围绕河运和海运开展，并进一步扩展到其他方面。由此可知，如果东营市打造具有本地特色的河海文化的话，石油工业将是不能忽视的重要内容。

(3)河海文化的文化现象因素

一座城市河海文化的文化现象因素即该城市各种文化现象的总和，应充分发掘其与大河文化与海洋文化的联系及内涵，使各种文化现象相交融，并最终归根于河海文化体系之中。

三、组成天津市河海文化体系的文化现象

具体到天津市,主要有如下文化现象与河海文化相关联,如果可以深挖这些文化现象的内涵,可以打造天津市乃至华北地区的河海文化体系。

(一)天津地区的大河文化

1. 大运河文化——天津河海文化的重要根源之一

随着大运河文化申遗成功,近年来学界对大运河文化的研究热情始终不减。天津是京杭大运河离开北京后流经的第一座大城市,也是京杭大运河沟通的第一大水系——海河水系干流的源头,天津的发迹与大运河有着密切的关系,可以说大运河就是天津的母亲河。

大运河全长约 1794 千米,天津段 195.5 千米,占大运河全长的十分之一,自北向南流经武清、北辰、河北、红桥、南开、西青、静海 7 个区,可以说是在天津穿城而过。[①] 在今三岔河口地区与天津另一母亲河海河汇流,其流经地中河西务、杨村、北仓、三岔河口、杨柳青、独流均因在大运河沿岸,通过漕运或沿河商业而兴起,三岔河口更是成为天津城市的发祥地。大运河是天津漕运文化、商业文化、水西庄园林文化的重要起源,也应是天津河海文化的根源之一。

2. 海河文化——天津文化的根

在大运河文化申遗成功之前,提及天津的母亲河,更多人想到的会是海河,因为大运河毕竟是由人工开凿而来的一条河流,既是它成就了中国人,也是无数先辈成就了它。而海河本身就是天然形成的水系,且是华北地区最大的水系。天津地区的海河文化更多体现在水利文化上。

受海河流域自然环境因素影响,海河流域灾害频仍,自东汉时期至中华人民共和国成立后,海河流域发生有历史记录的大小水旱灾害千余次,以清咸丰年间为例,咸丰帝在位的 11 年中天津地区年年发生洪涝灾害,天津地区百姓苦

---

① 杨鸣起、冯立:《"寻根大运河"活动纪实》,天津人民出版社,2021,第 3-6 页。

不堪言。[①] 可以说,海河在滋养天津的同时也为天津带来了很多灾难。出于防灾、漕运、灌溉、饮水等各种目的,从东汉末年至中华人民共和国成立,历朝历代都没有放弃对海河流域水利的改造和开发。

海河流域的首次有记载的开发是公元206年曹操为征伐乌桓,为向前线运粮而从今河北省青县木门镇到天津市静海区独流镇之间开凿平虏渠,由此开始了近2000年的海河流域水利开发史。[②] 中华人民共和国成立后在毛泽东、朱德、周恩来等老一辈无产阶级革命家关怀指导下开展的根治海河运动更是将海河水利改造和开发推向了高潮。1963年11月17日,毛泽东主席发出"一定要根治海河"的口号,由此掀开了河北省、天津市、北京市、山东省等海河流域省市根治海河运动的序幕,至1973年汛前,天津市防汛能力有了极大提高。[③] 1973年开始,为了解决海河水无法满足天津城市和农业用水的棘手问题,开始研究引滦河水源到海河的工程。1981年9月27日,中共天津市委决定建立天津市引滦工程指挥部;1982年5月11日,引滦入津工程正式开工,至1983年9月11日通水,让天津人民喝上了甜水。由此也诞生了"为民造福的伟大思想,顽强拼搏的革命斗志,严肃认真的科学态度,勇于创新的进取精神,团结协作的高尚风格,雷厉风行的工作作风"这一引滦精神。[④]

3. 漕运文化——大河文化在经济和社会层面的表现

漕运是运河和海河近2000年来经济和社会价值的具体体现。如前文所述,天津地区漕运的发端当为曹操开凿平虏渠以运输粮草,后期随着北京城市地位的上升,天津作为河流交汇处更是南粮北运的咽喉要道。据统计,明代每年京城用粮的97.7%~99.8%为天津漕粮,清代这一数据的绝对数量有所降低,但相对数量依然惊人。[⑤] 在农耕时代,粮食充足是经济、政治稳定的先决条

---

① 天津市地方志编修委员会办公室:《天津通志·水利志》,天津社会科学院出版社,2005,第778-805页。

② 韩嘉谷:《海河历史上的三次巨变》,载贾长华主编《海河流津沽》,百花文艺出版社,2005,第5-8页。

③ 杨学新主编《根治海河运动编年史》,河北大学出版社,2015,第14-15页。

④ 《天津通志·水利志》,第309-319页。

⑤ 李俊丽:《天津漕运研究(1368-1840)》,天津古籍出版社,2012,第109-122页。

件,天津漕运对首都粮食安全的保障作用不言而喻。前文所述天津地区运河沿岸的重要城镇如杨村、北仓等均与漕运经济发展有直接关系。以北仓为例,海河水文变化受渤海潮汐影响较大,每当涨潮时海河、运河水位可提升数米,装载有数千石粮食的漕船可借渤海海潮之势顺利通过三岔河口北上,但海潮最远可达杨村,因此有“潮不过杨”之说,吃水较深的漕船无法通过杨村北上,需要在杨村以南设立皇家粮仓,将漕粮卸下暂存,再换成小型驳船分批运往北京。[①]久而久之,皇家粮仓所在地形成北仓、中仓、南仓等村镇,中仓村后逐渐消失,北仓、南仓地名保留至今,北仓影响力不断扩大,成为今天北辰区中心地区。

漕船除了运粮外也同时夹带一些木材、手工业品等其他货物,因此,天津地区商业贸易逐渐兴旺,很多外地商人在天津聚集经商,出现了“广帮”“宁波帮”等商帮,促进了天津经济繁荣和社会文化发展。而天津地区近代各行业所盛行的封建把头则是漕运文化中腐朽落后的一面。

(二)天津地区的海洋文化——以港口文化为代表

天津地区水上交通内河航运与海洋航运并重的模式使得海洋文化与大河文化在天津文化体系中具有同等地位,天津地区海洋文化的代表就是以海运文化和海军文化为核心的港口文化。

天津海港的发展是从唐朝开始的,当时天津属于河北道幽州管辖,幽州是唐代北方边防重地,需要源源不断调运南方大批军粮,但大运河的漕运无法完全满足运粮要求,于是朝廷开始在当时是海河入海口的军粮城一带设置建设海港,军粮城也因运粮、屯粮而得名。为加强对海港的管理,朝廷命安禄山等节度使兼任海运使,可见朝廷对天津海港的重视。[②] 自宋朝开始,天津海港地理位置时有变迁。宋元时期在三岔河口一带设置直沽寨,以直沽港为天津海港,直沽从此有了“津城之根”之称。元代以后天津海岸线基本稳定,天津港继续发挥运输作用。明成祖迁都北京,在天津建卫后,天津港的军事地位开始凸显,万历年间抗日援朝战争及晚清时期多次对外战争均离不开天津港的身影。中华

① 陈曦:《皇粮仓储重地——北仓廒》,载天津市档案馆编《天津运河故事》,天津人民出版社,2014,第41-44页。

② 《天津港史》编辑委员会:《天津港史(古、近代部分)》,人民交通出版社,1986,第11-13页。

人民共和国成立后，天津港成为国际上有影响力的港口之一。

（三）天津地区大河文化与海洋文化交融所产生的文化现象

1. 妈祖文化——天津地区民间信仰的代表

天津河、海漕运业的快速发展将航运业特有信仰——妈祖信仰带到了天津地区。元代至元年间元世祖忽必烈在大直沽和小直沽分别敕建天妃宫，标志着天津开始出现妈祖信仰。明初应妙真人李德晟担任小直沽天妃宫主持，天妃宫管理者逐渐由僧人变为道士。因此，天妃宫也是天津地区道教发展的核心。到清代，天津已建立 30 余座妈祖庙，分布在今河东区、红桥区、滨海新区、津南区、东丽区、静海区，及河北省沧州的青县、南皮县等地，妈祖也由单一护佑漕运的神逐渐演化为护佑天津风调雨顺的“三津福主”。[①] 可以说，天津是妈祖文化在北方传播的重镇，也是妈祖文化在北方的中心。

与我国其他地区相比，天津妈祖文化有其独特性，即妈祖文化与天津本地民俗相结合，天津人拜妈祖，由最初祈求航运顺遂扩展到祈求身体健康、家庭平安、惩恶扬善、多子多孙、财源广进等诸多与百姓生活息息相关的美好愿望，也逐渐将妈祖与王三奶奶、挑水哥哥、白老太太、和合二仙、八仙、月老、泰山奶奶、财神等其他民间信仰的神仙，尤其是天津本地信奉的神仙联系到一起，构建起了天津特有的神仙体系。天津地区也由此有了栓娃娃、谢奶奶、挂锁、跳墙等民俗，并通过各种艺术形式广为传播，使得天津妈祖文化形象更为丰富、生动。

2. 皇会文化——天津地区信仰与艺术交融的产物

皇会文化是天津妈祖文化重要的组成部分，是天津地区民间信仰与民间艺术相交融的产物。所谓皇会，即指天津地区为祭祀妈祖而举行的庙会，因曾得到康熙、乾隆二帝的封赏，故称之为皇会。参加皇会的老会和圣会分布在天津各地，有 150 余道，仅北辰区就有北仓净街老会、北仓门幡老会、北仓敬香香斗老会、北仓叭蜡庙小车会、刘家园祥音法鼓老会、北仓国术馆少练老会等 40 余道，[②]内容涉及曲艺、戏曲、舞蹈、杂技、戏法等多种艺术形式，因此皇会也是一

---

① 天津市地方志编修委员会办公室、天津天后文化传播交流中心编著《天津市志 · 妈祖文化志》，方志出版社，2019，第 73-90 页。

② 路浩、张彰：《刘家园祥音法鼓老会》，山东教育出版社，2014，第 16-19 页。

次天津民间艺术的集中展示。

四、天津市河海文化的深入研究与开发设想

天津市河海文化所蕴藏的内涵十分丰富,值得深入研究并围绕河海文化在经济、社会、城市建设等方面进行开发,让河海文化既能够深入人心,又促进天津经济社会发展。

(一)广泛征集史料　留住“河海记忆”

通过档案馆、博物馆等文化场馆,发动高校、科研院所及民间力量,广泛搜集文献、文物、口述史等各类河海文化史料,特别是要积极采访老会传承人、根治海河运动亲历者等历史的亲历者、见证人,抢救性发掘相关口述史料,为后世留下珍贵的“河海记忆”。

(二)编研文献史志　讲好“河海故事”

近年来,天津历史文化研究热度有增无减,天津地方历史文化学者撰写了许多有关运河文化、皇会文化、港口文化的专著和论文。《天津市志·妈祖文化志》作为为数不多的专题志入选天津市第二轮志书编修计划,也是天津传统历史文化受到重视的标志。但目前学术研究和论著的关注点在于天津地区某一个文化,将几个文化联系起来加以研究的专著较少。后期可以加大对综合体现天津文化特色的河海文化的研究,撰写相关论文、专著,并在编纂各类相关史志上下功夫,既为后续研究留存资料,又能通过史志弘扬引滦入津精神等天津独有的精神谱系,讲好“河海故事”。

(三)促进文旅融合　发展“河海之旅”

促进河海文化深入研究与开发,还应做好文旅融合这篇大文章。天津地区目前有关河海文化的文博场馆众多,主要有元明清天妃宫遗址博物馆、天津民俗博物馆(天后宫)、杨柳青博物馆(石家大院)、天津杨柳青木版年画博物馆、天津杨柳青年画馆、国家海洋博物馆、大沽口炮台遗址博物馆等,各文博场馆可以在展陈中介绍天津河海文化,或定期开展以河海文化为主题的文博学术交流、共享藏品搞河海文化主题临展。

有关河海文化的景点以公园为主,主要有海河风景线、北辰郊野公园、海河故道公园等,各类公园主要以营造城市周边自然风光为主,人文元素较少。可以在保护生态的前提下,通过在景区内设置雕塑、文化长廊等方式将河海文化元素融入自然风景之中,并积极探索开辟其他河海文化文博场馆和景点,使游人沉浸在"河海之旅"中。

(四)集结学术资源　构建"河海教育"

我国以水上交通运输、海洋科学等学科为优势学科的高校,特别是海事大学和海洋大学,如中国海洋大学、大连海事大学、上海海事大学、集美大学、武汉理工大学等,均设置在沿海沿江的大城市,其原因在于这些城市有相关人才的培养需求,同时这些城市也具备培养这类人才的自然环境和人文环境。天津地区海洋和海事高等教育资源丰富,但至今没有成立专门的海事大学或海洋大学。可以以弘扬河海文化为契机,整合天津理工大学海运学院、天津科技大学海洋与环境学院、天津农学院水产学院、天津海运职业学院相关学科资源,成立天津海洋大学,构建有天津特色的"河海教育"。

五、结语

习近平总书记指出,要加强对中华优秀传统文化的挖掘和阐发,使中华民族最基本的文化基因与当代文化相适应、与现代社会相协调,把跨越时空、超越国界、富有永恒魅力、具有当代价值的文化精神弘扬起来。[①] 天津市河海文化正是具有天津特色的优秀传统文化,应继承并弘扬河海文化,将河海文化融入"十项行动"之中,为天津经济社会文化各项事业发展贡献传统文化力量!

(周持,北辰区档案馆;刘阳,南开大学博物馆)

① 习近平:《在哲学社会科学工作座谈会上的讲话》,中共中央文献研究室:《习近平关于社会主义文化建设论述摘编》,中央文献出版社,2017,第 83 页。

加快推进天津长城文化保护传承利用研究*

任云兰

引言

长城作为中华民族的象征，历史悠久、举世闻名。万里长城横亘我国京津冀等 15 个省区市，它凝聚了中华民族自强不息的奋斗精神和众志成城、坚韧不屈的爱国情怀，成为中华民族的精神标识和中华文明的象征。党和政府高度重视长城文化保护传承利用工作，早在 1961 年 3 月，长城就被国务院列为全国首批重点文物保护单位。1984 年 9 月 1 日，邓小平同志向全国发出"爱我中华，修我长城"的号召；1987 年 6 月，长城成为中国首批入选的世界文化遗产。2006 年 12 月 1 日，《长城保护条例》正式施行①；2019 年 1 月，国家出台《长城保护总体规划》②（以下简称《规划》）；2019 年 12 月中办、国办印发了《长城、大运河、长征国家文化公园建设方案》③（以下简称《方案》）。该《规划》和《方案》为长城文化保护传承利用提供了行动指南。天津作为长城的重要节点，素有京

---

* 本文曾发表于《城市发展研究》2023 年第 4 期。

① 中华人民共和国国务院：《长城保护条例》，https://flk.npc.gov.cn/detail2.html?ZmY4MDgwODE2ZjNlOTc4NDAxNmY0MWQ4ZmNkYzAwYzI.

② 文化和旅游部、国家文物局：《长城保护总体规划》，https://www.gov.cn/zhengce/zhengceku/2019-12/09/5459721/files/683a92ff615c44788c5ccc378931d2c9.pdf.

③ 新华社：《中共中央办公厅、国务院办公厅印发〈长城、大运河、长征国家文化公园建设方案〉》，https://www.gov.cn/zhengce/2019-12/05/content_5458839.htm.

畿门户之称,因而深入挖掘天津长城历史文化遗产资源,加快推动长城文化保护传承利用,弘扬中华优秀传统文化,具有十分重大的意义,本文试图就此问题进行深入探讨。

一、军事防御与天津城镇的形成与发展

军事防御促进了天津城市的形成与发展。为拱卫京畿,保卫漕运,加强防御,明王朝相继在天津及周边地区进行了一系列军事防御部署,如设立军事重镇天津卫和九边重镇蓟州镇,修筑长城,疏浚京杭大运河,在天津及周边自北向南建立寨堡、驿站、驿铺、卫城和官屯等军事防御设施,并屯集重兵防守,从而构建起较为严密的军事防御体系,成为拱卫京畿的防御屏障。天津长城地处蓟州北部山区,现存长城遗产均为明代长城遗存,集中修筑于明洪武十四年至成化二年(1381—1466),明成化十二年至万历十九年(1476—1591),持续增筑边墙,建设空心敌台,强化长城军事防御能力。蓟州长城是天津地区拱卫京畿最重要的军事防御设施,全长 40. 28 千米,东起河北遵化钻天峰,途经赤霞峪、古强峪、船舱峪、青山岭、车道峪、黄崖关和前甘涧,西至北京平谷区将军关①,是我国万里长城的重要组成部分。为保障京畿地区军需物资补给,通过京杭大运河和蓟运河等河道,源源不断地运送漕粮。随着时间的推移,地处京畿要地的天津又成为近代海防的重要基地,在欧风美雨的浸润下,迅速发展成为商贾云集、商贸繁荣的大城市,周边的蓟州、宝坻、武清和静海城关,以及下营、官庄、军粮城、杨柳青、陈官屯、唐官屯等军事驿站、驿铺相继发展为城镇,天津城镇发展格局初步形成。因此,天津城镇的形成与发展和军事防御密切相关,二者相伴相生,相辅相成。

二、天津长城历史文化遗产资源的挖掘与梳理

天津长城是我国古代首屈一指的军事工程万里长城的重要组成部分,积累

① 天津大学建筑设计研究院编《天津明长城保护规划(2019-1035 年)》,2019 年 12 月。

了丰富的军事、建筑、文化和生态等历史文化遗产资源，是军事之城、建筑之城、文化之城、人文之城和生态之城，归结起来，主要包括如下几方面。

(一)军事遗产

天津长城不是一道独立的城墙，而是由城墙、烽燧系统、城堡系统(墩堡、营城、卫所)、关城以及后勤给养保障系统(漕粮运输系统、粮仓、驿站和驿铺)组成的整体，它是从侦查预警到前线防卫，从信号传递到增援策应，从前线指挥到后勤保障相互连贯的军事防御体系，这一防御体系构成严密而完整，由各级军事指挥系统层层指挥、节节控制。

从长城选址布局看，天津长城与我国其他长城一样，毫无例外地遵循“因地形，用制险塞”①的原则，选址于崇山峻岭或峡谷险阻之处。城墙选址布局充分利用地形，沿着山岭脊背修筑，达到“易守难攻”的效果。对于素有“蓟北雄关”之称的关城布局，则选址于两山峡谷之间的黄崖关修筑。这样既便于防守，控制隘口，又利于节约人力，达到“一夫当关，万夫莫开”的效果。

从军事防御工事看，天津长城拥有由城墙、烽燧和寨堡等多种防御工事组成的以防为主、防守兼备、功能完备的军事防御工程体系。它既包括具有防御功能的城墙、敌台 85 座、关城和水关各 1 座，又包括具有警戒功能的烽燧 4 座和若干烟灶与火池；既包括具有屯兵功能的寨堡 9 座，又包括具有生活功能的居住址、水窖、水井和坝台②。同时，天津长城因地处京畿，为巩固边防，抵御匈奴等北方游牧民族的突袭和侵扰，全线墙体修得最为高大宏伟，一般高达 7—8 米，宽达 5—6 米，居辽东、蓟州、宣府、大同、榆林、宁夏、甘肃、太原和固原等“九边重镇”之冠。

从军事应援屯兵的营城情况看，天津长城拥有科学合理的军事增援策应体系。天津长城的应援屯兵的营城按照横向分段、纵向分层、以点连线、以线带面的方式，构建了完善的增援策应体系。从横向应援屯兵的营城布局看，以黄崖关口为中心，以沿线七座寨堡为纽带，以长城墙体相连；从纵向应援屯兵的营城布局看，以黄崖口营城堡、中营城堡、下营城堡、蓟州古城为依托。二者相互结

---

① 司马迁：《史记》卷八十八《蒙恬列传第二十八》，中华书局，1982，第 2565 页。

② 《天津明长城保护规划(2019-1035 年)》。

合形成结构严密、布局合理、分工协作的军事增援策应体系。

从后勤给养保障情况看，天津长城拥有完备的后勤给养保障系统。为保障天津长城驻军的后勤给养，朝廷利用京杭大运河和蓟运河，建立漕运通道。明朝初年，利用京杭大运河，将漕粮运至天津，然后通过海河和渤海辗转至蓟运河，再沿蓟运河上溯至蓟州。但因海难频发，天顺二年(1458)开通直沽河，通过海河和直沽河直转至蓟运河，向蓟州输送军需物资。同时，在军粮城、蓟州和黄崖关设立仓库，以存储长城戍边士兵的粮饷。完备的后勤给养保障系统对天津长城的军事防御、克敌制胜起到了至关重要的作用。

总之，天津长城具有重大的军事价值，其突出的军事防御思想在我国军事发展史上具有极其重要的地位，这对于研究我国古代军事作战思想形成和发展具有十分重要的意义。

(二)建筑遗产

天津长城在建筑技艺、建筑布局、建筑结构材料等方面积累了丰富的修筑经验，遗留了丰厚的建筑遗产。

从建筑技艺看，为增强城墙的稳定性，提高城墙的防御性能，突出体现城墙的雄伟壮观，城墙采取下宽、上窄，自下而上逐渐收分的方式进行构筑。在城墙顶部，内侧设高 1 米余的宇墙，以防巡逻士兵跌落，外侧设高 2 米左右的垛口墙。垛口墙上部设瞭望口，下部设射击孔和礌石孔等作战装置，以观察敌情和实施射击、滚放礌石。明代中期抗倭名将戚继光调任蓟镇总兵时，对长城防御工事作了重大改进，在城墙顶部设置空心敌台，以住宿巡逻士兵和储存武器粮秣，使长城的防御功能大为增强。

从关城建筑布局看，天津长城在峡谷南侧相对平坦的山地上设黄崖关关城一座。关城系边防前沿的军事据点，其主要功能是封锁防御。为提高关城的防御性能，黄崖关关城采用“T”字形错位街巷形式进行布局，街巷似通非通，步入其中，如入迷津，俗称“八卦迷魂街”。黄崖关是明长城沿线的关城中唯一采用这种防御性街巷格局的独特范例，堪称军事工程的杰作。

从建筑结构和材料看，天津长城修筑遵循“就地取材、因材施用”的原则，大多采用土石混筑的结构构筑墙体，墙芯则以土壤和碎石等物填充，墙体内外两侧表面以块石垒砌,以白灰勾缝,墙顶以片石铺墁。

（三）文化遗产

与其他省市的长城一样,天津长城既是军事遗产,也是建筑遗产,更是驰名中外,堪与埃及金字塔相媲美的世界文化遗产。它既展示了中华民族源远流长的发展历史,灿烂辉煌的华夏文明、博大精深的军事文化、技艺高超的建筑文化等丰富的物质文化遗产,又凝聚了中华民族自强不息、奋发有为、百折不挠、众志成城、坚不可摧的民族精神、爱国情怀、雄伟气魄和非凡的智慧与创造能力等深厚的精神文化遗产。天津长城严密而完备的军事防御体系,展现出长城博大精深的军事文化。其高大宏伟的城墙和关城布局,展现出长城技艺高超的建筑文化。其修筑过程中涌现出来的戚继光和巾帼英雄等众多可歌可泣的动人故事,展现出长城经天纬地的人文精神。历朝历代文人墨客为讴歌长城创作的大量诗词歌赋、美术、音乐等文艺作品,展现出长城底蕴深厚、丰富多彩的文化宝库。杜甫在《后出塞》中描写的“渔阳豪侠地,击鼓吹笙竽”和白居易《长恨歌》中的“渔阳鼙鼓动地来,惊破霓裳羽衣曲”就是古时蓟州边防军情的生动写照。

（四）交通遗产

天津长城军事防御系统遗留的交通遗产主要表现在墙顶交通运输和后勤给养交通保障两方面。在墙顶交通运输方面,为加强长城墙顶的物资运输,在城墙内侧设置登城马道和步道,便于战时向墙顶快速输送兵力。其中较大的城墙马车可以通过具有一定坡度的登城马道,将军需物资从地面运送至墙顶。同时,在墙顶设置合理的宽度,以保持两辆马车双向行驶。在后勤给养交通保障方面,为实现南粮北运,给戍边部队提供源源不断的军需物资补给,切实加强后勤补给保障,充分利用京杭大运河、海河、渤海和蓟运河发展漕运,建立完善的漕运系统。

（五）通信遗产

烽燧系统是天津长城军事防御系统最突出的通信遗产,它由烽燧、烟灶和火池组成,是我国古代最快最有效的军事通信系统。其中烽燧系用于点燃烟火,传递敌情的高台,是古代重要的军事防御设施。为了保持合理的视距,烽燧修建时遵循“五里一小墩,十里一大墩”的原则。一旦遇有敌情发生,则白天施烟,夜间点火,台台相连,便将敌情以最快的速度进行传递,便于沿线驻军及早做好防范敌人入侵的战斗准备。

(六)生态遗产

天津长城虽然修筑在崇山峻岭之中,历经千百年来的风雨洗礼,但其周边生态环境依然完好无损,这突出体现了古代劳动人民在修筑长城过程中十分注重生态环境的保护,追求天人合一、建筑与自然和谐共生的生态文明理念,为中华民族保留了丰厚的生态遗产。

(七)地名遗产

为拱卫京畿,构建以长城为主的军事防御体系,自明朝定都北京以来,相继在天津地域范围内设立了卫、寨堡、营、关、驿、铺等,诞生了下营、黄崖关、官庄等许多具有军事色彩的地名,形成了独具特色的地名文化遗产。

(八)长城遗产资源的突出特征

概括起来,天津长城历史文化遗产资源呈现如下突出特征。第一,军事遗产突出。天津市的长城虽然不长,但却是一个严密而完整的军事防御体系。第二,线性特征明显。天津长城横跨蓟州区 11 个自然村,长城墙体及其依附的历史文化遗产呈现出明显的线性分布特征。第三,遗产资源丰富。天津长城历史文化遗产资源不仅涵盖了军事、建筑、文化、交通、通信、生态和地名等诸多方面,而且涵盖了物质和非物质文化遗产两个方面,资源十分丰富。第四,多重性特征明显。天津长城既是军事和建筑遗产,也是文化和交通遗产,因而具有明显的多重性。

三、天津长城历史文化遗产资源保护传承利用的现存问题

综观天津长城历史文化遗产资源保护传承利用情况,我们取得了一定成绩,同时也应清醒地认识到存在的突出问题。

(一)长城遗产资源的保护有待进一步加强

1984—1987 年天津开展了一次大规模的长城修复工程,该工程东起半拉

缸山,西至王峁顶,共修复城墙 3025 米,敌楼、墩台 20 座,黄崖关关城 1 座。此次修复工程对于保护天津长城历史文化遗产资源、弘扬长城文化发挥了举足轻重的作用。但自此以后长达 30 余年里,天津长城的修复工作一直处于停滞状态。

(二)长城遗产资源价值有待进一步深度挖掘

目前对天津长城历史文化遗产资源价值的挖掘还多停留在表面,即未能就博大精深的军事与建筑等遗产价值进行充分挖掘,亦未能就千百年来与天津长城相关的人文轶事进行深度挖掘整理,更未就天津长城的历史文化资源开展广泛的文艺创作。

(三)长城遗产资源的利用有待进一步提高

目前天津长城历史文化遗产资源的利用还存在就长城论长城的问题,一方面未能将长城视为举世闻名的文化遗产品牌,在天津全市乃至京津冀地区范围内进行统筹谋划、全面整合、整体部署和全力推动,从全局和战略的高度充分发挥其对蓟州、宝坻乃至天津全市域经济社会发展的引领、辐射和带动作用。另一方面未能将深厚的长城历史文化遗产与休闲旅游进行充分融合,以致造成对游客吸引力不够强,客流量不大。

(四)长城遗产资源保护传承利用有待进一步协同

目前天津长城历史文化遗产资源保护传承利用的协同发展问题,一方面表现为长城遗产资源的保护、传承与利用之间衔接不够紧密,存在相互脱节的现象;另一方面表现为长城遗产资源保护传承利用与蓟州其他地区、天津全市域乃至毗邻的京冀地区相互协同不够,存在各自为政的现象。

(五)长城文化遗产景区综合配套设施有待进一步完善

2017 年 7 月纵贯蓟州北部山区,历时 3 年、总投资 11.2 亿元、全长 31 千米的津围北二线公路建成通车①,这对于改善天津长城文化遗产区交通,串联蓟州中上元古界国家自然保护区、九龙山国家森林公园和渔阳古镇等旅游景区,

---

① 北京日报:《津围北二线打通京冀旅游通道》,https://m.huanqiu.com/article/9CaKrnK3VP8.

推进京津冀交通一体化具有重要意义。但仍然存在景区旅游高峰时段停车泊位、无线网络信号覆盖范围和旅馆餐饮设施不足等问题,亟待进一步完善。

四、加快推进天津长城历史文化遗产资源保护传承利用的对策与措施

基于天津长城历史文化遗产资源保护传承利用现状及存在的突出问题,提出如下对策与建议。

(一)统筹谋划,强化顶层设计

1. 科学划定天津长城国家文化公园规划范围

认真贯彻落实中央和国家关于加强长城历史文化遗产资源保护传承利用工作的部署,科学划定天津长城国家文化公园规划范围。根据《方案》,长城国家文化公园不仅包括长城本体及附属建筑,而且还包括“周边就近就便和可看可览的历史文化、自然生态、现代文旅优质资源。”基于上述原则,要突破行政辖区限制,从京津冀地区通盘考虑天津长城国家文化公园的规划范围。天津长城国家文化公园不仅包括长城本体及黄崖关长城风景名胜区,而且包括与黄崖关长城风景名胜区毗邻的蓟州其他区域等周边就近就便和可看可览的各种历史文化、自然生态和现代文旅优质资源。同时,根据与长城风景名胜区的远近程度,由近及远可依次划定核心区、辐射区和拓展区。

核心区主要包括长城本体及黄崖关长城风景名胜区。

辐射区主要指距核心区 60 千米范围以内的区域,包括与核心区毗邻的蓟州其他区域、北京平谷与河北遵化、兴隆等地区。其中蓟州其他区域包括长城风景名胜区周边官庄、下营、渔阳、穿芳峪、许家台、出头岭、西龙虎峪、邦均、五百户、礼明庄、罗庄子和孙各庄乡等乡镇范围内的历史文化、自然生态、现代文旅优质资源。包括盘山国家风景名胜区,蓟州渔阳古城(包括独乐寺、关帝庙、蓟州文庙、渔阳鼓楼、鲁班庙和围坊遗址),西井峪国家历史文化名村,别山和邦均汉墓群、孙各庄隆福寺及行宫遗址、清代皇家园寝、邦均西周战国遗址、下营天津广播电台战备台旧址及礼明庄平津战役前线司令部旧址等历史文化遗

产资源,中上元古界国家级自然保护区、九龙山国家森林公园、九山顶自然风景区、八仙山自然风景区、梨木台自然风景区和蓟州溶洞等自然生态景区,蓟州下营郭家沟和常州村等山野乡村文旅资源。北京平谷包括金海湖、京东大峡谷和大溶洞、金山岭长城、雾灵山风景区和古北水镇和四座楼自然保护区等景区。河北包括遵化清东陵皇家园寝、兴隆六里坪国家森林公园和国家地质公园等景区。

拓展区指距核心区 60—100 千米范围的区域,主要包括天津宝坻、北京密云和河北三河。天津宝坻包括宝坻城关镇、周良街和黄庄镇等镇街范围内的历史文化、自然生态、现代优质文旅资源,主要包括宝坻城关镇大觉寺、石经幢、秦城遗址、广济寺和周良街玉佛宫博物馆等历史文化遗产资源,以及周良街帝景温泉度假村和黄庄镇小辛码头村美丽休闲乡村等。北京密云主要包括慕田峪长城和明十三陵等。河北主要包括承德避暑山庄和磬锤峰等。

2. 统筹谋划,科学规划

天津长城国家文化公园规划范围一经划定,须尽快按照《方案》要求,责成有关职能部门按照多规合一要求,结合全市正在开展的国土空间规划,对现有的长城国家文化公园(天津段)建设保护规划进行深化。该规划应重点突出如下几方面内容。一是突出国家文化发展战略,切实提高政治站位。明确天津市长城国家文化公园要主动融入国家长城文化公园发展战略,成为国家长城文化公园的重要组成部分。二是坚持全局一盘棋。规划不仅要对规划范围内的文旅资源进行整合,将整合为天津长城国家文化公园的内容,做大做强长城世界文化遗产品牌,而且还要妥善协调长城文化遗产资源的保护、传承与利用之间的相互关系,高度注重运用现代移动互联网等技术,建立健全的文旅综合配套服务设施。三是坚持区域协调。规划既要加强与长城沿线省区市尤其是京冀地区协调联动,主动对接,相互取长补短,实行差异化发展,又要加强与长城国家文化公园发展相统筹,使之既相对独立,又相互联系,两者相辅相成,相互促进,共同发展。四是坚持文旅融合。既要积极挖掘天津长城历史文化遗产资源,讲好长城故事,大力开展以长城历史文化遗产资源为题材的文化和影视剧等文艺创作,着力培育长城世界文化遗产品牌,又要合理设置文旅主题,科学设计旅游线路，创建优良的文旅生态，更要以长城国家文化公园为载体，实施文化搭台，经济唱戏，切实将宝贵的历史文化遗产资源优势转换为经济优势，从而促进地方经济发展。五是坚持多规合一。规划要与全市国土空间规划密切结合，将天津长城国家文化公园建设保护规划的内容具体落实到市区国土空间规划之中。六是坚持近远期结合。规划既要考虑天津长城国家文化公园的远期发展愿景，也要考虑近期看得见、摸得着、见效快的项目。

（二）健全工作机制，强化组织保障

切实发挥天津大运河文化保护传承利用暨长城、大运河国家文化公园建设领导小组的组织协调作用，重点研究解决天津长城文化保护传承利用的主要任务、重点工程、突出问题和重大事项，进行督促检查考核，积极加强与国家部委和长城沿线各省市对接，协调解决跨部门、跨省市的重大问题，确保天津长城文化保护传承利用的各项工作协调有序，稳步推进。

（三）尽快启动若干重点工程，强化工作成效

按照天津市委、市政府总牵头，蓟州等相关区党委政府实现属地责任制的原则，分头落实，抓紧启动长城文化遗产资源挖掘、整理与传承、长城文化数字再现、文化遗产保护与修缮、长城世界文化遗产品牌提升、长城历史文化题材精品文艺创作、长城历史文化遗产资源整合与文旅融合、旅游精品线路规划设计、交通通信、餐饮与环卫等综合配套设施完善以及“互联网+”文旅融合发展等工程，加快构建基于移动智能终端技术的文旅服务系统，力争在较短时间内取得显著工作实效。

（四）广筹建设资金，强化资金保障

广泛筹集建设资金应从如下几方面入手。一是设立天津长城国家文化公园建设工程专项资金。二是发行专项债券，以市场化方式筹集建设资金。三是天津市和蓟州、宝坻两区政府每年将长城国家文化公园工程建设费用分别纳入市区两级年度预算。四是认真借鉴20世纪80年代天津集资修复长城的经验，动员社会各界积极捐款捐物等方式筹集建设资金。

（五）加强法治建设，强化法治保障

认真贯彻落实《方案》要求，积极借鉴兄弟省市经验，研究制定天津长城保

护条例,为天津长城保护传承利用提供法治保障,将天津长城历史文化资源保护传承利用纳入法治化轨道。

(六)加强宣传推介,强化舆论导向

充分利用互联网、广播、电视和报纸等多种媒体,加强对天津长城国家文化公园规划建设工作进行广泛宣传报道,努力营造良好的舆论氛围。

总之,加强天津长城文化资源保护传承利用,加快推动天津长城国家文化公园建设步伐,努力将天津长城构建为展示中华文明的璀璨文化带、绿色生态带和缤纷旅游带,彰显中华优秀传统文化的持久影响力和强大感召力,对于促进天津文旅产业融合发展,振兴天津长城周边地区经济,加快天津城镇化进程,壮大长城文化品牌,弘扬中华文明具有十分重要的意义,我们必须切实提高政治站位,积极应对。

(任云兰,天津社会科学院历史研究所)

俏皮话窝子天津卫*

谭汝为

天津人爱说俏皮话，这跟天津人幽默的性格分不开。天津人爱编俏皮话，从俏皮话中能读出天津卫的历史文化、风土人情。天津人爱用俏皮话，无论是戏曲、相声、小说，只要落地天津卫，俏皮话一出，妙趣横生，津味十足。难怪有人说：天津卫是个俏皮话的窝子。

一、俏皮话学名歇后语

“撂下担子唠家常——歇后语”。人们把群众口头创作的歇后语称为俏皮话。在汉语熟语系列里，歇后语是与成语、惯用语、俗语、谚语平起平坐的重要成员，且以其独特的语义结构和言语风格卓然自立，独领风骚。其结构形式由近似于谜面、谜底的两部分组成。二者呈现“引、注”关系，即前一部分为“引导语”，以让人猜测，后一部分是“目的语”，对前一部分作注解或解答，是说话人真意之所在。

例如“老鼠过街——人人喊打”“狗咬吕洞宾——不识好人心”等，是字面义与真实义前后呼应的联结体。不少歇后语的后半截是不能省去的，如省去，就令人费解了。如“薛仁贵不叫薛仁贵——白袍(跑)”，如果不说出后面的部分，会让人不知所云。但在一定条件下，歇后语是可以只说前一部分的，例如

---

* 本文曾发表于2023年10月10日《今晚报》，第24版。

"猫哭老鼠""竹篮打水""老王卖瓜""骑驴看唱本""泥菩萨过河""夜猫子进宅""小葱拌豆腐""黄鼠狼给鸡拜年"等。因为这类歇后语使用频率高、耳熟能详,人们听到或看到上半段,就自然会意识到下半段了。

二、俏皮话里有历史

俏皮话来自民间,活跃在老百姓的口头上。能反映一座城市的风土人情、生活百态、民间习俗、掌故传说、五行八作。从天津人说的俏皮话里了解天津的历史文化,从中挖掘民间文化财富,寻找城市文化记忆。

从内容上看,有些俏皮话是天津的新事物出现之后百姓的爱憎表达。如"绕城转——白牌儿",说的是1906年6月,天津第一条公交线路——环城有轨电车正式开通运行,由于车头挂的是白牌,故称为"白牌电车"。其线路从北大关起,分别驶向东、西两面,沿围城马路环行。

"日本轮船——满丸(完)",指旧时天津海河码头常有日本轮船停靠,日本船多以"某某丸"命名,这个俏皮话体现天津百姓对日本侵略者的仇视和嘲弄,表达了恨不得侵略者早日完蛋的心境。

"大光明摆渡——快!"赞扬了旧时海河大光明摆渡最先使用机器渡船,渡河速度显著提高。

"大老俄卖毯子——扔脖子后头",讲述了旧时天津租界里,贫穷的白俄罗斯人在街上卖毯子时,常将毯子搭在肩头。"扔脖子后头"说的是把过去答应的事儿置之脑后,抛在一边。

"五分钱的羊杂碎——有点儿肚(堵)",说的是羊杂碎本应包括卤熟心、肝、肺、肚、肠等动物内脏,但因为肝、肚相对成本高,所以给得少。"有点儿肚"谐音"有点儿堵",指堵心或道路堵塞。这些俏皮话都是对旧时天津卫社会生活的展现。

三、年画画上俏皮话

天津是戏曲码头、曲艺之乡、相声窝子,深厚的文化积淀成了俏皮话涌现的催化剂。

图 1　杨柳青年画《俏皮话》

俏皮话年画就是少年儿童启蒙教育活灵活现的教材。吴峰的《老天津的俏皮话年画》中写道:“有些图画以文学名著人物为题材。如:‘周瑜当当——穷都督(嘟嘟)’。画面上周瑜穿着戏服,头插锦鸡翎,抱着一个包袱,站在当铺高高的柜台前。该俏皮话儿巧妙地联想了周瑜穷困潦倒的窘况,又利用谐音,将穷都督化为说话时的穷嘟嘟,诙谐幽默。再如:‘张飞纫针——大眼瞪小眼儿’。都知道张飞是豹头环眼,让他纫针,当然是大眼睛瞪着小针眼儿了。画中的张飞瞪着大眼睛纫针,滑稽可笑。‘拾茅蓝的溜河边——剟鱼(多余)’。画面上衣着破旧的大男孩,手里拿着竹竿和钩针制作的剟子,背着个竹筐,在河边溜达。‘拾茅蓝的所用的剟子,本是剟取破布头儿、废纸屑用的,用它去剟河里的鱼,不过是脱离实际的妄想。‘挑水的看大河——净是钱啦’。画面上挑水人,敞胸露怀,汗流满面。头顶草帽,颈围毛巾,看上去非常辛苦。因为以前没有自来水,市民吃水依靠挑水人从河里或井里打水挑来卖,对于卖水者来说河水就是钱,这句话用来讽刺满脑子只惦记钱的人。‘剃头挑子——一头儿热’,是指办事时一厢情愿。画面上剃头师傅的扁担挑子,一头是方凳子,凉的;一头是小火炉上放置铜盆,盆里的水保持热度,十分形象。”

图 2 《俏皮话》画面细节(1)

图 3 《俏皮话》画面细节(2)

四、蒋子龙赞津味歇后语

活跃在天津的现当代文坛作家,如刘云若、李燃犀、冯骥才、蒋子龙、林希、肖克凡、雪屏、吕抒怀、扈其震、王松、郁子等,在他们创作的津味小说里,歇后语的运用不仅数量多而且出神入化,恰到好处。

天津滨海新区文化学者、诗人谷正义痴迷于歇后语研究,热情数十年未减,从收集、整理到求证、研究,日积月累,由浅入深,苦中求乐,乐此不疲。1978年,他搜集汇辑 1000 多条歇后语,自印成册,深受欢迎。2000 年,天津人民出版社出版了谷正义 30 多万字的专著《歇后语趣谈》。著名作家蒋子龙为之作《序》说:“此书有趣,有味儿,有价值。资料翔实,又作工具书使用。也可消闲解闷,增长见识。”在这篇序言里,蒋子龙先后用了 7 条表褒义的歇后语:“五齿钩挠痒痒——一把硬手”“豆腐坊里的石磨——道道儿多”“大姑娘绣花——这可是个细致活儿”“文火炖猪蹄儿——要的就是这个工夫”“寿星老儿的脑袋——宝贝疙瘩”“蝎子粑粑——独一份儿”“和尚成道——神了”等,来赞颂谷正义深入钻研歇后语的精神。另外,作为行文陪衬或对应,还引用了 4 条贬义或中性的歇后语,如“雨天拔豆子——拖泥带水”“灶王爷卷门神——画(话)里有画(话)”“和尚打伞——无法(发)无天”“懒婆娘的裹脚布——又臭又长”等,真是妙笔生风,妙趣横生。

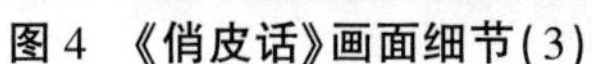
图4 《俏皮话》画面细节(3)

图5 《俏皮话》画面细节(4)

五、天津俏皮话有“大全”

天津人民出版社即将出版《天津俏皮话大全》。这部书的妙处在于各种类型的俏皮话已形成多个系列，例如“二小”系列、“老太太”系列、“张飞”系列、“武大郎”系列、“孙猴儿”系列、“猪八戒”系列以及动物“狗”“马”“牛”“猴”“老虎”“麻雀”“黄鼠狼”“夜猫子”“屎壳郎”等系列，少的有数十条，多的有上百条。

《天津俏皮话大全》以对类型人物进行评价的“属……”系列俏皮话就有60条之多。例如“属八哥的——净玩儿嘴皮子”“属刺猬的——谁碰谁扎手”“属对虾的——拴一块儿了”“属疯狗的——见人就咬”“属公鸡的——光打鸣不下蛋”……由此可见，这部书冠名“大全”，诚非虚言。但从另一个角度看，所谓“大全”，只是相对而言。因为津沽文化博大精深，俏皮话浩如烟海，欲将其一网打尽，尽收无遗，一条不漏，是无法办到的。

俏皮话产生并流传于日常生活，历代民众基于生活情境和内心感受，不断创造出鲜活灵动的俏皮话，闪烁着智慧和情趣的光华，令人赞叹不已。可以说，只要有生活的地方，就必然有大量的俏皮话不断产生并广泛流传。有些俏皮话是历史流传下来的,承载着传统文化信息;有些俏皮话是新近形成的,反映新时代的民间生活和社会风尚。俏皮话在不断产生的同时,也有数量不少的部分在悄然消失。因而,从日常生活中、人们交谈的口头上搜集俏皮话,进行注解诠释,既是一项民间文学搜集工作,也是一项民间文学遗产保护工作,十分必要。

图6 《俏皮话》画面细节(5)

(谭汝为,天津师范大学)

探觅天津早点的“低调”美味*

由国庆

津味早餐已经成为天津的一张响当当的名片，甚至生活中，说“煎饼馃子”“棒槌馃子”“锅（嘎）巴菜”时腔调的拿捏，都成为大家判断你是否“到过天津”、是否“会说天津话”的一种标尺。

事实上，在很多老天津人眼中，除了那些网红津味早餐品种之外，还有很多既朴实又讲究的天津早餐，同样值得品味，也更值得回味。比如，大饼馃子配浆子就是天津市民日常早点的经典配搭。“浆子”即豆浆，这俗称在天津民间流传已久。津味浆子以浓香著称，远近闻名。相声大师侯宝林 20 世纪 40 年代初在津演出、走红，喜欢吃天津小吃，他曾夸这里的豆浆“那叫醇，就跟天津人一样，厚道！”不仅如此，其他早餐中的“隐藏”品种还包括老豆腐、白豆腐、秫米粥、杏仁茶等。

一、“浆”心独具

老年间，卖浆子的豆腐房（坊）遍布天津街头里巷，且有大小之分。小豆腐房面积不大，进门就几张桌子，磨就在旁边，倒是让人心明眼亮——好黄豆，现磨、现熬的浆子。说到豆子，天津豆腐房常用东北的或北河（位于今河北省定兴县）的圆豆（黄豆的一种，粒圆），特点是磨出浆子来色白、油性大，且出浆率

* 本文曾发表于 2023 年 6 月 9 日《今晚报》，第 20-21 版。

高、营养价值高。小豆腐房较少自制烧饼、馃子之类的配套吃食,所以在小店附近常有馃子铺、烧饼或大饼摊,为豆腐房送货。之于顾客呢?就近自己买来,进店再喝浆子也方便。

大豆腐房就不一样了,除了磨浆子、做老豆腐,往往有自己的炸馃子摊、烙饼摊。待早餐时段一过,还卖卤水豆腐、鲜豆皮儿,乃至支油锅炸豆腐、加工辣豆腐。一天下来产生不少豆腐渣,会有专人到大豆腐房来收,拿去当饲料。街坊四邻蒸窝头吃时,也可能讨要一点儿豆腐渣,掺玉米面里增加暄软度。笔者小时候离家不远就有一家豆腐房,自己常到磨房里玩,爱看往下滤浆子,也找人家要过温热的豆渣吃。

为什么叫豆腐房,而不说浆子铺呢?老天津人只习惯吃早点时喝浆子,卖浆子多限清早时段,一天下来大部分时间是要做豆腐、卖豆腐的,从时长与销量层面来说,卖浆子可谓一种附属。"配角"并非稀松事,豆腐房必有一个十字吊架,四角吊着细目纱布,兜着一大兜磨好的粗豆汁豆碎。吊架"吱扭""吱扭"地摇,豆浆从兜底慢慢滴入下面的大锅里或浆桶里,煮沸,撇去浮沫,再用文火慢慢熬,待豆腥气消失,豆香便飘散开来,"卫嘴子"的一天就从一碗浓豆浆开始了。

天津人喝浆子一定要喝用大铁锅熬出来的热浆子,俗称"吸溜着喝"。初尝一口,舌尖感觉稍微有点儿清苦,甚至小有糊锅味(稠浆慢熬过程中锅底自然微糊),随即舌根、齿颊回甘,香气十足。有意思的是,天津人喝浆子素来喜欢加细盐(旧称二盐),觉得这样更香,而不像国内大部分地区的食俗要加白糖。缘何?津地本为大码头,加之后来开埠通商,干体力活的多,街上跑买卖者众。这类人群出汗多,吃起饭来一要补充盐分,二要顶饱搪时候,三还得快捷。另外,也与津沽盐业发达有关联。

浆子加盐也许还另有原因。过去日子穷,人们早晨起来带着一块凉饽饽或剩大饼,到豆腐房花两分钱买碗滚沸的浆子,撒点儿盐,干粮掰碎往浆子里一泡,滋味恰到好处还能"下饭"。有的早点铺还有免费的疙瘩头小咸菜可吃,假如再有半包五香大果仁就着,那真算得上是一大幸福滋味了。豆腐房、早点铺里桌面上一个筷子笼、一个二盐碗是必备,此俗传流至今。

说津味浆子浓,尤其体现在热浆子稍凉后在浆面起的一层油皮上(与腐竹同理),民间俗称浆子皮儿、豆(腐)皮儿,滋味极香醇。一碗顶烫的浆子端上来片刻,看浆面是否起皮儿,是津人衡量它浓不浓、好不好的重要标准,有些人下嘴喝浆子前喜欢迫不及待地拿筷子挑起油皮儿先送进嘴。几年前笔者在河北胜芳的小胡同里寻到一间老旧的豆腐房,见里里外外仍是几十年前的样子,大灶台上、铁锅边上存留着一层层油乎乎的锅嘎和温热黄润的浆皮儿残迹。当时,一锅浆子虽早已售罄,但小屋里仍弥漫着醇厚的豆香味。

浆子皮儿"精华"还催生了昔日的一种大致是天津卫独有的吃法——刚出锅的鲜豆皮儿卷热馃子或馃箅儿。多数豆腐房是做豆皮儿的,往往需要一名专门的伙计,他坐在大灶与浆子锅旁边,一手拿着蒲扇慢慢扇浆子,待浆子浮头稍凉结了一层皮儿,就用木棍把皮儿挑起,然后挂在横杆上。浆子浓度不够是做不出豆皮儿的,当然也不会出太多,想吃就得看机缘了。用它卷着金黄酥脆的棒槌馃子、馃箅吃,滋味之绝似乎只能用"香上加香"来形容了。于昭熙在《津门传统食品小志》中说:"豆腐店也同时出售豆腐皮儿,用以卷脆馃箅儿,很好吃。"网民"默默低头"回味:"最怀念老豆腐房里的新鲜豆皮卷馃子。"此为天津市民讲究的吃法之一。

二、豆浆俗情

浆子与馃子搭配可谓津人早餐桌上最经典、最完美的组合,在许多"卫嘴子"的食谱里二者犹如"双面胶"难舍难分,似乎这样才对味。众所周知,馃子比较油,如"小荤",若单吃,也许几口后嘴里就感觉油腻了,而与浆子相伴而食,浆子的清素、醇香恰好解腻、增味,堪称完美平衡。这何尝不是中国美食的高妙之处呢。再说喝浆子食俗,热脆馃子掰开几段泡在浆子里,或用馃子蘸着浆子吃,或边喝浆子边就馃子吃,您细品这几种吃法,口感还真小有差别。

讲究吃法不仅有鲜豆皮儿卷馃子,还有"豆腐浆"的吃法。过去豆腐房卖浆子,也卖豆腐浆,即浆子里加嫩豆腐(可做豆腐脑),二者比例大致各半,豆浆味厚,豆腐滑嫩,吃起来别有一番风味。豆腐浆也俗称"白豆腐",因为民间也有把浆子俗称为"白浆"一说。吃主儿进豆腐房一喊"来碗大碗儿白",伙计没有不明白的。啥意思?大碗的浆子加嫩豆腐,这吃法更需来点儿盐面才香。

顺便一说,在天津卖浆子、老豆腐、锅巴菜、面茶的一般都分大小碗,顾客根据食量消费自便。言及大小碗,昔日民间喝浆子还有“小碗浆子大碗盛”趣俗,但凡这样的吃主儿多半是豆腐房的老邻居、老主顾,怕用小碗盛浆子吃亏,所以用大碗来盛小碗那些量,不用说,准比用小碗盛得多。精明不精明?还有的熟客把一小碗浆子端来,泡上干粮,先猛喝下去多半碗,眼见浆子没啥了,可吃食还堆在碗底呢,于是到锅前让伙计再给添点儿浆子,如此相当于小碗增量变大碗了。

还值得一提的是滚沸的浆子冲鸡蛋、往里飞鸡蛋的吃法。瞧,二伯进了早点铺就是一高嗓:“给我来个‘大碗儿冲’,里边加点儿白豆腐”。别小瞧这貌似简单的一碗,殊不知,浆子不开不行,鸡蛋液打不匀不行,鸡蛋液进锅成疙瘩溜子不像蛋花也不成。如今炉火方便,过去早点铺就一两口灶,多半以热浆冲鸡蛋为主。

说吃出花样,还有人喝浆子喜欢加辣椒油,与笔者相熟的一位少数民族文化学者就如此。

浆子也是“画龙点睛”的角色。暂不论面食主食(天津话称“干的”),一碗锅巴菜、一碗浆子,或一碗老豆腐、一碗浆子,是天津早餐稀食的标配。天津人有意思,也算讲究,除上述就馃子吃香的原因,又觉得锅巴菜、老豆腐稍有些口重,吃完再喝几口浆子恰可冲冲咸、清清口,民间也有“灌灌缝儿”或“送送”一说,为的是肠胃更舒服。其实,如上种种“讲究”皆可视为中国美食注重综合与协调的具体表现与魅力。

2011 年秋,天津乡贤、红学家周汝昌对到访学者说,天津人讲究吃哪儿也比不了,希望“到天津去一趟,专门吃点儿小吃,大棒槌馃子、豆浆”。今下有流行歌曲叫《豆浆油条》,“我知道你和我就像是豆浆油条,要一起吃下去味道才会是最好……豆浆离不开油条,让我爱你爱到老”。这也许恰如天津人挥之不去的经典早餐搭配——浆子、馃子,特别是对那一碗浓豆浆的爱。

三、老豆腐与豆腐脑

豆浆、老豆腐、锅巴菜是天津三大传统早餐小吃,脍炙人口,但今人往往已

“模糊”了老豆腐、豆腐脑的概念，其实二者在昔日还是小有区别的。

顾名思义，老豆腐的豆腐要比豆腐脑的稍硬，盛在碗里更挺实。作家梁实秋在《雅舍谈吃》中写道：“北平的豆腐脑，异于川湘的豆花，是哆哩哆嗦的软嫩豆腐，上面浇一勺卤，再加蒜泥。老豆腐另是一种东西，是把豆腐煮出了蜂窠，加芝麻酱、韭菜末、辣椒等佐料，热乎乎的连吃带喝亦颇有味。”梁实秋虽是说老北京食事，但与天津食俗触类旁通。旧津老豆腐用卤水点，突出“老”字，其外观与口感一如《故都食物百咏》所比喻：“云肤花貌认参差，已是抛书睡起时。果似佳人称半老，犹堪搔首弄风姿。”老天津街市上卖的老豆腐大多无卤子，佐料放蒜泥汁、腌韭菜花、辣椒糊，后来也有加芝麻酱的，也有辣糊改辣油的。

直到20世纪70年代末，由天津市第二商业学校、天津市饮食公司编写的食谱资料中例举的老豆腐，仍无荤卤，只是浇上少许(大桶里的豆腐表面的)卤水而已，并说也有加少许盐水的吃法。

豆腐脑则更精制。它的豆腐细嫩，突出“脑花”的感觉，盛在碗里白生生、滑颤颤、水汪汪的状态，文人将它与老豆腐对比，趣说豆腐脑似“妙龄少女”。豆腐脑需浇荤卤，打卤先要炸透大料瓣，再爆香葱花，下入细碎木耳、花菜、豆腐丝等煸炒，加高汤、酱油烧开，接着勾淀粉芡，出锅前再飞鸡蛋花来增加卖相。豆腐脑的佐料一般有辣椒油、花椒油(油、花椒、大料、酱油烹香)、芝麻酱(用香油澥开)等。豆腐脑盛碗里，师傅那加麻酱的动作叫“勾”，这个字把动作细节表现得很传神。

若说老天津最响名的豆腐脑是啥，老饕十有八九会告诉你——口蘑羊肉末豆腐脑。烹制这豆腐脑事先需要做一点儿面筋，津人俗称“洗”，洗面筋下来的粉浆水可留待打卤用。洗好的面筋还要用热水再烫再加工，成须状为好。另外，口蘑也得处理干净，洗口蘑的水也可用来打卤。打卤时把大料瓣、葱丝、姜丝、羊肉末、面酱、酱油等一同炒香，接着添水时放口蘑、面筋须、鸡蛋皮(摊熟切丝)等，开锅勾芡即成。口蘑羊肉末豆腐脑的小料一般有辣椒油、蒜泥汁、麻酱等，盛碗时的比例一般为2份豆腐、1份卤。早年辽宁路上有家豆腐房做得最拿手，许多人专程远路去品尝。

说到底，卤是豆腐脑的灵魂(蒜水可谓“点睛”佐料)，除上述口蘑卤、肉末卤之外，旧津还有鸡汤卤(或再加肉末)、清素卤、虾肉卤等，且有饭铺还因此干出了名堂。说20世纪40年代,东门里大费家胡同附近有小店名叫束鹿馆,原本主要卖炒饼、酱肉之类,无奈市场萧条,为吸引顾客而特别创新推出了物美价廉的鸡汤豆腐脑。其卤选鲜鸡吊汤烹制,色泽酱红清透、味道醇厚;豆腐细腻,入口滑爽,一下就勾住了食客,还有相声名家成了常客。传说,束鹿馆的鸡汤豆腐脑也曾在当时的商业电台广播打广告呢。直到20世纪50年代这家小饭铺仍很热闹。现下天津坊间的饶阳豆腐脑留有老鸡汤卤的滋味,笔者曾撰《肥卤"遥阳"》,可细读。

再说清素卤,它颜色酱红、晶莹清澈、不澥不坨,吃起来挺清口。到了春天,有人可能会在素卤里加一点儿香椿芽,实乃应时口福。至于虾肉卤,颇具天津滨海物产食俗特点,今已不常见了。

天津师傅盛老豆腐、豆腐脑按老规矩多用黄铜平勺,从桶里豆腐表层开始,按顺序、按片状把它轻轻铲到碗里,动作更像慢铺,切忌触散豆腐,一影响卖相,二容易出水。讲究人吃豆腐脑俗称"喝",习惯用小勺片着吃,平着片起一勺嫩豆腐,粘裹一点卤,一起送进嘴里,往往不会舀着吃、搅着吃,那样容易导致豆腐出水、卤澥稀,滋味自然就寡淡了。津人吃豆腐脑爱搭配玉米面(加豆面)窝头或两掺面发面饽饽(白面加玉米面),吃罢再喝点儿豆浆清清口,这早饭才真叫吃"熨帖"美了。

岁月荏苒,口味转变,今日天津民间的老豆腐、豆腐脑都是带卤的,很少有人再想起那旧味无卤的老豆腐了。

四、热乎乎的秫米粥

老年间,大部分天津人早晨起来不太习惯吃油腻的早饭,吃些素净的图个神清气爽。其实清代老城厢极少见豆腐房、锅巴菜铺、炸馃子摊等,这些早点的兴起大致是辛亥革命前后的事。

那时候的"卫嘴子"早上更爱喝热乎乎的秫米粥(也称秫米饭),外加蒸饼、烧饼等。秫米是什么?它是黏高粱米的一种,早在唐代《新修本草》及明代《本草纲目》中就有"糯秫、糯粟"与"黄糯、黄米"等记载,按现代理念说,秫米粥实属药膳,不乏祛风除湿、和胃安神的保健效果,您说老天津人曾热衷的早餐粥是不是挺“高大上”？

做秫米粥，其中除了白黏秫米，还要加少许糯米（江米），用文火慢慢熬，粥里还要加小枣、白糖、糖桂花等小料，熬到口感熟烂黏稠，甜丝丝中带着花香、枣香。昔日秫米粥就像今天的豆浆一样普遍，街头巷尾随处可闻小贩叫卖声。他们担着一副粥挑子，一边是粥锅和炭火小炉，让粥总保持温热；另一边的小柜里放碗筷，走街串巷方便百姓。

清末，老城北马路近东北角处就有个刘姓人开的小铺专卖秫米粥、元宵等吃食，颇有名气，食客挺多。其他的秫米面吃食在民间也有市场，比如东北角西侧就是鸟市，那一带有柴记小摊、万源成小店等售卖龙嘴大铜壶烧沸水冲的秫米面茶汤。

若说卖秫米粥卖出名气的还得数万顺成饭铺。万顺成开办于1920年，最初位置在南市东兴大街。早先，来自当时静海县独流镇的段氏三兄弟到天津城以卖柴火谋生，攒下点儿本钱后挑起了粥挑子沿街售卖秫米粥，随着资本累积再后来开了门市，又陆续增添了锅巴菜、素包子等天津人喜欢的小吃。除了脍炙人口的秫米粥，万顺成的八宝莲子粥也有特点，它以江米和莲子为主料，配核桃仁、青梅、瓜条、葡萄干、百合等小料。

顺便说说万顺成的锅巴菜。天津锅巴菜大多为素卤，而万顺成却以肉卤锅巴菜著称，其卤用肥瘦肉片加黄花木耳烹调而成，比素卤锅巴菜更让人解馋。著名美食家唐鲁孙在《中国吃的故事》里曾提及万顺成锅巴菜，认为比起素卤来可又好吃多了。万顺成不仅在早餐时段卖锅巴菜，晚间也照样营生。美食家刘枋在《吃的艺术》中称：“万顺成每晚座上客常满，每人面前都有一碗锅巴的。”

话说段氏兄弟的买卖越做越大，1929年又在长春道、辽宁路交口（当时属法租界）开下分号，同时大增品种，如套环馃子、炸糕、盆糕、切糕、江米藕、馄饨、鸡丝汤面，以及应时到节的元宵、焖子、粽子等。1939年天津闹水灾，南市万顺成迁址到附近的荣吉大街。万顺成总号、分号一直经营到1956年，后更名为京津小吃店，所制小豆粥驰名经久。

说到早晨的粥，老天津街头也有卖大米粥的，它往往是用大麦仁熬的。这粥照样稠稠的，且麦仁有嚼劲儿，可加糖，口感更滑爽。此外，津味羊肉粥同样受人喜欢。做传统羊肉粥要选上好的羊肋条肉切小块,先炒至六七成熟,然后加羊骨汤(或水)与大麦仁、大米一起慢慢熬。麦仁羊肉粥的羊肉又酥又烂,粥浓稠,有特殊的复合香气,也堪称保健食疗名吃。

杏仁茶又是一样在老天津非常盛行的早点小吃,用新大米粉、甜杏仁粉熬制。关于其制法,民间有说先熬米粉再加杏仁粉的;也有说两种干粉面一同熬的。另外,米面有用大米粉的,也有用糯米粉的。食俗文化的多元特征让人莫衷一是。除小食铺售卖之外,卖杏仁茶的小贩担挑一般在早晨串街招揽,挑子上有热锅,锅盖的一半可以掀盖,另一半是木盘,放着餐具等物。上好的杏仁茶中常加糖桂花,卖者吆喝“桂花味儿的杏仁茶哟——”

除了文中所谈,津味传统早点还有馄饨与云吞、面茶、炸糕、煎饼馃子、蒸饼、枣卷、卷圈等,不胜枚举,包您一个月也吃不重样,这些,笔者在《煎饼馃子·煎饼果子·煎饼裹着》《天津包子滋味多》《一碗嘎巴菜聚书友》《天津人吃炸糕》以及专著《天津卫美食》中多已为读者讲述,请细品。

(由国庆,故纸温暖工作室)

武清运河村庄史文化浅说*

侯福志

过去若干年,笔者曾对北运河武清段进行了系统而广泛的田野调查。这期间,曾考察过运河两岸的300多个村庄,接受访问的老人多达500余人。考察内容涉及乡村地理、地名来源、文物古迹、民俗信仰、民间传说、名人逸事等诸多方面。笔者在录音的基础上,作了文字梳理,形成了详细的考察笔记。

2019年,在《大运河文化保护传承利用规划纲要》发布后,为履行这一纲要在天津市实施的责任,笔者利用历史文化名城保护处处长的职务身份,曾与我的同事一起组织天津勘察院、天津测绘院、天津规划院等单位,对大运河天津段进行了详细勘查和地形测绘,划定了滨河生态区、核心监控区的范围,在此基础上起草了《大运河天津段核心监控区国土空间管控细则》,该细则业已经天津市政府批准发布。

通过运河村庄史考察研究及严谨的勘查、测绘工作,笔者掌握了大量的一手资料,发现了很多不同以往的历史文化现象,这涉及洪灾、渡口、拉纤、放河灯及古地名等诸多方面。现结合作者的理解,对这些文化现象作一梳理和简单分析,以供各位同道和读者参阅。

---

* 本文曾参与2023年中国地方志与中华优秀传统文化论坛"通波千里 万家灯火——运河文化与城市发展"分论坛交流。

一、运河防洪文化

历史上,北运河在夏季经常决口,给人民生活财产造成损失。这从很多遗留下来的特殊地貌可以得到佐证。

大碱厂镇勾兆屯位于北运河以东三千米,在地理上受北运河影响非常大。在村庄北部,至今仍有一处高三四米、面积约数十亩的高台子。据村民介绍,这里原来是一道所谓的"沙土岗子",它是北运河决口后,由洪水携带的泥沙在这里冲积形成的。目前这一带地表已盖成了民居,民居的北侧外围被砌成阶梯状砖墙,远远望去,犹如一座古城堡,这种地貌形态,足以影响村庄的演变史。

大孟庄镇所属的霍屯村位于北运河西岸,紧邻运河西堤。历史上北运河曾多次在霍屯一带决口。霍屯村在立村之后不久,即在村庄北端修建了一座大庙,村里人习惯上称其为"北庙"。这座大庙占地面积三亩有余,当年北运河洪水泛滥时,决口处正对着这座大庙。据当地老人说,决口时,大庙北侧的地面瞬间被冲出一道壕沟,但大庙本身则毫发无损。一直到今天,这条被称作"北庙沟子"的决口遗迹仍在,但这座大庙建筑则因人为因素早已无存。最近的一次决口发生在130年前。据1946年出生的刘贺文老人介绍,听老人们说,清光绪年间,北运河在霍屯村北口正东方向又一次决口,当时水深一度达到三四米,除位于高台处的几户人家外,村里其他民房全部被淹没。

大良镇蔡各庄位于运河东岸,在其村西有一个面积达二三十亩的高台子,因高台子在过去属于魏姓人家所有,故当地老百姓称其为"魏台"。据魏明远老人介绍,这个高台子是几百年前北运河决口时遗留的。在他小时候,高台子远看像一座小山包,上面都是高大乔木和灌木丛。因这里少有人烟,所以无形中这里就变成了野生动物的天堂,经常有蛇、野兔,甚至偶有狐狸出没。村里曾有传闻,每年清明节或过年过节的时候,高台子上就会出现饺子、鱼肉等供品,俗传神仙显灵。这个传闻更使这个地方蒙上了一层神秘色彩。自20世纪50年代以来,因村民盖房取土,高台子局部被蚕食了不少,但绝大部分地方仍保持了旧有风貌。作为运河遗迹,其科研价值和历史人文价值是显而易见的。

河西务镇的庄窠本是运河古村,查民国时期的地图,庄窠最早坐落在北运河的南岸，后来由于决口，主河道被裁弯取直，运河改在庄窠东部经过。庄窠之“窠”本指“狼窝”（俗语，指河道决口后，将河堤或地面冲出来的空洞），显然，这个村庄的得名与运河决口相关。按照民国期间老地形图的标注，庄窠实际上位于北运河的一个转弯处，旧时因决口形成了一个很大的“狼窝”，后来外地移民在狼窝旁边的高地上盖房定居，成村后便被人们称作庄窠（窠为“窝”之俗称，至今当地老百姓仍把窠称作“窝”）。

在明清时期，在大孟庄镇大孟庄村的东南角沿岸曾设置过一处小型码头，后来因为闹洪水，码头就被废弃了。一直到 20 世纪三四十年代，人们仍可在河岸上见到码头的残迹。大孟庄至霍屯之间的北运河，曾形成了一个半圆形的小河套。上游洪水到达转弯处的时候，会对转弯处的堤坝产生巨大的冲击力。大孟庄人为求自保，曾在大堤内侧修筑了两处“堤头”（迎水坝），堤头长约百米，由于堤头本身是个很高的土岗，所以它对堤岸起到了保护作用。

值得注意的是，为了防洪保漕，在明清时期，曾在北运河武清段（自河西务至丁字沽）设置运河主簿一员，另在武清沿河各码头，包括蒙村、蔡村、筐儿港、杨村、朱家庄（下朱庄）、老米店、汉沟（今属北辰）等村镇设有“河浅”。其职能主要是于春夏期间组织夫役补筑堤口，以防冲决，确保漕运河道畅安全。如遇干旱河浅，还要组织浅夫疏浚，以利漕运。“其夫役佣力于河滨，按季领值于工部分司。”据光绪七年（1881）《武清县志》载，清雍正年间，在运河武清段设立了“三里浅汛把总”，负责附近河道的疏浚和日常维护，第一任把总为魏景铨，他是文安县人，于雍正九年（1731）六月到任。此后，陆续担任这一职务的还有王之立、马克捷、时恭、傅喜贵、全起凤等。这表明，在清朝早期，三里浅就已经是一处重要的漕运节点了，在北运河漕运史上具有重要的历史地位。

二、运河渡口文化

武清运河沿岸涉及 10 个乡镇、将近 300 个村庄。在漕运时代，运河两岸之间的交通主要靠摆渡。漕运被铁路、公路替代后，运河两岸出现了桥梁、涵闸，摆渡功能逐步弱化。中华人民共和国成立前，武清区尚有摆渡口 15 处。20 世纪六七十年代，运河两岸陆续修建十几座桥梁、涵闸，所以渡口也就慢慢就消失了。因为渡口在运河两岸普遍存在,也就产生了非常有趣的渡口文化。

大良镇的蒙村,位于运河东岸,这个村曾设有摆渡,负蒙村庄周边一些村庄与对岸大王庄(今属大孟庄镇)为集散点的人员往来。民国时期,运河东岸村庄的孩子们还通过这个摆渡到大王庄村上初小。每年秋天,负责摆渡的船工要到蒙村、大王庄等村庄农户中收粮食,以作为一年当中的摆渡费用,多则一二斗,少则三五升,人们把这种情形称作“敛秋”。由于人们手里的钱少,而粮食又不方便随时携带,所以“敛秋”这种形式,极大地便利了两岸的交通。

南蔡镇上丰庄位于北运河东岸,今属武清区南蔡村镇。在民国时期,南来北往的船只很多,借助于物资和信息的流通,上丰庄也成为一个开风气之先的古村落。据 90 多岁的毛广才老人回忆,在上丰庄村一带,过去曾有 3 处摆渡口,先前在上丰庄北边的北蔡村有一处渡口,负责摆渡的是一只小船。上丰庄对岸的南蔡村侯家也有一处摆渡口,负责摆渡是一只大船。上丰庄二街西,也是一处渡口,本村的杨家、毛家设有渡船,这处渡口同时还是一处码头。后来摆渡口移到现在村西南部。新中国成立后,在这里修建了一处木桥,摆渡因此就取消了。后来,木桥就改建为水泥桥。因为上丰庄对面是武清县三区驻地南蔡村镇,所以,解放战争时期,国民党军队(当地称“伙会儿”)曾在堤上修建了一个炮楼,里面住着一个班,用来监视渡口附近区小队及武工队等人民武装的动向。在上丰庄一带,渡口成了人民武装与国民党“伙会儿”拉锯的斗争前沿。

小王甫,今属武清区大良镇,位于大良镇西北部的运河东岸。民国时期,小王甫一带村民出行,都要到村西运河坐摆渡(对岸为今大孟庄镇寺各庄村)。著名书法家刘炳森的《紫垣秋草》一书,在记述其父亲赴南蔡村油盐店学做买卖,并在小王甫坐摆渡的故事时,曾亲手绘制了一幅题为《小王甫古摆渡》的素描图,作为文章的插图使用,为我们了解小王甫历史文化风情提供了直观依据。

黄庄街所属的马家口村,其村西南一带靠近永定河,其村西北、东南则被北运河环绕。两条河道共同组成了一个河套,使马家口形成了三面临水的地理格局。明朝永乐年间,当地曾有马姓人家在摆渡口定居,成村后这个村庄即以马家口命名。明清乃至民国时期,马家口在与运河北岸的太平庄之间,一直设有一个摆渡口,两岸村民出行时全都仰赖于它。另外,这里还曾经是运河码头和驿道的重要节点,所以,清朝时在这个村庄曾设置了一处更棚。

下伍旗镇北陈庄村坐落在北运河的河套内,旧时,村民到运河西岸河西务一带赶集均靠摆渡。中华人民共和国成立以前,村里设置了 2 处摆渡,分别由刘姓、陈姓经营。刘姓经营的是一个大摆渡。所谓大摆渡,是把两条船绑一起,可以摆渡马车等大型设施。陈姓经营的则是小摆渡,因为是一只小船,只能摆渡人口。中华人民共和国成立后,这 2 家摆渡被合并成 1 家。人民公社化时期,摆渡的使用权收归生产队。1973 年,在北运河上北陈庄附近修建了一座桥梁。摆渡从这时起就逐渐荒废了。

三、运河拉纤文化

清代诗人樊彬作有一首《津门小令》,其词云:“津门好,到处水为乡。东淀花开莲采白,北河水下麦翻黄,潮不过三杨。”所谓“三杨”,是指三个带杨字的地名。北杨是指杨村,南杨是指杨芬港,西杨指杨柳青。“潮”是指渤海湾的海潮,在海河防潮闸未修建之前,潮汐沿运河及南北运河、大清河可以上溯至“三杨”的。而借助于潮汐,南方的数百吨重的漕船可以逆流(北运河水自北往南流)顶托至杨村,但过了杨村以后,由于海拔高度的影响,潮汐再也无力上溯了。所以,在旧时,大部分漕船如果在北仓还不卸货的话,北上到杨村,它的货物也要卸下来换成对漕的小驳船。所以,在杨村以北,就出现了大量的拉纤工,这些拉纤工,有的是随船配备的,有的是在两岸临时雇佣的,这就形成了非常有趣的拉纤文化。

在明清时期,今河西务镇所属的水牛村曾有一座码头,这座码头位于河堤的东侧,南来北往的商船都要经过这里。据陈存仁老人介绍,在过去,官船一般都在河西务停泊,在水牛停泊的主要是商船。水牛村邻岸附近设有客栈,最著名的客栈是“刘家店”。主人是从北里庄迁过来的刘姓人家。这家客栈曾经红火了多年,只要商船在这里停泊,基本上都要在刘家店下榻。除客栈外,水牛村还有不少纤工、搬运工,他们都是外地打短工者,平时住在村内,一旦有活计,就集体出动,或当纤工,或当搬运工。但纤工、搬运工只可以解决一家人衣食问题,并不会实现真正富裕。所以,当地一直流行一个顺口溜:“穷秦营,富里庄,水牛村出撂地帮(土语指外地打工者)”。秦营位于水牛村南,旧时因运河经常发大水,所以老百姓比较穷困。里庄是指今北里庄村,因刘姓开设客栈,所以这个村相对比较富裕,故有“富里庄”之谓。而水牛村的纤工、搬运工,跟撂地艺人一样,有活儿就有饭吃,没活儿就只能饿着。“撂地帮”,是旧时代水牛村人贫苦生活的真实写照。

“晨雾烟茫罩河堤,细语莺声翠鸟啼。谁知纤夫足千里,满身露水汗淋漓。落帆抛锚泊河西,客商纷至把货提。贯通南北三千里,不日苏杭船到齐。”这是生活在土城村(河西务旧城)北运河边的王金泉老人,描绘的河西务运河码头往日繁华的景象。年近耄耋的王金泉老人,是运河边土生土长的河西务人,1960年始搬到土城居住。这首诗,为我们了解河西务一带的拉纤文化提供了形象化史料。据王金泉老人介绍,他家祖上是洪武年间随胡大海部队北迁的。在他小的时候,家就住在土城村南、三里屯村北的河边上,当时这一带定居的村民仅有3户,他家紧挨着河管局、税局等衙门。“住在河边,我每天都可以看到行船,流着大汗的拉纤工,还可以听到船工们呼喊的号子声。”笔者在北运河调查时,听过运河号子的老人不少,但能够像王金泉老人一样会唱运河号子的人已不多,这恐怕与他一直生活在运河码头边有直接关系。

四、运河放河灯文化

河西务是远近闻名的运河码头,也是元代漕运司设置的地方。在八百年的漕运史上,形成了其许多独具特色的运河文化习俗,农历七月十五日放河灯即是其中之一。

在漕运时代,由于运河水流湍急,漕船及剥船不时会发生出现倾覆的危险。明末文学家冯梦龙在其纂辑的《醒世恒言》一书,曾收录了一部题为《刘小官雌雄兄弟》的短篇小说,书中所描绘的运河客船遭遇风暴倾覆的故事的发生地即为河西务。

在北运河两岸,过去有一种说法,即在河里意外死的人叫“水鬼”,而水鬼的气数并未到期,所以他在阎罗殿里挂不上号,而人世间他又回不去,所以水鬼就只能暂时寄住在水里,待三年后气数已尽,人们再将其安置在陆上。在这段时间内,人们就要给他们施行祭礼,以避免水鬼到人世间捣乱,这就是放河灯习俗的由来。

祭礼分为两部分。白天是敬河神。主要是民间花会表演,其中之一是“跑旱船”(由前后各一人表演,二人分别提拉纤绳,中间是一条旱船)。夜晚则是放河灯,主要是祭祀水鬼。河灯的底座是一块木板,木板底下钉上铁钉,钉子要穿透木板,在铁钉出露的头上,插上一根蜡烛。蜡烛之外再罩上绘有图案的彩纸。人们将一只大船划到河边,将数百只河灯放进河里,再把一只活鸡的头部剁下来扔到河里。此时,在船上的鼓乐队敲打着锣鼓,与岸上的花会表演遥相呼应。一时间,运河两岸的老百姓摩肩接踵,在河岸上看热闹。这是民国时期,在河西务一带老百姓放河灯的情景。

除祭礼上的敬河神外,每年的农历五月十三日,河西务还要在码头上敬河神。只不过,这一天的活动,并不是给水鬼施行祭礼,而是求龙王爷下雨。在河西务,有“大旱小旱过不去五月十三”的说法。所以,每到这一天,所有衙门都停止办公,由灯官代替衙门行使职权。另有十几道民间花会前来助阵,表演过程中,人们还要往河里扔纸线(不能是纸币)。“十二男十二女,十二寡妇扫河底。扫完河底扫河梆,扫完河梆下大雨。”这是当地的一首民谣,生动地再现了敬河神时的热闹场景。

五、运河地名文化

运河两岸有许多村庄,与漕运直接关联,如马头、木厂、砖厂、东西仓、三里浅、老米店,以及分布在运河东岸的所谓“百户村”。上述村庄有的原是码头,有的原是货物堆放地,有的原是粮仓,有的原是漕运百户所。这些地名,记录了漕运的历史,彰显了丰富多彩和博大精深的武清运河文化。以下笔者试举几例。

马头村,今属武清区河西务镇,位于镇驻北部 2.5 千米的运河西岸。清康熙十四年(1675)梓行的《武清县志》已收录了“上马头”这个村名。光绪七年(1881)编纂的《武清县志》则同时出现了上马头、下马头两个地名,并指上、下马头位于县城东北 30 里。1914 年出版的《京兆武清县地图》分别标注为上马头、马头两个村名。1939 年《武清县全图》,同样标注为上马头、下马头。

依据上述记载,马头在清代以前就已经存在了,而且最初(元代)这里曾设置了一处码头,用于接转漕船物资的中转站(其北部有个木厂村,是漕船木料的一个堆放场,应当是码头的附属设施),“马头”之名即源于此。另据老人们介绍,在明永乐年间,曾有山西张、李两姓移民定居于古码头旧址附近,成村之后分别称作上码头、下码头(民间一直写成上马头、下马头)。其中,位于北部的称上马头,位于南部的称下码头。二者之间旧有一道沟渠(运河决口冲出来的河道),作为两个村庄之间的天然界线。至 1958 年人民公社时期,二者始合二为一,统称为“马头大队”,下辖第一、第二两个生产队。其中,第一生产队即是原来的下马头,第二生产队则是原来的上马头。

在武清区北运河东岸,自北向南,依次分布着下伍旗、大良和南蔡村等 3 个镇,在这些镇域范围内毗邻北运河的地方,排列着若干“百户”村,它们像珍珠一样镶嵌在这条古老的黄金水道上,直到今天仍散发运河乡镇的独特魅力。

为什么会出现“百户”村呢?这需要先来介绍一下“百户所”这个概念。“百户所”本为金朝设置的军事建置,元朝继续沿袭旧制。所谓“百户”,即为百夫之长,隶属于千户。自元朝开通大运河漕运以来,朝廷对漕运一直采取军事化的管理,所有参与漕运的官船,都按照统一的编制和定员,配备若干兵丁和水手,专司某个区段漕粮的运输任务,为解决随船兵丁和水手的休息和补给问题,漕运机构便在运河沿岸设置了若干“百户所”,为相互区别,便用数字给不同的“百户所”起了不同的番号,如第十百户所、第二百户所、第三百户所等,后来,兵丁和水手以及随迁家属在“百户所”定居,“百户所”逐渐演变为“百户村”。

在下伍旗、大良和南蔡村三个镇,总共拥有“百户村”12 个。其中,下伍旗镇有 2 个,分别是三百户、北八百户(原称八百户,因与今南蔡村镇所属的八百户重名,于 1984 年依其所在相对方位称为今名)。大良镇有 6 个,分别是小十百户、大十百户、二百户、北四百户、南四百户、上九百户(原称九百户,因与今南蔡村镇所属的九百户重名,于 1984 年依其方位处于上游而更为今名)。大十百户,原称十百户,明初迁出部分居民在原村南另立新村,得名小十百户,与之对应,原十百户改为大十百户。南四百户,原称四百户,明初部分居民迁出后在村北另立新村,起名为北四百户,与之对应,原四百户更名为南四百户。南蔡村镇有 4 个,分别为六百户、七百户、八百户、九百户。

与武清区北部毗邻的香河县,在北运河东岸也有4个以“百户所”命名的村庄,分别是二百户、三百户、四百户、五百户。这种“百户村”的形成,与武清的百户村的形成是一样的原因。

笔者注意到一个有意思的现象,所有的“百户村”全部分布在北运河的东岸,而在北运河西岸则一个也没有,为什么会出现这个现象呢?笔者揣测,古人是信奉风水的,在人们的概念中,东面为阳,西面为阴,设置“百户所”很可能就是这个原因。

(侯福志,天津市规划和自然资源局)

汉沽非遗项目略述*

王雅鸣

滨海新区坚持“保护为主、抢救第一、合理利用、传承发展”的工作方针，切实做好非物质文化遗产的保护、管理和利用工作。汉沽作为滨海新区的重要组成部分，滨河枕海，尽享盐渔之利，积淀了厚重的盐渔文化。截至 2019 年，在滨海新区已经公布的三批非遗项目中，汉沽区域列入国家级非物质文化遗产名录项目 1 项、天津市级 7 项、滨海新区级 16 项。其中，“汉沽飞镲”“大滩王”等彰显着盐渔文化元素的非遗项目，特征鲜明，底蕴厚重，世代传承，打下了鲜明的汉沽印迹。

一、汉沽飞镲

汉沽飞镲，起源于清朝光绪年间，兴起于渤海之滨的汉沽沿海一带。它经历了从海上到陆地、渔村到城镇漫长的发展历程，是集音乐、舞蹈、武术于一体的一种民间艺术形式。

飞镲有自己的专用鼓点和音韵，主旋律是长量。打法上分为《幺二三》《草子》《长量》《进香》等曲牌。其中《敬香十打》最为著名：

一打叉花盖顶，二打古树盘根，三打张飞骗马，四打鹞子翻身，五打苏

* 本文曾发表于《天津史志》2023 年第 5 期。

秦背剑,六打猛虎推山,七打八仙过海,八打天女散花,九打飞鹰展翅,十打怀中抱月。

半个多世纪过去了,《敬香十打》的版本内容也发生了根本变化。

汉沽飞镲"打场"时,伴奏乐器是一面大鼓,2 对至 4 对大铙,乐手与舞者都是头扎彩巾、额系绸带、宽袖武靴,伴奏鼓乐因表演情境的不同而选择不同的套路曲牌。24 名飞镲表演者体魄强健,还要有弓背欠腰的武术功底,讲究手、眼、身、法、步的密切配合,做到协调和统一。他们以镲为兵,化武为镲,缠头裹脑,一招一式尽显出舞者的刚毅与柔美、强劲与舒展。

2008 年 6 月,汉沽飞镲被列入国家级非物质文化遗产保护名录中传统民间音乐项锣鼓艺术类首位。2018 年 5 月 18 日,中华人民共和国文化和旅游部公布了第五批国家级非物质文化遗产代表性项目代表性传承人名单,汉沽飞镲第三代传承人赵满宗榜上有名,成为滨海新区首位国家级非遗传承人。星转斗移,汉沽飞镲声名远播,汉沽区域的飞镲注册团队达十余支,他们秉承传统,开枝散叶,先后赴新加坡以及中国的香港、台湾等地进行表演和比赛,赢得了诸多荣誉。

如今,在汉沽滨河广场中央,汉沽飞镲的巨大雕像巍然屹立。雕塑古铜色,高 6.2 米。它是迄今为止滨海新区民间舞蹈类中最大的飞镲雕塑。

二、盐母与盐母庙的传说

天津长芦汉沽盐场历史悠久,它自公元 925 年(五代后唐同光三年)置场,前身称"芦台场"。它所产的海盐白润透明、味道咸鲜,享有"芦台玉砂"美誉,明代初年即被皇家列为"贡盐"。

在汉沽,"凤凰不落无宝之地"的传说代代相传。即一位上天派来救难的盐娘娘落脚之地,人们为此建起了一座庙,即盐母庙。

史志书籍关于汉沽盐母庙的记载相当之多。如:明万历二十年(1592),长芦运司青州分司同知陈九功重新修葺;清嘉庆十三年(1808)汉沽李斗宾等人再次重修盐母庙;民国年间,汉沽寨上三官庙的东面,人们又建起第二座盐母庙,并刻有庙碑。每年农历年初,芦台、汉沽附近的滩民都来到庙里祭祀。

中华人民共和国成立后,芦台、汉沽两座盐母庙均改成学校。

汉沽至今还流传着盐母显灵教人制盐的说法。元初,汉沽海盐由灶煎转向滩晒。大德年间,赵铸任平州路廉访使,一日,来芦台盐母庙祈祷。翌日黎明,有人跑来告诉他“台南七里,皎白如雪者十数顷,其厚寸余,退而视之,则盐也。”盐母显灵,指点人们认识海水经日晒结盐的自然现象,也将盐母与盐母庙的传说推向了极致,为人们塑造了美丽、善良的盐母形象。

2013 年,“盐母与盐母庙的传说”被收入天津市非遗文化名录。

三、长芦制盐

长芦场晒盐历史悠久,其制造原理与程序均与现代晒盐法相同,惟规模较小。康熙初年,芦台场大规模改煎为晒,光绪六年(1880)版的《宁河县志》记载:芦台盐田由晒而成。当春融之日,预掘土沟以待海潮漫入。后于沟旁坚筑晒池。候潮退后,两人系柳斗挽沟中咸水倾入池,日晒成盐。

1958 年,盐场对晒盐工艺进行改革,废“勤改薄煎(晒)”的制卤方法,为“留卤底深水制卤”;改“老、浅、短”为“新、长、深”结晶工艺,使盐的颗粒由小变大,提高了盐质。之后,又总结出了“越冬晒盐”“塑料薄膜苫盖结晶池度过雨季”等方法,为新型盐田“长年结晶新工艺”打下了坚实基础。在制盐工艺里,分成:一修滩,二纳潮,三制卤,四结晶。五采集等步骤。

而在原盐采集上,又包括扒盐、运盐、集坨、苫封等工序,亦称“扒、吊、撩、苫”。传统的采集,为人力扒盐上池道,聚拢成堆,控去卤水,以人力筐抬堆坨再熟泥封苫待运,劳动强度大,工作效率低。1960 年以后,为摆脱盐工笨重的体力劳动,提高工作效率,采集工艺由人力逐步展成半机械化。1973 年,汉沽盐场全部实现了输盐管道化,替代了堆盐小车。不久,又开始用收盐机上盐收盐。先用汽车运盐至输盐泵站,经大型输盐管道至脱水机脱水,再由皮带机输送盐堆坨。

2012 年,“长芦制盐”被收入滨海新区第二批非遗名录。2022 年又被收入市级非物质文化遗产名录。

四、“汉沽八大馇”的制作工艺

汉沽濒河枕海,资源丰厚。被列入天津市级非物质文化遗产名录的汉沽八大馇制作工艺,就是汉沽人民在继承了上百年饮食文化的基础上而创造的一道名菜。

自古汉沽地区有“百亩水面养一亩盐田”之说。那时,汉沽有一个被称为小盐河的地方,史书记载:“处以苦役者,发配煮盐。”西汉时期刘邦效法战国时代齐相管仲的政策,垄断铁和盐的买卖并征税,派驻了大量的苦役到小盐河地区采盐。这些人长年累月地在海边煮盐,每日风餐露宿,他们的食物主要是粗粮和就地取材的海产品,其制作方式也极为原始,民间被称为“馇”。

最初馇货的做法可以用“粗糙”或“粗放型”来形容。人们将海产品不做太精细的处理,强调的是原汁原味。食材下锅后就地取材,或用水加盐煮熟,或用家里腌咸菜的卤汤子。因此,馇熟的海鲜上面往往挂着一层盐硝,因此“齁咸”。为了保鲜保咸,人们将食材的处理方式归纳为“三不一洗”。

“三不”即不炝锅、不剖腹、不去鳞,“一洗”即洗鳃。这其中,“咸”正是馇货的核心。馇货晾凉后,呈现一根根的状态。

如今,人们总结出了馇货的八种代表性主要食材,如馇梭鱼、馇糠虾、馇蚕虫、馇瓷鱼、馇白虾、馇蚶子、馇小青条鱼、馇虎头鱼等。从品种上说,又分为鱼类、贝类等若干种。

其实“八大馇”中的“八”并不仅限于八道菜,“八”只是形容种类丰富,也图个吉利。因此“八大馇”所馇的远远多于八种食材。

2012 年,“汉沽八大馇”制作工艺被收入滨海新区第二批非遗名录。

五、汉沽女书

女书亦称女字,是世界上唯一的妇女专用文字。据史料记载,女书在汉代就已有文字出现,经过千年的传承,历史源远流长,是中国传统文化的一部分。旧时,只在家族传授,可谓“史书不载,方志不述,当地族谱碑文,无一蛛丝马迹”。

女书脱胎于方块汉字,外观呈长菱形,秀丽清癯,婀娜多姿,宛如亭亭玉立的少女,故被称为“蚊形字”。所有字符只有点、竖、斜、弧四种笔划,字型呈现弯曲细小的形状。女书与世界其他古文字相比,具有独特之处:一是最初只在妇女中传承使用,老传少、母传女,世代沿袭;二是原始的女字仅 1000 字左右,虽然女字数量不多,但却完全可与汉语互译;三是字形奇特,行款由上至下,由右向左,笔画纤细均匀。

其表现形式有书法、篆刻、石雕、木雕、女扇等,从而形成一种别具特色的女书文化和女书习俗,流传于汉沽民间。

2002 年 3 月,“女书”文献被列入“中国档案文献遗产名录”;2005 年 10 月“女书”以“最具性别特征文字”被收入《吉尼斯世界纪录大全》。

清朝末年,汉沽地区信仰碧霞元君,汉沽滩灶户每年均要成群结队前往河北地区的迁西景忠山朝拜碧霞元君,在朝拜过程中,将女书传入汉沽地区。

汉沽女书传承人为周娜、裴千千,在继承女书传统工艺的基础上,注重绘画及设计的理念,改进女书工艺,运用中国传统国画技法,以长卷的形式融进作品,并将女书运用在陶瓷制作、书籍装帧、服饰设计、紫砂纹饰设计和团扇设计上。从而为女书注入了新元素,使女书在汉沽这片土地上有了新的生机。

2019 年,《汉沽女书》被收入滨海新区第三批非物质文化遗产名录。2022 年成为市级非物质文化遗产。

六、汉沽逗龙

汉沽逗龙形成于清朝末期。过去,生活在海边和农村的人们在求雨、庆祝丰收的时候,要举行隆重的仪式。起初的逗龙是就地取材,百姓们从水坑、河沟或海边挖来软泥,做成“泥龙”,粘连在门板上,待泥龙半湿不干时,由人抬着门板前行,两旁有人敲打盆罐,发出鸣响。由于场景新鲜有趣、祈福吉祥,因而每次活动时,都会引来众人追随围观。后来,随着活动次数的增多,人们不断地将它丰富和完善,直到发展成一门成熟的民间艺术并活跃于市井。

汉沽逗龙与我国很多地方传统的民间舞龙不同。也就是说它有自己的一套玩法,要求有两条龙:一条为红色的火龙,一条为绿色的水龙。每条龙身有 7

节,每节长 80 厘米,粗 60—70 厘米。每条龙需 8 人共同表演,因此要求表演的队员必须身强体壮、反应快速、动作敏捷。龙身内放入用蜡油缠麻制成的蜡烛,蜡烛火苗小,但燃烧时间长,尤其可贵的是,有避免引燃龙身的特点。

逗龙的时候,两条龙要适时地互相穿插、翻滚,看上去别具风采,就像是二龙在追逐、戏耍。因此,舞起来难度较高。逗龙结束后,一般都会剩下蜡根,被称为“龙蛋”,象征着平安和吉祥,群众可以竞相争抢。为自己和家人能够幸福、如意、长寿,很多群众都踊跃参加,场面非常热闹。

“逗龙”原本是鼓点与舞龙相配合的一种表演形式,特点是热情欢快,其表演形式和锣鼓节奏在全国绝无仅有。

2012 年,“逗龙”被收入滨海新区第二批非遗名录。

七、抢网高跷

抢网高跷,是流传于汉沽沿海渔村的一个民间花会项目,它是沿海渔民在劳动生产状态的一种再现。

抢网高跷,最早是一种捕鱼方式。不管是退潮还是涨潮,由于采用了高跷相助,抢虾皮、抢底网都得心应手。在形制上,沿海渔村的渔民们一般使用有竖劲、分量轻、耐用的杉木做成腿架,也叫“二接腿”。它粗约 8 厘米,底下钉上废旧鞋底,高度从 80 厘米到 150 厘米不等,将人的两条腿裹绑在腿架上,手持用竹竿做框制成的大网或捞拎,在潮水中进行作业。

20 世纪 30 年代,汉沽形意拳武师张文耀的弟子李润祥把这种劳作方式改编成花会节目“踩高跷”,并把自身习练的形意拳技艺融入其中。之后,人们还吸取了其他艺术门类的表演形式,增加了原始的农耕文化景象,如担柴的樵夫、扛着锄头的农夫、渔夫、市井小贩及虾兵蟹将等角色。在表演中,配以激昂、快板旋律的民乐,把形意拳中的鹞子翻身、苏秦背剑、海底捞月等动作融为一体,再现了劳动的欢乐场面。

它是从生产中来的艺术结晶,从沿海渔村中而来,又进行了创新和发展。在祭海、开海、花会等节庆活动中,抢网高跷频繁出现在人们的视野,助推了这一艺术形式的提升和表现力。

2012 年,“汉沽抢网高跷”被收入滨海新区第二批非遗文化名录。

八、大滩王

清代光绪年间,汉沽有个小渔村叫后大坨庄,人称李老大的人,家境贫寒,生活艰难,难以为继。这年春天,他和弟弟推着一辆独轮车去北京贩卖鱼虾,去找在亲王府当差的表弟推销海货。

临走,贝勒爷给了李老大一张大红的名帖。

李老大拿着这张名帖来到了天津盐运使衙门,借了两千两银子,在汉沽沿海开置盐滩。为了找到更大的靠山,他又找到芦台茂源商行与王掌柜攀亲拉关系,得到一万两银子。有了这笔钱,他在后大坨北荒地上置地 750 亩,开了一副比其他滩要大四至五倍的大滩,起名就叫“大滩王”,头一年产盐 23000 余担,是其他滩产盐量的七倍。

一年后,王掌柜找了李府讨债。不料,李老大以借钱无凭据和无中介人为由拒不承认。王掌柜一气之下,将李老大告上县衙门。谁知李老大早就买通了官府。王掌柜官司竟败了,气病交加,于是一命呜呼。

钱不是好来的,也不容易攒住。李老大的后代骄奢淫逸,挥霍无度,使李家渐渐失去了元气。几年下来,李家卖掉了东大坨、北大坨、东二港、中西二港等几副盐滩。李老大死后,大滩王也归了汉沽另一个盐滩主所有。

汉沽解放前夕,汉沽盐区二百多副盐滩中,大滩王始终以产量高、运距短等优势居全盐区之首。

勤由节俭败由奢。“大滩王”告诉我们:不义之财不能取。只有勤劳致富,才是通往财富的唯一途径。

2016 年,“大滩王”被收入滨海新区第三批非遗名录。

九、八卦滩的传说

八卦滩位于原汉沽土桥子村与蛏头沽村中间。

从明朝后期开始,汉沽沿海一带开始直接引海水晒盐。即借用风力和阳光制盐,既保持了环境清洁,又节约了能源。

有一个传说是这样的。由于产盐量低,皇帝降旨,让县令在一夜之间找到海盐高产的办法,否则将被凌迟处死。县令急得抓耳挠腮,夜里却梦到诸葛亮几次来到他身边却笑而不语。最后一次,终于看到了诸葛亮布衣的纹饰,那是八卦阵的图形。他如梦初醒,画下了八卦滩的布局。

八卦滩取《易经》的"生生不息"之意,在设计上贯穿了一条比过去产量高数倍的产盐技术思路,比其他滩池产盐提高产量15%~20%。

1938年,日本侵略者为掠夺我盐业资源,开始筹建东洋化学厂(天津化工厂前身),并着手开发盐田。1941年,日本华北盐业股份有限公司根据汉沽人"东小滩"滩主李玉墀的设想而设计,因滩形如八卦状而得名。"八卦滩"总面积7363.1亩,先后开发了125副盐滩,年生产能力2.5万吨。它由十副滩围成一圈,每副滩自成单元,利用海水制盐逐渐浓缩的原理,四周向中心排列,依次为贮水池、蒸发池、调节池和结晶池,并在结晶区两侧建有坨区。

依据八卦原理,场中心是集坨储存和管理区,在道路出口上,依据奇门遁甲中的开、休、生、伤、杜、景、死、惊八门,只在东北方向和西北方向留有两个出口,作为开门和生门,除此以外设有出口,以"八卦阵"的形式,把原盐和盐工封闭其中,达到防盗、防逃的目的。日军抓中国大量劳工修建滩田,其生产的大部分原盐供东洋化学厂生产溴素钾盐、毒瓦斯等军火产品。中华人民共和国成立后,八卦滩不仅是一个生产盐区,同时也建有一个行政村,叫八卦滩村。1976年因唐山大地震,八卦滩遭到破坏。后经国家计委派员勘察批准报废,遂成了一个蓄存海水的汪子。

2002年,滨海航母主题公园开始在八卦滩上建设。现在成为爱国主义教育基地,每天这里游客如织,古老的八卦滩以迷人的魅力正焕发着青春和朝气。2019年,"汉沽八大馇制作工艺"被收入滨海新区第三批非遗名录。

十、汉沽海鲇鱼的传说

在很久很久以前,每年的农历八月十五,龙宫里都要举行盛大宴会,所有的水族都要为老龙王祝寿。祝福老龙王长命百岁、万寿无疆,以彰显老龙王至高无上的权力和地位。

话说这一年八月十五,正当祝寿大典进行之时,忽听“咣当”一声巨响,长长的龙案被掀翻在地,一条金里金色的海鲇鱼威风凛凛游到了龙王面前,他狂妄无比地说:“你们真是有眼不识金镶玉,老龙王有什么能耐天天号令天下?我可比他强百倍!”

水族们听了,一个个吓得瞠目结舌,一时不知如何是好。

龙王一看,它这是要犯上作乱呀!但考虑到今天是大喜的日子,就一直隐忍着,遂耐着性子道:“你比我还强,说来瞧瞧!”

海鲇鱼仗着喝了几斤酒,大言不惭地说:“我不仅金鳞金甲,铠甲护身,还长得比谁都快。我一年长一尺,十年长一丈,十年准超过你老龙王。”说完仰面朝天狂笑起来。

龙王听罢,不禁龙颜大怒。他一拍龙案,顿时地动山摇,龙宫乱晃,气得咆哮道:“好你个口吐狂言不知天高地厚的海鲇鱼,说什么你一年长一尺,十年长一丈,朕连你也比不上。我现在就褪去你的金鳞金甲,让你成为一条无鳞鱼。我还要让你一年一死,长不过筷子长,成为傻八大鲇鱼!”

可怜的海鲇鱼为自己的狂妄自大付出了沉重的代价。从此,在大海里,它无鳞无甲,只有一身黏液,一年一死,再也长不大了,一过“寒食”,它就会瘦成了一根刺,连狗都不吃。

能力再大也要虚怀若谷,本领再强也要低调做人。这就是海鲇鱼传说带给我们的深刻启示。

2019 年,“汉沽海鲇鱼的传说”被收入滨海新区级第三批非遗名录。

(王雅明,天津地方学者)

文学与文献

查慎行诗文纪天津*

葛培林

查慎行与天津的关系比较密切。他曾撰写有关于天津海运的短文两篇，宝坻银鱼一篇，关于咏潞河(即北运河)、天津、独流、盘山、宝坻的诗，共计十九首。这些诗文极大地丰富了天津历史的内涵，为今天研究清代天津的历史，以及查慎行与天津的关系提供了原始史料。

查慎行，原名嗣琏，字夏重，一字查田。后改名慎行，字悔余。晚年亦号初白、他山老人。顺治七年五月七日(1650年6月5日)，出生于浙江海宁查氏。康熙二十三年(1684)入太学。康熙二十六年(1681)，入明珠府，教授其子揆叙。揆叙是清初重臣纳兰明珠之子、著名词人纳兰性德的弟弟，与查慎行的宦海浮沉关系极深。康熙二十八年(1689)，明珠被黜，查慎行失去了存身之处。康熙三十二年(1693)，查慎行中乡试。此后，他在江西流连较久，除了为官方修纂《西江志》二百余卷外，还留有《庐山纪游》等。康熙四十一年(1702)，查慎行在朝中张玉书等人的推荐下，康熙召见了时已五十三岁的查慎行，后命其入南书房。康熙四十二年(1703)癸未科赐进士出身第二甲第二名。[①] 随后供职翰林院，并有机会亲身陪同参加皇帝的出猎，得以多次近距离接近皇帝。当年五月，“皇上将幸山庄避暑”，初四传旨：“查升、陈壮履、励廷仪、汪灏、查慎行、

---

* 本文曾发表于《天津史志》2023年第5期。

① 江庆柏编著《清朝进士题名录》上册，中华书局，2007，第268页。

蒋廷锡六人俱着随驾。”①这是查慎行自入侍以来首次随驾出猎。其在经、史、子、集等领域都有相当的建树。卒于雍正五年八月三十日(1727 年 10 月 14 日)。2018 年 10 月浙江古籍出版社出版了由张玉亮、辜艳红点校的第一至第七册《查慎行集》。

一、查慎行笔下的天津海运

天津海运兴盛于元代,衰落于清末。关于天津海运的历史,查慎行亦有所记载。他在《海运标识》一文云:“隆庆辛未(即明穆宗隆庆五年,公元 1571 年),海运初雇海雕船五只,分载米二千石,每驾船十二人,自淮安至天津,试运无碍,海道、湾泊、舟行、停泊,宜在旧设墩上昼设施帜、夜县灯笼,以便趋集。尝考平江伯陈瑁一督海运,于灵山建烽火台高三十余丈。今宜师此意,多为标识云。”②另外,查慎行在《海运道里》一文中对海运所经过之地及其里数,均有详载:“大口子至大清河十里,大清河至唐头寨十里,唐头寨至小沙河五里,小沙河至浑水汪十五里,浑水汪至降河三十里,降河至久山河十里,久山至大沙河二十里,大沙河至泊油河十五里,泊油河至套河十五里,套河至沙头河十里,沙头至大沟河三十里,大沟河至桑句河三十里,桑句至徐家沟十里,徐家沟至乞沟河七十里,乞沟至大沽河二十里,大沽至天津卫一百五十里,天津至张家湾一百八十里,通计淮安至张家湾海道水程共三千三百九十里。”③这些内容,对于研究清代的海运,具有一定的史料价值。

二、查慎行诗咏潞河

潞河也是白河、北运河的别称,是由北京到天津的水路。查慎行所作的

---

① 查慎行:《查慎行集》第一册,张玉亮、辜艳红点校,浙江古籍出版社,2018,第 2 页。

② 查慎行:《查慎行集》第二册,张玉亮、辜艳红点校,浙江古籍出版社,2018,第 322 页。

③ 查慎行:《查慎行集》第二册,张玉亮、辜艳红点校,浙江古籍出版社,2018,第 322 页。

《元日出东便门(以下丁卯)》诗云:"朝出国东门,言循潞河湄。层冰裂厚地,雪光照曜之。草短没烧痕,老杨交枯枝。晨曦暖我颜,我鬓初有丝。自从客京洛,三遍东风吹。藏身人海中,发兴乃更奇。谁能当此日,一鞭出寻诗。"[①]丁卯,即康熙二十六年(1687)。查慎行在《少司马杨公潞河寓斋夜话得村字》一诗云:"去京三十里,城郭只如村。老树排沙碛,春帆次水门。谈深孤馆静,酒罢一炉温。已觉连宵梦,依依近故园。"[②]

下列之《口占送陈仲夔舍人还都》《乱鸦》《自王家浦晚至杨村驿》《三月朔日先君子忌辰》《挂帆行》《潞水归帆图为谕德侄赋》,均为查慎行于康熙二十七年戊辰(1688)所作:

《口占送陈仲夔舍人还都》诗云:"别语无多别恨新,短桡明发指天津。殷勤百里犹相送,万叠西山一故人。"[③]

《乱鸦》诗云:"白项非无种,乌头亦有名。野田留点点,古墓去程程。阵忽遮天暗,贪因得食争。君看稻粱雁,失次敢先行。"[④]

《自王家浦晚至杨村驿》诗云:"土屋多依堡,民屯半属官。树从王浦密,河过蔡村宽。鸥外新芦茁,犁头细麦攒。蒲沟行未到,月黑夜漫漫。"[⑤]

《三月朔日先君子忌辰》诗云:"昨夜还家梦,依依白发亲。觉来三月朔,又感一年春。奄步悲何地,飘流愧此身。那堪寒食近,南望独沾巾。"[⑥]三月朔日,即三月一日。

《挂帆行》诗云:"船头船尾收铁猫,三尺五尺堆银涛。弓张帆腹机激箭,原树却走如奔逃。西山已没烟雾里,初日欲吐春云高。须臾倏达直沽岸,风势未已犹飕飕。当前有关敢飞渡,又向津头卸帆住。"[⑦]

---

① 查慎行:《查慎行集》第三册,张玉亮、辜艳红点校,浙江古籍出版社,2018,第172页。

② 查慎行:《查慎行集》第三册,第173页。

③ 查慎行:《查慎行集》第三册,第194页。

④ 查慎行:《查慎行集》第三册,第194页。

⑤ 查慎行:《查慎行集》第三册,第194页。

⑥ 查慎行:《查慎行集》第三册,第194页。

⑦ 查慎行:《查慎行集》第四册,张玉亮、辜艳红点校,浙江古籍出版社,2018,第393页。

《潞水归帆图为谕德侄赋》诗云:“日长如年暑未徂,丁丁昼漏传宫壶。直庐直伴一事无,开卷示我归帆图。三竿秋水六幅蒲,小船放溜如飞凫。浪花远吞丁字沽,绿杨拂岸交红芙。舟中之人疑可呼,掉头径欲归来乎。君恩未许赋遂初,田园有路去尚纡。作诗聊取偿宿逋,劝尔且勿思尊鲈。”①诗中所言丁字沽,今在红桥区管辖。据道光二十六年(1846)版的《津门保甲图说》云:“丁字沽人烟稠密,水陆冲要之区也。旧志谓:沽形似‘丁’字,故名。”②

三、查慎行赋诗白庙

津门近郊北运河畔有一村落,曰白庙庄,村里有一座庙,曰白庙。康熙二十七年(1688)查慎行路过白庙,并赋诗《白庙》云:“一院槎核树,居僧守鹊巢。俗贫稀赛社,瓦缺只编茅。暗处虫丝接,尘边鼠迹交。渔人来寄网,时有一船稍。”③

四、查慎行赋诗《天津关用薛文清旧韵》

薛文清,即薛瑄,字德温,号敬轩,谥文清,山西河津县人。他出生在一个教育世家,祖父薛仲义,生活在元末乱世,通经史,不求仕进,教授乡里。父亲薛贞,在明代历官教谕三十余年,是一位职业教育家。青年时代的薛瑄,一直辗转随侍其父于任所,受到其父儒学思想的严格家教。明永乐十九年(1421),薛瑄中进士,后登上仕途,历任湖广道监察御史、云南道监察御史、山东提学佥事、大理寺左少卿、大理寺卿、礼部右侍郎兼翰林院学士、入阁预机务等职。殁后赠礼部尚书,从祀孔庙。他被《钦定四库全书总目》誉为:“明代醇儒,瑄为第一。而其文章雅正,具有典型,大致冲澹高秀,吐言天拔。有德有言,瑄足当之。”④

---

① 张玉亮、辜艳红点校:《查慎行集》第五册,浙江古籍出版社,2018,第655页。

② 天津市地方志编修委员会编著:《天津通志·旧志点校卷·下册》,南开大学出版社,2001,第459页。

③ 查慎行:《查慎行集》第四册,第393页。

④ 薛瑄:《薛瑄全集》第三册,孙玄常等点校,山西人民出版社,1990,第1065页。

康熙二十七年(1688),查慎行在《天津关用薛文清旧韵》一诗云:“地势东来一掌平,忽开官阁起峥栗。风腥晓市知鱼贱,客过严关喜篋轻。暮雨暗添丁字水,春阴低压直沽城。云帆转海非难事,谁念东南物力倾。”[①]由此可见,查慎行对薛文清的学问和人格很是推崇。

五、查慎行津门别姜宸英

查慎行与姜宸英为康熙三十二年(1693),乡试同年举人。姜宸英,字西溟,号湛园。生于明崇祯元年(1628),浙江慈溪人。善诗古文辞,经学亦根底深厚。康熙初年,姜宸英与朱彝尊、严绳孙有“江南三布衣”之称。一生困于科名,直到六十九岁,始考取康熙三十六年(1697)丁丑科,赐进士及第第一甲第三名进士[②],即探花,授翰林院编修。尝入明史馆任纂修,分撰《刑法志》,又曾助徐乾学修《一统志》。尝寓天津查氏水西庄中。康熙三十八年(1699)八月,任顺天乡试副考官。同年十一月,御史鹿佑弹劾顺天乡试考试不公,有玷清班。结果,主考官李蟠遣遣,姜宸英牵连下狱而卒。人民文学出版社2018年12月出版了杜广学辑校的《姜宸英集》上下册,为今人留下了丰厚的文化遗产。

图1　姜宸英画像

查慎行在《天津别姜西溟次韵》一诗云:“同是春风失意时,送君真觉拙言辞。杜陵旅食经年久,熙甫才名一第迟。青镜从渠增算发,白身输客赌残棋。老来别绪兼师友,那得并刀剪乱丝。”[③]

---

① 查慎行:《查慎行集》第四册,第393页。

② 江庆柏编著:《清朝进士题名录》上册,中华书局,2007,第247页。

③ (乾隆)《天津县志》卷之二十三,见天津市地方志编修委员会编著:《天津通志·旧志点校卷·中册》,南开大学出版社,2001,第240页。

六、查慎行赋诗桃花寺

桃花寺,《津门保甲图说》云:“桃花寺,河曲巨村也。其连村曰董家新房。河对曰赵家庄,曰丁家庄,曰窑洼,三村相比。堤在窑洼外,而大道出桃花寺前。”①

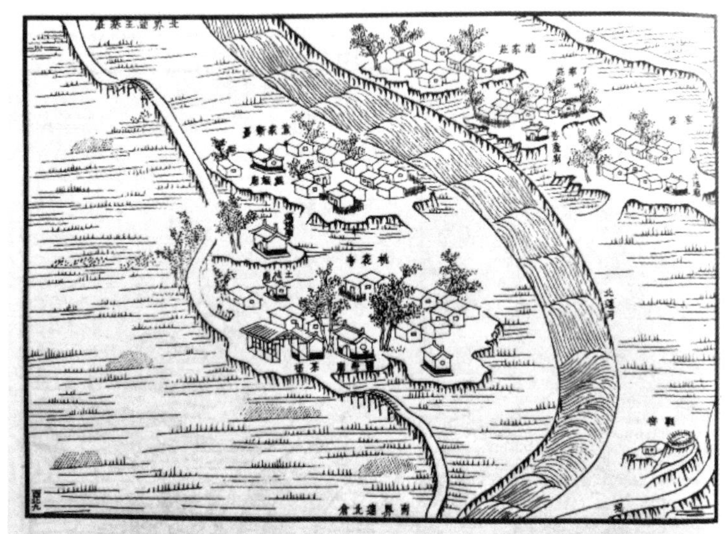

图2　桃花寺位置图

查慎行所作《桃花寺》诗云:“已过桃花口,再问桃花寺。独客叩门来,老僧方坐睡。欲知春浅深,但看花开未?”②

七、查慎行泊舟独流,赋诗二首

查慎行曾在静海独流泊船,赋诗二首,其一,《晚泊独流》云:“关城春向尽,小艇下津门。风止桥形直,潮来水气浑。蒲鱼喧晚市,樱笋忆乡园。归路三千

① 天津市地方志编修委员会编著:《天津通志·旧志点校卷·下册》,第464页。

② 查慎行:《查慎行集》第三册,第195页。

外,从人屈指论。"[1]其二,《舟晚》云:"晚色一天霞,空明炫眼花。浊流供饮犊,新月领归鸦。野旷风长急,塘回路向斜。两三人待渡,此去必村家。"[2]

八、查慎行与津门名士张坦

查慎行与津门张坦,乃康熙三十二年(1693)同科举人。

张坦,字逸峰,号青雨,更号眉州散人,天津人。康熙三十二年(1693)举人,官内阁中书。性好学,于书无所不读。曾从赵执信学诗词、书法。又学诗于王士祯。著有《履阁诗集》《唤鱼亭诗文集》。查慎行在《韩冈送同年张逸峰之安庆》诗中云:"去年下第伤坎坷,君馆髯姜兼客我。顺风三日不张帆,绿水名园停画舸。一攀杨柳辞春陌,两见榆槐更岁火。那知此地忽相逢,客里班荆当道左。大梁城东秋野阔,片片飞鸿向空堕。夜骑骣马到韩冈,我倚身强君亦颇。人间裙屐胡足道,丝吐春蚕自缠裹。天津公子气雄豪,长剑短衣无不可。近闻西陲方有事,庙算行将启边锁。(时阅邸抄,闻出师之报。)吾曹猥以不羁身,五寸垂绥等游惰。君依官舍获侍奉,(时逸峰随尊甫观察公赴任安徽)我赴归期尚难果。残樽相属且勿辞,黄花正绽霜前朵。"[3]

九、查慎行赋诗盘山

盘山,就其整体山脉统而言之称盘山,就其局部而言有莲花山、小盘山、渔山、崆峒山、甘泉山、五名山、蒋福山等。盘山,位于蓟州城区西北侧,面积106平方千米,旧名四正山、无终山、徐无山。相传古有田盘先生自齐而来,栖迟于此,故名田盘山。又《魏志》载"田畴入徐无山中,躬耕以养父母",即此山也,故名田盘山,省称盘山。明代孙承泽《天府广记》则称:"势磅礴而盘桓因名。"此山脉络雄浑,首太行而尾碣石,为京东第一,五峰三盘,甲秀寰宇,佛庐仙窟遍

① 查慎行:《查慎行集》第四册,第394页。
② 查慎行:《查慎行集》第三册,第196页。
③ 查慎行:《查慎行集》第四册,第461页。

布。郦道元《水经注》云:洵水又东,左合盘山水,水出山上,山峻险,人迹罕交。去山三十里,望山上水,可高二十余里,素湍浩然,颓波历溪,沿流而下,自西北转注于洵水。《盘山图经》云:盘山南距沧溟,西尽洵水,东放碣石,自远望之,层峦叠嶂,翠律排空,真为雄胜。[①]

查慎行关于盘山的诗《大司马合肥李公见示游盘山十律兼属继和敬题二章于后》二首:

泉石曾关十载心,胜游往往碍朝簪。也知去郭无多远,所喜探幽不在深。紫盖自开苍藓路,红纱长护碧山吟。满空何限松篁韵,尽入鸾歌凤舞音。

不教驺唱骇山僧,竹杖篮舆取次登。老树傲霜还带叶,细泉迎暖未成冰。盘来磴道云千叠,远处峰峦雪几层。已失从游吾自悔,得披高咏兴偏增。[②]

十、查慎行与宝坻银鱼及送沈岱瞻赴任宝坻

银鱼,亦称鲙残。鲙残即银鱼之小者,银鱼即鲙残之大者。长三四寸,身圆如筋,洁白如银,无鳞,干为面条鱼。银鱼霜降后自海中蛤山出,蓟州温泉下育子,其色莹白如银。[③] 银鱼腹清净不见脏腑,食时不必破腹,也绝没有鱼腥味儿。银鱼熟后鲜嫩异常,清香溢口。查慎行在《宝坻银鱼》一文云:“宝坻银鱼,似吴中脍馀(按:‘脍馀’,《昭代丛书》本作‘鲙残’),而大倍之,出海中船山下。霜降后,溯流而上,育子诸淀中,夏雾映日,波浪皆成银色,土人候其至,网之。瓦窑头出者最佳。明朝命内监提督,冬月抱子以冰进。县设六厂、渔户一百七十人,岁进凡七次。”[④]由此可见,明朝时,就有朝廷派员专管宝坻的银鱼生产,并作为皇宫的贡品。

---

① 盘山志编修委员会编著《盘山志》,天津社会科学院出版社 2010 年版,第 70 页。
② 查慎行:《查慎行集》第三册,第 238 页。
③ 周家楣、缪荃孙等编纂《光绪顺天府志》(三),北京古籍出版社,1987,第 1823 页。
④ 查慎行:《查慎行集》第二册,第 323 页。

另外,查慎行在七言律诗《沈岱瞻同年宝坻银鱼》中云:“湿薪爆竹岁将残,宦况聊同苜蓿盘。三寸玉分良友饷,一条冰合腐儒餐。别中加饭开鱼素,饱后投床梦钓竿。无物报君还自笑,近来诗语带梅酸。”①

查慎行在五言长诗《送沈岱瞻赴任宝坻》中云:“与君忝同年,生长同里闬。知君孰如我,骨肉情岂但。先公昔登朝,名第南宫冠。凤毛看再刷,省吏识珂伞。谓宜上金銮,继世典词翰。却将著作手,移画纸尾判。得官向京东,舄卤傍海岸。古来畿赤地,风俗率骜骍。太刚虑争胜,过弱恐示玩。自从罗毕繁,俯仰鱼鸟乱。须令静以族,毋致涣而涣。虽殊南阳乡,图牒行可按。业田汤沐赐,错壤居大半。庄户接膏腴,农畴杂耕爨。并兼听豪右,鳏寡讵宜犴。人疑作令难,簿领苦堆案。子虽躯短小,其气乃精悍。才长百事能,所少非此段。望君期月最,许我一辞赞。疑网破二三,贞固事足干。初如迎刃解,既过春冰泮。夏书纳秸服,周礼掌灰炭。琐碎揽大纲,岂其铢累算。情深不自禁,语出背沾汗。刍荛倘可收,幸勿怖河汉。”②

综上所述,我们清楚地看到:在查慎行笔下的天津海运概况,这对于研究清代的海运,具有一定的史料价值。查慎行诗咏潞河及赋诗白庙,仿佛使今人看到了二三百年前的潞河和白庙的光景。而其《天津关用薛文清旧韵》一诗,表达了查慎行对薛文清的学问和人格的推崇。查慎行与姜宸英、张坦,为乡试同年举人。查慎行的《天津别姜西溟次韵》和《韩冈送同年张逸峰之安庆》诗,表达了他们之间的同年之谊。而其《晚泊独流》《舟晚》二诗,为静海独流镇又增添了名人的足迹。查慎行有关盘山的诗篇,则丰富了盘山的文化内涵。其《宝坻银鱼》一文,使今人得知,明朝时就有朝廷派员专管宝坻的银鱼的生产,并将其作为皇宫的贡品。另外,查慎行的七言律诗《沈岱瞻同年宝坻银鱼》及五言长诗《送沈岱瞻赴任宝坻》,都表达了查慎行与沈岱瞻的深厚情谊。

(葛培林,民革天津市委员会)

---

① 查慎行:《查慎行集》第五册,第872页。

② 查慎行:《查慎行集》第五册,第859页。

郑虎文《查封母王太恭人墓志铭》浅释*

田晓东

宛平查氏,或曰天津水西庄查氏,学界研究日深,阐发剩义,惟有赖新史料的发掘。以查为仁兄弟的生母王氏为例,陈宏谋(1696—1771)《查母王太恭人八十寿序》[①],多有记叙,纪昀(1724—1805)《江南淮南仪所监掣通判集堂查公墓志铭》[②]、查礼《铜鼓书堂遗稿》中也有涉及。当王氏去世,查氏一门时称鼎盛,子查为义、查礼交谊广及朝野,必有闻人允为查母撰墓志铭。

偶检古籍,在郑虎文《吞松阁集》[③],发现《查封母王太恭人墓志铭》文一篇。目力所限,未见有人论及。特全文移录,略加浅释,兼及郑虎文与查礼的交游,提交"水西余韵"天津查氏家族学术讨论会,备以方家指正。

一、《查封母王太恭人墓志铭》

恭人姓王氏,江南铜山人。六岁能诵《内则》,习女红,及笄,副室于赠中宪大夫天津慕园查公。逮事公母刘太恭人垂三十年,刘太恭人视之如女,用是嫡马恭人亦左右倚之,不啻以女弟畜也。马恭人性阔达,不屑屑计

* 本文曾参与2023年"水西余韵"天津查氏家族学术讨论会交流。

① 陈宏谋:《培远堂文集》卷四《陈榕门先生遗书》,民国三十二年(1943)刊。

② 纪昀:《纪文达公遗集》卷十六,清刻本。

③ 郑虎文:《吞松阁集》卷三十三,清嘉庆十六年(1811)刻本。

米盐事，恭人佐以综核，马恭人以为能，俾专之。明义理，笃勤俭，莫不式法，以表于门。

初举子，家人为谋乳媪，恭人曰："夺人子乳乳吾子，不可。"卒自乳，凡四乳皆然。其后子贵，且受封，不以贵骄逸，都类此。事赠公五十年，无违言。洎公与马恭人殁，遇设悦辰，辄泫然生悲。止子姓为寿，而命以馈食张乐费周诸族属姻党。族属姻党之缓急者，虽众集数至必立应，怜之有冻瘃者，制絮衣衣之，岁必遍。而恩礼马氏，于嫡殁后则尤笃，人咸以为难。

子礼初由户曹出为粤西郡丞，其擢太平守而入觐也，欲以终养留。恭人曰："大吏以汝习吏事言于上，上俞所请，今以我故归，负上恩。太平故边郡，五年秩满，无已以其时归可。"秩既满，太守先以闻，恭人曰："归恐不我见，我若有梦告者。"一日竟无疾卒。卒之日，太守初受代于粤，实乾隆壬午八月丁未也，春秋八十有五。

初子为义贵，敕封安人；后子礼贵，诰封恭人。丈夫子三，长为仁，能文章，年十八，首举京兆试，以误书乡贯黜，先卒。其子善长成进士，今礼部主客司郎中，先官刑部贵州司员外郎，遇覃恩赠父如其官。仲为义，江南淮南仪所监掣通判。季礼，太平府知府，所莅皆有治声。女子一，适山阴李元。孙十人，其长即善长也；孙女十有二。

今于乾隆乙酉某月日葬某乡。太守以状来乞铭，余与太守善，不获辞。铭曰：

查实浙望，载兴于燕；孰启其庆，实亘实延。濬源蕴珍，希声钦耀；俄星度汉，与月同照。依依孀姑，抑搔奉扶；新妇孝女，今言古符。俾专厥家，布帛菽粟；以莫不经，小大有肃。有肃其闻，有均其恩；非利则市，惟心之仁。人子我子，胡饱而饥；我子人子，胡瘠而肥？我子子之，如卵斯翼；我子不子，桢在王国。乃羸其躬，象服是崇。延畀承受，施于无穷。膴膴鲜原，爰位其墓；铭之藏之，以式其固。

二、查母王氏事迹

王氏(1678—1762),江南铜山(今徐州市)人,家世无闻。从她“事公母刘太恭人垂三十年”,查日乾母刘太恭人卒于康熙五十二年(1713),可推得王氏进入查家作婢女在1683年后不久,年龄可能为六岁(虚岁),与她“六岁能诵《内则》”相合。

查日乾(1667—1741),字天行,号惕人,又号慕园。配马氏(?—1743),王氏为副室。查日乾的三子一女皆王氏所生。

“初举子,家人为谋乳媪,恭人曰:‘夺人子乳乳吾子,不可。’卒自乳,凡四乳皆然。”王氏自乳四子,是《墓志铭》重点叙事之一。表面上看,查氏富商之家雇佣乳母,本属平常;但《礼记·内则》云:“大夫之子有食(音嗣)母,士之妻自养其子”,《礼记》对不同阶层的家庭伦理作了不同的规范,王侯贵胄、大夫之家才有资格雇用乳母。查日乾作为四民之末的商人,富而不贵,不属于士大夫之家,决定了“六岁能诵《内则》”的王氏自乳四子,尚有不能违反礼制的深层次原因,所谓“贱不敢使人也”。

后来查日乾为长子查为仁顺天乡试雇用枪手,科场舞弊,其改换门庭的焦虑与冒险,不排除早年经历困顿,创富之后急于突破传统礼制的束缚所起的作用。

“制絮衣”是《墓志铭》的另一重要叙事。“族属姻党之缓急者,虽众集数至必立应,怜之有冻瘃者,制絮衣衣之,岁必遍。”

王氏夫人制施冬衣之举在陈宏谋《查母王太恭人八十寿序》中已有翔实记载:

> 津门深冬冱寒,土冻而日促,工少而费多,士民工作,无不停歇,一切夫匠,皆苦坐食。惟查氏工作留待斯时,按日给值,夫匠仍得操作,以资日食,有不啻解衣衣之、推食食之者,津门以此为美谈。其当厄而施,损惠利人,大率类此。因考其所以,故由天行先生之婆心大力,经营周妥,曲尽人情;而其内助之贤明,则马太君与王太君与有力焉。计每年所施之冬衣不下千

百,皆王太君预为手制,以备不时之需,此津人士历历传述,无异词也。

不同的是,陈《序》的叙事以"天行先生之婆心大力,经营周妥,曲尽人情"为主,王氏作为配角——查日乾"内助之贤明",且居正室马氏之后,"则马太君与王太君与有力焉"。王氏"预为手制"冬衣仅是查家诸多善行之一。

郑《铭》首先言明"马恭人性阔达,不屑屑计米盐事",将"制絮衣"独归王氏,褒扬了王氏的美德,而不显突兀。且"恩礼马氏,于嫡殁后则尤笃,人咸以为难",尤其难能可贵。

王氏教子有方,对三子查礼所云:"大吏以汝习吏事言于上,上俞所请,今以我故归,负上恩。"于史有据。

查礼"举卓异,上命督抚举堪任知府者。巡抚定长、李锡秦先后以礼荐。"①

查母王氏不允查礼归养,自有次子查为义居家在前。"王太君恭遇覃恩,覃封恭人,身极康强。留集堂以侍养,令俭堂服官惠民,以报国恩。忠孝两全,即此见太君义方之训,更征太君茀禄之厚。"②

王氏侍奉刘太恭人垂三十年,康熙四十四年(1705)五月查日乾银铛入狱,被判偿还十万八千余两帑银。康熙四十八年(1709)夏,其母刘太恭人匍匐热河,"口奏乞赐矜全,孤子留养。圣主悯然曰:'母老矣,且归尔,子不得死也。'"③查日乾方幸免于"秋决"。在这样一位孀居育孤、行事果敢的婆婆眼里,"刘太恭人视之如女,用是嫡马恭人亦左右倚之,不啻以女弟畜也",可见王氏持家之能。

王氏经历查日乾、查为仁父子科场案发,逃往江南避祸,复身陷牢狱之灾,佐理马氏,终于化险为夷。两番系狱的查日乾收敛性情安心做生意,热心公共事务,在当时得到了一些官员的认可。陈《序》:"乾隆戊午,余观察天津,先生德容道貌,蔼然仁者。每相见,民生利病,娓娓而谈,有饥溺由己之意。察其家

① 赵尔巽等撰:《清史稿》卷三百三十二,《列传一百十九》,中华书局,1977,第10962页。

② 《培远堂文集》卷四,民国三十二年(1943)刊。

③ 查禄百、查禄昌等:《宛平查氏支谱》卷二,《允哲府君方太君刘太君合传》,民国三十年(1941)铅印本。

居,则见义必为,乐善不倦。海滨斥卤之区,啼饥号寒,赖先生存活者甚众。”

其中自然少不了王氏“盛德宜家”之功,“事赠公五十年,无违言。洎公与马恭人殁,遇设帨辰,辄泫然生悲。”陈《序》也说:“事马太君恭让有礼,御子妇和慈无间,相夫子以利人济物,训诸子以亲师取友。淑行彰彰,闻见极悉。”

陈《序》与郑《铭》都应查礼所请而作,基于序、铭文体不同,更由于两位作者写作手法的差异,互为参看,可以较完备地一览查母王氏的言行事迹。

三、郑虎文其人与郑《铭》

郑虎文(1714—1784),字炳也,号诚斋,浙江秀水(今嘉兴市)人。乾隆七年(1742)进士。改翰林院庶吉士,散馆授编修。官至左赞善兼翰林院检讨,曾提学湖南、广东两省。主讲徽州紫阳书院十年,杭州紫阳、崇文两书院五年。有《吞松阁集》四十卷。

郑虎文乾隆甲午(1714)正月生,据《易经·革卦》:“大人虎变,其文炳也”,取字炳也。取义在皮,虎皮毛斑驳有文采,象征文化。郑虎文没有辜负自己的名字,叶德辉评价道:“晚主徽、杭讲席,啸歌自适,功力益深。以全集论之,足与杭堇圃、齐次风相抗衡,馀子殆不足数也。”①

郑虎文“少孤,竭力奉母。母病祷于神,请减算畀母,竟如所祷”,②在撰写《查封母王太恭人墓志铭》中,“秩既满,太守(查礼)先以闻,恭人曰:‘归恐不我见,我若有梦告者。’一日竟无疾卒。卒之日,太守初受代于粤。”郑虎文“减算畀母,竟如所祷”的经历与查母的“若有梦告”同具有神话色彩,但在孝亲的语境中,不存在证实与证伪的冲突和是否违背常识的质疑。

实际上,查母王氏卒于“乾隆壬午八月丁未”。查礼《铜鼓书堂遗稿》卷十五有诗《告养归里九月二十日自太平放舟诗别绅士部民》,官员去职交卸需要一些时日,郑虎文的记述揆之合理,按察若鉴,增添了孝子归养,中途惊闻母已

① 叶德辉等撰,湖南图书馆编《湖南近现代藏书家题跋选》第一册,岳麓书社,2011,第586页。

② 王太岳:《郑君墓志铭》,载郑虎文著,冯敏昌编《吞松阁集》卷前,清嘉庆十六年(1811)刻本。

逝的风木之悲的效果。

"人子我子,胡饱而饥;我子人子,胡瘠而肥?我子子之,如卵斯翼;我子不子,桢在王国。"是郑《铭》的名句,非融入自身对母亲的情感,造不出如此气氛叠进、回肠荡气的佳构。

同样,郑虎文的至行使其与笔下的查母极易产生共情。郑虎文"收恤宗族子弟,屋宅皆满,至无以容。亲戚故人待以为养葬者无虚岁,就食于其家者无虚日,囊箧每为之空。家人或以告君,笑曰:'姑强支持,寒饿共当之,吾宁苦身无以病吾心也。'"[①]查母"止子姓为寿,而命以馈食张乐费周诸族属姻党。族属姻党之缓急者,虽众集数至必立应,怜之有冻瘃者,制絮衣衣之,岁必遍"。郑虎文的"无虚岁",查母的"岁必遍",非有拔苦为悲之心者不能道此,非有与乐为慈之心者不能行此。

四、郑虎文与查礼的交游

查礼(1715—1783),字恂叔、鲁存,号俭堂、铁桥、榕巢、茶坨、藕汀、澹安居士等,顺天宛平(今北京)人。乾隆元年(1736)举博学鸿词科,报罢。乾隆十三年(1748)入资授户部主事,次年"改官粤西郡丞",二十年(1755)权理太平府(治今广西崇左市),二十一年(1756)实授,二十七年(1762)丁母忧。后任四川宁远知府、川北道、四川按察使、布政使,擢湖南巡抚,未及任卒。查礼工诗,善画梅,有《铜鼓书堂遗稿》三十二卷、《榕巢词话》一卷等。

粗检查礼《铜鼓书堂遗稿》,未见关于郑虎文的信息;郑虎文《吞松阁集》除《查封母王太恭人墓志铭》外,另有《题查太守俭堂〈榕巢图〉》(卷十二)、《查太守恂叔招集接叶亭赏白丁香花调寄〈玲珑玉〉分韵得真字》(卷三十七补遗),诗词各一首。

乾隆二十一年(1756)六月,查礼升任粤西太平府知府。任内在府署之西

① 王太岳:《郑君墓志铭》,载郑虎文著,冯敏昌编《吞松阁集》卷前,清嘉庆十六年(1811)刻本。

偏,“芟恶木,植嘉树,随时因地筑亭馆于其间”①,在老榕树上构筑“榕巢”是其中之一。查礼且以自号,作《榕巢记》,绘《榕巢图》,自题并广征题咏。

《榕巢记》云:“我朝如皋冒辟疆构水绘园别墅中亦因树为巢,自号巢民。”②

《题榕巢》:“老榕俯沼叶扶疏,效鹊攒枝高结庐。上古有民兼穴处,南天惟我独巢居。”③

郑虎文《题查太守俭堂〈榕巢图〉》对查礼自比明末遗民冒辟疆有疑问,“今君际明盛,簪缨世蝉联。三冬足文史,五岭试歌弦。荣以刺史符,授以专城权”。查礼的身份岂是当年冒辟疆可比,“谅非枳棘鸟,岂敢堕水鸢,胡师择木智,载咏彻桑篇”。

“彻桑”,剥下桑树皮。在还没下雨前,就剥下桑树皮来捆扎门和窗,比喻未雨绸缪。

郑虎文不以此为然,申论道:“沧田矧多变,陵谷弥易迁。区区榕之托,蒙也窃惑焉。”沧海桑田之变,岂是区区榕巢所能安居?“君闻默不答,座刻起联翩。”④

《榕巢图》题咏不乏朱筠、赵翼、蒋士铨、钱大昕、彭元瑞等乾隆朝名臣硕彦。郑虎文之名不少让。面对郑虎文的此番士人际遇“盛世”,当先有治政之绩,再有优游之思的正大之音,查礼“君闻默不答”矣。

乾隆三十一年(1766,丙戌),查礼服阕已满后补官,有《忆榕巢》:“自别榕巢后,诗情减已多。不知枝上鸟,吟兴复如何?”⑤查礼仕途看好,众鸟欣有托,榕巢吟兴只能退居其次了。

查礼服阕期间,仲兄查为义亦去世。“全家居帝京,接叶寄西城。院小门常闭,亭空月自明。贫留书不卖,闲藉笔为耕。在昔交游尽,何能有弟兄。”⑥

该诗作于乾隆二十八年(1763,癸未)。接叶亭,得名于杜甫《高楠》:“楠树

① 查礼:《西冈》序,《铜鼓书堂遗稿》卷十四,清乾隆查淳(查礼之子)刻本。

② 查礼:《榕巢记》,《铜鼓书堂遗稿》卷二十九,清乾隆查淳(查礼之子)刻本。

③ 查礼:《铜鼓书堂遗稿》卷十四,清乾隆查淳(查礼之子)刻本。

④ 郑虎文著,冯敏昌编《吞松阁集》卷十二,清嘉庆十六年(1811)刻本。

⑤ 查礼:《铜鼓书堂遗稿》卷十六,清乾隆查淳(查礼之子)刻本。

⑥ 查礼:《接叶亭》,《铜鼓书堂遗稿》卷十六,清乾隆查淳(查礼之子)刻本。

色冥冥，江边一盖青。近根开药圃，接叶制茅亭。”杜甫对“接叶”颇多妙用，另如“百顷风潭上，千重夏木青。卑枝低结子，接叶暗巢莺”（《陪郑广文游何将军山林十首》）。

仲兄已逝，在昔交游星散，新雨又集，郑虎文当即其一。郑虎文《查太守恂叔招集接叶亭赏白丁香花调寄〈玲珑玉〉分韵得真字》二首，其一：

天也情多，迟花信、闰得青春。枝枝叶叶，巧将粉笔弹匀。试向云阶月地，倩梅魂梨梦，画取真真。逡巡。亭儿边，游迹易陈；

好事风流太守，想香山、玉局合是前身。接叶看花，质金钗、馔玉烧银。盈盈晶帘斜卷，乍回首、疏林晴雪，着意留人。更低问，甚年时，重订前因。

其二：

春且归欤，倩谁挽、一线残春。番番花信，几曾传到愁人。蓦地尊前月下，诧冰姿玉质，别样精神。红尘。休欺他，姑射后身；

一自亭开接叶，料诗筒、酒盏几度良辰。腻粉浓香，转头间、前劫后因。相看萧萧花发，比枝上、堆霜压雪，若个停匀。且消遣，眼前花，权当作真。①

没有比把主人誉为白香山、苏玉局更能让人受用的诗料了，况且接叶亭主人查礼挽得“一线残春”，接叶亭上，“诗筒、酒盏几度良辰”。

目下未见郑虎文曾在天津水西庄诗酒酬接的资料，其与查家的交游应始于与查礼的京师之会。

《题查太守俭堂〈榕巢图〉》纪年不详，可能是查礼太守任上的一次回京公干之时，待考；二首《玲珑玉》作于查礼服阕期间；《查封母王太恭人墓志铭》作于乾隆乙酉（三十年，1765），是郑虎文在京的末期，次年丙戌，“以病乞假，（雍

① 郑虎文著，冯敏昌编《吞松阁集》卷三十七补遗，清嘉庆十六年（1811）刻本。

儿)从余归”。[①] 乙酉查礼从接叶亭居所移居横街,准备补官出仕,其间“以状来乞铭,余(郑虎文)与太守善,不获辞。”

综上,郑虎文《查封母王太恭人墓志铭》对于查母王氏事迹的充实意义明显。郑虎文与查礼之交游,特别是分韵《玲珑玉》一事,对查礼《榕巢词话》的影响留待续考。

(田晓东,天津地方学者)

① 郑虎文:《亡儿师雍传》,《吞松阁集》卷三十,清嘉庆十六年(1811)刻本。

《春泉闻见录》作者刘寿眉考*

元　伟　胡丽娜

《春泉闻见录》(下文简称《闻见录》)是乾嘉时期文人刘寿眉①所撰笔记，长期以来关注者寥寥。作者刘寿眉，除却笔记记载之外，亦无相关史料可资详考。学界提及此书，大多著录简略。如宁稼雨《中国文言小说总目提要》及石昌渝主编《中国古代小说总目・文言卷》，朱一玄、宁稼雨、陈桂声主编《中国古代小说总目提要》中所撰《春泉闻见录》词条，称此书"未见著录"，"(刘寿眉)其人未详"②。司马朝军比宁氏等人稍进一步，其著《续修四库全书杂家类提要》记："刘寿眉，字春泉，顺天宝坻(今属天津)人。生卒年及事迹均不详。约生活于乾隆、嘉庆时期。"③《续修四库全书总目提要　子部》的《春泉闻见录》条(同样由司马朝军、王献松撰写)云："刘寿眉，字春泉，顺天宝坻人。大约生

* 本文系国家社会科学基金青年项目"乾嘉笔记与乾嘉文人生活研究"(21CZW027)的阶段性成果。本文曾发表于《清史论丛》(二〇二三年第一辑，总第四十五辑)。

① 关于《春泉闻见录》作者，宁稼雨著录为"刘寿昌"(宁稼雨：《中国文言小说总目提要》，齐鲁书社，1996，第420页)；《清史稿艺文志及补编》"艺文三"也著录："《春泉闻见录》四卷，刘寿昌撰。"(章钰等编，武作成补编《清史稿艺文志及补编》，中华书局，1982，第567页)。未知何据，很可能是讹"眉"为"昌"。笔者查得清华大学图书馆藏有清嘉庆刻本，委托清华大学王晨博士帮忙查看，知该本系巾箱本，分为春、夏、秋、冬四函，题"渠阳刘寿眉春泉氏撰"。本文今从"刘寿眉"说。

② 宁稼雨：《中国文言小说总目提要》，第420页；石昌渝主编《中国古代小说总目・文言卷》，山西教育出版社，2004，第45页；朱一玄主编《中国古代小说总目提要》，人民文学出版社，2005，第402页。

③ 司马朝军：《续修四库全书杂家类提要》，商务印书馆，2013，第401页。

活于乾隆、嘉庆间,其余生平不详。”[①]姚继荣《清代历史笔记论丛》将《春泉闻见录》作者生年考定为1750年,且称作者生平事迹不详。[②]

实际上,刘寿眉其人尚有可考空间。《春泉闻见录》是一部带有鲜明的“实录”和“自叙”色彩的旗人笔记,其中所载,多可与史志互证。论者未能对笔记进行全面深入阅读、考析,以致著录不详乃至出现疏失,殊为遗憾。关于刘寿眉所在的宝坻刘氏,杨国奎《湖广巡抚刘殿衡》《刘巡抚家族墓地》二文以及天津问津书院所编内部发行版《春泉闻见录》前言[③]都引述或提到了丰台《刘氏家谱》[④],但笔者至今未见此谱,只能依据《春泉闻见录》所载,并参合相关史志,尽可能地对刘寿眉之生平与家世作出考索。

一、生卒年

已经有学者据笔记内容推算出刘寿眉大致生年。如姚继荣《清代历史笔记论丛》注曰“刘寿眉(1750—?)”[⑤],应是据嘉庆庚申年(1800)刘寿眉自序所言“今年逾杖家”所作推测。古时称男子五十岁为“杖家之年”,“逾杖家”即年过五十,以此推算,生年在1750年前后。任广玉对刘寿眉略作考证,称作者“大概生于乾隆十五年(1750)”[⑥]。然而这一结论疏漏颇多。下面试析之。

刘寿眉于嘉庆五年(1800)所撰自序,是考证其生年最直接的证据。为了方便后文论述,兹摘引如下:

> 余自六岁从母读四子书,九岁随父任赴吴,十岁始就傅,十五岁父解组,遂荒业。十九岁又随任赴越,即经理家政。……今年逾杖家,徒惭老

---

① 《续修四库全书总目提要　子部》,上海古籍出版社,2015,第577页。

② 姚继荣:《清代历史笔记论丛》,民族出版社,2014,第252-253页。

③ 天津问津书院所编,任广玉整理标点《春泉闻见录》,《问津》(内部发行),2020,第7期(总第91期),《前言》第3页。

④ 于增会主编,政协天津市宁河县委员会编《宁河名人》,天津人民出版社,2002,第669、672页。

⑤ 姚继荣:《清代历史笔记论丛》,第252页。

⑥ 天津问津书院所编,任广玉整理标点《春泉闻见录》,《前言》第1页。

大,闲居日久,病渐散去。偶忆生平闻见,随笔录出,藉以消遣。事取真切,言戒妄诞。……乡劭侄春闱入都,见而乐之,阅年,手钞一册,欲质名贤。……侄曰:"叔于《闻见》中寓警惕讽劝之旨,若秘而不宣,是不屑与世证可否,使后之子孙昧吾叔不学而能之美,将谓有所蹈袭,而启其猜疑之心,不自勉力,而阻其好学之志矣。"余闻之汗颜,自述数语以冠其首。嘉庆庚申三月既望,渠阳刘寿眉春泉氏识于京邸迎晖轩。①

以往学者多根据"今年逾杖家"推断出刘寿眉生于1750年之前。其实,细阅《闻见录》所载内容可推知刘寿眉的精确生年。学者们忽略了自序中的"阅年"这一时间标识以及诸多内证。"阅年"表明从"杖家"之龄到作序之时已经过去了一段时间;诸多内证,则如卷四第100则记:

乾隆己巳年,先子以忧归里,余方四岁,嬉游其所。②

乾隆己巳年是1749年,这一年刘寿眉的父亲丁忧归家,作者时年四岁。据古人记龄的惯例推算,刘寿眉的生年应在1746年,即乾隆十一年,这一时间尚有其他佐证。仍引本书第100则:

又二年,余亦读书于此。③

时间推之,"又二年"作者六岁,始读书。这与刘寿眉自序所记"余自六岁从母读四子书"亦相合。又,《闻见录》第7则记载:

乾隆甲戌,先大人选吴松。④

---

① 刘寿眉:《春泉闻见录》,《续修四库全书》第1177册,上海古籍出版社,2002,影印清嘉庆五年(1800)刻本,第523页。

② 刘寿眉:《春泉闻见录》,第577页。

③ 刘寿眉:《春泉闻见录》,第577页。

④ 刘寿眉:《春泉闻见录》,第526页。

乾隆甲戌年为1754年,这一年作者父亲始宦游吴松。而作者自序又称自己"九岁随父任赴吴",减去作者年龄时间差,亦可得出作者生年在1746年。再者,自序称"十九岁又随任赴越",而《闻见录》第29、78则都提到,作者于乾隆二十九年(1764)随父赴浙,减去时间差,亦可推知作者生年在1746年。因此这一结论可以定谳了。

而卒年则不好遽断。目前仅能从笔记所记事件的最晚时间推知,刘寿眉于嘉庆五年(1800)春三月尚在世。

二、生平事迹

刘寿眉之生平事迹,《闻见录》自序已作简单勾勒,但还不完整。笔者经过梳理,认为作者之生平大致以乾隆三十六年(1771)为界,分为前后两个阶段。

乾隆三十六年(1771)之前,也就是刘寿眉二十六岁之前,主要是在读书和随父宦游。九岁以前从母读四子书,家中嘉荫轩是其读书处。九至十五岁(1754—1760)随父赴吴,即《闻见录》第100则所记:"先子宦吴松,举家之任。"①《闻见录》对这段时间经历的记载,多围绕父亲的见闻展开,所经之地计有昆山、瓜洲、淮徐、南汇、京口、浒墅关、由闸、靖江等,还有对居所、逆旅、官署见闻以及与苏州府、松江府等地人交往的记录,内容以狐鬼怪异事件为主。

而《闻见录》对十九至二十六岁(1764—1771)再次随父赴越后的记述,则以作者自己的行踪见闻为主。有游历广闻的,如游览宁邑(今台州府宁海县)长洋岭等名胜;有搜奇志怪的,如记录旅途怪异、龙卷风、鬼隶勾魂、狐祟、尸变、台风、奇人异士等;有观民察俗的,如第23则记述宁邑之穷民私采贩盐现象、男风现象和宁邑方言土音;有重要历史事件转录,如王伦作乱事、海盗、蛤蟆瘟等。

乾隆三十六年(1771)随父北归后,刘寿眉的行迹行踪,也可从《闻见录》里探寻。

据《闻见录》可知,刘寿眉的原配为陈氏,随刘寿眉居浙时因痨病去世,直

① 刘寿眉:《春泉闻见录》,第577页。

至北归时才归葬祖茔。《闻见录》第 86 则云：

> 余原配陈氏，性情和顺，颇克妇道。结褵三载，痨疾而终。时随任宁邑，未能归柩，即厝公廨斋右。庚寅(1770)季春，余送赴省路，由绍兴乘乌篷船……迨辛卯冬(1771)归葬先茔，余事事亲理。[①]

而后长达八年(1771—1778)左右的时间里，刘寿眉都在京师北城指挥、平遥人郝敬斋处做幕宾，佐理政务，也协助办理一些讼狱。如《闻见录》第 42 则云："余佐理八载，主宾如一日。"[②]第 47 则："余在指挥幕，亲办此案。"[③]都是指这段时间的经历。后又与郝敬斋之子郝徕峰有交。《闻见录》记有不少山西故事，应该就是这段时间的耳目见闻。做幕期间，刘寿眉曾在京师崇文门外手帕胡同居住(第 33 则)，与在京亲友交往过从。乾隆三十九年(1774)也曾应京兆试，但是遗憾落榜。

从乾隆四十三年到五十三年(1778—1788)，刘寿眉先后在山东的夏津县、鱼台县做"宰"，应该是县令或县丞一类官职。《闻见录》第 65 则记："丙申至戊申，余宰夏津、鱼台。"[④]然笔者遍检乾隆《夏津县志》及民国《夏津县志续编》、光绪《鱼台县志》，未见著录有刘姓知县或者县丞，或系失载。

而在此之后，刘寿眉便长期居住京城了。不论是《闻见录》第 61 则记述乾隆己酉年(1789)旌表堂兄之女，第 58 则记载乾隆壬子年(1792)宛平县的姑丈王翼曾遇鬼事，还是第 74 则提到自己乾隆甲寅年(1794)入都，以及刘耆德跋语述及嘉庆戊午年(1798)秋至第二年春在京与刘寿眉相处见闻，李鼎元序和刘寿眉自序所称嘉庆庚申年(1800)《闻见录》成书之事，都断断续续、零零散散地折射出刘寿眉中老年时期的生活场景。

此外，《闻见录》还屡屡提到宝坻家中书斋——嘉荫轩，第 100 则载述甚详，知此轩为刘寿眉祖辈、父辈和自己读书的地方。中年以后刘寿眉居住京邸，

---

① 刘寿眉：《春泉闻见录》，第 563 页。
② 刘寿眉：《春泉闻见录》，第 542 页。
③ 刘寿眉：《春泉闻见录》，第 545 页。
④ 刘寿眉：《春泉闻见录》，第 553 页。

家中书斋又唤作“迎晖轩”。《闻见录》现存的嘉庆刻本,正是刘氏迎晖轩自刻的。

此外,《闻见录》还记述了刘寿眉在不同时期与江浙友人、宝坻同乡人、京师友人、家中仆人等的交往相处细节,以及诸多生活见闻,给读者展示出一个功名不显、日常奔波而又颇富文人意趣的作者形象。

三、家世

现存清嘉庆五年(1800)刻本《春泉闻见录》卷首题“渠阳刘寿眉春泉氏撰”。“渠阳”乃宝坻旧称,清代属于直隶顺天府,在今天津北部。刘寿眉虽然声名不显,但刘氏却是当地望族,向来分汉、旗两籍,刘寿眉即属于汉军镶白旗。《闻见录》记述了家族亲友的事迹,下面笔记就参合方志文献,摭其要者进行考述。

《闻见录》卷一第4则记曰:“自高、曾以来,控制闽浙西蜀,兼三抚楚北,相继数十年,宅第甲于一邑。乡人呼之曰刘府。”[①]可知其高祖、曾祖两代曾做过总督、巡抚一类官员。查《钦定八旗通志》可知,刘寿眉所说的高祖、曾祖应是刘兆麒、刘殿衡。《通志》卷二百一《人物志·大臣传》之刘兆麒传:

> 刘兆麒,汉军镶白旗人。顺治七年由官学生授秘书院编修,洊迁宗人府启心郎。十八年十月,迁都察院左副都御史;十二月,授湖广巡抚。……(康熙)七年,擢四川总督……八年三月,补闽浙总督。……十二年三月,京察以任总督,后未著勤勉,照才力不及例,降二级调用。十三年十月,授直隶援剿提督,缺,寻裁。十四年正月,补崇明提督……二十二年,疏报守备柴桂芳等剿贼……兆麒所报不实,应降二级调用,得旨削去加级纪录,以旗员补用。寻补黑龙江总管。三十一年(1692),以母老乞解任,从之。四十七年(1708)六月卒,年八十。[②]

① 刘寿眉:《春泉闻见录》,第524页。

② 《钦定八旗通志》,《文渊阁四库全书》本。

又,《四川通志》卷三十一"总督"条载:

> 刘兆麒,直隶宝坻人,康熙十年以兵部侍郎兼副都御史任,旋奉裁。①

据上述记载可推知,刘兆麒在世时间为崇祯二年到康熙四十七年(1629—1708)年。历任秘书院编修、左副都御史、湖广巡抚、四川总督、闽浙总督等职。刘兆麒之子刘殿衡,《钦定八旗通志》同卷也有记载:

> 子殿衡,康熙二十二年由荫生授兵部员外郎,二十四年迁刑部郎中,二十六年转直隶井陉道,寻调甘肃西宁道。三十七年二月,部推广东按察使。……十二月,授江苏布政使。……四十三年三月,擢湖广巡抚。……四十七年,丁父忧……五十年,复任湖广巡抚。……五十六年……十二月卒于官,年六十有二。②

可推知刘殿衡在世时间为顺治十三年到康熙五十六年(1656—1717)。历任兵部员外郎、刑部郎中、广东按察使、江苏布政使,后两任湖广巡抚。刘兆麒、刘殿衡之籍贯、履历,与刘寿眉所言"控制闽浙西蜀,兼三抚楚北,相继数十年"十分相合。另外,乾隆十年(1745)编纂的《宝坻县志》也提供了佐证,该志卷九《选举·例贡》下列有"刘兆麒",注曰:"入旗籍。授秘书院编修,历升湖广巡抚、川湖浙闽总督兼兵部尚书。"③

又据《宝坻县志》之"乡贤"条记载,刘殿衡并非刘兆麒的亲生子,而是胞兄刘兆麟的第三子,过继给刘兆麒承嗣的:

> 麒初无子,麟以叔子殿衡嗣后。殿衡仕亦至巡抚、副都御史,赠本生父

---

① 《四川通志》,《文渊阁四库全书》本。

② 《钦定八旗通志》,《文渊阁四库全书》本。

③ 《(乾隆)宝坻县志》,《中国方志丛书》,成文出版社,1969,影印民国六年(1917)石印本,第452页。

如其官。父荷谕祭,兄弟并祀乡贤。[①]

而刘兆麟才名早著,顺治十八年(1661)便中了进士。由于当时胞弟刘兆麒已“隶禁旅,供事内廷”,迁左副都御史,于是刘兆麟放弃了仕途,留在家里侍奉双亲。后刘兆麒显贵,刘氏数代悉受荫封。张大受(1660—1723)为刘殿衡所撰《副都御史刘公墓志铭》曰:

公讳殿衡,字玉伯,居顺天宝坻县五世矣。曾祖讳国祯、祖讳世则,俱以父讳兆麒贵,赠光禄大夫、总督浙江福建、兵部尚书、都察院右副都御史。……公以副都御史加五级恩授光禄大夫,夫人张氏,浙江嘉兴知府思齐女,诰封一品夫人。[②]

这段文字明确交代了宝坻刘氏的起源。也有学者提到“宝坻刘家,始祖刘信在明嘉靖年间,由江苏省沛县迁至丰台镇(今宁河区)”[③]。而《(乾隆)宝坻县志》“貤荫”“恩荫”条目下也详列了刘氏几代荫封名录:

刘信。以曾孙兆麒贵,赠光禄大夫、兵部尚书兼都察院右副都御史,配李氏,赠夫人。

刘国正[④]。以孙兆麒贵,赠光禄大夫、兵部尚书兼都察院右副都御史,配褚氏,继王氏,俱赠夫人。

刘世则。以子兆麒贵,封光禄大夫、兵部尚书兼都察院右副都御史,配鲁氏,封太夫人。

刘兆麟。以本生子殿衡贵,贻赠光禄大夫、巡抚湖广兼都察院右副都御史,配单氏,赠夫人。

刘殿衡。系父兆麒一品恩荫,历官湖广巡抚兼都察院右副都御史,

① 《(乾隆)宝坻县志》,第562页。

② 《(乾隆)宝坻县志》,第956、963页。

③ 陈兆军、阮洪臣著:《科举世家“李半朝”》,天津古籍出版社,2019,第174-175页

④ 笔者案:此处改“祯”为“正”,避清世宗讳。

有传。

> 刘鹤龄。系伯父殿衡恩荫，升兵部职方司郎中，授山东莱州知府。①

刘鹤龄是刘殿衡下一代，容后文再论。刘殿衡尚有其他叔伯兄弟。《宝坻县志》卷九“选举·贡荐”下列有刘殿飏、刘殿玑、刘殿邦、刘殿璋四人：

> 刘殿飏，候选知县，有传。
>
> 刘殿玑，入旗籍，授中书，历升员外。
>
> 刘殿邦，历任苏松粮道，附传。
>
> 刘殿璋，入旗籍，候选知县。②

从名字来看，他们都是“殿”字辈，很可能是叔伯兄弟关系。《宝坻县志》“政绩”下记刘殿邦：

> （殿衡）仲兄殿邦，字安侯，英华卓荦，累官至苏松粮道，署布政使。圣祖亦曾书“一州之表”四字赐之，以为一门盛事云。③

可知刘殿邦是刘殿衡仲兄。又，《宝坻县志》“耆英”下记刘殿飏：

> 刘殿飏，字元公，兆麟子也。次殿邦。次殿衡。衡继兆麒，后以荫起。邦亦由贡就铨。飏独不仕。④

可知刘殿飏、刘殿邦、刘殿衡是刘兆麟之子。长子刘殿飏继承先君之志，养志不仕。而刘殿玑、刘殿璋为刘兆麒之子，《新中国出土墓志》之《上海　天津卷》收录了《清诰封光禄大夫兵部尚书都察院右副都御史加从一品善征刘公

① 《（乾隆）宝坻县志》，第471、474、475页。

② 《（乾隆）宝坻县志》，第452、456页。

③ 《（乾隆）宝坻县志》，第590页。

④ 《（乾隆）宝坻县志》，第601页。

(世则)墓志铭》,该铭文详细列出了刘正则的子辈("兆"字辈)、孙辈("殿"字辈)和"长门"曾孙辈:

子二:长兆麟……次兆麒……

孙五:长殿飏……次殿邦……麟出。次殿衡……亦麟出,继麒后。次殿玑……次殿璋……麒出。

曾孙六:应诏、宠诏、遇诏……飏出。宸诏……廷诏……丹诏……邦出。①

据此可知,刘殿玑和刘殿璋是刘殿衡过继给刘兆麒之后出生的。又可知,刘兆麟的嫡孙辈以"诏"字论辈。遗憾的是,刘殿衡、刘殿玑和刘殿璋的后代没有交代,只有刘殿衡的后人是有史志、碑铭文献记载的。张大受《副都御史刘公墓志铭》记:

公子庶吉士嵩龄奔赴武昌,扶柩归宝坻……男子三,长即吉士嵩龄。②

《(乾隆)宝坻县志》"乡举"下又记:

刘嵩龄,入旗籍,康熙戊子,见甲科。③

选举志卷九"甲科"下列"刘嵩龄",注云:

入旗籍,康熙癸巳进士,以翰林院迁御史,历任四川永宁道。④

① 《新中国出土墓志　上海　天津》(下),文物出版社,2009,第202页。

② 《(乾隆)宝坻县志》,第956、963页。

③ 《(乾隆)宝坻县志》,第433页。

④ 《(乾隆)宝坻县志》,第427页。

可见刘嵩龄为刘殿衡长子。刘嵩龄字山祝，号向南[①]，康熙四十七年(1708)举人，康熙五十二年(1713)进士，曾官四川永宁道。另，前文在引述刘氏一门荫封时曾提到“刘鹤龄”，说他“系伯父殿衡恩荫”，升兵部职方司郎中，授山东莱州知府。《(乾隆)莱州府志》卷六“莱州府知府”下记：“刘鹤龄，镶白旗，荫生，(雍正)八年任。”[②]既称刘殿衡为“伯父”，而殿衡在胞兄弟中最幼，故刘鹤龄应非刘兆麟嫡孙，应是刘殿玑或刘殿璋的后人。与刘兆麟嫡孙辈以“诏”字论辈不同，刘兆麒的嫡孙辈以“龄”字论辈。

综合以上文献记载，从前引《闻见录》“高曾以来”一段文字推之，刘寿眉系刘殿衡的曾孙辈，也就是宝坻丰台刘氏的第八世。但由于《(乾隆)宝坻县志》编纂于乾隆十年(1745)，未及记录刘嵩龄(第六世)以下族辈；光绪十二年(1886)刊行的《顺天府志》也没有相关记载。故刘嵩龄至刘寿眉三代间的世系失考。我们只能从《闻见录》的零散记录来推测。

《闻见录》提到了“叔祖山年公”“叔祖汾年公”“王父”。第77则记：

> 叔祖山年公，天性聪明。初就傅时，凡师所授经书，过目不忘。十岁能文，或以古书示之，咸若夙读。年十八成进士，由太史迁永宁观察。[③]

考《四川通志》，其“修志姓氏”条载：“四川分巡永宁道按察使司参议加一级，臣刘嵩龄，镶白旗，癸巳(1713)进士。”[④]知刘寿眉所谓“山年公”，即刘嵩龄。据“年十八成进士”，可推知刘嵩龄的生年在康熙三十五年(1696)。

又，《闻见录》第98则记：

---

① 朱彭寿编著《清代人物大事纪年》，北京图书馆出版社，2015，第464页。亦有记载称刘嵩龄号洵南。

② 《(乾隆)莱州府志》，《中国地方志集成　山东府县志辑44》，凤凰出版社，2004，影印清乾隆五年(1740)刻本，第127页。

③ 刘寿眉：《春泉闻见录》，第558页。

④ 《四川通志》，《文渊阁四库全书》本。

叔祖汾年公知福建安溪县,携眷赴任……①

前文已述及,刘殿衡有三子,刘嵩龄居长,故此"汾年公"应该是另外两子之一,然姓字未知。笔者查检《(乾隆)宝坻县志》,卷九《选举志》载"刘懋龄":

刘懋龄,授安溪知县。为前任偿逋,资其家人。回籍值朱一贵倡乱,运需造器,克期无误。又招降贼党郑鉴,城邑以安。劳绩甚著。②

又,乾隆二十二年(1757)刊行的《安溪县志》,卷五"职官·知县"条目下也列有"刘懋龄"一人:

刘懋龄,宝坻人,监生,(康熙)五十七年任。③

这无疑就是刘寿眉笔下的"叔祖汾年公"了,为刘嵩龄的两位胞弟之一(排行未知),康熙五十七年(1718)到福建安溪县赴任,在任期间扶弱平乱,多有政声。

"王父"是作者对祖父的尊称,在《闻见录》中出现了4次,但都没有透露具体信息。只有第100则记述家中的"嘉荫轩"时,说是祖父与叔祖山年公、父亲曾经读书的地方。可见祖父一辈曾日夕伴读,感情很好。

再来看刘寿眉的父辈。由于刘寿眉长年随父亲宦游,所以《闻见录》记述父亲事迹最多,共计22则。虽未写明姓字,却明确提到了父亲的生平事迹和居官履历。如第9则记述父亲梦见中式第三十八名后来应验的故事,其中提到:

先大人屡困场屋,雍正十年(1732)壬子秋闱后,即旋里嗣,同母归宁,盖恐不售而先去也。……王父曰:"汝与同曾连芳副榜,岂尚未知耶?"同

① 刘寿眉:《春泉闻见录》,第576页。

② 《(乾隆)宝坻县志》,第459页。

③ 《(乾隆)安溪县志》,《中国地方志集成　福建府县志辑27》,上海书店出版社,2000,影印清乾隆二十二年(1757)刻本第513页。

曾者，乃山年公之长子也。[①]

知刘父雍正十年(1732)举于乡。笔者查《(乾隆)宝坻县志》之《选举志》，有两个人可能性很大。一是刘毓道。卷九"乡举"下列："刘毓道，雍正壬子。"[②]其又见于《畿辅通志》卷六十六"举人"之"雍正壬子科"："刘毓道，宝坻。"[③]二是刘翥。《宝坻县志》卷九"拔副"下列："刘翥。雍正壬子副贡，授青浦县丞。"[④]《(光绪)顺天府志》亦沿袭这一记载，卷一百一十八《举人表》于"(雍正)十年壬子"下列："刘翥，副，青浦县丞。"[⑤]

然而与刘嵩龄长子刘同曾"连芳"副榜的是刘翥。《宝坻县志》卷九记载，刘同曾与刘翥同列"拔副"："刘同曾，入旗籍，雍正癸卯副贡。"[⑥]可见刘翥才是刘寿眉的父亲。刘寿眉"王父"所言"连芳"，应是指刘同曾在前(雍正元年，1723)而刘翥在后，前后连捷的意思。

另外，县志记载刘翥"授青浦县丞"，也可与《闻见录》相互印证。从《闻见录》可以窥见刘父大致经历。如中举之前曾居住在京师，雍正九年(1731)八月十九日亲历了一次大地震(第68则)。铨选赴任吴、松之前，就已在苏州浒墅关(乾隆八年，见第29则)和扬州由闸关(第45则)任职，专司榷务。乾隆十九年(1754)，选官吴、松(见第7、16、29、43则)，刘寿眉随父前往。此后辗转于江苏多地，计有昆山(第13则)、淮徐道(第15则)、南汇(第19、50、84则)等。正如《闻见录》第14则所说，"先大人仕江苏，每奉差于江之南北"。乾隆二十九年(1764)赴浙江任职(第29、78则)，宰宁邑(第21、23、24、25、26、29、51、95则)。乾隆三十六年(1771)自浙北归，刘寿眉亦随其北归(第27、29、86、105则)，结束了江浙宦游生涯。

---

① 刘寿眉：《春泉闻见录》，第527—528页。

② 《(乾隆)宝坻县志》，第434页。

③ 《畿辅通志》，《文渊阁四库全书》本。

④ 《(乾隆)宝坻县志》，第447页。

⑤ 《(光绪)顺天府志》，《续修四库全书》第686册，成文出版社，1969，影印光绪十二年(1886)刻本，第468页。

⑥ 《(乾隆)宝坻县志》，第447页。

刘翥在雍正十年(1732)中举之后、乾隆十九年(1754)选任吴、松之前的仕宦记录,也有地方志可证。如《宝坻县志》记载其"授青浦县丞",《(光绪)青浦县志》卷十三《职官表》也将"刘翥"系于"县丞"之下。只不过光绪志将任职时间和籍贯记错了,分别记成了"乾隆十二年"和"陕西宝鸡人"①。

在任青浦县丞之前,刘翥就曾署理昆山知县,即《闻见录》所言"先大人宰昆山"(第13则)。笔者查阅《(同治)苏州府志》,卷五十六"职官五"下"昆山县知县"列:"刘翥。宝坻人。副榜。"②卷五十七于"乾隆七年"下又记:"三月,新阳令蔡书绅任。十月,刘翥署。十二月,吴韬任。"③

刘翥乾隆十九年(1754)选任吴、松,当任南汇县丞。此事见《(光绪)南汇县志》卷十,《官司志·县丞》下赫然列曰:"刘翥,直隶宝坻人,乾隆十九年任。"④至乾隆二十四年(1759),署理南汇知县,即《闻见录》第19则记"乾隆己卯年秋,先大人摄南汇篆,督理海塘"。

关于刘翥在浙江的仕宦经历,《闻见录》记载其乾隆二十九年(1764)赴浙,"宰宁海",但是《(光绪)宁海县志》职官志并未记载,只是在卷十二"列女·胡女"传中,提及刘翥曾为为守节而死的胡女次韵赋诗:

> 宁波守梁徽诗一首。杭人孔衍佑诗二首。县尹刘翥和孔衍佑原韵一首。分府周承芳步前韵十首……⑤

刘翥一生大部分时间都在做县丞,偶尔署理知县,也曾辞官解绶⑥,仕途可

① 《(光绪)青浦县志》,《中国方志丛书》,成文出版社,1969,影印清光绪五年(1879)刊本,第509页。

② 《(同治)苏州府志》,《中国地方志集成 江苏府县志辑8》,江苏古籍出版社,1991,影印清光绪九年(1883)刻本,第553页。

③ 《(同治)苏州府志》,第578页。

④ 《(光绪)南汇县志》,《中国方志丛书》,成文出版社,1969,影印民国十六年(1927)重印本,第740页。

⑤ 《(光绪)宁海县志》,《中国方志丛书》,成文出版社,1969,影印清光绪二十八年(1902)刊本,第1168页。

⑥ 刘寿眉自序称"十五岁父解组",据刘寿眉生年可以推知其十五岁时为乾隆二十五年(1760),可见刘翥摄篆南汇县后不久即辞官。

谓一波三折。

此外，《闻见录》中提及的刘氏同辈还有从兄刘云从、堂兄刘少穆和不具名从姊三人，俱无考。晚辈则有为《闻见录》撰跋的侄子刘耆德。跋语称嘉庆戊午年秋试到庚申年春之间，在京城与叔刘寿眉有过相处。《(光绪)顺天府志》卷一百一十八“举人表”于“嘉庆三年戊午”下列“刘耆德”①；《国朝畿辅诗传》卷五十五也载：“刘耆德。耆德号竹西，宝坻人，嘉庆三年举人。”②刘寿眉自序称其“乡劭侄”，知其字乡劭。生平大略如此。

综合以上考察，可梳理出已知宝坻丰台刘氏世系如下：

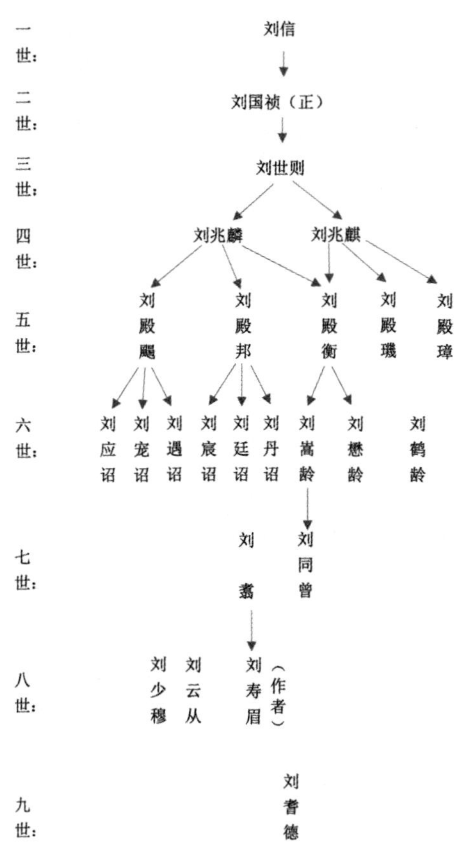

图 1　宝坻丰台刘氏世系图③

---

① 《(光绪)顺天府志》，第 471 页。

② 清陶梁编《国朝畿辅诗传》，道光十九年(1839)红豆树馆刻本。

③ 目前所掌握史料不足以明确支系者未进行明确标注。

此世系图也与《闻见录》第 7 则所记“余家自始祖四传至高祖,分旗汉两籍”相合——从“一世”刘信到“四世”刘兆麒(“高祖”),正好四代。刘氏祖茔在《(乾隆)宝坻县志》中也有记载,卷十《封表·冢墓》记:“刘大司马墓。在县东南丰台镇之西一里许,为兵部尚书讳兆麒之阡。谕祭碑文,亦见《艺文志》。”①

此外,《闻见录》还提及刘氏亲族,如其母出身丰润曹氏:“余外家曹氏乃丰润望族。”②还提到了“外王母”和“母舅”。事实上,刘寿眉祖上即与丰润曹氏有过联姻,乃姻亲世家,由此也与《红楼梦》作者曹雪芹的家世产生了重要关联。限于本文主题及篇幅,这一问题容笔者另撰文申述。

《闻见录》还提到外甥、同时也是序作者的李鼎元(1749—1812),字味堂、和叔,号墨庄,四川绵州人。乾隆四十三年(1778)进士,因出使琉球而知名,撰有《使琉球记》。李鼎元与从兄李调元(1734—1803)、胞弟李骥元(1745—1799)合称“绵州三李”,都是乾嘉时期知名文人。

四、余论

似《春泉闻见录》这类著作,以往都被视作志怪杂事类笔记,很少注意到它的史料价值。但从本文的考证来看,《春泉闻见录》具有鲜明的纪实性、自述性色彩,与《四库全书总目提要》批评的那些诬漫失真、荒怪不经的小说家言迥然不同。作者自序称此书“事取真切,言戒妄诞”,刘耆德跋称“事记其实”,李鼎元序称此书“乃述其生平所历之境与所闻之言,既不同乎干宝搜神,又迥别于黄州谈鬼,盖笔之以传信也”,看来并非虚言。这类笔记,在以《四库全书总目提要》为代表的传统学术体系中属于子部的小说家类或者杂家类,常常表现为考辩论说、杂纂类编、缀辑杂事、记录见闻等,虽然有裨补学问、劝诫教化和广闻资治的意义和价值,但是水平参差不齐,长期以来受到学者批评。随着新文化史研究、微观史研究的兴起,古代笔记因其独特的个人化视角、精神生活书写和

---

① 《(乾隆)宝坻县志》,第 485 页。

② 刘寿眉:《春泉闻见录》,第 527 页。

私人记录性质得到了研究者的重视,笔记研究也成为近年来的研究热点,这也提醒我们要更新观念,重新审视古代笔记的研究价值。本文囿于学力,或许还存在不周之处,敬祈方家指正。

附记:清华大学王晨博士帮助查阅清华大学图书馆藏清嘉庆刻本《春泉闻见录》,谨致谢忱!

(元伟,河北师范大学文学院;胡丽娜,河北师范大学初等教育系)

《醉茶志怪》与运河文化*

林海清

天津属于运河城市，孕育了灿烂的运河文化。晚清作家李庆辰的文言短篇小说集《醉茶志怪》在水、商贸和民俗等方面，充分反映了天津丰富多彩的运河文化。李庆辰虽一生穷困潦倒，但有匡世济民的情怀，常常在志怪的表象之中寄托劝善惩恶的道德评价。《醉茶志怪》合"聊斋"与"阅微"二体于一炉，是天津文学史上早期的一部优秀文言短篇小说集，既有地方特色，又具全国影响，其价值应该予以充分肯定。

一、引言

天津晚清著名文言小说家李庆辰在《醉茶志怪》卷四《分水箭》篇中，讲了一个发生在运河之中南人憋宝的故事。一位"口操南音"的术人，用高价买了一位老圃种植的神异大瓠子为坐骑，身入海河三岔河口水底去盗取分水箭。据说这个价值连城的宝贝有分水的功能，可以使上游的众流汇海而直下。没有它，天津将成一片汪洋，而若想得宝到手就必须战胜负责看守它的老龙。术人请求老圃协助，并表示事成之后将有重谢。老圃思虑这个造福一方的宝贝一旦失去将引发大水灾，就用手段使术人被老龙斩首。术人的阴谋终于没能得逞。这个优美的神话故事不但歌颂了天津人的良善和识大体，也说明了三岔河口对

* 本文曾发表于《明清小说研究》2023年第4期。

天津的重要。《天津卫志》有记载:“三岔河在津城东北,潞、卫二水会流,潞水清,卫水浊,合流东注于海”[①],潞水与卫水,即分别指北运河与南运河。

图 1　海河水系示意图

天津地处九河下梢,其中以大清、永定、子牙(子牙河上游为滏阳河,见图 1[②])与南北运河五条最为重要,所谓三岔河口即指南北运河与子牙河的交汇之处。三条河汇合后称海河,向东流经大沽口入渤海。天津的所有河流都与运河相连,堪称运河城市,同时孕育了灿烂的运河文化,天津六百多年发展的历史,也是对运河文化不断丰富的历史。津沽文化中的雅文化,如书院文化、盐商文化;洋文化,如建筑文化、租界文化;尤其是俗文化,如码头文化、商贸文化、民俗文化等,都与运河文化相通。晚清李庆辰是生活在运河岸边的一位著名小说家,他的文言短篇小说集《醉茶志怪》是一部优秀的文学作品,反映了丰富多彩的运河文化。

二、李庆辰与《醉茶志怪》

李庆辰,字筱筠,别号醉茶子,天津人,其生活时间大约在晚清道光至光绪年间。现今所能找寻到的与其家事生平相关的资料较为稀缺,但在《醉茶志怪》中时有提及。《折狱二则》《天官》和两篇《宅仙》中,均透露他出生于一个富足的仕宦之家。然而,书中没有更多的对富足生活的描述,疑为家道中落。他在科举道路上也难言顺利,在《说梦》《鬼市》中都曾描写进京参加乡试,看来没能得中,只好设帐授徒为生,以一领青巾终老,这样的经历与蒲松龄很像。他

---

① 薛柱斗、高必大编,王志修补刻:《天津卫志·形胜》钞本,康熙十七年(1678)刊,第 42 页。

② 朱道清:《中国水系图典》,青岛出版社,2010,第 40 页。

的作品除了《醉茶志怪》之外,还有诗集《醉茶吟草》与未刊手稿《獭祭编》[①],从中可以更多地了解作家的思想感情与生活场景。近代天津常常是列强入侵的前沿,又被开辟为通商口岸,在《醉茶吟草》中,多有涉及战乱的记述,充满对侵略者的仇恨、对清统治者腐败无能的愤懑失望和对劳苦大众的同情。在《醉茶志怪》中说自己"半生抑郁,累日长愁"[②],可见精神常常陷入极度的痛苦之中。

《醉茶志怪》是一部文言短篇小说集,计 4 卷,346 篇。李庆辰在《自叙》中说:"一编志异,留仙叟才迴过人;五种传奇,文达公言能警世。"[③]他是想合《聊斋》《阅微》二书之体例而为之,但总体倾向更近于《聊斋》。《醉茶志怪》的体例也和《聊斋》一样,分传奇、志怪和杂录三类,其中有情节有人物可以称得上小说的作品约百篇。不可否认,其思想与艺术成就是逊于《聊斋》的。总体而言,《醉茶志怪》过分尚异,缺乏《聊斋》出于幻域、顿入人间的现实追求,但也并非乏善可陈。

从题材看,《聊斋》的三大主题[④]《醉茶志怪》皆备。书中不乏反映社会乱象,揭露官场昏暗的作品。李庆辰生活于社会底层深切地体味到世态的污浊,像《云素秋》《任住》《刘姓》等篇,矛头都直指贪官污吏。他也惯于在篇末点题,讲述完故事后便以"醉茶子曰"进行锐评,一如《聊斋志异》的"异史氏曰"。如卷二的《任住》篇,虚构了一个县署差吏被城隍勾命的故事,篇末的"醉茶子曰"借题发挥说:"予尝见公门差隶,狼贪虎视,无不令人望而生畏。天下如是,即知古今如是,岂其习气使然与?抑狐假虎威,非若此,即公差不能办,私囊不能充与?乃冥差而遣阳隶,可见为隶者多半非人。"[⑤]可谓一针见血。不过和《聊斋》相比,这类篇章不多,全书少有蒲松龄那般怒火中烧的孤愤。书中也有

---

① 2005 年,高洪钧在天津社会科学院图书阅览室,发现《李筱筠杂抄》手稿本一函,封面分别题作《獭祭甲编》《乙编》《癸编》《祭余编》,并认定书名当为《獭祭编》。《醉茶志怪》作者李庆辰字筱筠,故认定为李庆辰作品。见高洪钧《〈红楼梦〉在天津的流传与研究》,《今晚报》2014 年 3 月 12 日,第 11 版。

② 李庆辰:《醉茶志怪》,齐鲁书社,2004 年,第 2 页。

③ 李庆辰:《醉茶志怪》,第 2 页。

④ "聊斋三大主题"通常指揭露社会黑暗、抨击科举制度对读书人的摧残和优美的爱情故事。

⑤ 李庆辰:《醉茶志怪》,第 74 页。

涉及科考的内容。第四卷《浙生》借狐怪的悲喜哭笑比喻士子升迁荣辱的各种丑态;第三卷《狐师》也借狐女之口讲学问之道,并揭露科考中贿赂、夹带等种种弊端,显然是作者的亲身经历。不过其情感远不像蒲松龄那般痛心疾首和嬉笑怒骂。他在《浙生》篇末的"醉茶子曰"中说:"所以人当尽心竭力,以尽人事;成败富贵,一听诸天可也。"①尽人事,听天命,只要做到尽善努力就可以了,不必考虑结果。甚至还以佛家的"万事皆空"聊以自慰,这与蒲松龄相比更显达观,却削弱了揭露科举弊端的力度。《醉茶志怪》也时有爱情故事,像描写人狐相爱的《阿菱》,描写人鬼相爱的《如意》,描写人神相爱的《张杰》,描写人人相爱的《柳儿》《樊英》等,均可差强人意,但又缺少《聊斋》爱情故事的感情投入和理想光辉。

相较前述,《醉茶志怪》的突出亮点是对运河文化的描述。

三、《醉茶志怪》蕴含的运河文化

《醉茶志怪》较为全面地反映了天津的运河文化。明清时代的大运河是贯穿中国南北的交通要道。漕运、商贸的运营靠它维系,官宦、士子的往来靠它沟通,甚至是近代洋人入侵与来华的重要通道。天津的运河连接着海河上游的各条支流,也孕育了丰富多彩的运河文化。运河文化的方方面面在《醉茶志怪》中都有不同程度的反映,突出表现在水文化、商贸文化和民俗文化等方面。

(一)水文化

在河汉纵横的津沽大地,水是运河文化的第一要义。《醉茶志怪》中,与水相关的故事格外显眼,约占十分之一以上。直接标明发生地为"运河"地带的篇章整理如下。

表 1 《醉茶志怪》直接于文中标明"运河"的篇章

篇名	卷次	发生地	类型
《茵陈木》	卷一	武清运河	志怪

---

① 李庆辰:《醉茶志怪》,第 220 页。

续表

篇名	卷次	发生地	类型
《怪雨》	卷一	运河	志怪
《铁猫》	卷二	海河	志怪
《潮异》	卷二	海河及运河	杂录
《白衣妇》	卷二	杨柳青运河	传奇
《黄叶村》	卷二	西沽	杂录
《西贾》	卷二	北关外运河	传奇
《鬼市》	卷二	通州运河	志怪
《泥魃》	卷二	七里海	志怪
《蛤珠》	卷二	西淀	志怪
《白塔寺》	卷三	杨柳青运河	传奇
《王金铎》	卷三	西沽浮桥	志怪
《猪龙》	卷三	通州运河(潞河)	志怪
《张杰》	卷三	杨柳青运河	传奇
《役夫》	卷四	宁河	传奇
《张桂》	卷四	运河钞关	志怪
《分水箭》	卷四	海河	传奇
《夜游神》	卷四	运河钞关	志怪
《鬼恋妇》	卷四	运河北岸	志怪

此外,虽未标明“运河”地带,却涉及“水”的篇章至少还有《水鬼》《刘廷桢》《鼋精》《大蛤》《城南三则》《飞人》《水灾》《杨瞽》《鱼梦》《捉鬼》《龚姓》《铁叉》《蛤佛》《鬼窃饮》《观花爆》《溺簿》《青蛙精》《土中鱼》《鸡异四则》《蛇异》等多篇。

有些作品直接描写运河的水势,如《猪龙》《茵陈木》《怪雨》《潮异》等。《潮异》篇记载“潮不过杨”的传说:

邑有“潮不过杨”之说,事亦甚奇。每潮溢时,御河潮至杨柳青止,北河潮至杨村止,西河潮至杨芬港止,过此无潮。[1]

作品是着眼于奇异现象写的,可见在海河防潮闸建成之前,潮水是可以逆势涨到包括南北运河在内的上游各支流的。《怪雨》记载"癸酉秋七月夜,暴风雷雨,运河中估舟盐船数十艘,同时沉没"[2],可见运河水势之大。《茵陈木》记杨村两个渔民在运河中打捞到一根用锡箔黄绢严密包裹的大木,为明初永乐年间朝臣给皇宫的贡品。据识者说,当年船翻时共有十三根这样的大木落水,已打捞上来十根,尚有三根遗落河中,有待发现。可见元代运河改道[3]之后运河承载量之大。

更多的篇章记载发生在运河沿岸的人或事。《张杰》写杨柳青的一个佣工艳遇的故事,《役夫》写一个在宁河挖河的役夫偶遇鬼狐,享一段艳福的神奇际遇,都是人与神鬼精怪等异类的爱情故事,属于"传奇体"作品,借鉴了《聊斋》的写法,具有较强的可读性。而书中与水相关的志怪短章更多,追求怪异是李庆辰最为突出的创作个性。不可否认,不少桥段是为志怪而志怪,无大意味。也有些作品宣扬生死轮回因果报应,不足为训。但更多作品是在志怪之中有所寄托,诚如《醉茶志怪・自叙》中所说:"东坡说鬼,言讵无稽;干宝搜神,意原有托"[4]。如《杨瞽》等篇意在戒贪婪;《鼋精》等篇意在惩淫邪;《鱼梦》篇意在彰扬善行,或劝善或惩恶,作家总会自觉不自觉地将自己的道德评价注入其间。

《水鬼》《西贾》《刘廷桢》等篇,都是据民间传说写水鬼寻找替身求代的故事,这不禁使人想起《聊斋》中的《王六郎》。蒲松龄笔下水鬼王六郎是个善鬼,见即将代死的替身是个怀抱婴儿的妇女,顿生恻隐之心,宁可继续做鬼,也不肯加害两条人命,结果得到了天帝的奖赏,做了土地神。可李庆辰笔下的这些水鬼,多是害人的恶鬼。《西贾》写一位在北关外开烟肆的小老板,在运河岸边听

---

① 李庆辰:《醉茶志怪》,第 64-65 页。

② 李庆辰:《醉茶志怪》,第 37 页。

③ 隋朝政治中心在洛阳,故当时挖掘的大运河由洛阳北连涿郡(今北京),南至余杭(今杭州)。元代将运河裁弯取直,直通南北,缩短航线 900 多千米,即为今京杭大运河的前身。

④ 李庆辰:《醉茶志怪》,第 2 页。

到寻找替身水鬼间的对话,出于好心劝阻了那位险遭暗算的替身者,结果遭到水鬼掺腕致死的报复。李庆辰在篇末的"醉茶子曰"中说:"大抵阴有厉鬼,犹世有凶人,刑罚虽严,玩法者卒不少也"①,在晚清江河日下的世风中,指向十分明确。在这里,李庆辰还展开一笔,对水鬼缢鬼求代的传说质疑掌控生死大权的冥王,觉得其理难解:

> 其人本当溺死,则死自其分,死后当入轮回。其人不当溺死,是死于非命,当初何以注册?况乎其自溺也,祸由自取,不得归咎于人;其为人所溺也,冤各有主,更不得另寻别人。谓必求一代己者,始许超生,则阴曹律例,殊属荒谬。②

层层递进,理畅辞达,这样的议论文字在书中并不少见,多在篇末的"醉茶子曰"中进行生发。出于理性思维,事理交融,以理主情,隽思妙语连珠,更多地体现了《阅微草堂笔记》的风采。

卷二有一篇《黄叶村》:

> 西沽旧名黄叶村,老人犹有知者,近日莫传也。道光年间,有乩仙诗云:"僧归黄叶村中寺,人唤斜阳渡口船"。自注云:"黄叶村即西沽。"③

作家的本意是考察运河沿岸西沽名字的演化,不料竟为红学相关的争议话题增添了资料,使人联想到敦诚《寄怀曹雪芹》诗中提及的"黄叶村"。这个地名引起了天津水西庄文化学者的兴趣,有人提出了曹雪芹曾避难水西庄,著书西沽"黄叶村"的假说④,成为《红楼梦》大观园原型和创作过程争论中的一

① 李庆辰:《醉茶志怪》,第 88 页。
② 李庆辰:《醉茶志怪》,第 88 页。
③ 李庆辰:《醉茶志怪》,第 76 页。
④ 韩吉辰:《红楼寻梦水西庄》,清华大学出版社,2015,第 143 页。

说[1],催生了运河文化与红学的联姻。实际上,李庆辰也是一位《红楼梦》的爱好者。在卷一的一篇《说梦》中,代写一篇宝玉吊黛玉的四六骈体文,洋洋洒洒,长达两千余言,说明他对《红楼梦》的喜爱与熟悉。

(二)商贸文化

具有六百多年历史的天津,从运河边上的一个拱卫京城的军事要地发展为漕粮的运转中心,很早就有了商业活动。三岔河口是个重要的水旱码头,沿运河两岸也是天津最早的居民点和商品集散地,被称为天津的城市摇篮。第二次鸦片战争之后,天津被迫开辟为通商口岸,经济贸易量迅速增大,商贾云集。外国租界的开设和中外交流的增多,更带来了新的经营模式与商机。多种因素使天津的商贸文化得以迅速发展,这在《醉茶志怪》中有较为充分的体现。

《醉茶志怪》中以商人为主人公的作品多达二三十篇,其中有盐商、布商、药商、书商、茶商、杂货商、洋货商、贩铁商乃至剃发匠、买粥小贩等,五行八作应有尽有,可见天津商业之发达。他们之中有个体小贩,也有结帮拉伙形成气候的行帮,甚至行商中还雇佣保镖。这些作品不像有些明清小说那样具体描写商人的经商过程,而常常是以怪诞的形式折射这些商人的苦乐得失与悲欢离合的境遇,以及千姿百态的精神风貌。《娄某》写其在经商途中夜遇幻化的巨蟒,《徽商》中的安徽巨商遇女鬼索命,《瓜异》写布商被害,这些都说明经商生活的辛苦和风险。卷三《山左布商》写一位山东商贩路遇两位济南同乡,“衣如悬鹑,容颜枯瘦”[2],无力筹措路费还乡,恳求他给其家人捎信来接,很像是经商赔本客死异乡的野鬼。

经商也要讲商业道德,有的作品彰扬一些小商人的善举,而且这善行能得好报。如卷二《火灾》写一位估衣商,因给一位“赤身披发,往来于市”的颠妇赠衣的善举,在道光十二年(1832)“沿烧街市数里,片瓦不存”的大火中竟能幸免于难[3];卷三《缢至富》写一个穷困潦倒痛不欲生的商人,解带自缢之前,产生善

---

① 《红楼梦》大观园原型众说纷纭,主要有以清代袁枚为代表的“南京说”,以周汝昌为代表的“北京说”,还有一些南北折中的说法,也有人认为是作者的想象虚构。参见拙著《天津红学史稿》,天津社会科学院出版社,2021,第 186 页。

② 李庆辰:《醉茶志怪》,第 148 页。

③ 李庆辰:《醉茶志怪》,第 99 页。

念,从此经营贸易,富雄一方。作者在篇末称赞说他“中怀坦白,固与穿窬之盗不同也。由是致富宜哉”[①]。书中褒扬善举,同时对那些欺人作恶者则要予以惩处。卷二《瓜异》中那个守瓜园的佣工图财害命,结果埋尸处长出的奇异大瓜使他的罪行暴露,从而受到法律制裁;卷二《雷殛》中以唱曲为名拐卖妇女的两个不法之徒也遭到五雷轰顶的严惩。李庆辰作为封建时代正直的知识分子,尽管穷困潦倒,却始终坚守儒家“以天下名教是非为己任”[②]的古训。无论每篇篇末“醉茶子曰”的直抒胸臆,还是借精怪故事的委曲表述,都是以劝善逞恶作为作品的底色。这在描写“盐毒”和“烟毒”两类作品中,表达得格外突出。

《醉茶志怪》中有几篇涉及盐商的作品,如《伍明伦》《王鹾贾》《陶生》等颇值得关注。天津地带自古便有“其浸灾时,其利鱼盐”之说[③],地处渤海之滨,临近芦台盐场,运河又是通往京城的要道,当时长芦盐运史署也设在天津,盐业在近代天津商贸中据有突出的位置。除了本地富商外,各地的商人也纷纷来到天津投资盐业。清乾隆至同治年间,盐商盛极一时,天津“八大家”[④]中半数为盐商。有些盐商致富之后,凭借着雄厚的财力,建立私家园林,结交四海名士,诗酒唱和,附庸风雅;有的创办书院,发展教育,赞助文化与慈善事业,形成与儒家文化相结合的雅文化。但也有些盐商发家之后大肆挥霍,穷奢极欲,为富不仁,毒害社会,卷四《伍明伦》的主人公伍明伦就是这样一个无德的盐商。他原本是个无业贫民,后来凭给盐商作帮办混日子,仍然很受歧视。直到邂逅一位月宫下凡的仙女之后,靠仙女的帮助,才终于取得了盐商的信任而发达起来。但他也开始变得不安分了,骄奢淫逸、寻欢作乐,无所不为,又广治资产,建明楼准备迎娶仙女。忽然有一天仙女前来,告知他的劣迹已被人禀告月宫仙子,要他好自为之,而后愤愤离别而去。这则故事表面看来是在写人神相爱,实际上是在揭露这位盐商的无德。在篇末的“醉茶子曰”中说:

---

① 李庆辰:《醉茶志怪》,第 64 页。

② 刘义庆:《世说新语》,朱碧莲、沈海波译注,中华书局,2011,第 4 页。

③ 徐正英、常佩雨译注:《周礼 · 夏官司马第四》,中华书局,2014,第 701 页。

④ 天津的豪门巨富有“八大家”之称。清咸丰年间有“天津卫,八大家,韩、高、石、刘、穆、黄、杨、益照临”的口诀,这八家的发家,靠盐务的有高、杨、黄和益照临张家四家。随着年代的推移,“八大家”有不同的说法,逐渐转为泛指。见王兆祥《天津的首富“八大家”》《天津经济》2004 年第 8 期。

> 天下之恶习染人之深者，莫过于盐务……即如盐伙，其劣尤甚，又谓之盐毒。毒者，深入膏肓，不可救药。较诸游幕曰幕习，做官曰官派为尤甚也。所以然者，皆众小人谄谀所致。①

这是对所有无德盐商的抨击，简直深恶痛绝。

《醉茶志怪》中还有几篇描写烟馆烟毒的作品，以《马生》和《鼠友》为代表。烟馆是天津被迫开辟为通商口岸之后新出现的经营模式。早在鸦片战争之前，就有大批洋商通过天津口岸向中国倾销鸦片，来自闽、浙两省的商人在这里开办会馆、饭店、茶馆进行销售。鸦片战争之后，天津更作为“印度土之一大销场”②，成为中国北方鸦片的集散中心，城内城外出现了无数大小烟馆，来这里吸食鸦片的人也越来越多。卷一《马生》的主人公马君妍中了烟毒不能自拔，荒废了儒业，竟把父亲活活气死。其后仍不知悔改，因贪烟耽误了童子科考试，因贪烟乞食命丧犬腹，至冥间又因贪烟延误考取遗才，失去补司吏之缺的机会。此后他照常嗜烟如命，甚至不惜匍匐床下舔食烟灰。作品编织了一系列极度夸张的细节，塑造一个病入膏肓难以救药的烟鬼形象。作者在结尾的“醉茶子曰”中叹道：

> 烟之为累，如此之甚哉！倾家败产，犹不改悔，真口腹之害为心害矣。③

卷四《鼠友》写一位作县衙差役的江苏某乙因吸食鸦片，丢了职业，囊空粮绝，困守客店。幸好有个平时嗅食烟气同样成瘾的大老鼠，偷来别家店里的银元供他吸烟，彼此竟结为好友。后某乙又赴新任，老鼠因绝烟而亡。某乙得知竟号涕泣不止，执朋友礼而厚葬之。作者除了感慨“洋烟之患，流毒及于庶类”

---

① 李庆辰：《醉茶志怪》，第187页。

② 天津社会科学院历史研究所、天津市档案馆编《津海关年报档案汇编（1865—1911）》，天津市档案馆，1993年，第17页。

③ 李庆辰：《醉茶志怪》，第16页。

之外,还驰骋才华,写了一篇长达六百多字的《烟赋》[1],历数烟毒之害:吸烟成瘾可使人"色枯槁而类鬼,项瑟缩而如龟,身战战兮骨立,目汪汪兮泪垂";可使"锦绣才人,貔貅武士,即贪恋而旷工,亦因循而废事"。最后,痛切地"奉劝隐者,已而已而",简直不啻一篇讨烟檄文。

(三)民俗文化

民俗文化是个内涵极其宽泛的概念,包括物质、精神、社会等方面,既有民俗特征,又有商贸色彩,以上所述"水文化"和"商贸文化"涉及到的一些作品已属于民俗文化范畴,这里着重谈的是《醉茶志怪》所反映的具有天津及周边地区地方色彩的民俗文化,也是运河文化的重要组成部分。

得益于得河运、海运、漕粮、盐务这些天独厚的地理条件,近代天津发展迅速,城市地位不断攀升,人口上升也呈迅猛之势。据道光二十六年(1846)的《津门保甲图说》统计,天津人口已逾 44 万[2],两次鸦片战后,人口更急剧增加,初步形成新兴市民阶层,也逐渐形成多而杂的津沽民俗文化。李庆辰是土生土长的天津作家,一生不曾远行,耳闻目见奇闻逸事,闻则记之,聚土为山,集腋成裘,所以《醉茶志怪》中蕴含的民俗文化是异常丰富的。

首先是城隍崇拜。和众多的志怪小说一样,神仙也是《醉茶志怪》的重要角色,但少有神魔小说中的如来、观音及金刚、罗汉之类的天神,而是颇接地气的城隍、土地、灶神,或统管一方,或一家之主,作家未必相信"神道不诬",却也都极尽敬畏之心。书中多篇提到天津的城隍庙。卷二《疫鬼》写道:

> 邑城隍祠,每四月赛会。邑人戴假面具,彩衣持叉,装作魑魅魍魉,即乡傩之遗意也。[3]

据传城隍赛会是为了庆祝城隍的生日,张灯结彩,搭台唱戏,成为民间一项重要的娱乐活动。《津门杂记》中有详细记载:"四月庙会最火,初六、初八日天

---

① 李庆辰:《醉茶志怪》,第 190 页。

② 高艳林:《天津人口研究(1404~1949)》,天津人民出版社,2002,第 64 页。

③ 李庆辰:《醉茶志怪》,第 114-115 页。

津府县城隍庙赛会。自朔日起至初十日香火纷繁，而灯棚之盛，历有年所，尤为大观。"[①]天津人如此敬畏城隍，也有"镇水"的意义。地处九河下梢，地势低洼，一旦连日大雨，就成为汪洋一片，吞舍漫街，因此祈祷城隍能保护城池，护佑百姓。地处大清河、子牙河与南运河的交汇之处的天津静海，城隍庙甚至并未设于城中，而是建在城外的运河沿岸，被称作南运河畔"一怪"，这样的布局是其毗邻运河的地理条件所决定的。

其次是妈祖崇拜。对海神妈祖的崇拜最具运河文化特色。妈祖原名林默，是北宋时期生活在福建莆田的女子，自幼有神异功能，又为救海难而献身，被当地百姓祭祀为海神。其后的历代朝廷又封为圣母、天后娘娘等多种名号。妈祖是海洋文化的产物。商人出海经商，生存环境变幻莫测，就生出这样一个慈悲为怀、救苦救难的保护神。天津傍海临河，当年有近 20 座妈祖庙，遍及津城各地[②]。后来，天后的护佑职能又融入了经济文化的内容，发展到祛病、生育、经商、交往等多个领域。妈祖庙以东门外的天后宫香火最盛，也形成一些颇具地方色彩的民俗。《醉茶志怪》卷三有一篇《泥娃》记时人"压子"的风俗：

> 津中风俗，妇人乏嗣者，向寺中抱一泥娃归，另塑工捏成小像如婴儿，谓之压子。[③]

"压子"又叫拴娃娃，一些婚后不育的妇女求子心切，便向天后宫用红线绳拴走一个泥娃娃，捧回家放在炕角里珍藏，尊称"娃娃大哥"。日后如果有了子女则排行老二，这是天津独特的民俗。天津百姓妈祖信仰的还表现在皇会。每逢农历三月二十三相传为天后生日，天后宫都要举办盛大的迎神赛会，堪比重大节日，既有娱神又娱人的技艺会演，又有商业活动。由于受到皇家与朝廷的肯定、敕封，故称"皇会"。此外，还有一类专门为皇会服务的公益性组织，由民间公益团体主持，如脚行、水会、火会等，《醉茶志怪》卷一的《颠僧》中有对"火

---

① 张焘：《津门杂记》卷二，光绪十年（1884）刻本。

② 张格、张守谦点校：《天津皇会考；天津皇会考纪；津门纪略》，天津古籍出版社，1988，第 4 页。

③ 李庆辰：《醉茶志怪》，第 144 页。

会”的描写:

> 邑素有火会,凡城市有火灾,即鸣钲为号,则聚集成伙,各持水具器械往扑灭之,乡俗然也。邑共百十余会,会各数百余人……水车来往,道旁千万计,锣声人声相应,旌旗烂漫如云锦。[①]

当时的城市人口密集,庙宇、商铺、民居杂居,火灾频发,这样一支民间志愿者队伍是很必要的。基于此,天津是城市民间消防队创立较早的地区。

再次是鬼怪迷信。天津是仅有六百余年历史的移民城市,居民主要来自河北以及山东、河南等地农村逃难来的农民,大体也都属于运河沿岸,集中到这里除了经商,还作搬运工、店员、小手工业者等。在科学不发达的时代,广大农村掺杂着迷信色彩的鬼怪传说是很多的,他们带来了各地的鬼怪信仰。

《醉茶志怪》中的鬼比神更多。从目录看就有《水鬼》《鬼诗》《厉鬼》《女鬼》《鬼市》《鬼馔》《疫鬼》《鬼哭》《捉鬼》《鬼戏》《疟鬼》《冤鬼》《鬼眼》《控鬼》《巨头鬼》《粥厂鬼》《稻田鬼》《鬼吟诗》《鬼窃饮》《鬼结婚》《鬼恋妇》《於菟大鬼》等诸多篇章。依道家的三界学说[②],神生活在天界,高高在上超凡脱俗,常常是正义与智慧的化身、人间的护卫者,为芸芸众生所敬仰。鬼则生活在地府冥间,会用阴晦之气伤人、祟人、害人。《醉茶志怪》中的鬼少有正面形象。书中也记录了一些有关鬼的民俗,卷四《武清乙》就记当年运河沿岸武清县“出殃”的民俗:

> 先是乡俗,凡有丧者之家,每择一净室,盛设酒肴,布灰于地,扃门禁人窥探。夜深往往闻室中枷锁叉环声。次日启视,地上或有人足迹、鸟兽蹄印等形,即知亡者后身托生何物,谓之出殃。[③]

---

① 李庆辰:《醉茶志怪》,第 19 页。

② 道教三界有多种说法,一般是指天、人、地,即天堂、人间和地府。

③ 李庆辰:《醉茶志怪》,第 201-202 页。

这里的“殃”就是鬼，据说阎王爷将死者的灵魂绑锁，由小鬼押送着回家谢灶，让死者灵魂最后一次回家告别。中国北方不少地方都有这样的民俗，形式也有差别，至清末这种习俗就逐渐消亡了。

《醉茶志怪》写怪的篇章更多，李庆辰在卷三《鼠媪》篇中描述道：“予乡有供五仙像者，其神为胡、黄、白、柳、灰。胡，狐也。黄，黄鼠也。白，猬也。柳，蛇也。灰，鼠也。予谓此五者，可以分五色。”①出于万物有灵的原始崇拜，人们认为这些生灵能与人类长期共存，出于敬奉它们能够得到福佑的心理驱动，视为亦妖亦仙的吉祥物。《醉茶志怪》写怪的篇章远不止于这五类，还有水中之怪、陆上动物之怪、植物志之怪，甚至铁叉、剑、灯、衣、画、碌碡、瓷缸、瓷瓶、不倒翁也能成精，简直无物不怪。

此外，《醉茶志怪》还记载了一些运河沿岸独有的民俗民风。《白夫人》《颠僧》等篇都记盲从迷信的社会风气。中国古代瘟疫多发于人口较多、流动较大的城市，运河沿线的天津也屡有疫情发生。卷一《颠僧》写瘟疫盛行的年月，城北来了一个衣衫褴褛又跛足的疯和尚，自言能治奇病。被好事者传扬出去，就医者“车马载道，人密如林，万口喧哗，万首攒动，乱如沸鼎”②，富贵人家为他扎席棚，甚至要集资建庙。不料这竟是个借巫术榨取钱财的骗子，作家是在用夸张和反讽手法揭露当时的不良世风。卷三《观花爆》记当时在水塘中放烟花游戏的情景：

> 以硝黄作诸戏具，火发机动，则触处成彩，洵属雅剧。于是来观者男妇老幼数万众，舆马填衢。③

“一坑银子，一坑水，一坑官帽儿，一坑鬼”是一首描绘天津老城里四面水塘的民谣。天津自建城始，便在四角各建一座水门，用于疏导排放雨水与污水，久而久之也便各自形成水塘，与城外护城河相连，并汇入海河。这也反映了天

---

① 李庆辰：《醉茶志怪》，第 137 页。
② 李庆辰：《醉茶志怪》，第 18-19 页。
③ 李庆辰：《醉茶志怪》，第 159 页。

津“沿河傍海”的独特地貌。

《醉茶志怪》中蕴藏的运河文化绝不限于以上三个方面,广义而言,应包括发生在运河两岸的或人或事或风尚或传闻,几乎可以涉及天津地域文化的方方面面。亦或说,这是一部较为全面地反映中国封建社会末期津沽文化乃至中国文化的佳作。

四、结语

中国古代文言小说源远流长。自六朝志怪初具雏型;至唐宋传奇走向成熟,出现创作高峰;而元明不振;至清代的《聊斋志异》,又达到新的高峰。蒲松龄的巨大成功,令其后的文人们纷纷效仿。乾隆年间出现了一波仿续“聊斋”的热潮。至纪晓岚的《阅微草堂笔记》问世,又转而模仿“阅微”;到了晚清同光时期,追慕聊斋之风又起,续仿之作不断,其中就包括天津李庆辰的《醉茶志怪》。《醉茶志怪》虽堪称天津的“续聊斋”,实际是将“聊斋”与“阅微”二者特色融为一体,又颇具地方特色。天津作为新兴的商业城市,小说发展起步较晚,《醉茶志怪》是天津文学史上早期的一部优秀文言短篇小说集,而且具有全国影响,其开创之功是值得充分肯定的。

(林海清,天津师范大学国际教育交流学院)

津门才女刘梅真影抄《李丞相诗集》考述*

宋文娟

袁世凯的次子袁克文，是民国“四公子”之一的风流人物，若要谈及他的原配夫人刘梅真，知情者就不多了。刘梅真(1890—?)，名姌，字梅真，祖籍安徽贵池，生于天津。父亲刘尚文为盐商，饶资财，捐候补道。梅真自幼即入家塾，打下了很好的诗词古文基础。成年以后，她的诗文、古琴均深得古韵，尤其是她的书法，更为时人所称道。她五岁时开始练习书法，主攻魏碑体，十余年下来，对魏碑心法颇有领悟，她写的魏碑小楷遒劲而娟秀，樊增祥曾赞其曰：“风骨不让吕碧城，气韵直夺江南苹”。

天津图书馆藏有刘梅真影抄本《李丞相诗集》二卷，一册。此书包背装，书衣为五彩宋锦，蓝色插套装之。封面有袁克文题签：“李丞相诗集影写宋刊。”半叶十行，行十八字，白口，左右双边，单鱼尾。版心中题“李相诗”及卷数，下记叶数。板框 18×12.5 厘米；开本 25×16.4 厘米。此书部帙较小，有内封一叶、目录三叶、卷上十叶、卷下十叶、题识二叶，共计 26 叶。内封 A 面有：“倦绣室主人/影写宋棚本/李丞相集”三行题名，B 面有：“寒云庐藏”牌记。首卷卷端题“李丞相诗集卷上”，次行题“陇西李建勋”。卷上末题：“临安府洪桥子南河西安陈宅书籍铺印”刊记一行；卷下末有：“己未二月梅真影写宋本”题记一行，知刘梅真曾于民国八年(1919)二月依据南宋临安府陈宅书籍铺刊本影写

---

* 本文系天津市艺术科学规划项目：“馆藏天津稿抄本古籍书目提要”(项目编号：D22019)研究成果之一。本文曾发表于《天津文丛. 2022》。

而成。

此书分上下两卷,卷上收诗四十四首,卷下收诗四十一首,共计八十五首。其中多写景抒怀之作,如卷上《惜花》:“白发今如此,红芳莫更催。”《感故府》:“戚戚复戚戚,期怀安可释。”卷下《题魏坛》:“丹井岁深生草木,芝田春废卧牛羊。”皆非少时口吻,纵览全编,大抵以出自作者晚年者为多。

刘梅真擅楷书,此影抄本《李丞相诗集》纸墨选择颇为考究,字体、行款、墨钉等处悉照原书风貌,力摹原刻,朱墨璀璨,俨然宋镌重现,备受学者和藏书家重视。笔者从此书的源流背景、题跋钤印和研究价值等方面略加概述,以期与同好者共享。

一、李建勋与《李丞相诗集》

李建勋(? —952),字致尧,广陵(今江苏扬州)人。少好学,能属文,尤工诗。初为金陵巡官,尝佐徐知询幕府。因助李升灭吴,李即位,拜中书侍郎、同平章事,加左仆射,监修国史。李璟即位,出任昭武节度使,后召拜司空,以司徒致仕,赐号中山公。卒谥“靖”。马令《南唐书》有其传,称:“博览经史,民情政体无不详练。其为诗少时犹浮靡,晚年颇清淡。”①对于李建勋的诗集,书目文献多有记载,但题名与卷数不一,如:

《唐才子传》卷十李建勋条目下载:“有《钟山集》二十卷,行于世。”②

《补五代史艺文志》载:“《李建勋集》二十卷,《诗》一卷。”③

《宋史·艺文志》著录:“《李建勋集》二十卷。”④

《直斋书录解题》卷十九著录:“《李建勋集》一卷”⑤。

---

① 马令:《南唐书》卷十,《四部丛刊续编》本,第 1 页。

② 辛文房:《唐才子传》卷十,清嘉庆十年(1805)陆氏三间草堂刻本,第 8 页。

③ 顾怀三:《补五代史艺文志》,清光绪十七年(1891)广雅書局刻本,第 17 页。

④ 脱脱等:《宋史》卷二百八,中华书局,1977,第 5359 页。

⑤ 陈振孙:《直斋书录解题》卷十九,徐小蛮、顾美华点校,上海古籍出版社,1987,第 582 页。

《通志·艺文略》著录:"《李建勋诗》二卷,又《钟山公集》二十卷"①。

《徐氏红雨楼书目》:"李建勋三卷。"②

《百川书志》卷十四:"《李丞相集》二卷。"③

《铁琴铜剑楼藏书目》卷十九:"《李丞相诗集》二卷"。④

上述文献所载李建勋《钟山公集》二十卷已佚,现传世的《李丞相诗集》仅二卷,收诗八十五首,可见遗失者不在少数,远非全璧。

二、诸家题跋

《李丞相诗集》卷后有袁克文、步章五、方尔谦等人墨笔题诗或题跋,共计八则,内容多为南宋临安书棚本《李丞相诗集》之递藏流传,梅真影写此书的缘由及袁克文与友人看书、赏书时之情感记载。现将跋文辑录如下。

(一)袁克文题跋

《李丞相诗集》二卷,南宋临安书棚本,历藏叶氏进学斋、朱承爵、项子京、汪阆源诸家,今归铁琴铜剑楼,假得原本,属内子影写一过,苍茫斋主人摹钩诸藏印。时己未(1919)二月二十二日记于上海寓卢,寒云。

袁克文(1890—1931),字豹岑,号寒云,河南项城人,民国总统袁世凯的次子。昆曲名家,"民国四公子"之一。袁克文熟读四书五经,精通书法绘画,喜好诗词歌赋,还极喜收藏书画、古玩,精于鉴赏;曾与傅增湘、徐森玉、周叔弢等交往,研究版本、文物。袁世凯去世后,其长期客居上海。袁克文收藏文物种类很多,晚年因生计窘迫,大部分都已变卖。

① 郑樵:《通志》卷七十,中华书局,1987,第823页。

② 徐𤊹:《徐氏红雨楼书目》,上海古籍出版社,2005,第369页。

③ 高儒:《百川书屋》卷十四,清道光二十八年(1848)东武刘氏嘉荫簃抄本,第8页。

④ 瞿镛编《铁琴铜剑楼藏书目》卷十九,清咸丰瞿氏刻本,第49页。

袁克文于跋中记载了南宋临安府陈宅书籍铺刻本(也称南宋书棚本)《李丞相诗集》的递藏流传,此本现收藏于国家图书馆,是此书最早刻本,亦是孤本。后世多有据此本影印者,如民国七年(1918),瞿启甲辑《铁琴铜剑楼丛书》;民国二十三年(1934)张元济《四部丛刊续编》以及后来《续修四库全书》与《中华再造善本》都是据南宋临安府陈宅书籍铺影印出版。此宋刻本钤有叶氏进学斋、朱承爵、项元汴、汪士钟及瞿氏铁琴铜剑楼等多枚印章,表明此书在明代即递藏有序。民国八年(1919)袁克文从铁琴铜剑楼借得此本,嘱内子梅真影写一过,并请苍茫斋主人高世异摹钩诸藏印。笔者将天津图书馆所藏刘梅真影抄本与《中华再造善本》中的影印本比对,其字迹、板式、行款、墨钉,一如原刻,苍茫斋主人高世异摹钩的诸藏印亦如同钤之一样逼真。只是宋刻本目录首叶右侧边框外所钤"古禺/瞿氏"白文方印、"铁琴铜/剑楼"白文长方印;卷端首叶"良士/眼福"白文方印、"瞿印/启科"白文方印、"恬裕斋/镜之氏/珍藏"朱文方印、"铁琴铜/剑楼"白文长方印;卷下末叶左侧边框外"古禺/瞿氏"白文方印、"铁琴铜/剑楼"白文长方印,在影抄本中未见,盖袁克文从铁琴铜剑楼借得宋本抄录时还未曾钤盖诸印。

(二)步章五与袁克文题跋

1. 旧刻留残宋,新诗写晚唐。瑶编花作谱,锦字玉生香。鸾凤翩行墨,龙蛇护印章。请看工绣者,妙艺果谁长。章五题。

2. 右诗为杞步翔棻章五同客海上时所题,予为书之卷尾。忽忽七年,藏书粥尽。今来津沽,于内子案头偶见此册,抚今追往,感慨系之,虽一鳞一羽,恋恋怅怅。甲子(1924)四月寒云。

步翔棻,字章五,开封市杞县步大楼村人,号翰青,自号杞人、林屋山人。他自幼聪慧,学业出众,参加童子科考全县第一,后来到开封信陵书院和明道书院学习,因诗文功底深厚,受到师长的器重。步章五光绪丁酉科(1897)拔贡,与开封靳志、孟津许鼎臣并称为"中州三杰"。光绪二十九年(1903),他考中顺天府乡试第十二名举人。他不但精诗文,而且通艺术,当过袁世凯的秘书,与"民国四公子”之一的袁克文还是金兰之交。1916 年,他寓居上海;1933 年 7 月,病逝于上海,葬在故乡杞县步大楼村。

步章五诗句为 1917 年与袁克文同客上海时所写。1916 年袁世凯去世后,袁克文分得 16 万元,为了躲避袁克定,他避居上海。期间花钱犹如流水,生计日益窘迫,所藏古籍等也典售殆尽。1924 年,袁克文回到天津,于梅真案头见到此册,追忆这七年间所发生的事情感慨万千,时过境迁,抚今追昔,虽一鳞一羽,亦让其留恋怀念。

(三)方尔谦与袁克文题跋

1. 铁琴铜剑楼中物,照影流传未足多。赖此簪花增媥娟,归来堂上乐如何! 大方。

2.《于湖乐府》《玄机集》,写本流传韵事多。两卷诗存李丞相,彩鸾凬叶定如何! 寒云。

3. 八荒落落行吟壮,一室悠悠寄概多,与子十年同负手,今宵不醉奈愁何! 与大方师夜哭述旧事,叠前均洹上寒云作于沽上。

4. 甲子(1924)浴佛日,同无隅师展读一过,克文。

5. 甲子(1924)初夏,自都之津时,慈母携室人梅真及诸儿女寓止沽上五载,离违倍觉欢怡。浴佛之夕,亲家方地山师策杖临存,辄相谭笑,与师互述旧事,桃花人面,依旧东风。根俱长成,花竟落去。慨观世变,已是沧桑,几度矣! 感念欷歔,不知涕之何由而至也。时室人出厥册,丐师题咏,予既和之,复纪是夕,之会于尾。长男家嘏,妇根;次男家彰;三男家骝;三女思根咸侍于侧。浴佛后五日补书于日下佩双印斋。寒云。

无隅就是方地山。方地山(1872—1936),名尔谦,以字行,又字无隅,别署大方,江苏江都人。世人多以“大方先生”相称。据说方地山十岁中秀才,是个神童才子。后来他在北洋武备学堂教书,常在天津《大公报》上发表文章,文名渐著,被天津直隶总督袁世凯看中,被重金聘他为家馆西席(家庭教师),教授袁氏几个儿子诗文,和其二子袁克文成为莫逆。地山初治经学,娴于辞章,擅长书法,对金石书画和古籍版本诸学多所精通,尤善制联,制嵌字联更妙。他为人嵌名字联,全为即兴,从不起草,浑然天成,词意极工,往往将典故自然融入,不留斧凿之痕,堪称一绝,20 世纪 20 年代至 30 年代在京津文坛享有“联圣”之誉。他居天津二十年,唯泉币是好,晚年以精研泉学著称于世。

袁克文与方地山亦师亦友亦亲家,从上述题跋中也可以看出,二人为莫逆之交。袁克文诗中所题“《于湖乐府》《玄机集》,写本流传韵事多”,记载了刘梅真曾影抄唐代女诗人鱼玄机撰宋刻本《唐女郎鱼玄机诗》和宋张孝祥撰宋嘉泰刻本《于湖居士文集》。现梅真影抄本《于湖乐府》收藏于四川省图书馆;另一部影抄本《玄机集》,不知所踪。

三、书中印鉴

藏书印系指书籍的拥有者钤盖在书籍内页,籍以表明图书所有权或表达其个性情趣的一种印迹。在一部刊印精美的古籍书上,钤上几方古雅别致的藏书印,朱墨灿然,相映成趣。后人通过这些印章,既可看出藏书家的志趣与爱好,又有助于考证文献的递藏流传。此影抄本《李丞相诗集》中的印章比较特殊,它分为两部分:一部分是刘梅真影抄后,袁克文请苍茫斋主人高世异按照宋刊本上所钤之印,勾摹而成,共计 19 方;另一部分是后来诸家钤上的印章,共计 31 方。现将两部分印章进行梳理,有助于从版本流传、艺术欣赏及历史背景等方面对《李丞相诗集》展开研究。

(一)高世异钩摹宋刻本旧印

1. 叶氏进学斋印

目录首叶右下方有“叶氏进学/斋藏书记”朱文方印,按照钤印位置惯例,叶氏进学斋应为此书有迹可循的首位收藏者,可惜目前没有查找到有关叶氏进学斋的详细资料。国家图书馆所藏《古三坟书》中有一则题跋为叶氏进学斋所题,落款日期为:“□□戊申二月旦日”,李致忠先生考订此“戊申,不可能是元至大元年(1308)的戊申,……至早也得是明洪武元年(1368)的戊申,或是更晚的戊申”①。刘国庆于《衢州刊刻的书》中亦载《古三坟书》“明初,为进学斋叶氏所藏”②。由此推论,宋刊本《李丞相诗集》在明初之时已递藏有序。

2. 朱承爵印

卷端钤“朱印/子儋”白文方印。朱承爵(1480—1528),字子儋,号舜城居士,晚号左庵,明代江阴文林人,明中期藏书家。生于成华,卒于嘉靖间,卒年四十八岁。盛年锐志进取,累试不利,遂弃去。益多购书,闭门发愤苦读,以古文辞扬名于世。与唐寅、文徵明相唱和。朱氏平生一大嗜好即是收藏书画,尤爱宋刻,曾传说他用爱妾交换一部宋刻本《汉书》,在藏书界被传为奇谈。著有《鲤退稿》《灼薪剧谈》《存余堂诗话》等。

3. 项元汴印

是书共有项元汴藏书印 14 方,分别在目录首叶钤“槜李项氏/世家宝玩”朱文长方印、“项墨林父/秘籍之印”朱文长方印、“项元/汴印”朱文方印;目录后“项子京/家珍藏”朱文长方印;卷端“项墨林/鉴赏章”白文长方印、“子京/父印”朱文方印、“项元/汴印”朱文方印;卷上末“项墨林/鉴赏章”白文长方印;卷下首叶“项墨林/鉴赏章”白文长方印、“项子京/家珍藏”朱文长方印、“项元/汴印”朱文方印;卷下末“子孙/世昌”白文方印、“墨林/祕玩”朱文方印、“寄敖”朱文椭圆印。

项元汴(1525—1590),字子京,号墨林,别号香严居士、退密庵主人、惠泉山樵、鸳鸯湖长、漆园傲吏等,浙江秀水(今属浙江嘉兴)人。工绘事,兼擅书法。家雄于资,出其绪余,购求法书名画,一时三吴珍祕,多归其“天籁阁”所有,极一时之盛。又精鉴赏,故所藏皆精妙绝伦。藏书印有近四十方之多。后清兵至嘉兴,累世所藏皆为所掠。著有《墨林山人诗集》《焦窗九录》等。

4. 汪士钟

目录首叶有“阆源/真赏”朱文方印、“汪印/士钟”白文方印。汪士钟(约1786—?),字阆源,一字春霆,号眼园,清代长洲(今江苏苏州)人。曾为观察

---

① 李致忠:《北京图书馆藏宋版书叙录》(十八),《文献》1995 年第 1 期。

② 衢州市政协文史资料委员会编《衢州探古》,2001,第 43 页。

使,官至户部侍郎。其父文琛富于财,喜购书。其蓄志广搜宋元旧刻及四库未采之书,不惜重金,四方书贾均挟秘册趋之于门。藏书处名艺芸精舍,编有《艺芸精舍宋元本书目》。宋刻本《李丞相诗集》于《艺芸精舍宋元本书目》著录为“李建勋诗集”。①

5. 待考藏印

卷下末叶钤“审定/私印”白文方印,此印究竟何属,还需继续考证。

(二)刘梅真影抄后钤印

1. 袁克文印

袁克文收藏图书重精不重多,所藏多宋元古籍,名家故物。珍籍秘册,装潢古雅,刻工精湛,为近代各收藏家推崇。他的藏书印也多达 30 余枚,本文共钤 18 枚,分别是封面“寒云/小印”朱文方印;题名页“寒/云”白文方印、“寒云/藏书”朱文方印;牌记叶左侧边栏外“后百/宋一廛”朱文方印、“与/身俱/存亡”朱文方印、“寒云/监钞”朱文方印;“寒云/鉴赏/之珍”朱文椭圆印;目录后“寒云/心赏”朱文长方印;首卷卷端“寒/云主人”朱文方印、“克文/之玺”白文方印、“八经/阁”白文方印;卷上末叶“双莲/花菴”朱文方印;卷下首叶“抱/存”朱文方印、“袁/克文”朱文方印;卷下末叶“惟庚/寅吾/以降”朱文方印、“百宋/书藏”朱文方印;题跋后“寒云/小印”朱文方印;“克/文”朱文小方印。此外还有目录首叶钤有袁克文夫妇“克文与/梅真夫/人同赏”朱文方印一方。

在袁克文的藏书印中,有多枚都较为有名,如袁克文初期,收有宋版书达百种,并把藏书楼取名为“百宋书藏”。清代著名藏书家黄丕烈的藏书阁有“百宋一廛”之名,袁克文对黄丕烈十分敬重,因此请人专门刻了“后百宋一廛”印。又如其曾收藏宋巾箱本《周易》《尚书》《毛诗》《礼记》《周礼》《孝经》《论语》《孟子》等八部经书,书中字画极其精美,他十分喜爱,专门开辟了“八经阁”来贮藏,亦刻此印一枚。“惟庚寅吾以降”是借用《离骚》“摄提贞于孟陬兮,惟庚寅吾以降。皇览揆余初度兮,肇锡余以嘉名”。袁克文生于 1890 年,此年是庚

① 汪士钟:《艺芸精舍宋元本书目 · 宋板书目》,清同治十二年(1873)苏州文学山房木活字印本,第 15 页。

寅年,故以此句治印。还有“与身俱存亡”此印章,专门钤在他最珍爱的书上。

2. 刘梅真印

卷上末钤“梅字/楳真”朱文方印;卷下末钤“刘”朱文方印、“梅真/影写/宋本小印”白文方印。

3. 步章五与方地山印

步章五题跋后钤“翔/芬”白文方印;方尔谦题跋后钤“大/方”朱文方印。

4. 周叔弢印

周叔弢(1891—1984),名暹,字叔弢,以字行,晚号弢翁。古籍收藏家、文物鉴赏家,与袁克文为挚交。1931 年寒云殁后,周叔弢影印《寒云手写所藏宋本提要二十九种》,书由方地山题签,周叔弢作跋,略述印行本末。此《李丞相诗集》钤有周叔弢的藏书印 3 枚,分别是目录首叶“寒/在堂”白文方印;首卷卷端及卷下首叶“周/暹”白文方印;卷下末“弢翁/珍玩”朱文方印。

四、《李丞相诗集》版本及研究价值

(一)版本系统

现存《李丞相诗集》的版本分为单行本和丛书本两个系统。

《李丞相诗集》单行本除天津图书馆所藏刘梅真影抄本外,还有宋临安陈宅书籍铺刻本,国家图书馆藏;清影宋临安陈宅书籍铺刻本,天津图书馆藏;民国十二年(1923)赵氏旧山楼影抄临安陈宅书籍铺刻本,参见中国嘉德 2017 年秋季拍卖会,古籍善本/金石碑帖拍卖专场,拍品号为 2426。

丛书本有明嘉靖刻《唐百家诗》本,明刻《唐五十家集》本,明初抄《唐十八家诗》本,明刻、明抄《唐四十四家诗》本,明抄《唐四十七家诗》本,清康熙四十一年(1702)洞庭席氏琴川书屋刻、清光绪八年(1882)重修《唐诗百名家全集》本,清光绪二十一年(1895)元和江氏灵鹣阁刻《唐人五十家小集》本,民国七年(1918)据宋临安陈宅书籍铺刻《铁琴铜剑楼丛书》本,民国二十三年(1934)据宋临安陈宅书籍铺刻《四部丛刊续编》本。

(二)研究价值

第一,古籍的版本类型有稿本、抄本、彩绘本、刻本、活字本、套印本、铅印本、石印本等,抄本古籍中以影宋抄本价值最高。此影宋抄本《李丞相诗集》无论字体、行款、版式、墨钉还是旧藏精美钤印,都最大程度地摹照原书风貌。同时,纸墨及装帧也力求精雅,跃然在手,足以媲美原本。原本及此影抄本俱在,具有重要的文物及版本价值。

第二,从古至今关于女性抄书的记载极为少见,像刘梅真这样影抄摹写的情况就更为难得。刘梅真作为民国时期女性代表能以抄书闻名于世,难能可贵。因此,是书极具重要的价值和意义。

第三,《李丞相诗集》所附题跋者皆为袁克文及其挚友,他们均是我国近现代的藏书、艺术家。他们的亲笔手书赋予了《李丞相诗集》更为深厚的情感和内涵,其书法或灵动飘逸,或气势磅礴,与刘梅真笔下的宋椠旧貌交相辉映,极具艺术审美价值。

综上所述,影抄本《李丞相诗集》最大限度地保留了宋刊本的原貌风貌,多年来几经流转,最后由周叔弢捐赠天津图书馆。此书因其独特的历史价值、版本价值和艺术价值,近年来为学界和藏书家所重视。第六批《国家珍贵古籍名录》已将其收录,它与南宋临安陈宅书籍铺刻《李丞相诗集》同为国家珍贵古籍,各自彰显着别样的风采。

(宋文娟,天津图书馆)

散落天津的“南州书楼”藏书*

胡艳杰

一、“南州书楼”藏书入藏天津市人民图书馆

“南州书楼”建于民国十六年(1927),是广东徐绍棨的藏书楼。徐绍棨(1879—1947),字信符,番禺人。民国七年(1918),他创办了广雅印行所,辑有《广雅丛书》《学海堂丛书》等,并著有《广东藏书纪事诗》。其藏书注重广东地区先贤著述、手稿等,藏书量鼎盛时期达六百余万卷。抗日战争时期,徐氏携部分典籍,由广州迁往香港,其藏书逐渐散出。

“南州书楼”藏书今日主要藏于广东省图书馆、中山大学图书馆、UBC 亚洲图书馆。其藏书流散途径较为清晰,主要分为三个时期:一是徐氏避难于香港、澳门期间,为维持生计,将藏书中的精品转卖给姚钧石。这批藏书又在 1958 年经何炳棣从姚钧石手中购走,于 1959 年运往温哥华,为大不列颠哥伦比亚大学所藏。① 一是抗战胜利之后,徐氏子女将部分藏书捐赠给了广东省图书馆和中

* 本文为 2019 年度国家社会科学基金重大项目“古籍保护学科建设与基础理论研究”子课题“古籍管理研究”研究成果之一(项目编号:19ZDA343)。本文曾发表于《天津文丛.2022》。

① 高炳礼:《“南州书楼”聚散史述略》,《图书馆论坛》2003 年第 6 期。

山大学图书馆。[1] 另有一部分,则是经徐汤殷整理,出售给书商,分散于各地。时至今日,我们在拍卖会上还可见"南州书楼"旧藏。

中华人民共和国成立后,直隶图书馆与天津市市立图书馆合并,成立了"天津市人民图书馆"。在原有藏书基础上,通过拨交、捐赠、采购等方式获得大量藏书。"南州书楼"书籍在这一时期入藏天津市人民图书馆。这批藏书先由天津古籍书店购得,后转售给天津市人民图书馆。根据徐汤殷整理"南州书楼"印章推测,时间大概在 1951—1953 年。

二、天津图书馆藏"南州书楼"藏书概要

(一)天津图书馆藏"南州书楼"藏书特点

笔者近年整理天津图书馆藏清代诗文集,从中发现了十三种"南州书楼"藏书。这批藏书有以下特点。

一是钤"南州书楼"藏书印。这批藏书经徐汤殷整理编号,并于每册书衣、首页、卷端处钤矩形紫色藏书章。印章有两种类型,均为四行。一种是"南州书楼藏书/徐汤殷整理/编列:清字□号/□年□月□日";一种是"南州书楼藏书/徐汤殷整理/编列□字□号/□□□□",空格处手写或钤盖数字。

二是每册书衣上下均有万年红防蠹纸。用万年红作护叶防止虫蛀,是广东南海地区藏书一种较为普遍的方法,但今日所见藏书依然存在虫蛀的情况,叶面因虫蛀残破,部分文字残缺。

三是钤盖天津古籍书店出售图书印章。一般在第一册封底左上角的位置有一枚书店出售图书的红色印章,上有"津古,册数,定价"三方面的信息。根据所见十三种图书,可知当时清刻本每册单价在 1—4 元,抄本价格高于刻本。

四是这批"南州书楼"藏书均为清人著述。其中,十二种刻本,一种抄本。著者为广东暨阳、番禺、南洋人,亦有广东刻书。可见徐符信收藏广东地方文献

---

[1] 韦胤宗:《图书馆、藏书家与批校本——以加拿大不列颠哥伦比亚大学所藏中文古籍批校本为中心》,载《殊方天禄:海外汉籍收藏史研究论丛(第一辑)》,天津人民出版社,2020。

的冰山一角。

(二)十三种“南州书楼”旧藏提要

下面从版本信息、版式特点、著者、“南州书楼”印记、内容、成书过程等方面对十三种图书进行概述,依照作者生卒年排序。

1. 萝村诗选六卷

清余懋棅撰。清刻本。一册。每半叶十二行,行二十四字。白口,四周单边,单鱼尾。

余懋棅,生卒年不详。字舟尹,号萝村,暨阳人。子烜,字宝冈。雍正八年(庚戌,1730)进士,杭州府学教授。著《萝村诗选》《杭郡庠得表忠观碑纪事》。

书衣上钤“南州书楼藏书/徐汤殷整理/编列□字□号/12955”。封面四周单边,三栏,中间镌“萝村诗选”,右栏上镌“暨南阳余舟尹先生着”,左栏下镌“大观堂藏板”。横批“乾隆乙卯重镌”。卷首3篇序,分别署“乾隆庚寅除月之朔年眷弟嘉应杨仲兴序”“乾隆辛卯皋月上瀚墨庄年弟张若淮拜手撰”“乾隆庚寅仲春年家眷世侄刘文蔚拜书于环翠轩”;又《跋》后署“乾隆庚寅秋日仙华受业甥戴王祥谨跋”。正文第一行顶格题“萝村诗选第一”,第二行低十二格题“暨阳余懋棅舟尹”,第三行低二格诗题“冬日读高士传”,第四行顶格起诗文。版心鱼尾下镌书名卷次、页码。卷末镌“萝村诗选第一终”“男烜编校”。卷首有《萝村诗选目录》,署“暨阳余懋棅舟尹着”“男烜编校”,详列篇名。末镌“萝村诗选目录终”。收录诗作四百六十九首,以年次格律。其人内行淳笃,淡于荣利,发而为诗,冲融旷远,深得于温柔敦厚之旨。嗣君荀若刊行遗稿,此集为其子烜所编刻者。封底钤书“津古,册数:1,定价:4.00”。

2. 彭元瑞奏稿不分卷

清彭元瑞撰。清抄本。四册。每半叶八行,行二十三字,小字双行。无栏线。

彭元瑞(1731—1803),字掌仍,一字辑五,号芸楣,一作云楣,江西南昌人。乾隆二十二年(1757)进士,改庶吉士,授编修,官至工部尚书、协办大学士。辑有《石渠宝笈》《西清古鉴》《天禄琳琅》等。

书衣上墨笔题“彭元瑞奏稿第一册,共分四册”。钤“南州书楼藏书/徐汤殷整理/编号卅字 125 号/1952 年 1 月 10 日”。万年红护叶处粘一题签,墨笔“彭文勤公元瑞,号芸楣,江右南昌人。乾隆二十二年进士,翰林编修,历发工部,户部尚书协办大学士赠太保,谥文勤。著《恩余书稿集》《五代史补注》等书。”文中朱笔圈点。收录乾隆至嘉庆时奏稿。卷端钤“天津市/人民图/书馆藏/书之章”朱文方印。第一册封底钤书店售书章“津古,册数:4,定价:30.00”。

3. 欲寡过斋赋钞二卷

清董国华撰。清刻本。一册。每半叶八行,行二十字。白口,四周双边,无栏线,单鱼尾。

董国华(1773—1850),字荣若,号琴南,江苏吴县人。嘉庆十三年(1808)进士,官至广东雷琼兵备道。著《欲寡过斋赋钞》《香影庵词》。

此册书衣上钤“南州书楼藏书/徐汤殷整理/编号清字 1132 号/1951 年 8 月 26 日”,紫色长方形印章。旁边钤“10910”。封面四周双边,不分栏,上镌“欲寡过/斋赋钞”,黄绿色纸张。卷首无序文。有目录按卷次详列篇名。钤“香港图书馆管理”朱文长方印。正文第一行顶格起“欲寡过斋赋钞卷一”,第二行低十行题“吴县董国华荣若”,第三行顶格题“帝京赋”,第四行顶格起正文。版心下镌页码、卷次。钤有“梧桐/庭院/藏本”朱文方印,“潘宗记”白文方印。

4. 莲塘诗钞四卷

清陈世熙撰。清咸丰元年(1851)刻本。一册。每半叶十行,行二十一字,小字双行同。黑口,左右双边,单鱼尾。

陈世熙,生卒年不详,乾隆中诸生,齐召南时主讲蕺山书院。字赓扬,号莲塘,祖籍浙江山阴,世居郡城萝纹桥。著有《莲塘诗钞》。

书衣上钤“南州书楼藏书/徐汤殷整理/编列清字 14 号/1951 年 7 月 1 日”,钤数字 10061。封面四周单边,不分栏,上镌“莲唐诗钞”,牌记四周单边,上镌“咸丰元年太岁/辛亥九秋开雕”,黄纸。《序》处“香港图书馆管理”朱文长方印。《序》后署“乾隆丁未首夏同里愚弟吴尊莱拜撰”。《家传》后署“赐进士出身宗人府主事加一级前内阁中书年再侄仁和龚自珍谨撰”。正文第一行顶格题“莲塘诗钞卷一”,第二行低十二格题“山阴陈世熙赓扬”,第三行低二格题“行行且游猎篇”。版心鱼尾下镌“莲塘诗钞卷一”及页码。是集编成于乾隆五十二年(丁未,1787)春,莲塘裒所作属吴尊莱作序,彭司马语“莲塘诗温厚和平如其人”。

5. 华不注山房诗二卷

清尹廷兰撰。清道光九年(1829)刻本。一册。每半叶九行,行二十七字。白口,四周单边,单鱼尾。

尹廷兰,生卒年不详。字畹阶,历城人。少受业于周书昌编修,精考证之学,乾隆甲午(1774)科举人。曾出任高唐州学正、清平县训导。著有《华不注山房诗文集》。

书衣上钤“南州书楼藏书/徐汤殷整理/编列清字 826 号/1951 年 8 月 6 日”。卷首有《华不注山房诗叙》后署“嘉庆九年岁在阏逢困敦余月晦日之罘年侄王余枚谨叙”,另一篇署“道光七年丁亥孟秋霱云李肇庆谨书于灞陵官署”。桐城姚景衡撰《历城三诗人传》,又有《题辞》后署“道光己丑仲冬同邑后学二南周乐拜识”。《跋语》后署“道光七年岁在强圉大渊献重阳后三日珠巖崔平瑞谨跋”。正文第一行顶格题“华不注山房诗”,第二行低二格题“历下尹廷兰畹阶著”,第三行低十格题“后学余正酉秋门”,第四五行低十一格题“周乐二南”“乔岳松石”仝校,第六行低十一格题“岐山崔平瑞珠巖”,第七行低二格题“登岱”,第八格顶格起诗文。其诗慷慨而浑健。是集由李肇庆刊刻。肇庆藏其师畹阶诗二卷,系王青阶手录,久欲刊之。道光七年(1827)移官灞陵,欲刻畹阶诗,二南携范墅、鳞江诗来,并三人诗同付枣梨。由周乐二南负责芟存编次,乔松石、崔珠岩校定。封底五书店印章。

6. 绿窗庭课吟卷一卷诗余一卷

清邱掌珠撰,清潘飞声编。清光绪二十二年(1896)龙山邱园刻本。一册。每半叶十行,行二十一字小字双行同。黑口,左右双边,无鱼尾。

邱掌珠(1799—1844),字匊月,番禺人。父邱与凡,夫陈剑花。六岁即谙识音乐,二十岁婚,安贫守俭。著《绿窗庭课吟卷》。

书衣上钤“南州书楼藏书/徐汤殷整理/编列字号/13798”。封面四周单边,上镌"绿窗庭课吟卷""冒广生题",刻"鹤"白文方印,"亭"朱文方印。牌记四周单边,上镌"光绪丙申正月/龙山邱园开锲"。首有《绿窗庭课吟卷诗序》后署"嘉庆二十一年丙子秋粤岳山人黄培芳序",《绿窗庭课吟卷序》后署"光绪二十一年乙未十月番禺潘飞声序于长相思室"。有《邱孺人墓志铭》,同里黄溥撰。又有《邱孺人挽诗》。卷末《绿窗庭课吟卷后跋》后署"光绪二十二年丙申正月顺德邱诰桐跋于邱园"。正文第一行顶格题"绿窗庭课吟卷",第二至四行低九格题"番禺潘飞声兰史编订""香山黄培芳香石选定""顺德邱诰桐仲迟辑校",第五六行栏线间低二格署"顺德邱掌珠匊月著",第七行低一格题"四言",第八行低二格诗题"兴云歌",第九行顶格起诗文。是集按体裁编排,皆少时所作。是集先经黄香石点定,但未付梓。后邱诰桐访于同里刘氏家,惟篇帙零杂,因细为校辑,请潘兰史重编刻,附于家乘。封底无书店印章。

7. 如不及斋诗钞一卷咏史诗评一卷寒碧轩诗存一卷

清陈坤撰。《寒碧轩诗存》一卷,清陈钲撰。清同治十一年(1872)羊城刻本。二册。每半叶九行,行二十二字,小字双行同。黑口,左右双边,单鱼尾。

陈坤(1820—?),字子厚,浙江钱塘人。著有《如不及斋诗钞》《如不及斋咏史诗评》。陈钲(1850—1872),字静漪,钱塘人。陈坤次女。著《寒碧轩诗存》。

护叶上钤"南州书楼藏书/徐汤殷整理/编列□字□号/13860"。封面四周单边,三栏,中间镌"如不及斋诗钞",右栏上镌"同治壬申仲夏",左栏下镌"雉皋冒文惠题"。第一册,《如不及斋诗钞》一卷。卷首有《如不及斋诗钞序》后署"平江吴宝恕序",刻有"臣吴宝恕"白文方印,"翰林/学士"朱文方印。又一篇后署"同治壬申莫春众中浣侯官李家瑞香苹拜撰",又一篇后署"同治辛未冬至前一日弟江右灿拜识"。卷末"同治壬申初伏日季女钲谨识"。诗稿刊成之日,二女钲(静漪)已因难产而死。卷末陈坤题词记之。《题词》后署"壬申初夏俞洵庆溥臣甫题""会稽陶文鼎卿田甫题""连平江有灿镜河甫题""侯官李家瑞香苹甫题""弟王济莲舟甫题""同治壬申立夏后十日山阴王瑔芙生甫题""同里愚弟张日衔拜题""南海李长荣子虎题""会稽陶广荣仲甫题""钱塘潘承家齐卿题"。"画"后署"季女钲敬摹",后有如不及斋主人自题、冒文蕙题。正文第一行顶格题"如不及斋诗钞",第二行低十二格题"钱唐陈坤子厚",第三行顶格题“同人登韩江楼”,第四行顶格起正文。版心鱼尾下镌书名、页码。此集积四十余载,裒然成册,女钲为其删存一百六十余首,编次付梓。其诗各体具备,诗宗香山。第二册,《如不及斋咏史诗评》一卷,《寒碧轩诗存》一卷。封面四周单边,上镌“如不及斋咏史诗存”,刻有“碧纕/内史”白文方印。首有《如不及斋咏史诗评》。此册又一封面,四周单边,上镌“寒碧轩诗存”。《二女钲遗稿零散三儿铨辑而存之恻然有作》,署藏溪老人、碧纕内史。又《寒碧轩诗评》,评者江有灿、李家瑞。《寒碧轩诗序》后署“甲戌仲冬陶文鼎卿田题”。《翰碧轩诗题词》,题词者有沈映钤、汪瑔、俞洵庆、石炳枢、易焕书。《寒碧轩诗存》上下二栏,上下两栏。上栏点评之语。卷末《跋》后署“同治十三年岁在甲戌季下朔日同怀弟陈铨谨识”,后镌“省城西湖街艺苑楼承刊”。第一册封底钤书店印章,“津古,册数:2,定价:2.50”。

8. 不系舟斋诗草一卷附文钞一卷同人投赠诗草一卷

清周继炘撰。清道光十八年(1838)刻本。一册。每半叶十行,行二十一字,小字双行同。白口,四周双边,单鱼尾。

周继炘(?—1838),字耿堂,北平人。书中有《邮祝赣南观察周耿堂先生六十寿》,推其生年在乾隆戊子(三十三年,1768)以前。著《不系舟斋诗草》。

书衣上钤“南州书楼藏书/徐汤殷整理/编列口字口号/13288”。《不系舟斋诗草》卷首《序》后署“道光戊戌冬十一月通家治愚弟彭邦畴序”,又一篇后署“道光戊戌年冬十月钱江愚弟沈鏻拜撰”,第三篇末署“道光戊戌年冬十月姻愚侄蔡振武拜手谨序”。卷末《跋》不全,序及跋处虫蛀,有残缺。正文第一行顶格题“不系舟斋诗草”,第二三行间低一格上署“北平周继炘耿堂氏著”,下署“男力均、垣、墉、圻校刊”,第四行低二格诗题“调任上洋便道至里门省墓即事赋感”,第五行顶格起诗文。版心上镌“不系舟斋诗草”“不系舟斋文钞”,下镌页码。卷首无目录。《不系舟斋文钞》据版心题,所撰古文10篇。末有《跋》,后署“道光戊戌年冬十月蔡振武谨跋”。是集为其调任江左后所作,于转运舟中就生平所记忆者辑之,故以“不系舟斋”名。是集由长君既庭,裒辑遗稿,付梓。封底无售书章。

9. 赤霞吟草二卷

清王巨撰。清同治六年(1867)刻本。一册。每半叶八行,行二十一字,小字双行同。白口,四周双边,单鱼尾。

王巨(1783—1842),字竹友,江苏太仓人。嘉庆十三年(1808)举人,官靖江,擢江宁府教授,未任而卒。著《赤霞吟草》。

书衣上原有书签,四周单边,上镌“赤霞吟艸”,钤“南州书楼藏书/徐汤殷整理/编号清字1456号/一九五一年九月十叁日”。旁钤数字“11330”。卷首有《序》后署“道光丙午五月受业侄孙宝仁谨序于六安学舍之十二竹斋”,又一篇末署“同治丁卯仲冬望夕嘉定世愚侄张修府跋”,又一篇末署“华亭诸桓谨识”。是集分上下二卷。正文第一行顶格题“赤霞吟草卷上”,第二行低十二格题“太仓王巨竹友氏”,第三行低二格题“述怀六首”,第四行顶格起正文。版心上镌书名,鱼尾下镌卷次,版心下镌页码。卷末镌“赤霞吟草卷上终”。其诗五古雅近陶谢,七言绝句步武唐。封底钤售书章内容为,津古,1册,2.50元。

10. 皋亭山馆诗草四卷

清范元伟撰。清道光刻本。一册。每半叶十行,行二十一字,小字双行同。黑口,左右双边,单鱼尾。

范元伟,生卒年不详,道光八年(1828)在世。字春船,钱塘人。著有《皋亭山馆诗草》。

书衣上钤“南州书楼藏书/徐汤殷整理/编号清字52号/1951年8月27日”,旁边钤数字“12330”。正文第一行顶格起“皋亭山馆诗草卷一”,第二行低十一格题“钱塘范元伟春船”,第三行低二格题“吴园旧址寻飞鹰逐兔石”,第四行顶格起正文。版心上镌书名,鱼尾下镌卷次,版心下镌页码。卷末镌“皋亭山馆诗草卷一终”。卷首无序文及目录。此集四卷。卷四《济宁州学汉碑》下有小序,云“道光戊子十二月七日来观”,据此推之此书当刊刻于道光八年(1828)以后。封底书店印章内容为,津古,1册,2元。

11. 陶邨别集二卷

清李欣荣撰。清光绪二十年(1894)刻本。一册。每半叶十行,行二十一字,小字双行同。白口,四周双边,单鱼尾。

李欣荣,生卒年不详,光绪二十一年(1895)尚在世,年逾八十五以上。字陶邨,号芗叟,广东南海人。道光乙卯科恩贡。著有《寸心草堂文钞》《寸心草堂诗钞》《陶邨别集》。

书衣上钤"南州书楼藏书/徐汤殷整理/编列□字□号/13797"。封面四周双边,不分栏,上镌"陶邨/别集"。卷首序后署"光绪岁次甲午春二月花朝日同里愚侄次溪陈宗城谨叙"。《题词》者有都梁张经赞(南皆)、潘州许汝赓(仲皋)。正文第一行顶格题"陶邨别集卷一",第二行低八格署"南武李欣荣芗叟撰",第三行低二格诗题"露波楼雅集赋呈楼主人张斗垣司马四十韵仝用六麻",第五行顶格起正文。版心上镌书名,鱼尾下镌卷次、页码。卷首无目录。是集沿白乐天《香山别集》之名,题曰《陶邨别集》。封底无书店章。

12. 百尺楼百首诗钞一卷

陈次壬。清宣统元年(1909)刻本。一册。每半叶七行,行十九字。白口,左右双边,单鱼尾。

陈次壬(1833—1879),字荫田,南海人。父南屏。援例赠兵部员外郎。善行楷,性好古籍,建"万卷楼"藏之。子四人,瑜、珥、瑶、环,孙三。著《百尺楼百首诗钞》。

书衣上书名题签,四周双边,上镌"百尺楼百首诗钞",小字"南海陈荫田着"。钤"南州书楼藏书/徐汤殷整理/编列□字□号",旁边钤"13274"。封面四周双边,上镌"百尺楼百首诗钞""区大典拜题"。卷首有《百尺楼诗集序》后署"宣统庚戌区太原谨识",又一篇后署"宣统三年□辛亥仲春新宁余干耀谨序于省垣河南商船公会之花轩",又《序》后署"宣统庚戌重阳邑人潘本燊莘伯谨序",又《序》后署"楚南愚弟谭定澍谨序"。《陈次壬小传》署"柳堂居士李长荣子虎谨撰",《陈次壬先生家传》署"宣统二年庚戌九月姻侄黎承鋆谨撰",《陈次壬传(由邑志录出)》。卷末《跋》后署"丁丑九月顺德梁耀枢跋",又《跋》后署"宣统己酉六月从弟知俭芝田谨跋"。卷首有《百尺楼百首诗钞目录》。正文第一行顶格题"百尺楼百首诗钞",第二行低四格题"南海陈次壬荫田着",第三四五行低八格题"男子瑜、子珥、子瑶,孙名骥、名难骀、名驹仝校",第六行低二格题"尤西堂集",第七行顶格起正文。封底钤书店售书章,内容为津古,册数:1,定价:2.00。

13. 玩春蒉阁诗录一卷

清陈崇哲撰。清末刻本。一册。每半叶十行,行二十一字。黑口,四周双边,单鱼尾。

陈崇哲,生卒年不详。字符叡,四川富顺人。著《玩春荑阁集》《玩春荑阁诗录》。

书衣上钤藏书楼章,“南州书楼藏书/徐汤殷整理/编列清字789号/□年□月□日”,旁边钤数字“10483”。正文第一行顶格题“玩春荑阁诗录”,第二行低十格题“富顺陈崇哲元叡”,第三行顶格诗题“述怀”,第四行正文亦顶格起。诗题顶格起,分题低一格。版心鱼尾下镌“诗”、页码。集中附陈崇善介生诗。有《大沽口》云:“望渺津门树,洪流涌大沽。潦陂通巨浸,烟莽傍空庐”。封底书店售书章内容为,津古,册数:1,定价:2.00。

三、整理“南州书楼”藏书所想

百余年间,经过几代图书馆人的努力,天津图书馆古籍藏量达59万册,62595部,汇聚了历史上诸多著名藏书家的收藏,形成了天津图书馆百余年藏书史。整理“南州书楼”藏书,给我们三点启发。

一是私人藏书入藏公藏单位时,采取何种方式管理,即如何登记、编目、著录、排架等,更利于古籍的长期管理、保护、利用与传承。在整理“南州书楼”藏书时,散落于数万种馆藏之中,登记信息不详,无法按图索骥。对于私人藏书家捐赠图书,采取集中管理方式,更有利于保管、流通、整理、研究。天津图书馆收藏管理周叔弢晚年藏书即采用了集中管理的方式,是特色馆藏入藏后整体保存的一个典型案例,既保存了藏书家藏书的原始风貌,又可作为特色馆藏进行开发利用。

二是对于不同藏书家藏书在天津图书馆的收藏情况,按照藏书家分别研究,逐一整理,可梳理出藏书始末,亦可分析出藏书结构,促进天津图书馆藏书史研究,进而揭示其藏书的历史意义与现代价值。我们对周叔弢、任振采、徐世章、金钺等藏书家藏书略有研究,而对于胡宗楙、蔡虎臣、延古堂李氏、徐世章、管庭芬、姚鹏图、姚莹俊、黄裳等藏书家藏书入藏情况,尚待系统整理与研究。

三是古籍保护计划实施十五年来,完成了大规模的古籍普查工作之后,古籍保护工作需要向深发展,即由表及里,对馆藏文献进行深度整理与研究。经过百余年的发展，馆藏目录体系基本建成，既有善本目录、活字本目录、方志目录等分类目录，又有普查目录、馆藏登记目录等账册式目录。未来，我们要以目录为抓手，对馆藏文献有规划的、分类整理，是未来图书馆古籍整理的一项重要工作内容。

（胡艳杰，天津师范大学古籍保护研究院）

五四新文化运动与南开大学早期校园文化之互动

——1919—1937 年南开大学校园诗歌及其作者略述*

张兰普

1919 年 9 月 25 日，南开大学在方兴未艾的五四新文化运动浪潮与全国各界“外争国权、内惩国贼”的嘶吼声中，于天津的西南一隅成立。南开大学校园必然地受到了当时国情国势与社会风潮的浸染，诗歌作为文学的精灵，则成为南开师生叙说情感、激励自我与国人、救时醒世的重要表达方式之一。尤其是摆脱了中国传统诗词严格的格律限制的新诗，以其长短自由、容易入手、易于接受的特点，迅速在南开园里生根发芽，并迅速成长。

一、南开大学校园新诗

（一）源起

1920 年 1 月 20 日，由南开大学学生周恩来主编的天津觉悟社社刊《觉悟》创刊号，刊登了周恩来于 1919 年 12 月创作的新诗——《死人的享福》，诗中的主人公是一名洋车夫：

> 西北风呼呼响，/冬天到了。/出门雇辆人力车，/车夫身上穿件棉袍，/

* 本文为《南开大学早期校园诗歌集：1919—1937》后记。曾参与中国地方教育史志研究会学校史志分会 2023 年年会暨校史与学校发展研讨会交流。

> 我身上也穿件棉袍。/我穿着嫌冷,/他穿着却嫌累赘;/脱下来放在我的脚上,/我感谢他爱我,/他谢谢我助他便他。/共同生活?/活人的劳动!死人享福!

该卷同时刊载了他由日本回国途中,作于日本的《游日本京都圆山公园》《四次游圆山公园》《雨中岚山——日本京都》《雨后岚山》四首新诗。

本期《觉悟》还刊登了同为南开大学学生和觉悟社骨干马骏的两首新诗——《他们为什么不去》和《一个小蜘蛛》。在《一个小蜘蛛》中,作者同样表达的是一个劳动者的形象:

> 潇潇的细雨,飕飕的凉风,/枯枝上一个小小的蜘蛛,经营他的网儿;/忽上——忽下——忽东——忽西——/好像一个细布的梭机。/须臾间把网织起;/可恨的无情风雨,/织成了!刮乱了!/织好了!打破了!/刮乱了!织成了!/打破了!织好了!/他永久不息的努力!努力!/工作呀!工作!/奋斗呀!奋斗!

周恩来、马骏二人均是在领导轰轰烈烈的天津地区的五四运动过程中进入刚成立的南开大学,他们这两首诗,虽然一首写的是底层人民的贫穷和劳苦,一首则是表现劳动者努力奋斗的精神,但都指向了当时社会的底层劳动人群。可见,南开大学的师生在当时即有了主动关注社会、关心劳动者的明确意识,并以新诗的形式表达出来。周恩来后来成为举世景仰的中华人民共和国开国领袖之一。马骏也在 1920 年离开学校后,旋即投入中华民族救亡图存的事业。他于 1927 年曾任中国共产党北京市委书记兼组织部部长,成为党在北方重要的领导人。

(二)南开大学新诗的创作及其作者群体

以周恩来和马骏发表在《觉悟》上的这 7 首诗为肇始,南开大学的师生们新诗创作即蓬蓬勃勃地开展起来。至 1937 年 7 月南开大学被侵华日军炸毁,被迫南迁止,在短短的 18 年间,据不完全统计,有 180 余位作者在南开大学各类校园刊物发表新诗410余首,这些作者绝大多数是南开大学的学生。其中不乏颇有诗歌才华的作者,在学期间即有丰硕的创作成果,如何德明、胡立家、艾蒂、曹鸿昭等。何德明在《南开大学周刊》一连三期发表了40首诗歌,后来结集出版了不止一部诗集。其诗作引起了中国新诗首倡者胡适的注意,认为其诗风"清丽",谓"近来作诗的人好像努力求人不懂,很少有这样流利可喜的诗句了。"①

南开大学的教师们也加入了新诗的创作,如英文教授柳无忌、教师刘荣恩等,他们创作了大量的新诗。刘荣恩在南开大学任教期间印行了《刘荣恩诗集》,作为献给其未婚妻的订婚纪念礼物。书中收录了他创作的60首新诗,当然其中的绝大多数未发表在南开自办的刊物上,所以未计入南开大学校园诗歌。但不可否认的是,教师的加入与引导,成为南开校园新诗创作活动兴旺、作品丰硕的原因之一。

南开校园出版物中,也刊载了少量名家的诗作,如南开校友赵景深、曹葆华、九叶派诗人辛笛、诗人陈梦家等。但绝大多数作者在当时或其后的中国现代诗歌界并没有什么名气,也不以诗歌的写作为生。如艾蒂、芙蓉华等,他们在学期间在校刊上都发表了为数不少的诗作,却一时无从查证其真实姓名,这样的作者占其中大多数。在180余位署名作者中,经多方查证,能够从各类工具书和档案文献中确定其简单经历的只有40人。

(三)南开大学新诗的内容特点

南开校园新诗内容既带有鲜明的时代特点,又显现着青年人的灵动与朝气,还具有南开自己的独特性。所谓时代特点,就是当时的中国外侮内乱交织、天灾瘟疫迭生,民生凋敝。此情此景,对于以救国为宗旨的南开大学师生,不可能熟视无睹,所以士兵、工人、纤夫、灾民,甚至失足女,都进入南开师生的笔端,成为其诗歌描写的对象。尤其是面对危如累卵的华北局势,他们在诗中大声疾呼:

中国的人民,醒醒吧!/大炮轰轰已震破我们的耳鼓,/喊杀之声早已

① 《独立评论》第84期。

如潮水般奔涌，/呴呴的咆哮着一齐现诸面前，/铁弹在头上飞跃白刃眼前闪烁。/中国的人民，醒醒吧！①

与扰攘不已的社会环境相对照的是，张伯苓校长和他的南开同仁们，却竭尽全力在天津一隅，营造出一个与外界相对独立的安静清新、融洽和乐、秩序井然的大学校园，使南开的师生们尽量能在安稳、美丽、舒适的环境中读书学习，培养为国服务、拯救国家的能力。1934 年 4 月，诗人柳亚子偕夫人来南开大学看望在此执教的长子柳无忌夫妇，在南开校园内度过了愉快的三日，看到校园的优美环境和南开大学的济济人才，他欣然赋诗：

汽车飞抵驶南开，天光云影共徘徊。
此是桃源仙境界，已同浊世隔尘埃。

佳儿佳妇又传觞，人物南开萃一堂。
平教风云谈定县，德高从古谤弥张。

风物天津自不凡，南开境更异尘寰。
剧怜卧榻鹰瞵客，破碎山河事大难。

决策终教定北征，明朝便又别天津。
空桑三宿吾多恋，几树桃花最有情。

在南开学生的眼中，他们的校园是这样的："在繁华俗浊的天津，只有一块小小的乐土，只有一部小小的人群在那里优游的度着神仙般的生活。你知道那是什么地方吗？那是八里台的南开大学。……如果你离开城市到八里台走走，只要刚刚过了大中桥，刚刚入了南大的门，举起头来望一望那两行碧青的柏树，同沿岸初出绿芽的垂杨，你就会不自觉的感到这里春意多么浓，诗意多么厚。

① 苏蔓：《中国的人民，醒醒吧！》

即使你是个最俗伧,最不懂领略自然美的人,也会不由自主的被这美景所吸引,任着脚把你带着向前走。……终日沉浸在花色花香里的学生们,读书的效率也增加了;好环境对于教育是有极的大影响的。每当夕阳西下时,可以看见一群一队的学生或一双一对的教授,踏着缓缓的步子在园里游着。默默的走着,不多交谈,不多嘻笑的多半是理科的学生,嘻嘻哈哈呼喊狂笑的多是经济或商科的学生,斯斯文文带着笑靥是文科的学生。"

在这群年轻人的心中,他们的大学生活是这样的:"在南大做学生,住的不是宫殿般的房子,过的不是帝王般的生活;他们也不屑去学习些西洋的皮毛,他们所有的唯一可贵的东西,只是'真',他们只是天真纯朴的活着,没有虚伪,没有矫饰,他们能求得更真实的学问,同更高尚的思想,八里台永远是春天,南大的学生永远不失他们的青春。"①

所以,南开的春夏秋冬,夜晚黎明,花树荷塘,校园中的秀山堂、芝琴楼、北极停、校钟都在这群青春勃发的青年人的诗行中一一展现。

> 芝琴楼的晚灯已上,/衰柳里射着点点的火星。/谁在楼上——/低低的唱,/深深的吟,/吟不尽的婉转凄清。
>
> 秀山堂前的残荷,/颤危危的舞着枯梗,/系焦破的叶盘,/在暮色中遥遥的伴奏,/伴奏那,/唱不出,/吟不出,/愁也愁不出的秋心。②

就像自然界无论多重的砖石、多么干旱寒冷的土地,都挡不住幼苗的生长一样,再严苛的外部环境,再繁重的学业,也压抑不住青年人对风花雪月的感悟,对爱情——这一人类永恒不变主题的向往与不自禁的真情流露,在南开也一样。在他们的诗中,有人人在爱情中都有的直接、热烈、苦闷、徘徊,也有青年南开人特有的活泼、调皮。

---

① 竹:《春深八里台》。

② 色丝:《芝琴楼的秋心》。

夜色沉沉,/星光淡淡;/将军,将军①,/怎地这样庄严!/听!/在你的脚下,/细语喃喃。/别装这样庄严,/到底听否/情话绵绵?/我踅足向前,/想偷听半点,/但——/一双人影儿一闪,/走远——不见!/微微听得:/“讨厌!”②

从那天我俩把心裸透,/桃瓣就永随春水奔走。/不见你时我便像疯狗,/见着你时就把唇紧凑。/夜夜梦里我为你追究,/醒来脑海常有倩影留。/这样一分一秒没停休,/桃色的云霓罩满心头。/从那天我俩把心裸透,/桃瓣就永随春水奔走。③

(四)南开大学新诗蓬勃的原因

南开人的怀抱永远是敞开的,南开人的脚步是紧随时代迈进的。南开新诗的发展之所以如此蓬勃,与学校主动迎纳新文学的积极态度有直接关系。早在1917年11—12月,南开学校④就请胡适在南开演讲《新国家与新文学》,并请陶孟和演讲《新国家与新社会》、章士钊演讲《新国家与新政治》、李石曾演讲《新国家与新科学》。可见,中国白话文运动初起之时,南开人就积极参与进来,并全方位的迎接新国家与新文化的到来。1919年12月,洪北平又为南开师生演讲《“新文学”与“旧文学”》,这一切都成为南开校园创造新诗繁荣的促进因素。

而以学生社团为主体,由师生合作创办的《南开周刊》《南开季刊》《南开大学周刊》《南开大学周刊副刊》和《南大半月刊》《南大》等,自南开大学创办起,虽办刊人员随师生进出迭有变更,其办刊理念也屡有调整,刊物名称也时有变

① 指位于秀山堂东侧,现南开大学花园中心位置的李秀山铜像。李秀山曾任江苏督军,故称为将军。

② 岂哲:《秀山堂》。

③ 何德明:《恋歌》。

④ 严修、张伯苓于1919年创办南开大学。在1904年,严、张二公已创办了私立中学堂(1912年民国成立后改称私立南开学校,即现在的天津南开中学)。此后又分别于1923年和1928年创办了南开女子中学和南开小学,总称为南开学校。四部则分别称为大学部、男中部、女中部和小学部。

换,但几乎每期都有数量不等的诗歌刊载,且有数期"文艺专号"①、英国文学专号②出版。它们成为南开师生发表作品的重要媒介。南开的师生对新诗的写作,在初期仿作的基础上,于20世纪30年代开始进行诗歌创作的理论探索。时任南开大学英文系主任的柳无忌、罗皑岚等1934年3月在天津《益世报》创办《文学周刊》,利用公共媒体,作为新诗译、作和向社会大众推介新文化的舞台,扩大新兴文化对中国普罗大众的影响。至1935年2月,该周刊共办了50期,最后以"新诗专号"作为本刊的结束。继此之后,他们又创立人生与文学社,并于1935年4月创办了专业文学刊物《人生与文学》,该刊是系统地刊载新诗写作的理论研究文章、刊登新诗作品,并译介西方诗歌,评价西方文学与作家的专业刊物。柳无忌在《我们写新诗时的态度》一文中,认为新诗比写旧诗难,因为新诗没有标准、没有规范,需要在长期反复写作中摸索寻找。他主张,"诗虽是灵魂与情感的表现,但要养成伟大的灵魂,纯洁的情感,有力的表现,也须有相当的准备;要有准备,却须先下一番研究的工作,抱着研究的态度。"同时,他也在写作新诗时,告诫青年人要尽力克服虚浮与嚣张的流行病。"提创新诗的人,应当小心翼翼,不敢苟且,尤其当我们写诗的时候,不能不有着一种审慎的态度。"他不仅强调要多读、多写、多练,更认为要"慎慎重重地写着我们的诗,别把它当作无聊时的玩意儿。"

南开大学早期的校园新诗,与中国新诗歌几乎同时萌发,同步发展,从幼小走向茁壮,从稚拙走向成熟,短短的18年间,即有410余首新诗发表在南开校园的出版物上。它不仅构成了南开校园文化的一部分,更成为南开师生学习生活的一部分,也应当成为中国现代白话诗歌与新文化运动的一部分。

二、南开大学校园的译诗与英文诗歌的创作

在某种程度上说,南开大学是个很"洋"气的学校。张伯苓校长当年弃戎

① 《南开大学周刊》1930年12月第99期;1932年4月第129、130期合刊;1932年12月第137、138期合刊。

② 《南大半月刊》1933年12月第8、9期合刊。

从教,即抱着明确的"教育救国"的宗旨。而欲救当时的中国,必须"睁眼看世界"。在知识教育界一个明显的共识就是向当时工业发达的欧美国家学习。欲办现代化教育,首先是学习、模仿西方的教育体制,接纳西方的现代科学知识,借鉴西方的文明理念,近乎贪婪地吸收西方文化。南开大学也不例外,这从其聘请的教师主体、学科与课程设置,和"校务公开、师生合作、责任分担"南开学校管理模式上,都是明证。

南开大学师生作为当时中国社会先进文化的吸收者、引介者与传播者,尤其是该校外文专业师生,因为其专业上的便利,积极地将欧美和东方文学大家的诗歌翻译成中文,介绍给中国的读者。始见于南开园的最早的译诗为 1925 年 1 月发表在《南开大学周刊》上的印度文豪泰戈尔的《园丁集》中的两首。之后,在一般读者中耳熟能详的欧美诗歌大家——但丁、莎士比亚、拜伦、济慈、雪莱、柯勒律芝、华兹华斯、朗费罗、王尔德,弥尔顿、乔治桑、爱伦坡、叶芝等,和虽不为一般读者所熟悉,却在文学史上占有重要地位的诗人赫里克(Robert Herrick)、斯宾塞(Spenser)、德莱顿(John Dryden)、彭斯(Robert Burns)、但丁·罗塞蒂(Dante Gabriel Rossetti)和克里斯蒂娜·罗塞蒂(Christina Georgina Rossetti)、乔伊斯(James Joyce)等 72 位诗人的 190 余首诗作出现在南开大学的系列校园刊物上。特别是进入 20 世纪 30 年代,陈逵、柳无忌、罗皑岚、刘荣恩、曹鸿昭等先后来到南开大学英文系任教,南开大学校园的诗歌翻译迅速走向学术化与专业化。他们编辑出版的《人生与文学》杂志,"填补了当时华北一度无大型文艺期刊的空白,在津门乃至北方文坛引起颇大反响。"该期刊的出版,极大地推动了南开大学师生的诗歌翻译的理论研究、翻译技巧探索与翻译实践的进展。

从时间跨度来看,南开大学校园译诗从十六世纪中后期英国诗人起,一直延续到 20 世纪二三十年代,即与译者们的生活同时代。诗人的国籍以英国为主,在 72 位原作者中,有 51 位是英国诗人,还有 5 位爱尔兰诗人和 5 位美国诗人。即使印度文豪泰戈尔是东方人,但其著述语言仍是英语。所以,如果以时间为序将流行于南开大学校园的全部译诗顺读下来,差不多就是一部英文诗歌简史。其十余年译诗的体系性与系统性,既是大学文学教学的需求,显然也是大学诗歌教学的成果,二者相辅相成。

对于南开师生来说,文化并不只是引进与吸收,他们同时有意识地向外推介中国的诗歌作品,展示中国的文学成就,尤其是当代诗人的创作成果。他们将胡适、郭沫若、苏曼殊、徐志摩、陈梦家、方玮德、方令孺等人多首现代诗作译成英文,同时还翻译了黄庭坚、陆游、辛弃疾、张祜等人的少量作品。这部分译作虽然只有 21 首,但是它改变了自 1862 年中国专业翻译机构同文馆设立以来,一直从西方单向引进与吸收的局面,由文化的单向吸收变为双向交流。尤其是将与译者同时代的汉语新诗译成英文,一方面表明了中国新诗创作的渐趋成熟,另一方面显示了中国学人对中国新诗水平的自信。在新诗外译上,有学者认为由英国人哈罗德·艾克顿(Harold Acton)和中国人陈世骧合作编译,于 1936 年在伦敦出版的《中国现代诗选》是英译中国新诗的滥觞之作①。但早在 1931 年 11 月,陈逵即将胡适的新诗名作《鸽子》译成英文,发表在《南开大学周刊》上。之后,苏曼殊等人的诗歌译作于 1932—1933 年陆续刊出,从这方面说,南开师生这个不大的团体,在五四运动之后中国新诗的外译上可以说是着先鞭者。

此外,陈逵、柳无忌、刘荣恩、王思曾、郑兆明等还创作了 20 余首英文诗,当为师生们英文写作练笔之作。

南开大学诗歌的翻译与英文诗歌的创作,是融汇于中国五四新文化运动大潮中的一朵朵诗的浪花,但其在诗人与诗作的选择上独具的学术体系,又与专业诗歌团体的诗歌译介有着比较明显的差异,尽显了当年校园诗歌的特色。

三、南开校园的中国传统诗词

尽管欧美诗歌的翻译与新体白话诗的创作顺应时代文化潮流发展的趋势,又结合了实际教育教学的需要,在南开大学校园里呈现蓬勃繁荣之势,但是,文化与文学的演进自有其自身的延续性,并不因朝代的更替或社会制度的改变,原有的传统文学体式即随之戛然而止,中国传统诗词古风仍氤氲于南开大学校

① 赵云龙:《中国新诗在英语世界的翻译与接受(1936—2017)——基于英语世界“引进”与中国官方“外推”活动的对比研究》,《中国比较文学》2019 年第 2 期。

园中。

中国传统诗词的写作虽然受到严格的格律限制，但对于国学学养深厚学者来说，却可以“从心所欲不逾矩”地表达思想情感、叙事状物，并以美妙的音律曲调表现出来。南开大学恰有这么一批人物。他们诗中的南开园——大中路两侧：

芦花低水平苍黄，点缀紫英带晚香。
南北三桥中一路，路旁高插秀山堂。

科学馆中实验室：

东西品物不知名，绿藻青蛙尽入瓶。
剖判微茫精到此，始惭旧学太空冥。

图书馆内则是：

读书静坐哑无声，尘世喧嚣隔万层。
地府嫏嬛天路近，人间兔册更羞称。[①]

面对危如累卵的国势，他们看到了：

抵抗空言无主张，眼看国土半沦亡。
旧京花草春来好，依旧弹歌伴舞娘。[②]

他们抒发着：

---

① 以上三首，张皋如《参观南开大学即事十二首》。
② 范存道：《即事》。

案起飞传遍海涯,惊闻临变欠安排。
霎时血雨哀华鹤,是处腥风怒井蛙。
四省岂堪回首望,国魂残到晚香埋。
独凭岁上清秋节,相与衔悲吐壮怀。①

挺身杀敌岂无方,搔首还应问九苍。
事已非兮身尚壮,舌犹在也我何伤。
残山剩水期生死,远志归情斗短长。
为报秦淮诸弟妹,插萸时节莫相忘。②

面对父母家人浓浓依依的亲情跃然:

家人相送出柴扉,舟发横泾曙色微。
妹小也知离别苦,无言无语挚兄衣。③

离家七八月,隔年始还乡。
舟车驶驰速,射城已在望。
欣奔至旧居,门前车马忙。
甫入二重局,弟妹哭迎将。
上堂呼阿母,阿母赴邻坊。
妹呼阿母至,惊喜倍寻常。
问我何日返,旅途可安详?
云我体不瘦,知我尚康强。
急为治盘飧,家肴又重尝。
问我校中炊,能否适胃肠?

① 樊平章:《题九一八国难日》。
② 林同济:《去年秋在美读仲舅寄家慈一律,敬次原韵寄金陵诸弟妹》。
③ 蔡增洁:《十九年夏辞家北上》。

询我念家否，勉答不思乡。
母知我偈促，牵语入他方。
入夕催我睡，为我整褥床。
款洽似睡熟，语多话凄凉。[①]

在南开60余位师生的笔下，通过古体长诗、格律诗，以及多样的词牌，在18年间，呈现出一幅缤纷多彩的文学画卷。诗中有春夏秋冬，风花雪月——冬郎的《春日道中作》，张相曾《忆江南夏日》，棣的《秋郊晚步》《赠雪美人》；有即景生情，时事吟咏——郭清寰的《聂士成殉难碑》，樊平章的《题双十节第十届华北运动会》，佚名的《吊聂烈士士成》；有念友思亲的人之常情——东海狂童的《情别》《偶成》，倪平的《月夜思亲》；有课余的友人之间的诗酒唱和逸致闲情——樊平章《双十节与子丹、子梅两伉俪既洪沅、开智归自华北运动会，顺道小憩河北公园，洪沅、开智递为摄影，欣题一律，并以存念》，萧家谋《偶得"功名何事苦营图"句，依韵足成二律，仿辘轳体》，海冷《晚眺》《偶成》，夏兆荣《住宿舍偶作》；有旅途纪行——陈锡襄的《发伦敦》《过英吉利海峡》《巴黎罗马道中》《罗马威尼斯道中》《威尼斯汽棹》《孟买书感》《印度洋杂诗》《游科仑布感作》《月夜发科仑布》；有悼亡长诗——戴家祥的《哭观堂师》，汉祁的《悼逝》，夏兆荣的《挽诗》；也有感时伤世，心伤而神奋之作——李述庚《汉城恨》，曾宪孚《重阳泪》，朱瑶辅《感时六首》；有的考证严谨、叙述史实，近于诗史——退舟的《圆圆别曲》，赵曾俦的《长句赠钱宾四君》，允盦的《丘八与农夫》；也有纯为展示文字技巧的回文诗——蔡增杰《菩萨蛮二阙》《夏日步池唐晓》。

南开大学校园古体诗词，由于相比于新诗，从感觉上更少了一种救国醒民等不可言说的任务包袱，在内容情境上少了某种庄重沉郁，反而多轻松自然，映照个人心性之作。

---

① 休文：《春假感怀》。

四、结语

在当年的南开大学,一切都是新鲜的,都是青春的——学校是青春的,文化是新鲜而青春的,作者也是青春的。当年的教授柳无忌、陈逵、罗皑岚、刘荣恩、陈锡襄、林同济等不过二三十岁的年龄;当年南开的学生们——曹鸿昭、何德明、胡立家、韦光炯、张相曾等,更无疑是青春气息勃发的年轻人。在这样的青春新鲜的环境中,陈规是显然的少,一群年轻的教授,与更大一群、更为年轻的学生,在"师生合作"校风的融融洽洽中,在南开大学校园里,将中国文化与西方文化、传统文化与现代文化熔为一炉。他们既是新时代的中国新文化的顺势而为者,又是新文化发展的推动者。

要知道,南开大学自1919年建校至1937年被毁的18年间,总共只招收了2000余名学生,能完成大学4年学业的只有718人,而参与诗歌创作的就达到300余人,校园刊物刊载诗歌920余首①。南开的学人们创作了这些诗歌,这些诗歌同样丰富、活泼了师生们的学习与生活。南开人在当年这个不大的校园里,由一个新旧延续迭代的群体创造出一种诗歌的氛围,一个诗歌的环境,笔者称它为"青春诗境"。这是南开大学校园诗歌特点,大概也是那个时代全国校园诗歌一个比较典型的现象。

(张兰普,南开大学档案馆)

---

① 这个数字远远小于同期南开大学师生实际创作发表诗歌的数量。他们还有大量诗歌发表在校外专业文学刊物和报纸副刊上。

天津新文艺出版物的开创和引领

——短暂存在的天津人民艺术出版社图书出版珍稀版本记述*

吕　明

1949 年 1 月 15 日,中国北方最大的工商业城市天津迎来了新生。接管好天津这样的大城市,是摆在即将取得全国解放,建立人民民主新政权的共产党人所面临的新任务和新挑战。由陈荒煤、周巍峙等为首的天津军管会文艺处①文化接管队伍,冒着炮火硝烟随部队进入天津市区后,在旧日租界万全道 84 号安营扎寨。如何在天津这样的超大都市开展新文艺工作,是当时摆在军管会文艺处面前的头等大事,因为此前没有任何成熟的经验可循。1949 年 1 月 17 日,《天津日报》创刊②。第二天,具体负责编辑《天津日报》"文艺副刊"工作的孙犁就撰文《谈工厂文艺》,其中写道:"在天津,文艺工作主要是为工人服务,

---

* 本文曾发表于《天津文艺界》2023 年第 5 期。

① 1948 年 12 月,天津战役即将打响,为了顺利接管天津市,毛主席和党中央决定在河北省霸州成立天津市军管会,任命黄克诚为军管会主任、天津市委书记,黄敬为副主任、天津市市长。设立天津市军管会文教部,黄松龄担任文教部部长,王阑西为副部长。文教部下设文艺处,具体负责天津的新文艺工作和城市文化领域的接管。任命陈荒煤为文艺处处长,周巍峙为文艺处副处长。

② 《天津日报》于天津迎来新生后的第三天,即 1949 年 1 月 17 日创刊,由毛主席为天津日报题写刊名。天津日报副刊科,为了积极开展新文艺运动,培养工人创作队伍,由方纪、孙犁创刊了"文艺周刊"版面。70 多年来,"文艺周刊"共累计编辑了 2800 多期,成为天津工人创作的阵地。

并在工厂、作坊,培养工人自己的文艺。我们从革命时代开始,就重视工厂中的文艺工作……今天,进入城市,为工人的文艺,是我们头等重要的题目。我们就是要有计划地组织文艺工作者进入工厂和作坊,也要初步建立工人自己的文艺工作。"①

由解放区进城的著名作家方纪、孙犁等,一方面开辟了《天津日报》的"文艺周刊",培养、发现优秀的工人作者;一方面深入生活,创作了工厂题材作品。与此同时,军管会文艺处进驻万全道 84 号后,由天津地下党联系进步的知识书店、读者书店,扩大经营规模,成立了公营综合性出版社。为了起到引领和示范作用,军管会文艺处又在 1949 年 2 月挂牌成立了"天津人民音乐社"。同年 4 月底,为了满足对新文艺图书出版的新需求,该社易名为"天津人民艺术出版社",直到同年 6 月底出版社完成使命。

图 1　天津军管会文艺处人民艺术出版社旧址(今万全道 70 号)

① 孙犁:《新生的天津》,载天津市文化局文化史志编修委员会、天津市解放区文学研究会合编《人民文艺花开津门:纪念天津解放五十周年文化史料专集》,天津杨柳青画社,1999,第 33-35 页。

天津人民艺术出版社，是天津军管会首任文艺处处长陈荒煤（1949 年 1—5 月）和第二任处长周巍峙（原副处长，1949 年 5—8 月），为了探索新文艺出版工作而创建的公营出版社。虽然该社具有存在时间短暂、图书出版品种不多等特点，但是出版的图书，对天津新文艺乃至新中国文艺工作，都具有重要的示范引导作用。

新文艺的具体品种包含音乐、舞蹈、美术、文学、演艺等，天津最早得以普及和开展的是“新音乐运动”。为此，在军管会文艺处下属的音乐科的具体领导下，成立了“天津人民音乐社”（社址亦为今万全道 84 号）。具体负责人为孟波、严金萱、王莘和张恒等。为了推动、宣传、普及天津以工人为主体的群众歌咏活动，他们开始酝酿编辑出版一套音乐丛书——“解放歌选”。1949 年 2 月，为了庆祝华北全境解放，《解放歌选》第一集正式出版，共收集了《东方红》《歌唱新中国》《拥护共产党》《咱们工人有力量》《庆祝平津解放》《庆祝华北解放》等 16 首新歌。短短两周内，歌集便被加印两次，累计印量达到 35,000 册，可见以群众歌咏为主要形式的“新音乐运动”，在海河两岸迅速开展与普及的程度。

图 2　《解放歌选》第一至第四集书影

为了迎接“四四儿童节”[①]1949年3月30日出版了《解放歌选》第二集(儿童歌曲专号),共收集歌曲24首。其中一部分为新创作歌曲,如《儿童节歌》《小英豪》《新中国的小主人》《新儿童》等;另一部分是流行于解放区的歌曲,如《大母鸡》《小木枪》《小铁匠》等。

为了积极配合“红五月活动”[②],1949年4月25日出版的《解放歌选》第三集(红五月专号),此集共收入22首歌曲。集中发表了贺敬之、周巍峙、黄火星、鲁黎、王莘、孟波等人的新作。其中第一首歌曲就是贺敬之作词、麦新作曲的《红五月》。此外还有《纪念五一节》《下江南》《前进吧,兄弟》等新歌。歌唱形式有齐唱、领唱、轮唱、合唱等。

天津的工人新音乐创作,经过数个月的发展,硕果累累。1949年6月18日“天津人民音乐社”易名为“天津人民艺术出版社”后,又接着编辑出版了《解放歌选》的第四集(职工创作专号)。特别需要指出的是,卷首发表了由天津军管会文艺处音乐科负责人孟波撰写的《介绍职工的歌曲创作》一文。此文总结了天津近三个月来,全市职工创作的歌曲,就占据了第四集32首的绝大多数(文中说职工创作共23首,其他分别是它处转摘4首和天津专业音乐人士创作5首等)。孟波在文中写道:

> 随着天津的解放,新音乐运动也在天津揭开了它的光辉灿烂的一页,新的劳动人民的歌声,很快就传播到各工厂,受到广大职工的热烈欢迎。《咱们工人有力量》《愉快的劳动》《拥护共产党》等歌声,从工厂俱乐部到厂房车间,从广播电台到街头巷尾,已经到处都可以听到。最近这三个月

① 1931年,南京国民政府设每年的4月4日为儿童节。自1949年11月起,新生的人民政权——中华人民共和国,将儿童节日期改为6月1日,与国际儿童节为同一天,沿用至今。

② “红五月活动”,是指历史公历五月发生的许多值得纪念的革命斗争和人物事件等。比如:5月1日是恩格斯的“第二国际”确定的全世界劳动人民和工人的节日——国际劳动节;5月4日是青年节,源于1919年的爱国学生运动;5月5日是全世界无产阶级运动的先驱和创始人马克思的诞辰日……直到5月30日,1925年的这一天,上海共产党员顾正红被日资工厂的企业主残忍枪杀,事件演变为全国性的反帝斗争——即“五卅惨案”等。“红五月运动”是指纪念革命的五月。

来,更有不少的职工,已经在“写自己,唱自己”。他们用自己所熟悉的音乐语言,表达他们内心的感情,创作了不少的歌曲。有的工厂如中纺二厂等,工人和职员还成立了创作小组,这是非常令人兴奋的现象。这说明天津的新音乐运动已经开始在群众肥沃的土壤里扎根,只要今后能继续不断地扶育和培植,在不久的将来,定会使新音乐运动开出美丽的花朵,结出更健壮的果实。

为了普及新音乐运动,天津军管会文艺处音乐科的负责同志,还带着从延安、晋察冀等革命老区来津的词曲作者,深入到中纺二厂,与广大职工同吃同住同劳动,手把手地教他们写歌谱曲。孟波在《介绍职工的歌曲创作》一文里举了两个真实的例子。一个是工人韩瑞祥,他在紧张的一线生产过程中,以工人阶级主人翁精神和热情,创作了《反对坏习惯,取消搜腰包》《生产学习不放松》《扛棉花歌》《咱们工人领头干》等鼓舞工人干劲的歌曲;另一个是二厂练习助理员任青年,他的创作是与工人一起完成的。任青年在与工人安装机器的休息时间,本来想从歌集里找一首表现纺织工人生产劳动的歌曲,结果没有,工人同志非常失望。任青年就与工人陈世奎合作,写了《纺织英雄歌》,工人听后都说好,音节就像织布机的声音,这首歌在纺织行业很快流行起来。初战告捷鼓舞了任青年的斗志,他又与工人合作写了《纺织忙》《印染工人歌》《兄弟!努力纺,努力纺》等。

天津的新音乐运动,发动了城市工人积极参与,由专业音乐工作者、职员和工人相结合,创作出的表现生产生活的歌曲,极大地鼓舞和团结了天津近 200 万人民,努力工作恢复生产,为全国的解放、为人民民主国家的建立,作出了突出贡献。天津的新文艺工作,是以新音乐运动开路,而后是戏剧、美术、文学等创作的开展和普及。工人队伍的歌曲创作,是城市新文艺的开路先锋。新音乐的率先发展,为城市工人文艺工作,找到了突破口,新的革命歌曲的创作和传唱,带动了天津城市工人文艺的繁荣发展。

在 1949 年 4 月 25 日出版的《解放歌选》第三集的图书封底,一则“人民音乐社的启事”,将天津人民音乐社扩大为天津人民艺术出版社“昭告天下”。这也标志着天津人民音乐社不久将易名为“天津人民艺术出版社”。笔者也是从这则“启事”中,读懂了两家出版社之间的传承关系。本文中,笔者有关天津解放伊始,由军管会文艺处创建的一家公营出版社的历史及图书出版的情况叙述,实乃是这一史实的首次披露。

也是在《解放歌选》第三集的封底上,“人民音乐社启事”下面,是天津人民艺术出版社即将推出一套名为“工厂文艺丛刊”的新丛书的预告,并列出了前三辑的图书名称和目录。也就是说,天津人民艺术出版社的图书出版,其实是分为前后两阶段,时间节点大致以 1949 年劳动节为界:第一阶段是以“天津人民音乐社”为社名,编辑出版了《解放歌选》第一集至第三集;第二阶段是以“天津人民艺术出版社”为社名,在编辑出版了《解放歌选》第四集的同时,还开始了“工厂文艺丛刊”共六辑的编辑出版工作。其前三辑是“戏剧集”,第四辑是“歌剧、鼓词集”,第五辑是“连环画”,第六辑是“画集”。

“工厂文艺丛刊”之一《验工》,为戏剧集。出版时间为 1949 年 4 月 28 日,是集中展示天津解放后新文艺创作特别是工人文艺创作的成果。这一辑共有三部剧作,目录如下:

《学习、生产》(小歌舞剧)天津东站机务段工友剧团集体创作　杨润身帮助整理

《验工》(独幕话剧)余晓　何苦

《钥匙在谁手里》(独幕话剧)胡可　羽山

翻开天津人民艺术出版社 1949 年 5 月编辑出版的《天津解放以来文艺工作经验介绍》一书,里边有一篇由天津军管会文艺处干部杨润身、田野合写的《东站机务段的工友剧团》介绍,此文为我们再现了“工厂文艺丛刊”之一的《验工》中“小歌舞剧”《学习、生产》的工人创作故事。这部剧作是由来自天津铁路系统基层的东站机务段工友剧团集体创作,由来自晋察冀解放区的杨润身帮助后期整理完成。当年,天津像这样的基层工人剧团遍布全市各区,在两三年后就涌现出《搬运工人翻身记》这样的著名剧作。此剧随即便被改编成电影、京剧《六号门》。

“工厂文艺丛刊”之二《献礼》也是戏剧集,与《验工》同日由天津人民艺术

出版社编辑出版，目录如下：

> 《做活要认真》(歌剧)剧作者：田野　曲作者：韩孟震
>
> 《献礼》(秧歌剧)剧作者：杨润身　曲作者：云翔

翻开《人民文艺花开津门：纪念天津解放五十周年文化史料专集》[①]的书中，发表了肖云翔撰写的《进城之初创作生活片段》，里边有他和杨润身创作完成秧歌剧《献礼》情况的介绍。

图 3　“工厂文艺丛刊”之一《验工》与之二《献礼》书影

“工厂文艺丛刊”之三《本是一家人》同样是戏剧集，出版于 1949 年 5 月 8 日，目录如下：

> 《本是一家人》(独幕话剧)玛金
>
> 《劳动态度》(两幕话剧)祈醒一等

---

① 《人民文艺花开津门：纪念天津解放五十周年文化史料专集》，这部史料汇编由天津市文化局文化史志编修委员会与天津解放区文学研究会编写，天津杨柳青画社 1999 年 1 月出版。

“工厂文艺丛刊”之四《争红旗》为歌剧、鼓词集,出版于1949年5月25日,因为是合集,选入内容多而杂,目录如下:

《红五福的故事》(对口唱)中纺二厂工人　韩瑞祥　张家铭
《慰问袋》(秧歌剧)余晓
《争红旗》(歌剧)纱厂工人集体创作　辛大明执笔　金萱作曲
《陈长捷火烧宜兴埠》(鼓词)沈沙
《纺纱歌》(歌词)赵静茹

第四辑《争红旗》的封三标注,“工厂文艺丛刊”第一、第二、第三辑之封面,均为张老槐同志所设计。当年的天津军管会文艺处旗下的“天津人民艺术出版社”(含人民音乐社),专职从事美术设计的,除了张老槐,就是《天津解放以来文艺工作经验介绍》的标注的封面设计者刘云汗了。他们是天津新文艺图书出版最早的美术设计者,天津出版历史应该铭记他们的名字和作品。此外,这一辑的封三还刊登了《编后记》,全文如下:

本丛刊创刊以来,已出四期(辑)。所用的作品,大多是工人同志们和在工厂从事文艺工作的同志们的创作。有的剧作已有许多工厂在演出。编工人的读物,我们还是初次尝试,缺点甚多。我们特别希望工厂职工同志们,希望读者、演出者和作者们,对于作者、内容及其编排方式的意见。并热烈希望工厂职工同志们、作者们源源赐稿,使我们在今后陆续出版中,更丰富更充实。

在这部“工厂文艺丛刊”之四《争红旗》的封三,有一则“本丛刊五辑预告:《锅铲》及其他。”可见,计划中的“工厂文艺丛刊”至少在第五辑,安排的本应还是“戏剧类”的作品。现实并非如此,原因大抵有二。其一,或许是天津新美术工作开展,优秀作品的涌现;亦或许是天津军管会文艺处领导面临的新任务,即参加全国首届文代会,将向全国介绍天津的新文艺工作的经验。其二,军管会文艺处的领导职位,将由周巍峙交给来津以前在东北大连开展工厂新文艺工作的阿英①。当时的实际情况是，由天津人民艺术出版社编辑出版的“工厂文艺丛刊”，在稍晚匆匆出版了第五辑（连环画）（由延安鲁艺美术家萧肃创作的新连环画《劳动英雄赵占魁》）、第六辑（画集）（由天津工人创作的美术作品合集《职工画选》）后，人民艺术出版社版的“工厂文艺丛刊”便戛然而止了。

图 4 “工厂文艺丛刊”之三《本是一家人》与之四《争红旗》书影

除音乐、戏剧外，天津解放初期的新美术创作，为新中国美术做了许多有益的尝试和创新。比如 1949 年 10 月和年末，在全国先后开展的新年画和新连环画运动②，都是在天津等城市率先发起和实践的。天津是中国著名的年画创作

① 阿英（1900—1977）安徽芜湖人，原名钱德富，又名钱杏邨。中国现代文学家、剧作家、文艺批评家、编译家。1927 年初，阿英在家乡开始从事革命活动。1946 年春天，阿英担任中共华东局文委书记；9 月下旬，遵照中共华东局指示，由山东渡海到大连。1948 年 6 月，开始接管大连，组织开展大连的职工文艺运动。1949 年 4 月，坐船抵达天津，短暂停留后赴京参加全国首届文代会的筹备工作；7 月 2 日，以文代会华东代表团团长身份，出席了大会，会后赴天津出任天津军管会第三任文艺处处长。

② 1949 年 10 月，新中国刚刚成立，根据毛主席和党中央指示精神，由文化部部长沈雁冰署名的文件《关于开展新年画工作的指示》，于 11 月在《人民日报》公开发表，开启了新年画运动的序幕。为了检验各地新年画的成果、鼓励新年画创作，文化部在 1950 年、1952 年两次举办新年画评奖。天津在 1950 年初，由军管会文艺处和大众书店共同创办了新中国第一家新年画出版社——天津新年画出版社。1949 年底，《人民日报》于 1949 年 12 月 30 日刊发新华社报道——负责编印新连环画图画的大众图画出版社成立。这家由文化部艺术局组织的新连环画出版社，为全国新连环画起到典范作用。不久，《鸡毛信》等新连环画的出版，以及《连环画报》的创刊，推动了全国新连环画运动的开展。

出版基地,在军管会文艺处的领导下,组成以解放区美术家、美术青年和工人业余美术工作者等的新年画创作队伍。“工厂文艺丛刊”之六《职工画选》就选编了天津工人绘画的新美术作品;而“工厂文艺丛刊”之五《劳动英雄赵占魁》,是天津出版的第一部新连环画册。解放区美术家萧肃的这部具有示范意义的新连环画,与天津同期伍必端、姜燕、曹世琦等创作的新连环画,为新中国连环画探索出崭新的道路。

1949 年 6 月 15 日,天津市职工美术展览会在河南路天津市立艺术馆隆重开幕。军管会文艺处负责美术工作的金冶,以《职工美展》[①]为题,报道了此次美术活动的盛况。文中写道:

> 参加这个展览会的,包括二十个单位,主要是公营企业的生产单位,七十五位职工作者……陈列在观众眼前共为一百四十九件(美术作品)。计有工厂写生、素描、连环画、招贴画(宣传画)、时事漫画等类。这些作品,绝大多数都是具有一定思想内容,反映职工自己的工作、生活、学习,用他们自己不惯于运用画笔的手,直接创造出来的……这些画,在绘画的技巧上,尽管还缺乏素养,不能算作完整的东西,但偏偏这些艺术加工较少,内容新鲜丰富的东西,却显得分外真实动人。他们的作品,虽然有些使人感到稚拙,但却没有丝毫矫揉造作。他们生活充实,对自己的生活、工作怀着热爱,充满着信心,因此他们能够无拘无束,自由通畅地创作出朴实可爱的作品来,他们笔下的工人面貌,是健康愉快的。

金冶在报道最后总结说:“天津是拥有产业职工三十万人的大生产城市,广大的职工们,十分迫切地需要各种各样的文化活动,他们既需要演戏、唱歌、跳秧歌舞,同样也需要美术活动。过去我们对这项工作注意得不够,但想把这项工作搞好,只靠几个原即有限的美术专家是不行的!我们希望今后能够把这个展览会,当做一座交换经验、沟通生活的桥梁,广泛扩大下去,在职工们的文

① 金冶:《职工美展》,载荒煤,周巍峙,等:《天津解放以来文艺工作经验介绍》,天津人民艺术出版社,1949,第 61-62 页。

化生活中，形成一个运动。”

“工厂文艺丛刊”的第六辑《职工画选》，就是选取了此次“职工美展”的优秀作品。金冶在报道里，介绍的天津职工美术创作集体和个人，几乎都选入了这部《职工画选》。比如橡胶二厂美术组、车胎厂工人王金铭、天津机务段司炉刘玉田和杨玉琳、邮局职员贾文耀及北洋纱厂的集体创作等，构成了天津解放初期职工美术的创作队伍。

1949 年 6 月底，新中国首届文代会即将在北京隆重召开，来自解放区和国统区的两支文艺大军就要胜利会师。经过五个多月的艰难摸索和实践，天津军管会文艺处的城市文化接管和改造工作，取得了一些探索和成果，积累了比较成熟的经验和方法。于是，军管会文艺处创办的天津人民艺术出版社，出版了其即将完成历史使命前的最后一部、也是最重要的汇编图书——《天津解放以来文艺工作经验介绍》。这一时期，除了两广、西南、新疆等地区外，中国的绝大部分省市都已解放。天津的都市接管、城市改造等经验，为其他城市的新生提供了可资借鉴与学习的经验。

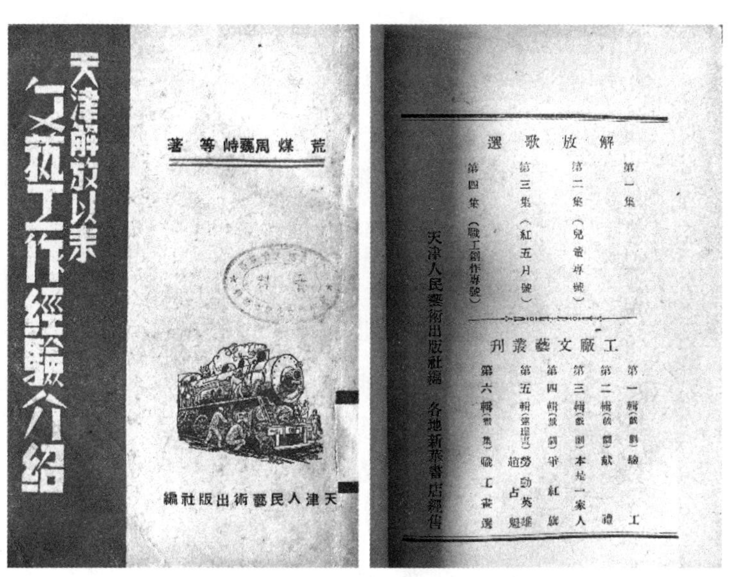

图 5 天津人民艺术出版社出版的最后一部图书

《天津解放以来文艺工作经验介绍》书影

事实证明,天津城市接管和改造的许多文艺工作经验,早已被天津军管会文艺处首任处长陈荒煤带到了南方。1949 年 5 月,他跟随解放大军一路南下,先在武汉三镇、后经长沙直到广州,所负责的都是城市文化接管工作,天津的经验就是这样被推广到南方其他大城市的。例如,1949 年 5 月 16 日武汉解放,担任武汉市军管会文艺处处长的陈荒煤,迅速挂牌成立"武汉人民艺术出版社"。同年 6 月初开始,所出版的武汉新文艺图书就源源不断地为武汉人民提供文化产品。武汉这种"人民艺术丛书"毫无疑问就是天津人民艺术出版社"工厂文艺丛刊"在另一座城市的延续和发展。对此,下面的两例足以证明:《钥匙在谁手里》,由武汉人民艺术出版社于 1949 年 6 月出版,印量 5,000 册。该书在前言里写明,这部被冠以"人民艺术丛书"的戏剧集,三部独幕话剧都选自天津人民艺术出版社的"工厂文艺丛刊",即《验工》《钥匙在谁手里》和《本是一家人》。同样作为天津新连环画出版物第一种的、被天津人民艺术出版社选入"工厂文艺丛刊"的《劳动英雄赵占魁》,此时也在武汉再版。

《天津解放以来文艺工作经验介绍》,笔者藏有一部,里边写明是天津军管会文艺处赠送给于 1949 年 7 月 2 日至 7 月 19 日,在北京召开的首届全国文代会的平津代表第一团代表的。这部汇编文集在封三以广告形式,介绍了天津人民艺术出版社(含人民音乐社)出版的共十部图书,可以说这第十一部,是对天津解放以来,五个多月城市文艺接管改造工作的总结和资料汇编。

回顾自 1949 年 2 月天津人民音乐社创建,出版了《解放歌选》第一集,到当年 6 月 25 日天津人民艺术出版社推出《天津解放以来文艺工作经验介绍》,这家天津军管会文艺处创办的公营出版社,存在的时间只有五个多月,编辑出版的图书也仅有十一部。但是历经陈荒煤、周巍峙两任文艺处处长的努力工作,天津的新文艺工作则是成果丰硕、成绩斐然。

天津人民艺术出版社(包括人民音乐社)编辑出版的十一部图书,简单地说,前十部就是《解放歌选》共四集,"工厂文艺丛刊"共六辑,这其实是告诉大家:天津军管会文艺处的新文艺工作,具体都做了什么。而最后一部《天津解放以来文艺工作经验介绍》,则是回答天津的新文艺工作是怎样做的,取得的成功经验是什么。这部出版于全国首届文代会开幕前夕的图书,在会议期间成为全国文艺工作者热议的话题。因为天津为全国新文艺工作,作出了示范,提供了可以借鉴的经验。无论是当时刚刚解放的西安、武汉、长沙、南京、上海、杭州,还是即将迎来解放的广州、重庆、成都等,都或多或少地尝试着借鉴天津新文艺工作的经验。

《天津解放以来文艺工作经验介绍》,以时任文艺处处长的周巍峙的代序的《天津文艺工作中的主要经验》开篇,共收入各类讲话、评论、报道等二十八篇,既有军管会文艺处第三任处长阿英的重要讲话,也有具体如戏剧、美术、音乐负责人谈新文艺工作体会,还有天津解放以来有关新文艺的各种座谈会的记录和报道。这部书的内容非常丰富,涉及的文化艺术门类众多且繁杂,对文艺工作的方方面面都具有重要的示范意义和指导作用。

翻开《天津解放以来文艺工作经验介绍》目录,对于撰文的文艺工作者来说,天津是他们人生、工经历中重要且值得铭记的一个地方。比如像陈荒煤、周巍峙、阿英,天津新文艺工作是他们数十年革命的一段辉煌记忆。还有一些人的名字,对于今天的读者已是比较陌生,如负责新音乐运动的孟波,负责美术工作的金冶,文艺处干部羽山、邱洪涛、陈涌等。这些短暂在天津从事新文艺工作的人们,天津人民会记住他们对天津新文艺工作的贡献。此外,还有一批进入天津,就把这里当作"第二故乡"的文艺老兵,比如方纪、孙犁、鲁黎、马达、张映雪、杨润身、赵魁英、黄克靖、余晓等,他们在天津工作生活了几十年,成为真正的天津本土文化的代表人物。

2023 年元旦的钟声已经敲响,天津即将迎来新生后的第 74 个年头。笔者站在万全道 84 号的门前,仿佛看到军管会文艺处的先辈,正在为天津人民音乐出版社挂牌。出版社的发行人员,正在分发刚刚印刷好的《解放歌选》,这些带着墨香的图书,很快通过新华书店柜台,传递到天津产业工人、青年学生和解放军战士的手中。《东方红》《歌唱新中国》《咱们工人有力量》等嘹亮的歌声,已响彻海河两岸,成为天津人民对解放的欢呼和欢庆。

(吕明,天津地方史学者)

中西文论互鉴中对传统的突破

——从张惠言《水调歌头》五首比较叶嘉莹与缪钺的说词方法*

李　云

缪钺先生与叶嘉莹先生是在词学中卓有建树的二位学人，二人互相欣赏。叶先生曾经说她早年最赏爱两种评赏诗词的著作：一种是王国维的《人间词话》，是她开启评赏古典诗词门户的一把钥匙；另一种即是缪钺的《诗词散论》，使她获得灵感与共鸣。她认为二书的相似之处在于，它们都是作者多年阅读和写作体验后“深辨甘苦，惬心贵当”之作，既有思辨的精神和精微的分析，又闪烁着由内心体悟得来的灵感，“不只是诉之于人之头脑，而且也是诉之于人之心灵的作品”。王国维和缪钺的词说与叶嘉莹的性情相契合，对她产生了一定的影响。

缪钺对叶嘉莹也十分欣赏，曾称赞她：知情兼胜，在对诗词的评赏中既有着深挚的感情，又有着精严的分析；中西贯通，能结合西方文学理论，常有新意，不主故常；思想开拓，能够摆脱世人思想上的羁绊，评论古人时能切于实际，合情合理等。二人曾经合作过《灵谿词说》，有着心灵与说词方法的契合，但在相同当中他们又有很大的不同。对张惠言备受争议的《水调歌头》五首，二人也都持赞赏态度，但解读的方式却不一样。笔者试通过对比，更好地学习前辈学人的方法。

* 本文曾发表于2022年12月7日《中华读书报》，第17版。

一

缪钺的《论张惠言〈水调歌头〉五首及其相关诸问题》完成于 1988 年;叶嘉莹的《说张惠言〈水调歌头〉五首——兼谈传统士人文化修养与词之美学特质》完成于 1995 年。首先,他们都注重对作者生平背景的介绍,这是中国文论的一大特色,即知人论世。缪先生的文章介绍了张惠言的家庭出身、科考和任职情况、多方面的学术造诣等。叶先生的文章对张惠言也作了相关的介绍,但不同的地方是:叶先生通过其生平中的一些琐细的事件对张惠言进行了深入的分析,说明他早年艰苦的经历与勤奋读书的品性;通过其经学造诣分析张氏的思维特质——善于从具体之象来推求抽象之理,富于联想及推衍之能力;又从张氏的资料出发分析他有着学道知命和为政致用的理想;认为张氏"是一个身世孤寒的从艰苦自学之中成长起来的经师与儒士",以此把握张氏的生命之本,了解他的品性、他的为人以及他的人生追求等。对比两位先生对作者生平的介绍,有如下几点值得我们注意:一是要广泛收集与作者相关的史料以说明其生平经历;二是要在史料的基础上深入分析,找出作者作为生命个体的特质,进一步分析其人格、性情、追求等。叶先生通过对生平材料的分析获得对作者精神的把握,这一点对还原作者的生命信息至关重要,对理解作品也至关重要。因为真正好的诗词是在表现作者心灵中真实的生命感受,把握了作者的品性,就易把握作品的主旨。

其次,他们都重视词的创作背景。《水调歌头》有一则小序"春日赋示杨生子掞",缪先生以此判断词作的时间、地点,认为是张惠言居安徽歙县时所作,杨子掞是张氏的高足。叶先生从这则小序出发,阅读了杨子掞的相关资料,发现他是一个有着"好学向道之心"的学生,在学道中有过种种矛盾、痛苦和反思,由此认为张氏的《水调歌头》五首词含有对学生的"学道相慰勉之意",相对于时间、地点、人物等外部因素而言,这是最为关键的一个创作背景,因为它牵涉到作品的创作主旨。所以,叶先生在此基础上认为张氏的词"不仅写出了学道之儒士的一种心灵品质方面的文化修养,还表现了词这种文学体式所特有的一种要眇深微的特美。"这提示我们在解读词作时,对文本中微小的信息也要注意,不能轻易放过,应以此为线索去发现创作的背景。找到创作背景与创作目的是理解作品的一个核心环节,发现了这个核心,才能对作品进行“因迹求心”式的探索,探寻词人的种种幽情深旨。

缪先生与叶先生对创作背景的认识不同,因此对《水调歌头》五首词创作主旨的理解也不同。缪先生认为《水调歌头》是张氏借赏春抒发政治感慨之作。因为张氏有才华,而当时还没有考中进士,看到和珅擅权,政治腐败、贪官横行,怀有如何使朝廷登进贤才、澄清吏治的志愿,但是却无从施展,“胸中蕴藏着许多感慨,所以当春天到来观赏景物之时,就借机发抒,写成这五首《水调歌头》。”叶先生则认为这五首词的主旨含有与学生“学道相慰勉之意”,是张氏的儒学修养和词的富于潜能的美感特质的美妙结合。对词的主旨的认识和把握,是他们分析五首词的切入点。

二

让我们来看二位先生对张惠言《水调歌头》五首的具体评说。为了便于大家体会二位先生的方法,笔者将张惠言的词录于下,请看《水调歌头》其一:

> 东风无一事,妆出万重花。闲来阅遍花影,唯有月钩斜。我有江南铁笛,要倚一枝香雪,吹彻玉城霞。清影渺难即,飞絮满天涯。　　飘然去,吾与汝,泛云槎。东皇一笑相语,芳意在谁家?难道春花开落,更是春风来去,便了却韶华?花外春来路,芳草不曾遮。

缪先生从词所写的景象出发,认为第一首写作者春夜赏花的豪情逸兴,上阕表现傍花吹笛的清美景象,下阕想象自己与杨生在云中泛槎,与东皇对语,对春天的来去表现出哲理的思致,最后转为乐观的情绪——春天是遮不住的。叶先生则运用联想的方法,从小词中的“微言”来解读词中的深层意蕴,每一个字都不放过。如她认为上阕中“东风”暗示一种活泼的生命力,“万重花”表现萌发之生命的美好;“闲来阅遍花影,惟有月钩斜”,写出天地间一份相知相赏的珍贵情谊和境界;“我有江南铁笛”,是一种既坚贞而又多情的品质的自我认定;"要倚一枝香雪",是"我"的一种追求和向往;"吹彻玉城霞",表示了吹者的尽力,强烈而热诚的追求和向往;"清影渺难即,飞絮满天涯",却使"我"所追求的品质和理想,跌入到落空无成中。下阕"飘然去,吾与汝,泛云槎",表现了儒家道不成而乘桴浮于海的修养境界,将上阕的落空失志之悲转化为一种洒脱飞扬之致,表现了学道之人自得的精神修养。后面与东皇的对话:"东皇一笑相语,芳意在谁家?难道春花开落,更是春风来去,便了却韶华?花外春来路,芳草不曾遮。"表明作者并不从外表色相来认识春天,而是春心天意常留在"见道者"心中,春花凋落不能断送它、春草生长不能阻隔它,因为春天自在"我"心中。所以,叶先生认为张氏的第一首词写出了儒家至高的修养境界,表现了张氏对儒学的心得与修养,是将词心与道心结合得极为微妙的好词。从第一首词的解说中,可以到二位先生说词的方式:缪先生较为客观,叶先生更为主观;缪先生的解说较为精简,叶先生的解说非常详尽。下面再看他们对第二首词主旨的理解。

请看《水调歌头》其二:

百年复几许,慷慨一何多。子当为我击筑,我为子高歌。招手海边鸥鸟,看我胸中云梦,蒂芥近如何?楚越等闲耳,肝胆有风波。　　生平事,天付与,且婆娑。几人尘外相视,一笑醉颜酡。看到浮云过了,又恐堂堂岁月,一掷去如梭。劝子且秉烛,为驻好春过。

缪先生认为:第二首词承继上一首写惜春之意,上阕多以典故表现激昂不平,胸襟广阔,世事变化难测;下阕表现世事浮云、及时行乐的思想。叶先生则认为:词的上阕以直叙入手,表现人生苦短、与杨子掞共伤不遇的感慨,同时又超越了人间得失利害机心,表现出修养的曲折精进;下阕表现了儒家欣愉自得的"知命""不忧""自得其乐"的境界,同时还有对时光的珍惜,对心中美好之事物或理想的勤力追求。与缪先生所认为的"及时行乐"颇为不同,叶先生始终围绕对"道"的"求"和"得"来解说,显得曲折丰富。

再请看《水调歌头》其三:

疏帘卷春晓,蝴蝶忽飞来。游丝飞絮无绪,乱点碧云钗。肠断江南春思,粘著天涯残梦,剩有首重回。银蒜且深押,疏影任徘徊。　　罗帷卷,明月入,似人开。一尊属月起舞,流影入谁怀。迎得一钩月到,送得三更月去,莺燕不相猜。但莫凭阑久,重露湿苍苔。

缪先生认为这一首写一日之中早晨与夜晚的赏春情况,表现一片清美的图像。叶先生认为:上阕表现人心对世上之繁华的追寻和向往,以及不再为其撩乱的决心,任疏影去徘徊;下阕表现对天心的妙悟,把自己的心境提升到与明月同样超妙的光明境地,表现一种不假外求的自足境界,同时含有对扬子掞不可以一心向外追寻,以免自身会受到玷污的隐喻和警示。

再请看《水调歌头》其四:

今日非昨日,明日复何如?竭来真悔何事,不读十年书。为问东风吹老,几度枫江兰径,千里转平芜。寂寞斜阳外,渺渺正愁予。　　千古意,君知否?只斯须。名山料理身后,也算古人愚。一夜庭前绿遍,三月雨中红透,天地入吾庐。容易众芳歇,莫听子规呼。

缪先生认为:第四首意思曲折,用笔回环往复,上阕写春光流逝,具有骚人忧愁之心;下阕写吾庐充满天地间的生意,具有悠然自得之意。叶先生认为:上阕是叹光阴易逝年命无常,表现进德修业的自勉;下阕是对于人类究竟能否突破生命短暂的问题和人生的意义有着理性的思考,最终得出以天地之心为心,充实饱满而不假外求的境界,表现了自我提升后进入与天地同德的意境。

再请看《水调歌头》其五:

长镵白木柄,斸破一庭寒。三枝两枝生绿,位置小窗前。要使花颜四面,和著草心千朵,向我十分妍。何必兰与菊,生意总欣然。　　晓来风,夜来雨,晚来烟。是他酿就春色,又断送流年。便欲诛茅江上,只恐空林衰草,憔悴不堪怜。歌罢且更酌,与子绕花间。

缪先生认为第五首表现了知足之意与春光难驻之意。叶先生认为是词人“要以自力来创造出一个美好的春天”，上阕表现自我耕耘开拓的欣然自足，下阕表现自己所遭遇的忧患挫伤，表明人生既在忧患中成长，也在忧患中老去，表明儒家入世与用世的理想和志意。

通过以上的对比可以看到，二位先生论词方法大为不同。总体而言，缪先生对五首词的解说是颇为简练的，可称之为言简意赅：他认为张氏的五首词是承继“屈原、贾谊以来贤士大夫经常怀抱的忧国伤时的深心远虑而又不便于明言”的传统而来；五首词的优点在于“百感交集的复杂而深沉的情思”，认为张惠言五首词的词品之高与他“表里纯白”“为人之耿介”的人品密切关联。而叶先生对这五首词的解说却颇为繁复，可谓汪洋恣肆：她认为张氏的五首词，“是一个学道之人的个人体会，既有着对于‘道’的笃信力行的真诚的情志，也有着在学习寻找中的反覆曲折的经历”；五首词的优点在于充满了反覆曲折的意致，兼具诗之直接感发和词之低徊要眇的双重美感。至于词品与人品的直接对等关系，叶先生并不赞成。

相较而言，缪先生的说词方式较为质实，叶先生则更为灵妙，从接受美学的角度来看，后者更具有创造性，也更具有感染力，所以缪先生曾经大大称赞叶先生，认为她能够创新，不主故常。加拿大的华侨蔡章阁先生因为听了叶先生讲张惠言的《水调歌头》五首词，对词中表现的求学、修身、做人的儒家思想，产生了情感的共鸣，深受感动，捐献了一笔巨款，兴建了南开大学的中国古典文化研究所教研楼。

三

二位先生都注意到小词的文本具有多层次的潜能，不能只停留在表层的景象描写中，注重对文本的进一步挖掘，但他们挖掘的方法、途径和着力点不一样。相较而言，缪先生运用的方法较为传统，他注重对典故和字句的挖掘，努力探求词人的主旨与意蕴，但受到传统观念与思路的束缚，比如政治失意说、人品决定词品说等，限制了词丰富的意蕴。而叶先生切入的角度较为新颖，运用传统但不囿于传统，更多运用主观的联想，她认为词的主旨是修道体悟说，使词表现出非常丰富曲折的意蕴。二位先生在解说《水调歌头》五首时运用的方法,有以下几点值得学习。

其一是重视小词中的“微言”,以感发和联想来探寻作者深层次的意蕴。叶先生除了注意典故之外,还会注意字质本身以及作者的口吻等带给人的联想。如对“我有江南铁笛”一句,一般人只注意出自朱熹的《铁笛亭诗序》中,“刘善吹铁笛,有穿云裂石之声”。叶先生除了注意典故外,还注意到“铁”字在本质上给人强硬坚贞的联想,“江南”给人温柔多情的联想,二者和“我有”结合在一起,所写的不仅是现实中的铁笛,而是一种既坚贞又多情的品质。此方法需要敏锐的感悟能力以及广博扎实的古典文学素养,才能够有贴切而丰富的联想,但要避免主观臆断,要做到有理有据,前后圆通,使小词展现超越表层文本的丰富意蕴。

其二是对于词中的意蕴不宜限定在传统的“政治感慨说”中,而应“换己心为他心”,突出个体生命与情感的细腻性、丰富性和变化性。叶先生始终围绕作者对修道的体验之情来出发,而不是一般的政治失意、怀才不遇等类型化的感慨。她将自身对人生的体悟与词中的情感密切联系起来,她认为词中表现的对道的执着追求,对理想境界的热烈感情,对春心天意的敏锐感悟,对外界风雨烟雾的侵袭、生命理想的落空和时光易逝的感慨,对求道中的曲折反复、对外物的超越以及内心自足的欢愉境界等种种评价,都和自身的生命体验相关,其中甚至有她自身心路历程的投影。由此,她的赏析与作者在小词中蕴含的生命相呼应,产生了极强的感染力。

其三是应注重对理论的运用,有所依凭,避免失之主观随意性。叶先生以思辨分析性思维和西方文艺理论来解说小词,并与中国式的直感妙悟相结合,达到了超逸自如、圆通自在的境地。她以西方文论说明张氏的词论掌握了词之美感的两种基本素质:“兴于微言”的语言符号的作用和“低徊要眇”的美感效果,张氏的词正体现出这两种素质。她先运用西方符号学家洛特曼(Lotman)的理论来说明一切文本有着表层的语言规范,还有第二层的文化的规范系统。任何语言符号经过长久的使用,就成了一个带有文化信息的语码(code),可以引发人的联想,此种联想方法近似于中国传统的“比兴寄托说”,受文化中约定俗成的观念所约束,有拘束牵强之弊,如张惠言将温庭筠的《菩萨蛮》与屈骚相联系，就遭到了王国维的批评。所以，还要认识到语言符号除去表层的文化含义之外，还有一种内含的肌理和质地。艾考（Umberto Eco）将其称为显微结构，也可以引发人的感发与联想，此种联想比较不受拘束，更偏重于读者个人的感受，更为灵活自由，甚至可以不是作者的原意，如王国维解说李璟《山花子》“菡萏香销翠叶残”有美人迟暮之感。接受美学家伊塞尔（Wolfgang Iser）把此种文本所自生的作用称为文本的潜能，这些都属于张惠言所说的“兴于微言，以相感动”的作用，可见他在理论上对词学有着精微的体认。叶先生又借用解析符号学家克利斯特娃（Julia Kristeva）的理论来说明，词中的语言属于符表与符义之关系比较不固定而不可确指的，形成了词体“要眇低徊”的美感特质，张惠言的词就具有此种特质。

其四是对于词的好处不能只给予简单的论断，而应对其原委进行详细的解说，也就是要同时运用感性思维与理性思维。感性思维是中国传统词论的优势，理性思维却是不足。缪先生是较早注重精密的分析性思维的一位学人，从其早期的《诗词散论》中即可看到。叶先生感性与理性兼胜，一直致力于对词学理论体系的建构，包括词的本体论、批评论、词史论等。她曾根据词的发展过程和特点将词分为“歌辞之词”“诗化之词”“赋化之词”，对每种词的美学特质也有过总结与辨析。她将张惠言的《水调歌头》五首归属为“诗化之词”，认为张氏的词既具有诗歌的直接感发之美，又具有词的低徊要眇之美。她不仅归纳出张氏词的美学特质，而且还进一步分析其深层次的成因：一是因为他在词中所写的儒家学道修养是他自身的一种真诚的体验与情志；二是因为儒家修养本身就有进退、穷达、忧乐等多种内涵，学道过程充满了一种反覆曲折性，使词表现出了一种低徊要眇之美，可谓由表及里、由感性到理性地说明了张氏五首词的美感特质之所在及其成因。

总之，缪、叶二位先生对张惠言五首词的评赏各有特点，缪先生更多从中国传统出发，注重作者的生平思想、创作背景以及对文本意蕴的解读。叶先生更注重对西方文论与思辨思维的结合运用，对词人的性格、情感、心理以及词的美感特质等作深层次的探析与把握，给小词丰富的联想和发挥空间。叶先生向来尊缪先生为师长，缪先生对叶先生也多有奖掖，可见二位学人的胸襟。二文在时间上呈先后关系，一方面说明叶先生不囿于前辈学人之说，勇于对词作进行创新性的解读,对词学进行开拓;另外一方面说明中国词学在发展过程中,在传统理论和方法的基础上,越来越具有国际化的视野与理论性的建构,唯有此才能将词学发扬光大。学习二位先生的优点,避免他们的缺点,是我辈学人当着力的地方。

(李云,天津科技大学文法学院)

明代岁贡生于道行及其家族考

———以《静海县志稿》为中心[*]

李佳阳

春秋战国时期静海地区往南一带称“长芦”,西汉时期在此置东平舒县,唐置乾宁军。北宋大观二年(1108),置靖海县,治所涡口寨(即今静海镇)。北宋政和三年(1113)并入乾宁县(即今青县)。金明昌四年(1193),复置靖海县,治所涡口寨。明洪武初年,改“靖”为“静”,称静海县。2015 年撤县改区。在这悠久的历史长河中,地区文化通过各种志书传承下来,明代以前本地志书还是一个空白,有待更多史料的发现。明代志书,通过近年来的深入研究,有关静海的志书由公认已知的一部增加到五部。本文介绍最新发现的一部,即由静海先贤于道行在明代万历年间修纂的《静海县志稿》,并深入探究修纂者于道行及其家族的发展历史。

一、发现明代《静海县志稿》

地方志是一个地方历史的重要史料,是让人们迅速了解并传承优秀地方文化传统的重要依据来源。因年代久远,明代以前的静海志书已无从寻觅。目前

* 本文曾发表于《中国教育学理论与实践》,2023 年第 2 卷第 1 期。

明代县志已知一部,由县令王用士于天启年间纂修,被“公认”为创修。虽后世县志也如此沿承记载,但笔者对此有不同的观点。笔者认为,从明初到天启年间,在250多年的漫长岁月里,一个偌大的有着深厚文化底蕴的静海县拥有众多文化家族,培养了大量的进士、举人等人才,完全具备纂修县志的实力和能力,况且国家层面也有政策推动各县修志。在这个信念下,笔者经过多年不懈搜集,多方查找史料,终于取得了一定的突破。通过梳理,整理成小文《静海的明代方志》发表于2017年3月13日的《今晚报》副刊津沽版。文章考证出明代除天启版《静海县志》外还有三部静海志书,分别是明初版的《静海县图志》《静海县志》及万历年的《静海县事迹》。这样,已知明代静海志书就达到了四部。虽然全部佚失,但让后人知道曾经修撰过这些志书,可喜的是还发现了一篇天启版《静海县志》的跋文,由静海先贤高尔俨所撰。

清代纂修县志共两部,分别是康熙本和同治本。现存康熙县志由于刻版及印刷问题,县志文字多有漫漶,极不清楚,影响阅读,因此没能得到学界的重视和利用。目前县志编修部门及域外研究机构凡涉及静海内容的均引用同治县志或民国《静海县志》,但同治县志对清前期及明代静海历史的记载不太详细,所以康熙县志的价值就凸显出来。几代静海文史人都想把它点校整理出来,但苦于版本缺字严重,均未完成,成为静海文史的一大遗憾。通过不懈查找,笔者在一家公藏机构发现一部手抄本康熙《静海县志》。经多方努力,虽未得到扫描本但将流传本中的缺字全部补充完整,并进行点校,在整理过程中发现了一个新线索,“于道行任山东滕县训导,升山西应州学正。居官清苦,事亲孝谨,抚孤侄如己子,好学至老不倦。欲修县志,有遗稿未就而卒”①。这就说明明代先贤于道行曾纂修过静海县志,并留有县志稿,可惜未最终完成出版便去世了。至此静海明代志书又多了一部,虽然只是一部志稿,也是弥足珍贵的。

二、从任职地的县志中寻找于道行史料

《静海县志稿》早已佚失,要想更多地了解这部县志稿,可以从解读修撰者

① 阎甲胤修,马方伸纂:《静海县志》,卷二《选举志》,清康熙十二年(1673)刻本,第34页。

于道行开始。第一个需要解决的问题充满趣味，于道行的‘行’字读 háng 还是 xíng，因年代久远，其后代子孙无从考证，如果读 háng，读白了就成了 dào·heng，有几分僧道修行的禅味。笔者趋向于 xíng 的读音，解释为在宽广的道路上行走，有儒风雅气，自觉更符合于先贤学识气度。当然，这个问题仁者见仁，智者见智。

从他的任职地查起，县志记载任职滕县训导、应州学正，首先查阅滕县的县志。县志中嘉靖时期的训导记载："于道行，静海县人，恂恂有体"①。

但没有记载他的任职时间，于是查询更早的版本，再查阅藏于海外的明万历版《滕县志》，仔细查阅后，很遗憾没有发现更多的信息。再一个任职地是山西省应州，查询乾隆及光绪版的《应州志》均没有记载明代学正。是否被遗落了。转而寻找更早的版本，找到万历版《应州志》，其中卷四《官师志》载，应州设知州一员，儒学学正一员，训导三员。但只录入了知州名录，学正及训导名录未收录。到此这两个任职地的地方志没有发现太多的关于他的有效信息，考证陷入了僵局。

通过大数据搜索发现于道行还在一地任过职，就是当时的山东莱芜县，查阅民国《续修莱芜县志》卷十六载，于道行于明隆庆五年(1571)任莱芜县教谕，他的下一任是万历元年(1573)到任，这样算他应该在莱芜县工作两年。

查阅卷三十四《传序表志》发现收录有他的一篇文章《吕母魏氏贞洁文》，卷三十五《艺文志·碑记》收录有他的一篇文章《学田记》。这两篇文章的发现非常珍贵，因为在有记录的任职地，滕县和应州的地方志都没有发现更多信息，而在被忽略的任职地的地方志发现了这么多的信息。但其中《学田记》缺字严重，共缺 100 字。推测该文是从石碑上抄写下来的，因石碑年久碑文漫漶，部分文字无法识别。查询到康熙《莱芜县志》有文字清晰的《学田记》，并且在卷八又发现了一篇他的文章《孺人吴氏贞洁碑》。这样，就有三篇文章了。

第一篇是收录于康熙及光绪《莱芜县志》的《学田记》，本文曾被刻石为碑，推测立于莱芜县垂杨书院。据传 2000 多年前，孔子曾经在莱芜口镇街道垂杨

---

① 黄浚修，王特先纂：《滕县志》，卷一《职官志》，清康熙五十六年(1717)刻本，第 25 页。

村观礼。450年前,明代莱芜知县傅国璧在孔子观礼处建立了观礼书院,命名为垂杨书院。该文就是记载了成立垂杨书院的过程。后来,书院慢慢消失在了历史的长河中。可喜的是,垂杨书院得到了重建,坐落在济南市舜耕路219号。2016年3月由文化学者张期鹏等几位莱芜老乡共同发起成立,是一个集藏书、研究、交流、讲学于一体的民间公益文化机构。下面我们来阅读这段历史,欣赏于道行的文采。

> 莱邑旧有学田五顷,记之石刻,岁久为豪民侵废,掌学事者屡欲复之而不能也。余一日告于邑侯傅公,公曰:夫学校者,师生之所会,而学田者,文会之所资。于不能复而必复之,其在我乎?盖公之才通而敏,优于政事,而尤重于学校。莅莱邑期月有半,善政不可殚述,姑自创学田记之。学有齐膳银户吴胤姬者,收支侵费,不足输官,自以宅田贯价于民,民不可者再三。公曰:此可以创学田矣。即捐俸银二十两,奖劝礼银八两,取其居宅一所,旧为孔子观礼处,更新之,立为垂杨书院取其周围地共一十三亩四分四厘五毫,立为学田,故牒本学收掌。会□□□民赵盈、刘贤侵种临河淤地共二十九亩六分,讦告入官。公曰:亭固以类而聚,此亦可以补学田矣。再牒本学收掌,二项共得地四十三亩四厘五毫,书院草瓦屋间数,门窗墙垣,地基长阔丈尺,无租,开过吴胤姬田租数目备具,故牒卷案稽考,此特造其端耳。若夫润泽增益,寔有望焉。由是田之所出,为师者毋以入私橐,毋以需燕会。生之贫者,昏不能娶也,丧葬不能举也,流离而不能还定安集也,出纳而济助之,则师生文会之所资,非徒所以为养,其所以为教者亦多矣。夫公议修学宫,业已处银八十六两有奇,谷三百石,贮之学库、学仓,以待用有日矣。更创置学田若此,其树功于学校何如耶?是用□□□公名国璧,号玉吾,江西临川人,领丁卯乡荐,由署太湖教谕升莱邑侯云①。

第二篇文章是只收录于康熙《莱芜县志》的《孺人吴氏贞洁碑》。

---

① 钟国义、叶方恒纂修:《新修莱芜县志》卷八,清康熙十二年(1673)刻本,第25页。

孺人吴氏,归王君讳强,自幼慈惠贞静,善事翁姑,乡人义之。翁姑既死之后,不幸夫早逝,孺人哀毁不自禁,即欲以身殉。诸姊婉言慰之曰:汝夫既已矣,一孤尚幼,汝即欲从汝意,亦非汝夫所愿也。孺人乃大感悟,而遂不果。是时孺人方二十五岁,子志贤九岁,子母孤孀,况家无余赀,时势艰苦,久而姻亲怜之,欲夺其志。孺人即以死自誓,坚持不二其心,躬亲纺绩,抚蓄孤幼。且性质清淑,寡言笑,尚朴素,衣食粗粝,冰霜节操,六十余年如一日。子志贤,诚寔忠厚,感激至节,克敦孝道,乡士大夫重之,荐于县尹。县尹荐于督宪,重加奖令,令县尹陈公携礼帛诣其门,表其庐曰"柏舟遗烈"①。

第三篇文章是收录于康熙及光绪《莱芜县志》的《吕母魏氏贞洁文》。

夫人之所以立身于天地间者,惟其节焉耳矣。大哉节乎!天之道也,地之理也,人得之以检制其行者也。士君子百行一亏,其节,尚不得为完德;妇人从一而终,必贞于其节,然后可以语贤妇矣。是节也者,士君子之所难,而妇人尤为不易者。兹有吕母魏氏,贞于其节焉,不亦难得也哉!母东厢保者,老魏昭女也,适吕凡七年,夫时景亡,遗二子,长三岁,次甫五月,母慷慨自缢以殉。会同室者觉而救解之,且劝曰:汝死诚是矣,奈二子何?相将以成人,不犹愈于死乎□氏仰天自誓,命其长子曰尚操,次子曰尚志,所以坚其节也。自后家无厚产,□□□僣□荒荐至,食不充口,体无完衣。尚操早殇,尚志十余岁,时或行佣供母,母志操愈坚。贤士大夫过其门者,莫不叹服。虽走卒里妇,亦知慕其行谊。呜呼!母不轻于一死,而竟成尚志行佣之孝,非天之所以厚报母乎?夫不幸早亡,有妻以完节成立,其子终契阔于壤泉,夫虽死犹生也。七年刑于之化,又有以锡其夫之光,母诚贤乎哉!母女流也,未尝学问,天植其性,自及笄以至垂白,孝舅姑,睦妯娌,顺夫教子,植立纲常,扶持世教,与今古之忠臣义士、孝子顺孙,辉映于宇宙间焉。猗与休哉!是故乡里敬之,官府奖之。余亦备述之,以为异日作史者

① 钟国义、叶方恒纂修:《新修莱芜县志》卷八,第25页。

之实录云①。

想要找到更多的信息,必须找到更早的县志版本,查询到康熙《莱芜县志》,载:“于道行,靖海人,有文名,五年任教谕”②。果然越接近人物时代的志书信息越全,静海原名靖海,明初改靖为静始称静海,所以这里称靖海人也对,但已经不准确了,阅读全国其他地方志,也发现有这种情况将静海人写成靖海人。后面的“有文名”,这是年间志书没有的内容。虽然只有短短的三个字,但说明他学识渊博、文采出众,得到了学子及官方的认可。在惜字如金的志书中共选录了他三篇文章,也说明了康熙年间志书中对他的评价“有文名”名副其实。

三、结合《于氏族谱》中史料考证于道行履历

对一位古人的介绍,家谱应该是最详细的。查阅静海《于氏族谱》,于道行是静海于氏家族第七世,“字文焕,号霄压,明嘉靖庚申(三十九年,1560)岁贡士,任山东滕县训导,升授山西应州学正,居官清苦,事亲孝谨,抚孤侄如己子,好学至老不倦,欲修县邑志,有遗稿未就而卒,俱载邑乘。始创序家谱,至今得以追叙者,皆赖有遗本。娶孟氏,继刘氏、李氏。生男四:野、垒、增、垣”③。家谱的这段记载信息量很大,读者可由此知道他的字号、取得岁贡生的时间、任职地及官职,经核对,与县志记载一致。此外,还有他一些事迹,如他抚养侄子如自己的儿子一般;修纂县志,留下遗稿;创修家谱,为后世留下资料,以便续修,均是对他为官、为人的高度评价。他有三任妻子四个儿子,每个儿子的名中都有一个土字,应该是有所寓意。但可惜的是,没有关于他生卒年月的记载,还无法完善他的履历、理清他的生平。但可以根据他直系或者旁系亲属的生卒年进行推断,继续查阅家谱。

---

① 钟国义、叶方恒纂修:《新修莱芜县志》卷八,第26页。

② 钟国义、叶方恒纂修:《新修莱芜县志》卷五,第34页。

③ 《于氏族谱》卷三,1930年石印本,第11页。

于道行之父:"于珣,字美玲,号崑岗。明处士,敦行尚义,无少长皆敬仰其高致"[①]。(处士,本指有才德而隐居不仕的人,后亦泛指未做过官的士人。高致,崇高的人品或情趣。)同样也没有记载生卒年,但是于珣崇高的人品一定对于道行有所影响,导致于道行后来创修家谱,义修县志的这些壮举。于道行长子:"于野,字子先,号行吾,明邑庠生。次子于垒,字子魁,号仰吾。明邑庠生,嘉靖癸丑年(1553)生,万历辛丑年(1601)卒,高年四十有九"[②]。三子:"于增,字子益,号任吾,明万历戊子科、辛卯科、庚子科三中乡榜武举载邑志。四子于垣,字子逸,号居吾"[③]。

以上是于道行的直系亲属关系,通过梳理得到三个准确的时间节点。一是于道行次子于垒的生年是明代嘉靖三十二年(1553);二是于道行考取岁贡生的时间是明代嘉靖三十九年(1560);三是于道行在明朝隆庆五年(1571)任莱芜县教谕。

什么是"岁贡"?明清时,每年或每两三年从各府、州、县学中选送成绩或资格优异的生员升入国子监就读,这就被称为岁贡,如此录用的读书人便是"岁贡生"。显然,于道行就属于这种类型。

岁贡之选,例由老资格的"廪生"论资排辈,所以俗称"挨贡"。秀才出贡,就等于在府、州、县学毕业,成了国子监的监生(俗称太学生),取得了出仕做官的资格。于道行就是通过这个途径出仕做官的。通常贡生从国子监毕业以后,只是授予一些虚衔,不会授予实际官职。但于道行成绩优异委以实缺,而且由于政绩卓越,人品出众,学识渊博,一路升迁,由训导升教谕再升学正。科举制度中举人的地位要比贡生高很多,而且更难考中,但一般举人出仕做的官也就是教谕之类,而且还不是都能有实缺。于道行却以岁贡生的功名能到一个州的学正,足见他学识渊博、政绩突出、官声显赫、能力超群,才会一而再,再而三地提拔他。根据他考取岁贡生的年龄可以推断出他的生年,但没有查阅到相关记载,只能根据现有数据推断。与他同时代、同辈分的嘉靖三十一年(1552)举人

① 《于氏族谱》卷三,1930年石印本,第7页。
② 《于氏族谱》卷三,1930年石印本,第18页。
③ 《于氏族谱》卷三,1930年石印本,第18页。

于木,生于嘉靖五年(1526)。假定他们同年出生,那么次子于垒出生时于道行28岁,考取岁贡生时34岁,任莱芜县教谕时46岁,再升任应州学正时大约50岁。到60多岁致仕回家,抱子弄孙,以享天伦之乐,并开始续修《静海县志》,可惜天不假年,留下书稿,抱憾仙逝。按这样推断来看,各个阶段的年龄还算合理。由此推断他可能生于嘉靖初年。不过这只是推断,期待新的资料发现,来解开这一谜题。

于道行创修《于氏族谱》传承优秀家风,修纂《静海县志》积攒旷世德行。福荫子孙,耕读传家。于道行后世子孙秉承家学,不辱家风,庠生、廪生、贡生比比皆是,武举人1人、文举人2人、进士3人,皆出自于道行直系后代。

四、于氏家族发展史及功名人物

于氏家族乃静海名门望族,诗书传家,广施好义。当官者廉洁清正,堪称循吏;为民者乐义好施,德馨乡里。

据家谱记载,静海于氏原为山东文登县大水波乡望族。明朝初,于国义与其兄国仁同迁直隶永清信安镇,农耕为生,渐致富发家。明永乐二年(1404)诏郡邑拨户口充畿辅,于国义以“大丈夫何地不可以托业”的胸怀,留兄国仁占籍永清,而自己独自应诏迁来静海,占籍辛口里七甲,民籍。初居县治北阁街(今静海镇二街)。仍以农耕为生。由于他善于经营策划,种植丰收,畜牧业兴旺,家境更为富饶,并建有别业,名曰“陶居”。他常常教育子孙以忠厚相勖,以耕读共勉。他说:“子孙虽愚鲁,经书不可不读,能成立则出仕为忠良,不能成立则务农守淳朴,此经久继世之法,子孙共勉之。”①

自始迁祖于国义传四世为于俊、于鉴、于铣、于杰,分作伯、仲、叔、季四门。目前已经传至二十四代。

从第七世开始族人陆续有迁出到其他村庄及外地者,因年深日久战乱灾祸等导致了众多支系失叙失考,失叙的典型案例是季门,季门每世都有失叙情况,到第十五世后整门失叙,不知何种原因。季门的祖茔在白杨树村附近,民国时

① 《于氏族谱》卷三,1930年石印本,第2页。

曾在此出土于木墓碑。于氏家族目前实际只有伯、仲、叔三门。

迁出外地的典型案例是第十一世于幵（jiān），在雍正年间改籍贯为天津县，究其原因推断和行政区域的变化有关。因为天津卫于雍正三年（1725）撤卫设天津州，雍正八年，清政府从原隶属天津州的武清、静海二县以及沧州共划出了260多个村子归了天津州，次年天津州升为天津府同时又设置了天津县。推断因为于幵所在的村庄划归了天津县，所以籍贯也随之变化。在此之前仍属于静海籍贯，所以查阅乾隆版《天津府志》静海岁贡栏仍有于幵、雍正四年（1726）等内容。就是说于幵雍正四年（1726）考取岁贡生时使用的籍贯仍是静海籍。再查刊刻于乾隆四年（1739）《天津县志》的选举志岁贡栏载“于幵雍正四年，静海改归”。这句话如果单独解读会有误读，容易产生歧义，理解为于幵雍正四年（1726）由静海籍改为天津籍。放到志书里解读就会清晰了，于幵雍正四年（1726）以静海籍考取岁贡，今划归天津籍，录入《天津县志》。后查阅家谱得到印证，于幵，雍正十年奉例拨入天津县籍，载天津贡举志。后于幵曾孙于作鹏和于百朋嘉庆二十一年由天津再迁孟县。

迁出者众，于幵这支只是迁徙脉络比较清晰的，或于氏后人已分布全国甚至旅居世界各地，已不可考。结合民国版家谱记载的领谱地址及目前已知的于氏后人聚居地，于氏后人分布地总结如下。

静海地区分布村镇有静海镇二、四、六街、独流镇、陈官屯镇、中旺镇、大寨村、大黄庄村、后毕庄村、前树村、史家庄、靳家庄、良王庄、西边庄、东边庄、西滩头村、弯头村、胡连庄、北岳家园村等，西青区木厂村、辛口村、高家村、西琉城村、张家窝村等，津南区小站镇，天津市区西头佟楼村。外地有河南省孟县、吉林省等。以上有些聚居地的于氏后人已经失叙联系不到。这些失叙地的于氏后人如果能看到本文可以进行联系，静海于氏家族诚挚地欢迎各支回归于氏大家庭。

静海于氏家族第一个出仕为官有所作为的人是仲门的始祖于鉴。据其墓表，于岁贡生，初任宣化府万全都司经历。1449年，明英宗由于在土木堡之变中大败，被瓦剌国抓去当了俘虏，在羁留塞北一年之后，于鉴协助朝廷使臣寻得明英宗朱祁镇,并一路护送,安全送达北京,墓表称赞他"赞画戎机,身先都帅"①。因护跸有功,升任山东济宁州知州,政绩卓越,诰授奉议大夫。明英宗在当了八年太上皇后终于复辟成功,重新登基称帝,想要犒赏当年助他回京的有功人员,可惜于鉴已经故去,于是追赠钦赐葬祭,并赐御篆龙凤碑碣,敕封承德郎。

自此于氏家族世代簪缨,庠生、廪生者代不乏人,岁贡生以上功名者大有人在。

六世:于干,岁贡生,山东高唐州训导。"天性纯孝,亲死庐墓,日负土筑封,哀戚不倦,三年如一日。邑宰率僚佐屡至吊奠,邻封方千里内士大夫,往吊者后先相望。事定详载墓碑,崇祀忠孝祠,载邑志"②。民国版《静海县志》载其:"性孝谨,亲殁,庐墓三年"③。

七世:于木字君立,号石泉。生于明嘉靖五年(1526)六月十七日(阴历)。嘉靖三十一年(1552)壬子科举人(七十三名),万历十八年(1590)任山西沁源知县,为官清廉,被《沁源县志》列为名宦并作传,传曰"俭以助廉,宁静不扰,未几乞休,上官留之,竟浩然而去"④。曾为静海文庙重修碑纂额。于道隆,岁贡生。于道行字文焕,号霄厓,岁贡生,山东滕县训导,莱芜教谕,山西应州学正。于道昌,岁贡生,河南西平县县丞。

八世:于岑字子锐,号抑庵,岁贡生。于学古字子进,号训吾,岁贡生。于增字子益,号任吾,万历十六年(1588)戊子科武举人。

十一世:于玕,字敬符,号敬斋,岁贡生,著有《四书话音韵谱》《经纬字汇》《家礼通宜》《四字小学》。于灿(1651—1708),字兆熹,号赤崖,岁贡生。

十二世:于天锡,岁贡生,嘉靖十六年(1537)任灵石县训导。家谱记为灵池县训导,应为音译笔误。于凝祺(1675—1736),字用允,号芝谷。康熙五十六年(1717)丁酉科举人,雍正二年(1724)甲辰进士,雍正五年(1727)任湖北孝感知县。再任雍正庚戌科会试帘官(帘官也就相当于现在高考的监考人员和

① 《于氏族谱》卷一,1930年石印本,第1页。

② 《于氏族谱》卷三,1930年石印本,第8页。

③ 元殿元:《(民国)静海县志》,1934年铅印本,人民部午集第5页。

④ 阴国垣:《(民国)沁源县志》卷三,1933年铅印版,第4页。

阅卷人员,或者公务员考试的监考人员和阅卷人员)。雍正八年(1730)调任江南徽州府祁门县知县,任期推行众多德政,得到百姓称颂。其人性好洁、心慈爱、重义气、广交游。著有文稿诗集。于廷献字进飏,号兰谷,岁贡生,乾隆二十一年(1756)任定州曲阳县训导,后升任深泽县教谕,豹文、峨文之父。

十三世:于豹文字虹庭,号蔚州,别号南岗,生于1720年,郡廪生,乾隆三年(1738)戊午科亚元,七年(1742)壬戌科明通,十七年(1752)壬申科进士。资才高敏,读书过目不忘,直督学吕,特取鸿博第一,诗文杂作甚富。因染痹症不仕。著有《南冈诗草》。梅成栋称,天津人能自成家者,前有帆史(张霔)、中有虹亭(于豹文)、后有芥舟(金玉冈),故辑《津门诗钞》时,录于豹文的诗多达155首,其中《咏明史绝句》100首,全部收入,其推崇可知。于峨文字镇川,号雪峰,生于1735年,乾隆二十五年(1760)庚辰恩科举人,历官广平府学训导、定州学正[乾隆四十五至五十六年(1780—1791)任]、山东嘉祥[乾隆六十年(1795)任]及鱼台县知县,署理兖沂曹道,著有《雉翔斋诗草》。

十五世:于壮图(1807—1868),道光十四年(1834)甲午科举人,授保定府祁州学正,清同治七年(1868)正月十五日,张宗禹率捻军攻破祁州,祁城失陷,率妇孺等11口殉难,奉旨优奖建立专祠,入邑乘,世袭云骑尉。《天津县新志》记载于壮图身负三十余刀,英勇就义,为国捐躯。

十六世:于淮(1777—1826),字广川,嘉庆十三年(1808)戊辰科武举人。于耿光字觐臣,号景周,生于1843年,光绪八年(1882)壬午科举人,九年(1883)癸未科进士。任礼部主事。孟县分支。在于耿光的朱卷履历部分,记载了从仲门始祖于鉴到他自己的直系履历。其中本履历里他的四世祖就是于道行。

于氏家族诗书传家,教书育人,开设私塾、学校。培养众多人才,不仅有功名官宦,还有文人墨客,留下众多诗集佳句,略到于下。

七世:于相号左泉,庠生,将自己家辟为私塾,教授子侄后辈,及本邑寒门学子,造就众多人才,享有崇高声誉。

十七世:于震英字子俊,庠生,清朝停止科举后,热心家族事务,建设于氏学校,亲自执教十余载,教育子孙后辈,培养人才。

九世:于伯龙(1587—1647),字鳞伯,号鹏搏,廪膳生。十五岁丧父,辅助继母料理家政,勤俭持家,抚养弟妹至成人。此外,他挤出时间读书,并考取功名,著有《丈行名传稿》。

十二世:于扬献字擢溪,号万峰,别号一粒园翁。庠生。热心公益,工诗,著有《燕南存草》《闽游记》《津门食品诗》。

十三世:于巨澍(1732—1778),字说岩,号蘊生。优廪膳生,安贫乏,嗜诗书,敦友于,睦族党,科岁屡列优等,乡园四荐未售,深稽古。工诗,著有《寄庐诗集》十六卷、《诗赋》二卷、《杂俎》八卷等。诗集还未见,但在乾隆版景宁县志中收录有他诗作两首,能被其他县收录进惜墨如金的县志中,足见其诗词水平及影响力。摘录如下以飨读者。

清修寺古柏

森森古柏状杈枒,朝映岚光暮映霞。枝挟钟声洒风雨,阴移塔影走龙蛇。游来讵数承天寺,化去堪成博望槎。我欲披缁绝尘鞅,馀年相伴卧袈裟。

碧苔庵

阴翳千章密,招提院落开。岚光环沓蔼,涧溜响潆洄。寺忆题红叶,庵宜识碧苔。修篁摇剑珮,丛桂骨楼台。积藓米栏畔,湾桥跨水隈。山灵潜豹虎,禅定护风雷。莲社容相遇,祇林漫浪猜。何时脱尘鞅,常听梵音来。①

十四世:于百朋字崇锡,号柳桥,太学生,候选未入。著有《晓翠山房诗草》待刊。

乐善好施,扶危助困,也是于氏家族家风的一部分,其中典型案例是第十世于京。于京(1614—1684),字袋瞻,别号无欺道人,明邑增广生,读书负奇气,赋性闿爽,气节严正,尤乐善好施,天津城西至小店村 45 里路坑洼不平,崎岖难

① 张九华修,吴嗣范等纂《重修景宁县志》卷十二,清乾隆四十三年(1778)刻本,第 20 页。

行，于京爽然独立捐修，造福乡里。捐立义冢、施舍棺木、资助婚丧等义举不胜枚举，名著乡里。其子孙亦是功名迭起。

及至现当代，于氏族人秉承优良家风投身民主革命和社会主义建设，第十九世于云江曾北上入朝作战，南下剿匪，战功赫赫。于云成也曾入朝作战，九死一生。复员后积极投身社会建设，荣获全国劳动模范称号。于云浩于南开大学核物理系毕业，是周恩来总理指定的核试验 37 人小组成员，参与“两弹一星”工程核试验。因工作需要保密，隐姓埋名，不计得失，受人敬仰。于月明秉承家风，效仿先祖于道行义修县志的壮举，曾参与编辑解放后静海县的第一部县志。于云浮毕业于北京医科大学，从医四十余年，曾参加抗美援越战争，救死扶伤、济世救人，并擅长书法，全国书协会员，获奖众多，并与长子于俊杰出版父子书法集。第二十一世于绪祥人民解放军某导弹基地工程师，上校军衔。

天津静海《于氏族谱》由于道行创修于明嘉靖年间，经顺治、雍正、乾隆、嘉庆、道光、光绪，至 1918 年增补修订，存抄本四册，藏于南开大学图书馆。1930 年再次续修，在本县独流镇的书局彩华石印处印刷，一函八册，共印三十部。最近一次大修是 2017 年，一套共计 15 卷。此次族谱印刷精美、装帧大气，文本采用宣纸刊印，檀木盒存藏。

明代《静海县志稿》修纂于万历年间，修纂者于道行，出身于书香门第、文化世家的静海于氏家族。于道行字文焕，号霄厓，大约出生于明代嘉靖初年，嘉靖三十九年（1560）取岁贡士，初任山东滕县训导，隆庆五年（1571）调任莱芜县教谕，万历初年升山西应州学正，居官清苦，有政声，事亲孝谨，抚孤侄如己子，好学至老不倦。致仕还家后，教子弄孙，心怀桑梓，留史后人，搜集采访，不辞辛苦，潜心修纂县志，惜未就而卒，留下《静海县志稿》，或许被后世修志者借鉴，部分史料才能传承至今。于家乡历史，纂修县志，于家族历史，创修家谱。传承文化，堪称静海先贤，受后世敬仰。逝后葬于东窑村后的于氏先茔。

（李佳阳，天津地方史学者）

清朝儒臣廉兆纶*

张金声

廉兆纶号琴舫，榜名师敏，字葆醇，兆纶为道光皇帝所赐。生于清代嘉庆十五年(1810)，卒于同治六年(1867)天津市宁河区人。

一、科举登第　才学堪用

《宁河县乡土志》载：廉氏为颛帝曾孙大廉之后，以王父字为氏。原籍江苏，后寄居山西。明永乐年间，由山西洪洞县占籍宝坻梁城所之邑南廉家庄。国朝由廉家庄迁居城内，累世读书，科第连绵，登甲乙榜者约三十人，若廉骥元之殉忠义，廉师敏之蒙天眷，其尤卓著者也。宁邑世家大族如廉氏者，盖寥寥焉。

廉兆纶曾祖廉芬，太学生。祖父廉永敬，太学生。父廉沂，道光癸酉科副贡，考授武英殿校录，任天津府青县教谕。廉氏曾祖父母、祖父母、父母皆因其贵，朝廷俱有诰封。

廉氏自幼受庭训，后入宁河渠梁书院就读。廉氏自幼聪敏好学，其十四岁时偕友人一同登临芦台峭帆亭遗址，其思古之幽情涌上心头，写有《峭帆亭赋》。其用典巧妙，文精意雅，结构严谨，虽出少年之笔，但气势恢宏，老成练达，故传遍京津，名噪一时，有神童之誉。

---

* 本文曾发表于《天津史志》2023 年第 5 期。

《大清畿辅先哲传》之名臣传于廉氏言道“初婚之夕应县试，所为文渊涵澄静，县令康宗泰目为大器擢首选”。

道光十四年（1834），廉氏参加直隶顺天乡试，制艺题为《君子之仕也行其义也》。是文虽然是典型八股文，然廉氏有“伊古之君子，酒醴条笙簧，未尝以为贵。圭璋衮冕，未尝以为荣。人第见享大名承厚赏，而不知天泽之辨，必不可无人第。见膺三聘受旁求，而不知天地之经，必不可没。以古准今，若合符节，君子之仕也”。纵观廉氏一生为官，如是说，亦是如是做的。廉氏制艺卷有聚奎堂（主考官）批语：“笔意清矫，拔俗诗雅。”本房（同考官）加批：“澄思雪碗，濯笔冰壶。如会稽王来，飘飘霞举何处，著半点尘氛。”本房总批：“墨含醇酎，采溢缃毫，东家蝌蚪之书，来游笔海。南国蛟龙之耀，下烛词锋。惟茹强而饮直，斯守中而蓄素。二三艺珠联璧合，八十言月镂云镌。说经则叔重（许慎）无双，对策则江都（董仲舒）第一。铺观全制，奄有众长，揭晓来谒，知生自小研经，便称玉玦，登高作赋，遍掷金声歌风。翙于青年，噪鸿于绮岁。趋庭日下，因薪火以传。撷秀云中，洵桂实以生桂。行见探花上苑，标姓字于金泥。珥笔彤墀，领班联于玉筍，得人之庆，有厚望焉。”①从主考官到同考官的批语，可以看到廉氏文章的练达。观后来廉氏为官之行事，考官之评可谓一矢中的。

道光二十年（1840），廉氏会试，殿试后，又参加朝考。其会试卷题为《如琢如磨者自修也》②，廉氏写道：“夫如琢如磨者，砥行砺名之谊。君子以无欺于身心而研析犹靡遗者，觉琢非徒，琢磨非徒，磨淬厉之全神，夙夜不足喻其勤，洒扫不足比其洁也。此何为者也。”在《盖均无贫和无寡》中，廉氏写道：“颛臾之伐患贫耶，患寡耶？患者有在贫之先者矣。寡何患，患有在寡之先者矣。则不均其大患也。”在《用下敬上谓之贵贵用上敬下谓之尊贤》中，廉氏有：“夫不见用下敬上者乎，轻视轩冕，不妨负耒而耕，不事王侯，方且逾垣而避士亦自有其贵也，然而上之贵何可忽也。夫群居中无统势，且以才智争衡树之后王公纪纲乃归于克一，则市井与草莽践其土，皆为其臣，亦曰贵在则然耳。且夫下而贵，贵固非策士揣摩之习也。”此三篇考题考题虽是八股文，代圣贤立言之作，然廉氏

① 廉兆纶：《深柳堂集》，北京师范大学藏，未刊本

② 廉兆纶：《深柳堂集》，未刊本。

阐发四书之透彻、条理之清晰、文词之方雅,均获得主考官与同考官的好评。

廉氏经过会试取得贡士,又经殿试取得进士后,依规定要进行朝考。其参加殿试策论有两篇,分别为《子罕言利论》《去贪吏厚风俗疏》[①],其两篇策论,相互关联,亦是考核考生答辨应对及知识面的宏识程度。廉氏答题很是精彩。朝考廉氏获得第一名,钦点庶吉士,入翰林院编修后调任纂修官。

二、视学江西　见长军务

廉氏自中进士后,其所任职多为水木清华之职,然其品行端正,学问纯粹,道光帝知其贤德,倍加赞赏,故而遗命有“诸臣可大用者,兆纶与焉”[②]。

《大清畿辅先哲传》中,言廉氏“少工骑射”,由此可见其于儒业之外,亦究心心军事。《宁河廉琴舫侍郎遗书》中有其批阅读的《六韬》《孙子》《吴子》《司马法》《守城录》,颇有自家心得,故其受用终身。

咸丰四年(1854),廉氏视学江西,适逢太平天国,攻城略地,如火如荼。廉氏甫一出京即关心战局,并将其所见上奏朝廷。就任后,边整顿学务,边关心战事。

《清史稿》之《廉兆纶传》记录颇详:“时粤匪石达开扰江西,侍郎曾国藩率师御之,寇张甚,陷州县五十馀,逼会城。上命兆纶帮办广信、饶州防剿,兆纶奏言:‘江西通省募勇计一万五六千人,各不相统属。地方有警,胜则互讦以竞功,败则争溃而不相救。甚且扰民冒饷,乘便营私,其弊不胜枚举。今贼势日张,瑞州、临江相继失守,设有仓卒,以此散而无纪者当之,何恃不恐?惟有将所募之勇,裁去一切名号,并为三四军,每军得四五千人,统以监司方面素有威望者,庶可责成功。’六年三月,兆纶按试广信,贼陷吉安、抚州,进据安仁,兆纶上疏请援,并以练勇千守贵溪。贼窜德兴,陷建昌,广信势益孤,兆纶督诸生集乡团,与广信知府沈葆桢、上饶知县杨昇筹防御。遣上饶诸生郭守谦率乡勇三百夜袭金谿,诸生曾守诚奋勇先入城,贼不虞兵至,夺西南门逸,克其城。乘胜会

① 廉兆纶:《深柳堂集》,未刊本。

② 赵尔巽主编《清史稿》,1928 年版。

攻建昌，而饶州又陷，官军败绩，广信益危。兆纶与国藩等合疏请截留闽兵一千六百专攻建昌，分檄守谦与在籍道员石景芬防剿。六月，国藩遣都司毕金科复饶州，兆纶饬景芬、守谦等驰攻抚州。会贼连陷广昌、南丰、新城、泸溪四县，八月，守谦军抚州张家桥，三接皆捷，穷追遇伏，力战死。时兆纶方赴铅山，道梗，咨衢州镇总兵饶廷选乞援。廷选率兵二千一百至，兆纶冒雨穿敌垒，复入广信，共谋守御，寇屡攻不下。凡七战，捕斩其渠六，斩六千馀级。廷选与游击穆隆阿、都司赖高翔等又屡击破之。贼走玉山，广信始解严。”

广信府被围之时，省城亦被围，粮饷危机，廉氏忧心忡忡，他捐出全部俸银。但朝廷又责命令廉氏筹粮筹饷，他在奏折中写道：“广信本非瘠土，惟从前已捐钱至二十余万，屡行输纳，未免拮据，第军务未峻，不得已藉资民力。臣职司学政于地方，首事向无联属，必得本省大员会同办理，庶几官员一气，不致滋生弊端。”①由是折亦可看出廉氏虽恪守朝廷之旨中透露出的无奈。

廉氏视学江西时奏折，计有百余篇，或言学务，或言军事，皆言出有据，所提建议，皆具操作性。

廉氏在繁忙军务中，因劳累过度且贫病交加，寻以病告归。

三、清除积弊　蒙冤革职

咸丰七年(1857)，廉氏病痊，仍直南书房，署工部侍郎。咸丰八年(1858)，英法美等联军进犯大沽口。廉于五月二十五日上有奏折②，其中有“窃维海运南粮到津已五十多万石，约计沙船不下四五百号，水手即不下一二万人。此项水手，平日本非安份之徒，又往来海道以为常，未必与夷人全无交涉。今逆夷已踞大沽海口，而此辈游手多人，欲归则无路可通，欲往又无以自赡，当此津民惶惑迁徙之际，万一该夷暗遣二三奸党，与之潜相构煽，该水手等惟利是视，则天津之患，曷可胜言。臣再三思维，或将此项编为义勇，分布于官兵乡勇之中，则顷刻间得胜兵一二万人，军威可为一振。抑或稍稍津贴，沙船练为水师，联为战

① 廉兆纶：《廉琴舫侍郎奏稿》，国家图书馆藏，未刊本。

② 廉兆纶：《廉琴舫侍郎奏稿》，未刊本。

舰,亦可自成一队。”廉氏此折是经过深思熟虑,且具有远见的,可惜未被采纳。同时,廉氏又有数篇奏折,请求朝廷设重兵于北塘,以防英法联军在北塘登陆后,夹击大沽炮台。廉氏此奏折应未被朝廷采纳。事后证明廉氏的远见及知兵用兵之策。

同年,廉氏授户部侍郎,兼管钱法堂总管、宝泉局总管。八月任总督仓场侍郎。

廉氏上任之初,便验收太仓,查验漕船运米,革除把持仓务之徒。廉氏虽然亲力亲为,无奈朝廷有定例,如:漕运驳船掺杂亏短之米数,由经纪人查出者,责令船户照数独赔,若经纪人并未查出者,责令船户经纪人各赔一半。这就给不法之徒造成可乘之机。廉氏虽多方设防,然终防不胜防。为了革除以前旧例,杜绝后患,廉氏在给朝廷的奏章中写道:“请将经纪未能查出一条,改为船户全部赔补,再令经纪罚赔二成外,再加一倍,共计罚赔四成。庶船户所赔之数即其所偷之数,即可戢拨船舞弊之心,而经纪所罚之数更倍于新案所赔之数,则沿途稽查自必益加严密。”[①]由于牵扯方方面面的利益,朝廷未能准其所奏,仍照旧例。

咸丰八年(1858),英法联军陈后天津大沽口,漕运受阻,南粮不能由大沽口、蓟运河转运。朝廷饬命廉氏将江浙运米之船暂时停泊登莱。此时廉氏战战兢兢,如履薄冰。其想尽一切办法,应对时局。

咸丰十年(1860),英法联军抢掠德胜门外的丰益仓,因其职务所在,故廉氏上折请求责罚。朝廷亦知此非廉氏之所能为也,故未作处理。

《清史稿》之《廉兆纶传》中有:“兆纶经交河粮商囤积谷秕,遣勇目捕治,粮商诉勇目索诈,辞连兆纶,事上闻,命刑部逮问。同治元年,京察休致。二年,谕责兆纶在任用人不当,夺职衔。兆纶感知,遇事敢言,以是多龃龉。”由此可知,遇事敢言是为官一大忌。廉氏于第二次鸦片战争是主战派,故与主和派矛盾颇深。他关于海防的许多良策亦未被采纳,其与咸丰帝“多龃龉”,故其官运可想而知。

王瑔撰《廉公传略》于其罢官一事可为定谳:“公服官于有事之秋,感两朝

① 廉兆纶:《廉琴舫侍郎奏稿》,未刊本。

知遇之恩,历官所在,事无巨细,虽百忙之中,亦细心探索,期间于尽善而止。卤莽者始窃笑之,后皆詟服。举凡国计民生诸大端,知无不言,言无不尽。尝云君子求诸己,遇事但求心安理得,倘从人一面设想,则瞻徇顾忌,层见叠出矣。以是所至多龃龉,不合而人之排挤者,亦不遗余力矣。"①

四、杏坛春晖　泮池桃李

王璪撰《廉公传略》有:"同治元年二月,罢职家居中,家中除祖遗田宅外,并无增置,因诸弟皆未成立,尽将田亩推与之。而公则主讲天津问津书院,籍束脯以度日,食贫如故。"

廉氏在给同年万本敦的信中写道:"弟三载闲居,万分难支诎,幸值克华庭运使招主问津书院讲席,即于今年二月移赴津门,眷属亦随来居此,岁入四百金,亦不为少,惟是此间一切昂贵,独银价极低,力为支持,仍难敷衍,然较之长安闲住所得为已多矣。且一月间即有半月阅文,亦籍以消磨岁月。"②其在致景荣信札中有"承克华庭都转相招主讲问津书院,遂于二月间携眷属来此,即乔居书院之中。"③由上述两札可知其主讲问津书院是克华庭将其招至的。

克华庭名克明,字又明,号华庭,本姓费莫氏,满洲镶黄旗。道光二十四年(1844)甲辰时科进士。咸丰十一年(1861),克华庭任长芦盐运使。因其欣赏并同情廉氏的遭遇,故介绍廉氏主讲问津书院。

现存廉氏主讲问津书院时的出题有三则④,一是,生题:《如有周公之才之美使骄且吝》;童题:今之修其天爵;诗题:赋得日长如小年,得年字五言八六韵。二是,生题:《知所先后则近道矣》;童题:知父母几谏;诗题:赋得瑶琴一曲来熏风,得琴字五言八六韵。

另一是,廉氏在生童考毕后,有详细记载:"问津生题《周公思兼至合者》。一名姚保康,二名张熙同,三名曹人杰,六名张保泰。问津童题《食之者》。一

① 廉兆纶:《廉公传略》,载《深柳堂集》,未刊本。
② 廉兆纶:《宁河廉琴舫侍郎墨迹汇存》,未刊本。
③ 廉兆纶:《宁河廉琴舫侍郎墨迹汇存》,未刊本。
④ 廉兆纶:《宁河廉琴舫侍郎墨迹汇存》,未刊本。

名吴树萱,二名刘嘉琪。"另,其兼管三取书院的课艺:"三取生题《上好义则至如是》。一名韩坊,二名焦点祐清。三取童题《为之者》。一名冯师异,二名李学敏。"廉氏于此次课艺兼有总评:"吕宝善,如有所誉二句,取内课第九,诗文均好,卷有四折痕似由外送入者,卷式纸张亦与众卷稍异,三取王桐亦如此。问津童杨心裁,文颇清楚,而甚了草,诗又可,姑取之外课中。"而后有总评:"夫乃知、夫乃欲等用于讲煞中,其俗不可响迩。今后于金缄三文内批戒之,识此次以观其复。凤山同年统此阅毕望发还。"廉氏主讲问津时,可谓尽心尽力。

廉氏主讲问津书院其间,出自其门下且有功名可考者①:

王用钦,光绪十年(1884)丙子科进士。王氏字敬臣,官居户部山东司郎中。津门书法名家华士奎之业师。曹隽瀛,光绪九年(1883)癸未科进士。查乘汉,同治六年(1867)丁卯科举人,撰有《同治六年丁卯科顺天乡试副贡硃卷》。华铸,同治六年(1867)丁卯科举人,华铸同治十三年(1874)甲戌科进士。杨培之,同治十二年(1873)癸酉科举人。朱懋昌,光绪十四年(1888)戊子科举人。

另外,光绪二年(1876)进士高赓恩虽未就学于问津书院,但其朱卷课师中第一名即为廉氏。可以推断,高氏问业于廉氏应是其罢官赋闲居家之时。因为,此前廉氏为官之时,正值多事之秋,鲜有空闲教授高氏。限于资料,出自廉氏门下的士子肯定为数不少。

廉氏有诗文稿百二十卷、词集八卷,历经战火大多散佚。廉氏于问津书院边教授士子,边整理其作品,及至未竟,便溘然长逝。《深柳堂集》四卷,由其子廉佺、廉佶、廉保辑录校订。前有《大清畿辅先哲传——名臣传》之《廉兆纶》,卷一收录骈文十二篇、乐章七篇、奏折两道;卷二收录传记四篇、墓志铭一篇、序文六篇、跋文一篇、书后一篇、书札九篇;卷三铭文三篇、律诗、赋十二篇;卷四诗一百二十九首、制艺六篇。后有丁巳(1917)廉佺识、乙丑(1925)王照跋、曹鼎芬跋。附录词一卷。

卷一以收录骈文为始,是源于第一篇的《皇后册文》,移录如下:

---

① 刘宗江编《天津朱卷集成》,天津古籍出版社,2022。

朕闻宝曜腾辉，俪乾枢而作配。金泥焕采，申巽命以杨庥。惟中宫实王化所基，而内治乃人伦之本。爰修茂典，式举隆仪。咨尔贵妃钮祜禄氏，教秉名宗，庆贻勋阀，叶安敦而神祉福。应地时行，本淑慎以流徽。伣天祥定，在昔虞廷慎典，肇传妫汭之型。周室延厘，必本河州之化。既宜家而作，则当正位以领名。兹以金册金宝，立尔为皇后。尔其祇承荣命令，表正壶仪，恭俭以率六宫，和顺以膺多福。螽斯樛木，树仁惠之芳型。茧馆鞠衣，翊升平之郅治。丕昭内则，敬迓洪庥。钦哉。

咸丰二年(1852)册立皇后，这是廉氏所拟册文。儒臣以能代皇帝拟写册文为荣，故将其从列在第一篇。《峭帆亭赋》有“昔之幔亭高起，阶城新磨，栏书红亚，帘横绿波，团蕉引鹭，飞梁驾鼍，长廊碍棹，倒壁悬河。”接着话锋一转“睹帆樯之似织，感日月之如梭。抚今追昔，情如之何？五季之初，卯金之墟。窍符燕蓟作镇，河渠当夫。西背晋阳，东控扶余，朝振金鼓，夕驰羽书。登斯亭也，则见风云接塞，舸舰通储，城角冷野，戍烟疏水汤汤兮，黄沙暗风萧萧兮，白草枯峭帆，一片亭也。”神与古会，良有汉魏风骨，又承王勃、范仲淹之遗绪。人谓之神童，不虚也。

《卖剑买牛赋》其副题为《以农民乐业循良之绩为韵》，这是典型的八股限韵，除请求俳偶外，还有着严格的韵律与程式，这要求撰文者有极高的文字修养。廉氏写有“否则高歌斫地，水拭双锋，长刃倚天，风吟一匣，此真匹夫勇耳？漫论虎帐谈兵，曷为圣人泯乎？且向鳞塍荷锸，于是父兄相诏，约令同遵，风皆复古，俗渐还淳。试从兹投剑归农囊，原不涩念。在昔牵牛服贾，限本堪循，公真长者，我岂异人。”是赋琅琅上品，不违格律，且又能道出民本思想。

廉氏感情丰富且细腻，且一以贯之。廉氏十五岁时其姑丈病逝，廉氏有《哭孙石溪姑丈》，移录于下：“牙签铜篆半摧残，触起离愁鼻欲酸。八载交游成蝶梦，一天风雨冷骚坛。金兰竟订他生谊，玉鉴空留后日看。怕向西桥望明月，淡烟疏柳不胜寒。”其与姑丈的交游及怀念之情，跃然纸上。遣词造句，若不言之，恐不知出自少年之笔。

其五古《乙示五月二十七日过荣儿墓怆然有感不能无诗》，题下小注：墓在青县北。

天公惯恼人,洒作平原雨。愁云销不开,凄风惨忘署。我来北邙下,邱坟走狐鼠。中有土未干,吾儿此托处。幽泉咽声,杜鹃叫荒圃。感此心怆然,泪痕那可数。忆我入都时,儿心良独苦。濒行不忍离,送我来南浦。问我定归期,依依若无主。

是诗遣词造句,平淡自然,然读之令人动情,父子间的情感跃然纸上,令读者为之一动。

廉氏近体诗有和友人之作、有如《桃花四咏》的咏物述怀,亦有如七绝《题桃花扇传奇后》四首的感怀历史之作。诗作用典巧妙,平淡中见隽永,颇有晚唐诗风。

同治四年(1865)春,陈鸿翊(1814—1890)到天津看望老友。时廉氏身染沉疴,但他喜不自胜,其《深柳堂集》卷四有《侨寓天津喜陈仲鸾同年见访》二首:“芳树有莺啼,春风到马蹄。平生真臭味,十载各东西。才大难为合,家贫易择栖。入门成一笑,凡鸟任人题。”“种树风烟长,移花岁月深。稍添春烂漫,浑忘老侵寻。阅世成流水,何时返故林。便开松菊径,共葆雪霜心。”廉氏注明诗成于“同治乙丑,时住天津问津书院”。虽然多有人事沧桑和老境之感,但在其晚年作品中,两诗仍呈现出难得的明快,并期望与老友“共葆雪霜心”。

廉氏诗中之“喜”,不仅是因为见到故人,还有相类的宦海浮沉,因为两人都属晚清实干派官僚,但又都郁郁而难得志。

廉氏亦谙于词,然《深柳堂词》收录仅十几阕。

咸丰六年(1856),廉兆纶在问津书院双槐书屋辞世。

国家图书馆存有其著作(未刊本)有《廉琴舫侍郎奏稿》《宁河廉琴舫侍郎遗书》《廉琴舫军务簿稿》《宁河廉琴舫侍郎墨迹汇存》。此外,北京师范大学亦藏未刊本《深柳堂集》。

(张金声,天津文化地理研究中心)

宝坻李光庭与番禺张维屏父子交游考述*

王立香　宋　健

引言

张维屏(1780—1859),字子树,号南山,广东番禺(今广东广州)人。嘉庆九年(1804)年举人。道光二年(1822)进士,以知县用,分发湖北黄梅县。时江水溃堤,灾民遍野,张维屏以帑金赈济,民得实惠。后调松滋、广济知县,累官至南康知府。道光十六年(1836),张维屏辞官归里,专事著述,常泛舟往来山水之间,自号"珠海老渔"。又癖爱松树,见松形奇古则下拜,因自称"松心子"。张维屏少负诗名,与黄培芳、谭敬昭并称"粤东三子"。晚年著有《三元里》《三将军歌》《金山篇》等爱国诗篇,气势磅礴、激昂悲愤,为人称道。咸丰九年(1859)以疾卒,年八十。一生著述丰富,有《听松庐诗钞》《松心十录》《国朝诗人征略》等传世。《清史稿》卷四八六、《[同治]番禺县志》卷四六有传。

李光庭(1773—1860),字摺扬,号朴园,顺天宝坻(今天津宝坻)人。乾隆六十年(1795)举人,历任内阁中书、湖北黄州知府。道光四年(1824),因勘水灾染疾乞归,恩准回京,自此致仕。致仕后,犹与黄梅令张维屏诗简往来。有子十三。长子藻,道光五年(1825)举人、十六年(1836)进士,官至吏部郎中。次子萼,道光五年(1825)举人、六年(1826)联捷进士,官至内阁中书。三子棻,道

* 本文曾发表于《广州大典研究》第 11 辑。

光八年(1828)举人,官至刑部郎中。六子慕,同治十二年(1873)举人,官至户部主事。七子敬,同治九年(1870)举人,官至福建侯官知县。李光庭五子登科,诸孙绕膝,虽至耄耋而步履康强。有时于夏日早,在门首端坐乘凉,藻、萼诸子侍侧,乡人见者称赞曰:"以八旬老翁有两进士子侍奉,真福人也。"[①]晚年自号"翁斋老人"。尤喜著书,有《经史喻言》《吉金志存》《乡言解颐》《虚受斋诗钞》《朴园感旧诗》等行世。《大清畿辅先哲传》等有传。

李光庭于道光四年(1824)任湖北黄州知府,此时张维屏正在其治下黄梅县知县任上,二人因抗洪赈灾合作得力,结下深厚情谊,此后颇多交游,友情持续终生。关于二人交游的详情,尚未有学者给予关注和研究,本文试作考述。

一、"黄州太守黄梅令,一段诗缘海内知"

道光二年(1822),张维屏中清宣宗壬午恩科二甲进士,与李光庭之侄李菡同榜。是以张维屏尊李光庭为长辈,而以"年愚侄"自称。同年四月初四日,张维屏被道光皇帝召见,并以知县见用[②];十一月二十七日,张维屏抵湖北黄梅县履任[③]。次年五月六日,其妻携子张祥鉴等来黄梅团聚,"入门未及语,但怪颜清癯"[④],可知为官之事务繁重,劳心劳力。家人相聚不及半月,长江暴发洪水,堤坝出险。五月二十日,张维屏赶赴现场监督抢险,二十三日,"堤溃,田庐皆成巨浸"[⑤]。《黄梅大水行》记其当时情景云:

自夏以迄秋,艰苦躬备尝。
转忆始涉险,堤溃水若狂。

---

① 李大撰《高高叔祖朴园公传》,载《宝坻李氏谱稿》,上海图书馆藏旧刻本。

② 张维屏:《道光壬午会试中式覆式一等殿试二甲朝考入选四月初四日乾清宫引见蒙恩以知县即用恭纪》,载张维屏著、陈宪猷标点:《张南山全集》第1册,广东高等教育出版社,1994,第273页。

③ 张维屏:《十一月二十七日抵黄梅任有作》,《张南山全集》第1册,第281页。

④ 张维屏:《五月六日家人至梅》,《张南山全集》第1册,第289页。

⑤ 张维屏:《积雨江涨五月二十日赴堤督民防险即事有述四首》,《张南山全集》第1册,第289页。

是时夜将半，月黑星无光。
急流冲一叶，力挽逢枯桩。
舟幸不破碎，死生判毫芒。余勘灾，舟为急水冲去，力抱枯木，乃免于溺。
一身讵足惜，万户良可伤。①

有人绘《黄梅拯溺图》，形象地再现了张维屏抗洪赈灾的感人场景。此图轰动士林，许乃济、汤金钊、林则徐、翁心存、陈继昌、查揆等官绅名士纷纷题咏。②

道光三年(1823)四月，李光庭外任湖北黄州知府。五月二十日莅任，才三日，黄梅堤溃，李光庭亲赴勘灾。在勘灾现场，李光庭与张维屏初次见面。这一年，李光庭五十一岁，张维屏四十四岁。

面对流离失所、啼饥号寒的灾民，两人全身心投入了赈济工作。李光庭速命家人寄来五百金，接济资斧③；张维屏“捐廉购木筑桩”，发动千余人抢护堤坝④。自夏至冬，李光庭辗转于灾区，整整五个月，“带印公出”⑤，不遑宁处。八月二日，是李光庭母亲的忌辰，他仍然行在泥途，宿于野寺，不禁悲从心生⑥。就连中秋节，他也是在黄梅度过的⑦。八月十九日，李光庭自黄梅赶赴广济勘灾，有《十九日自黄梅赴广济勘水灾留赠张南山维屏大令》诗：

不信风尘皆俗吏，得同忧患亦前因。

---

① 张维屏：《黄梅大水行》，《张南山全集》第1册，第290页。

② 诸家题咏，见张维屏撰，叶梦草绘《黄梅雁集》，《花甲闲谈》卷十一，清道光十九年(1839)刻本。

③ 李介白《步朴园太守登赤壁原韵》自注：“闻公子自家寄来五百金，接济资斧。公谕以乡里被灾，宜效范文正家法。”诗见《虚受斋诗钞》卷二，清道光十一年(1831)刻本。又李光庭《默述篇六十韵》自注：“大赈未至，城内外饥民数千，嗷嗷待哺。余与张南山大令商禀，捐廉赈米。”诗见《虚受斋诗钞》卷四，清道光十一年(1831)刻本。

④ 张维屏：《积雨江涨五月二十日赴堤督民防险即事有述四首》，《张南山全集》第1册，第289页。

⑤ 李光庭：《送印》，《虚受斋诗钞》卷二，清道光十一年(1831)刻本。

⑥ 李光庭：《八月二日路途镇监赈》，《虚受斋诗钞》卷二，清道光十一年(1831)刻本。

⑦ 李光庭：《黄梅中秋》，《虚受斋诗钞》卷二，清道光十一年(1831)刻本。

回思北地多朋旧,重累南山作主人。

待哺君堪为众母,焚香我欲告明神。

救荒守令无长策,本色书生有性真。①

诗中称赞张维屏绝非“风尘俗吏”,乃是“堪为众母”的有为知县,其“书生本色”的真性情,更得到李光庭的认可。

九月,张维屏调任松滋②。十月,张维屏作《雪堂歌呈寄朴园太守》:

青山排闼江抱城,雪堂隐隐闻江声。

坡仙精魂恋赤壁,水际恍惚时骑鲸。

古往今来同宇宙,风月江水尚依旧。

堂中管领属何人,太白闻孙今太守。

一麾出守来黄州,清景未暇归双眸。公莅黄州数日,即赴黄梅勘灾。

江湖横溢地媪惧,蛟鼍跋扈天公愁。

五马辛勤驻新蔡,鹤俸频分拯雕瘵。(灾民乏食,公与怡庵观察、慎甫司马捐廉助赈。

忧患心原老佛心公见赠诗有句云“得同忧患亦前因”,路途债是苍生债公至路途镇监赈有“三千里外路途债”之句。

十万苍生赖护持,荆台东望寄遐思。

雪堂此日看晴雪,应和坡公禁体诗。③

李光庭有《答张南山自松滋遥寄〈雪堂歌〉》,中有“人生嗜好殊难期,酒人爱诵诗人诗。南山诗名遍海内,曲江克嗣非君谁”④等句,对张维屏的诗才极表赞赏,认为他是唐代张九龄之后,在岭南出现的又一位杰出诗人。

---

① 李光庭:《虚受斋诗钞》卷二,清道光十一年(1831)刻本。

② 张维屏《别黄梅》,有“惊波骇浪怕回头,风定云闲入素秋。作宦半年生白发,看山一路到黄州”之句,见《张南山全集》第1册,第293页。

③ 《张南山全集》第1册,第302页。

④ 李光庭:《虚受斋诗钞》卷二,清道光十一年(1831)刻本。

十二月十九日,张维屏作《赤壁篇》[①],其《序》云:

> 七月在黄梅,与朴园太守有雪堂拜坡公之约。九月过赤壁,太守方散赈未归。比太守归雪堂,而余已抵松滋。嘉会未果,不可无诗。十二月十九日,坡公生日,因为此篇奉寄。

诗中有"黄州太守古性情,百无嗜好有诗癖。行旌所至但饮水,洗出新篇露肝膈。黄梅事过尚关心,青李书来数相忆"诸句,见出二人友情之深。

由于勘灾监赈,冒暑冲波,导致李光庭积劳成疾,饮食困难,精神委顿。经恩准,道光四年(1824)四月,李光庭离开黄州,回京养病。张维屏有《闻黄州李朴园太守北旋追送不及奉寄二首》,记述了黄梅人送别这位贤良知府的动人情景:"吏民攀辙意缠绵,惜别题诗五色笺""八县苍生同怅望,留公不住泪痕斑"[②]。

李光庭在任不及一载,但黄州百姓却记住了他。《[光绪]黄州府志》卷十三《秩官传》:"李光庭,字朴园,宝坻人。道光初黄州知府。听断明决,政理刑轻。未久以病去任,黄人思之。"[③]清洪良品《湖北通志志余·黄州府志余》:"宝坻李朴园先生光庭以内阁侍读出守黄州,清介自持,才及一载,即乞病归里。先生在黄州有楹帖云:'清心以尽心,意外升沉皆定数;办事勿多事,个中界限要分明。'足见与民休息之意。"[④]

在湖北,张维屏与李光庭共事不足一年,公事之余,屡屡赋诗唱和,惺惺相惜,互相赞赏。道光十七年(1837)三月,张维屏回忆这段往事,颇为自得地写下"黄州太守黄梅令,一段诗缘海内知"[⑤]的诗句,认为是他一生难以忘怀的经历。

---

① 《张南山全集》第1册,第304页。

② 张维屏:《闻黄州李朴园太守北旋追送不及奉寄二首》,《张南山全集》第1册,第314页。

③ 应启等纂修:《黄州府志》,清光绪十年(1884)刻本。

④ 洪良品纂辑:《湖北通志志余》,清光绪间稿本,今藏湖北省图书馆。

⑤ 张维屏:《朴园先生长篇见怀赋此奉报》,诗见李光庭:《虚受斋诗钞》卷八,清道光十一年(1831)刻本。

二、“北来再见公,颜酡未为叟”

张维屏在黄梅、广济任上,曾于道光二年(1822)、道光五年(1825)两次担任湖北乡试阅卷官,其中两名解元出其门下①。道光十年(1830)三月,张维屏致信李光庭,言其将于仲春北上。李光庭闻讯十分高兴,赋诗《喜得张南山司马复书知其仲春北上》②:

作诗如作官,不退或当进。
我似漆雕开,于期未能信。
质诗如告饥,负秦莫如晋。
难得鲁大夫,指囷殊不吝。
南山诗中豪,意气凌千仞。
一载宦场俱,两心江月印。
春明我赋闲,日日搔吟鬓。
香山念微之,有句必通问。
爱我果胜常,录善不遗寸。
勗我立根柢,欲我漱芳润。
音节与古稽,尖叉忌强趁。
划山铺湘流,炼石补天璺。
更鉴洪乔沉,副本钞一分。
长歌唐棣华,室远人难近。
何期楚北云,又还岭南郡。
万里寄诗筒,祇愁邮吏愠。
飞来五色笺,喜逾归璧蔺。

① 张维屏《五十初度漫成四首》其三自注“壬午、乙酉楚闱分校,榜首皆出余房”,《张南山全集》第1册,第396页。

② 李光庭:《虚受斋诗钞》卷四,清道光十一年(1831)刻本。

良觌欣有期，计程应在闰。
置酒献新诗，定招与可喷。

诗中“南山诗中豪，意气凌千仞”描述了张维屏的才情，“一载宦场俱，两心江月印”道出了二人知心知音的友情，“香山念微之，有句必通问”则把二人的关系比作白居易和元稹，说明二人友情能够持续、长久的主要原因是对诗的热爱。

五月，二人在京师重聚，自是欢喜。阔别数载，感慨万端。张维屏有《奉酬李朴园太守三十韵》诗记其事：

艰危波上舟，安乐花下酒。
一樽喜共持，八载怕回首。
黄梅大江溢，白日老蛟吼。
庚辰镤已无，庚癸呼则有。
万口待一餔，端午至重九。
此而不赈济，安用民父母。
此而稍迟徊，酿变余之咎。
未暇绘流亡，亟与计升斗。
同心幸遇公，下车即援手。公莅黄州数日，即赴黄梅勘灾。
助我聚糗粮，联我同臂肘。
我时处忧患，性命知保否。
公心恒轸余，此意肫且厚。
嗷鸿幸安集，九死释重负。
方吟雪堂梅，遽折沙岸柳。公于次年即引疾归。
道路既阻长，契阔亦云久。
北来再见公，颜酡未为叟。
初宴歌舞筵，众乐余亦偶。
再宴尺五庄，荷池少氛垢。
三宴停舫斋名中，浓绿浸轩牖。

深谈复浅酌,自卯直至酉。
改诗务从严,一字不肯苟。
于我乃嗜痂,有告必虚受。
公家盛英才,科第拾芥取。
他时华萼集,足继唐贤后。
嗟余谬干禄,尘土强奔走。
本无负郭田,安得事农亩。
匆匆又别公,孤怀郁难剖。
蒲柳感余衰,松柏期公寿。
瑶华赠我行,佳句常在口。
因风寄长谣,所报愧琼玖。[①]

此诗回忆了二人联手赈灾的往事。“北来再见公,颜酡未为叟”,李太守容颜如旧,精神矍铄,心中大慰。他们“深谈复浅酌,自卯直至酉。改诗务从严,一字不肯苟”,其乐融融。看到李氏人才辈出,中科第如拾芥,更是交口称赞。可惜聚难散易,匆匆又要分手,不免抑郁感伤。

五月二十七日,李光庭邀张维屏于余芳亭观荷。李光庭有诗记其事[②]。

此后不久,张维屏离京返粤,居家候命。李光庭有《送张南山归粤》诗,中有“天涯到处逢知己,宦海何修著此人”“送行诗忍先期作,恐到临行思不堪”[③]等句,表达了依依惜别的心情。

在粤家居的张维屏编辑《国朝诗人征略》。李光庭有《寄怀张南山司马》诗[④],并将其兄李光里、岳丈芮熊占诗稿寄上,供张维屏择取。

---

① 《张南山全集》第1册,第433页。

② 李光庭:《五月廿七日邀张南山余芳亭观荷》,中有“池有好花堪劝酒,坐无他客为谈诗”之句。诗见《虚受斋诗钞》卷四,清道光十一年(1831)刻本。

③ 《虚受斋诗钞》卷四,清道光十一年(1831)刻本。

④ 《虚受斋诗钞》卷四,清道光十一年(1831)刻本。

三、“地北天南两老翁，七千余里寄诗筒”

自京中一别，李光庭和张维屏再没有见过面，仅靠鸿雁传书保持其终生的友情。

道光十三年（1833）初秋，李光庭接张维屏来信并诗评，有《初秋接张南山司马书并评拙稿，即次见怀韵》记其事①。

道光十四年（1834），张维屏有《寄朴园太守》诗②。

道光十五年（1835）二月，张维屏委署吉安通判，七月，委署南康府③。九月，李光庭书至，九月既望张维屏有《朴园先生书至有诗见怀赋此奉报》：

先生昔守郡，阳侯鼓江波。
贱子今权郡，旱魃伤田禾。
水旱虽异灾，疮痍实同科。
况水继以旱，穷黎嗟奈何。
白屋衣食少，黄堂忧患多。
恻恻寸心结，劳劳双鬓皤。
揽镜见衰态，思归买渔蓑。
忽展北来书，新诗快吟哦。
诗骨老益壮，诗心平且和。寄示近诗百余首。
见诗如见面，一纸三摩挲。
感旧欲共话，迢迢隔关河。
关河阻晤言，不阻啸与歌。
爰将劳苦音，远寄安乐窝④。

---

① 《虚受斋诗钞》卷七，清道光十一年（1831）刻本。
② 《张南山全集》第2册，广东高等教育出版社，1994，第345页。
③ 施志咏：《张维屏事迹考》，《国学·第二集》，四川人民出版社，2015，第468页。
④ 《虚受斋诗钞》卷六，清道光十一年（1831）刻本。

同年十月初七日,李光庭接到张维屏寄来的诗评稿,喜而赋诗①。

道光十六年(1836),张维屏辞官归里,其子祥泰于花棣西筑听松园为其父著书地,榜其堂曰"松心草堂"。张维屏遂以著书自娱,直至终老②。

道光十七年(1837)三月,张维屏有《朴园先生长篇见怀赋此奉报》:

公之出守岁未周,为民捍患心烦忧。
我时为令方数月,猝遇大灾几不活。
公来梅邑夏逮秋,少居官廨多居舟。
哀鸿十万稍安定,九死吾偏有诗兴。
雪堂置酒寿坡公,惜我别去邮诗筒。
金台觞我红蕖侧,别又七年头欲白。
面朋面友纷如林,论文所贵能知心。
知心况复有同好,少壮至老皆耽吟。
寄来诗卷从头读,卷卷阳春有巴曲。公诗每集皆有拙诗。
直性由来我似松,虚心难得公如竹。
羡公绕膝鸾凤群,联镳接轸登金门。
豚儿无知学干禄,亦荷挥毫赠珠玉。两小儿入都,俱荷赐诗奖饰。
别难见面喜见诗,见诗知公健未衰。
愿公保爱跻期颐,岁岁寄诗吾和之。
黄州太守黄梅令,一段诗缘海内知。

道光十九年(1839),张维屏有《朴园先生寄示近稿知近日多购古器,率题四十字即请莞正》:

先生癖于诗,近又多古癖。

① 李光庭:《冬月初六日夜梦扣门催租者操南音,次早接到张南山寄评诗稿,志喜》,《虚受斋诗钞》卷九,清道光十一年(1831)刻本。

② 李福泰等纂修:《番禺县志》卷四六《张维屏传》,清同治十年(1871)本。

古怀商周秦，古器铜铁石。
记事珠肯捐，缠臂金弗惜。
遥知诗料添，但恐酒债积。①

张维屏六十岁生日时，李光庭有《近作寄求南山批选并颂六旬寿》②。张维屏评曰："贱辰蒙记，远惠佳篇。长联铁石之欢，愧乏琼瑶之报。忽想到识面之初，诗笔飞动，自无平直之患。"并有诗答之，中有"贱辰蒙记忆，远道惠佳篇。乐事儿孙共，交情金石坚"等句③。

道光二十年(1840)中秋，张维屏有《朴园先生寄示近诗一卷，中采及拙诗，因有"陶写流传两无着"之句，率成廿八字奉正，即书卷端》④《朴翁又以古铁镶漆盘见寄，并系以诗。仆以罗浮黄皮果、珠海牡蛎脯奉酬，复附以截句，博一笑粲》⑤《朴园先生寄示近作，有〈开门七事诗〉赋此奉答》⑥等诗作。李光庭晚年著《乡言解颐》，内有《开门七事诗》，分咏柴米油盐酱醋茶。

道光二十二年(1842)长夏，张维屏读李光庭诗稿，有诗：

青莲雅望竹虚心，仙李蟠根种福深。
最喜海筹添绛甲，恰逢岁运协林壬。
凤池奕叶传嘉话，虎榜连科报好音。
鹤算鸿篇俱寿世，膝前兰玉况森森。

紫霞双酌嬔刘樊，薛凤荀龙聚德门。
家集定编三百卷，仙风常守五千言。
酒豪谈笑东方健，诗老声名北斗尊。

---

① 《虚受斋诗钞》卷十，清道光十一年(1831)刻本。
② 《虚受斋诗钞》卷十二，清道光十一年(1831)刻本。
③ 《虚受斋诗钞》卷十二，清道光十一年(1831)刻本。
④ 《虚受斋诗钞》卷十一，清道光十一年(1831)刻本。
⑤ 《虚受斋诗钞》卷十一，清道光十一年(1831)刻本。
⑥ 《张南山全集》第2册，第445页。

为问香山图绘否，可容添个曲江孙?①

该年李光庭七十寿，张维屏有诗祝寿。李光庭《答南山司马遥寄寿词》中有“尺牍家书似，开缄字抵金。七旬衰马齿，万里故人心”“别来逾十载，如结是兰襟”“雪堂赓唱起，直到鬢双皤”等句②，记述了二人老而弥坚的友情。

道光二十七年(1847)，张维屏有《朴园丈咏菊，最爱旧朝衣一种，因为诗乞之》诗③。

道光二十九年(1849)，张维屏七十寿，李光庭有《寄祝南山二兄七十寿》④。

道光三十年(1850)，张维屏有《朴园尊丈惠诗并寄古铜器，赋此奉报》⑤。

咸丰二年(1852)，李光庭八十寿，张维屏有《李朴园先生八十寿诗》，其一云：

诗人眉寿谁尤著，唐有香山宋放翁。
八秩先生今老健，千篇传诵昔贤同。
胜游曾继东坡叟黄州赤壁，抑戒还师卫武公。
兰玉满庭松柏茂，鹿鸣嘉宴庆重逢⑥。

其二云：

君家老聃百余岁，我家柱史年百余。
两家裔孙并眉寿，各有精力能著书。朴翁著书百余卷，屏所著亦百卷有余。
著书之暇复饮酒，同是四朝老诗叟。

① 《虚受斋诗钞》卷十二，清道光十一年(1831)刻本。
② 《虚受斋诗钞》卷十四，清道光十一年(1831)刻本。
③ 《张南山全集》第2册，第509页。
④ 《张南山全集》第2册，第554页。
⑤ 《张南山全集》第2册，第553页。
⑥ 《张南山全集》第2册，第568页。

愿挽天河洗甲兵，喜见太平开笑口，手制铙歌酌大斗[①]。

咸丰六年(1856)，李光庭重宴鹿鸣。李光庭有《寄怀南山先生》诗：

三十年来友亦师，七千里外屡缄诗。
桑榆景系斜阳日，松柏心坚晚节时。
老去吟情商旧雨，篇中姓字认新知。
醇醪无量期公瑾，赏菊卮连介寿卮[②]。

该年，李光庭八十四岁得子，此子与长子李藻相差一甲子，亦人间罕有之事。张维屏闻讯，有《朴园封翁自都中寄示近诗，属为点定，并有诗见怀，赋此奉报》：

地北天南两老翁，七千余里寄诗筒。
但能解脱何愁病，已得康强敢怨穷。
橄榄味回书卷里，菊花香入酒杯中。
如公晚福真难及，八秩犹占吉梦熊。公今年八十四也，有弄璋之喜。[③]

咸丰九年(1859)，张维屏去世，享年八十岁。次年，李光庭去世，享年八十八岁。

四、“七千里外故人思，珠树欣看第二枝”

李光庭与张维屏友情厚密，张维屏诸子也敬重爱戴这位前辈。李光庭对这些晚辈也颇多教诲扶掖，尤与张维屏第三子张祥鉴交往最多。

---

① 《张南山全集》第 2 册，第 606 页。
② 《张南山全集》第 2 册，第 643 页。
③ 《张南山全集》第 2 册，第 643 页。

张祥鉴(1809—1845),字韶台。道光十九年(1839)举人,善作词、擅绘画。娶临川李秉绶之女。画有家法,闺房翰墨相尚,见称于时。

道光三年(1823)十月,张祥鉴随侍张维屏于黄梅县署时,便读过李光庭的诗[①]。道光十六年(1836),张祥鉴来京参加乡试,带来了其父对李光庭的问候。李光庭喜而有诗《南山司马次公子韶台来自粤东惠珍志谢》:

七千里外故人思,珠树欣看第二枝。
话到岭梅兰语惬,携来溪砚石交贻。
清尊长勺还赊酒,筠管花笺重写诗。
纨箑欲开惊节序,忆君江上纳凉时。[②]

张祥鉴和诗云:

十年前早诵公诗,今见须眉慰梦思。
预约笙歌三雅会,更欣珠玉一编贻。
来当京国消寒日,话到江堤卷浪时。
停舫清谭幸陪侍,春风披拂及孙枝。[③]

李光庭又作《韶台来自粤东,询悉松庐清况,适接张鹿樵前辈寄答诗信,三人恍如觌面,喜吟四十字》,中有"老辈交如此,儿孙永念哉"之句[④],希望两家后人永远记住二人的一生友情。此后,李光庭与张祥鉴多有唱和往还之作。道光十七年(1837)九月,张祥鉴旋粤,李光庭赋诗送之[⑤]。

---

① 张祥鉴《和〈南山司马次公子韶台来自粤东惠珍志谢〉》有"十年前早诵公诗"之句。诗见《虚受斋诗钞》卷五,清道光十一年(1831)刻本。

② 《虚受斋诗钞》卷十,清道光十一年(1831)刻本。

③ 《虚受斋诗钞》卷十,清道光十一年(1831)刻本。

④ 《虚受斋诗钞》卷十,清道光十一年(1831)刻本。

⑤ 李光庭:《送韶台旋粤省觐》,《虚受斋诗钞》卷十一,清道光十一年(1831)刻本。

道光十九年(1839)八月,张祥鉴以粤省第二名中举。李光庭闻讯,赋诗贺之[①]。

道光二十年(1840),张祥鉴、张祥芝、张祥晋[②]昆弟来京。立夏日,张氏昆季招饮陶然亭,李光庭有诗记其事,张祥鉴和之[③]。复以女弟兰士[④]画扇请李光庭题诗,得“昆季成三雅,文章聚一家。绮怀兼咏絮,此扇合笼纱”之句[⑤],对张氏兄妹才华表示赞赏。

张氏昆季旋粤,李光庭有诗送之,并赋诗寄张维屏[⑥]。

道光二十二年(1842),李光庭七十寿,张祥鉴遥寄寿词四首,李光庭有诗答之[⑦]。

李光庭《乡言解颐》卷五《张笔》记述了这样一则故事:

> 张韶台祥鉴孝廉,南山司马第三公子也。在黄州时方成童,即爱诵余诗,亦夙缘也。诗文具有家学,书亦工楷,方期远到。丁酉,来赴北闱,时相觞咏。中副车,归里。己亥,魁粤榜。庚子、甲辰,两次欢会,讵归后竟以疾逝,可惜也。公车来时,赠笔数枝,上镌“小松庐自制停舫吟诗之管”。停舫,余斋名;小松庐,其书屋也。余谢之曰:“今而后停舫安然无恙矣。”韶台愕然问故,余曰:“数年前,有乡客主余,适其友来访,见此额,问:‘这两个字现成么?’客摇首曰:‘未必现成。’余窃听之,爽然若失。既而思之,初额之时虽是偶兴,然唐人诗云‘停船暂借问’,又曰‘停舫临孤驿’,似非臆

① 李光庭:《小春杪喜闻张韶台捷音》,《虚受斋诗钞》卷十一,清道光十一年(1831)刻本。

② 张祥芝,字瑞墀,张维屏侄。张祥晋,字宾嵎,张维屏第六子。

③ 《虚受斋诗钞》卷十二,清道光十一年(1831)刻本。

④ 张兰士,名秀端,张维屏四女。

⑤ 李光庭:《张韶台、瑞墀、宾嵎三昆季以其女弟兰士画杏送行扇属题》,《虚受斋诗钞》卷十二,清道光十一年(1831)刻本。

⑥ 李光庭:《补送张韶台昆季旋粤》《寄南山》,《虚受斋诗钞》卷十二,清道光十一年(1831)刻本。

⑦ 张祥鉴《遥祝四首》,自注:“丁酉(1837)在都,曾预寿筵。”李光庭《答韶台孝廉遥寄寿词》,有“桑榆垂暮景,珠玉落遥天”之句。诗见《虚受斋诗钞》卷十四,清道光十一年(1831)刻本。

撰。今得君镌之管城,来从海国,江山阅历,文采风流,犹不足以为将来之现成故实乎?”相与一笑。

难得同心友,生平夙好知。松庐亲制笔,停舫劝吟诗。我梦生花杳,君才染翰宜。玉楼伤赋早,搦管怯临池。[①]

陈永正等辑《粤诗人汇传》(岭南美术出版社 2009 年出版)所录张祥鉴生平资料甚简略,本节考述可补其不足。

结语

李光庭与张维屏自黄梅初识,即觉性情相近,意气相投,惺惺相惜,结下了深厚的情谊。此后数十年,两人一直保持着这种友情,且老而弥坚,终生不渝。说两人是知己、知音,恐不为过。

结合两人生平经历考察,二人能相识即相知,且始终如一,不为无因。比如,二人同为科举正途出身、同以知府致仕、居官均有惠政、同以著述自娱晚年、同为科举世家、同有爱国家风、同为著名诗人等,都可认为是二人友情能够牢固、持续、长久的重要因素。

总之,在李光庭和张维屏的人生图景中,对方均是重要人物,以上所述的二人交游的事实,即是明证。

(王立香、宋健,天津地方学者)

---

① 李光庭:《乡言解颐》,中华书局,1982,第 90 页。

陆文郁、陆文辅清末民初社会活动补遗*

李琦琳

天津书画家陆文郁(字辛农),被誉为中国生物学画派的创始人,也是博物馆学家、植物学家、文史学家,天津市文史研究馆首批馆员。陆文郁的姐姐陆文辅(字阐哉)是天津早期女教师的代表,很早就闻名于天津教育界。姐弟二人曾积极参加社会活动,但关于他们参加禁烟会、天足会的情况,《蘧庐集》《天津近代人物录》《天津文史丛刊·已故馆员陆辛农先生研究专辑》①等著述均未提及。故,本文就相关史料补遗如下。

一、陆文郁与中国国民顺直禁烟会

20世纪50年代,陆文郁曾在《新晚报》刊发《最早的天津"烟民"》《旧日禁烟的鬼把戏》《烟鬼之形成》②等稿件,讲述了天津鸦片的输入和"烟民"形成的情况。《旧日禁烟的鬼把戏》一文,还提及了禁烟运动宣传文件的内容和天津的禁烟组织"禁烟会",且详细描述了在南开志学社操场焚烧烟具、烟土的过程,文称:"周边搭着席棚,中间空场,堆起查拿没收来的烟具、烟土。席棚里设

* 本文曾发表于《天津史志》2023年第2期。

① 陆文郁:《蘧庐集》,天津人民出版社,2019;中国人民政治协商会议天津市委员会文史资料研究委员会编《天津近代人物录》,天津市地方史志编修委员会总编辑室,1987;天津市文史研究馆编《天津文史丛刊》第十期《已故馆员陆辛农先生研究专辑》,1989。

② 陆文郁:《蘧庐集》,第457-458页。

着座位,请来好些中外官绅参观。"陆文郁能对上述情况如此熟悉,缘于他曾参加过中国国民顺直禁烟会。

中国国民顺直禁烟会由张伯苓、严修组织成立,张伯苓任会长。1910 年下半年,该会已预成立,初定名为"中国国民禁烟会顺直分会",很快即参与禁烟活动并向清政府提出建议。《大公报》1910 年 11 月 23 日,《国民禁烟会之筹议》载:"自中国国民禁烟会顺直之分会成立以来,签名入会者极其踊跃,除学界全体赞成外,其各界签名者数日间已达六七百人之谱。日昨,该会得有政府将与英国改订新约消息,立即约集发起人,在南开私立第一中学堂顺直分会临时事务所开会筹议办法。决定一面电请外部速废旧约勿订新约,一面上书于外部及政府并摄政王。复约定咨议局议长阎瑞亭君日内到会,筹商联合各省协力同争废约事宜。兹将昨日致外部电文录下:'外部钧鉴,中英鸦片旧约请速争废,万勿再订新约,中国国民禁烟会顺直分会同叩。'"

1910 年 12 月 4 日,中国国民禁烟会顺直分会成立大会在私立南开中学堂召开,官绅学报工商各界与会者约千人,礼堂几乎无立足之地。会议公举丁义华、张伯苓、严修、宋则久、伍星联、华午晴、王竹林、温世霖、顾叔度、林墨青等发起人为职员,张伯苓为会长,宋则久为副会长。

该会成立当日,《大公报》刊出《中国国民禁烟会顺直分会简章》。由简章可知,该会宗旨为:实行缩短禁烟年限并请求英政府废止鸦片输入条约。会址暂借南开中学,主要工作为:联合各省及各府、厅、州、县、自治团体各设立国民禁烟分会;商请资政院及各省咨议局协助政府及各省督抚缩短禁烟年限并严定法令实力奉行;联络英国十年国耻纪念会以通声气;知各国教会、慈善会藉广声援以申正义;广著论说分登英文、华文各报以资鼓吹;以国民名义,呈请外务部与英政府预行约定,至新定缩短年限届满时为废止鸦片输入条约之期。1910 年 12 月 6 日,该会名定为"中国国民顺直禁烟会"。①

陆文郁成为该会会员后的活动情况,梳理《大公报》记载如下:

1910 年 12 月 23 日,《四志顺直禁烟会》:十七日晚八点开全体大会,

① 《再记顺直禁烟会之职员会》,《大公报》1910 年 12 月 10 日,第 3 版。

由书记陈蔗圃报告上次会议待办之事，由会长张伯苓、副会长宋则久提议会内应研究各事……，编辑股员因本业事繁，未能每期必到，由会长提议汉文书记陈蔗圃兼理编辑事，公众赞成，会计股沈祜宸亦愿入。编辑股新入会员陆辛农关于绘画之事……

1911 年 1 月 4 日，《六志顺直禁烟会事》：十二月朔日晚八钟开职员会……图画最能警动人，现拟请陈恭甫、陆辛农两君绘作警人之画，陈陆两君认可。

1911 年 1 月 25 日，《八志禁烟会事》：顺直国民禁烟会于昨二十二日晚八点开会，……关于戒烟鼓吹之画稿，二十五日下午二点，陈恭甫、陆辛农两会员赴禁烟会事务所，会商绘画之事并征取画题。

1911 年 2 月 8 日，《九志禁烟会事》：初七日晚八点半开会，……又陆辛农、陈恭甫两君绘画事，本拟酬以润笔，两君力辞，会员俱敬佩。

上述信息显示，陆文郁入会后，发挥专业优势，义务绘制宣传画。短时间内，陆文郁与陈恭甫就完成了不少画作并发挥了作用。如《大公报》1911 年 2 月 22 日《十一志顺直禁烟会事》载："又报告关于禁烟图画及传单拟不日施送""又直隶各府、州、县曾于去腊由本会通函，现在回信只数处，拟再去信连送图画传单""临散会时，会长分散各职员图画并传单一纸"。陆文郁还帮助禁烟会募集款项，《大公报》1911 年 3 月 6 日《中国国民顺直禁烟会正月所收捐款报告》载："薛献廷先生捐助洋一元，以上一元系经陆辛农先生代募者。"

此后，中国国民顺直禁烟会的活动中不再有陆文郁的名字出现。

二、陆文辅与中国女子禁烟会

中国女子禁烟会由安桐君、张祝春发起，《大公报》1910 年 12 月 15 日《女界禁烟热》载："城内鼓楼西板桥胡同普育女学校安桐君、张祝春两女士昨于该堂发起女子禁烟会，各界女士到者数十人。现正组织一切，不日即择地开进行大会。"由于发起地就是陆文辅工作的普育女学校，她应该就在当日参会的"数十人"中。《大公报》1910 年 12 月的《发起中国女界禁烟会广告》上，陆文辅名列发起人之中,报载:“敬启者:禁烟之事,刻不容缓,欲从根本解除,非女界力助不可。鄙同人不惴谫陋,发起中国女界禁烟会,定于本月二十四日下午一钟假天津普育女学堂会议一切。望我女界同人,大发热诚,鼎力赞助,届期枉驾来会为祷。发起人刘淑元、刘素绚、彭清湘、王元泽、冯光宇、袁祚彦、陆文辅、谢韫、张佩瑾、凌万钟、张淑光、陶淑修、严淑琳、李应兰、徐月华、周砥、杨梦麟、张祝春、庞文垣、张文连、安桐君、郑守贞、孙祖荫、尹宝娟、杨文珍。”

由天津学界妇女发起的中国女子禁烟会,事务所先设于城里,不久即迁址,《大公报》1911 年 1 月 4 日《事务所迁地》载:“鼓楼西板桥胡同普育女学校内附设之中国女子禁烟会事务所,已于昨日迁至河北官立第一蒙养院作为根据地矣。”此后,该会组织架构加紧形成,成立活动也顺利展开。她们研究禁烟工作开展,内部达成共识,推举傅增湘夫人凌万珑为正会长。

1911 年 2 月 21 日,中国女子禁烟会成立大会召开,陆文辅担任了会内职务。《大公报》1911 年 2 月 25 日《禁烟会成立》载:“天津学界诸女士于去冬组织之中国女子禁烟会,已于本月二十一日在河北第一蒙养院事务所内开成立大会。是日莅会者六十余人,公推傅提学夫人凌万珑为正会长,张祝春女士为副会长,凌万钟女士为书记长兼会计,徐育华、谢韫、周砥三女士为书记,陶淑修女士为会计长兼书记,庞文垣、安桐君二女士为会计,陆文辅女士为庶务长兼开导员,刘淑元女士为开导员兼书记,王元泽、张文连二女士为开导员,杨永贞、郑守真、张佩瑾、李应兰、刘素绚五女士及夏太太为庶务员。首由正副会长报告开会宗旨,并报告签名者已逾千人。前顺直禁烟会副会长宋君则久函索签名单,为上书英政府用者,业经抄录一份送去。次由职员陶淑修、庞文垣、陆文辅、刘淑元、周砥、张佩瑾诸女士暨来宾顺直禁烟会会长张君伯苓并会员黄守璟女士等依次演说,继由北洋女师范学堂诸女士唱禁烟歌。后复议商暂时进行方法数条。”

此次成立大会,张伯苓代表顺直禁烟会与该会进行了业务交流,《大公报》1911 年 2 月 22 日《十一志顺直禁烟会事》载:“昨二十一日晚八点半开会,首由会长报告……又报告女子禁烟会于今日午后曾邀到会,该会设在河北第一蒙养院内,并请演说。因劝其递禀:1. 仿照本会办法,鸦片于今年年终禁绝。2. 劝该会造舆论之鼓吹。3. 劝该女界同人不可有始无终。4. 凡本会中一切章程规则送到该会以便仿办。5. 两会须常常互相通信，以期同谋进行之策。”

中国女子禁烟会积极吸收会员，进行社会宣传，推动禁烟局采取切实有效的禁烟办法。《大公报》1911 年 5 月 31 日《设院戒烟》载：“禁烟局总办袁静庵观察，因见各处所获女烟犯无处拘留，以致私行再犯者时有所闻，议拟特由该局筹划经费，设立女戒烟院，为女犯拘留禁戒之所。已于星期日在河北第一蒙养院女子戒烟会内，邀请顺直国民禁烟会及天津县戒烟会并女子戒烟会各会员筹商一切办法。”1911 年 9 月，天津女子戒烟医院成立，分为强迫室、普通室，无论贫富老少，均可到院戒烟。每日食宿、医药费用均由医院负责，不收分文。

在中国女子禁烟会担任庶务长兼开导员的陆文辅，比起仅为中国国民顺直禁烟会会员的陆文郁，发挥的作用更大。但与陆文郁的情况相似，陆文辅在女子禁烟会的后续活动中也不再有消息。

三、姐弟同入天足会

缠足是禁锢和残害中国妇女上千年的恶俗，受其影响者以汉族妇女为主。清顺治、康熙两朝曾颁令禁止缠足，但主要是针对仿效汉族进行缠足的满族妇女和官僚阶层。太平天国时期，洪秀全曾在江南一带禁止缠足，违者斩首。但这些禁令，都没能使得这一恶俗革除。1895 年，英国人立德女士在上海创办天足会，推行各省，大声疾呼，号召妇女放足。光绪二十四年(1898)，康有为奏请禁止妇女缠足。光绪二十七年(1901)，光绪皇帝颁旨劝汉族女子放足。此后，各省督抚纷纷出示劝论，提倡天足。1906 年，直隶天足会创办。1911 年 7 月 30 日，天津县天足会在袜子胡同议事会会场开成立会，推举陈蔗圃为正会长，郭东潮为副会长，严修、张伯苓、宋则久等为职员。很快，陆文辅、陆文郁姐弟加入了天足会并服务会内事务。

1911 年 8 月 27 日，姐弟二人同时加入了天足会。《大公报》1911 年 9 月 2 日《津邑天足会开职员会纪事》载：“本月初四日下午四钟，在河北三条石本会开职员会。首由书记员耿君幼生宣读上月十九日开会纪事，随由庶务员钱君玉振读会中办事日记。继由会长陈君蔗圃报告于上月二十一日在县署邑绅茶话事，计李君嗣香诸君三十余人(曾登前报)，并请姒邑尊认为会员，亦蒙允诺。

又报告男界愿任为职员者,刘君丹甫、刘君子芳、汪君桂生、徐君幼年、王君槐孙、徐君襄平、张君翔洽、朱君寿钧皆入劝导股,温君立庵入筹款股,陆君辛农、郭君少庭入编辑股,张君治瀹、朱君文彤入庶务股。又女界愿任为职员者,陆阐哉、陈武仲淑、俞文贤、王品清、王化普、王学勤诸女士入劝导股。又宣读上巡警道宪及天津县尊禀、致直隶天足总会函。又报告本会事务日繁,应聘庶务、文牍各一员,众皆赞成。又谓各股公推股长一人、副股长一人,以专责成。公推劝导股男界林君墨青为正股长、李君桐冈为副股长,女界陆阐哉为股长。”入会前后,姐弟二人为该会进行了捐款。《大公报》1911 年 8 月 30 日《天津县天足会捐款》载:“李秀圃五角、张荫棠五角、王伯辰五角、陆梓龄五角、刘荫生五角、女士王学勤五角、女士陆文辅大洋五角、陆文郁大洋五角……”

作为劝导股的股长,陆文辅提出要先从会员家属放足入手,以起到示范作用。1911 年 9 月 24 日的职员会上,陆文辅等人称:“会员家中妇女果能尽属展足尚难悬断,应即周查。”①会员们均表示赞成,陆文辅则主动请缨承担了这项工作。

1911 年 11 月 5 日,天足会职员会上,会员纷纷提议推举女副会长一人,绝大多数会员均建议由陆文辅担任,此提议得到了正副会长的认可。1911 年 12 月 26 日,陆文辅正式就任天津县天足会副会长。《大公报》1912 年 1 月 19 日《天足会纪事》载:“天津县天足会于上月二十六日下午三钟在东宣讲所开职员大会,由陈会长介绍上次举定之副长陆阐哉女士,众起立欢迎。”此次会上,会长请陆文辅第二天开始到各女子小学实地调查,发挥自己在教育界服务多年的优势,召集各校的女教习入会,以借助她们的便利条件劝导女生放足。1912 年 1 月 21 日,陆文辅在会上报告了调查情况,即“前次亲身所查之官立第二、第三、第五、第九、第十各女学堂实行放足者,惟官立第三为最著,其余津埠女学俟再调查。”②

关于陆文郁在天足会的活动,未见报载。他所加入的编辑股主要从事宣传工作,订有《天津县天足会编辑股规则》。1911 年 8 月 27 日,天足会职员会上

---

① 《职员会纪闻》,《大公报》1911 年 9 月 30 日,第 3 版。

② 《职员会补志》,《大公报》1912 年 2 月 7 日,第 3 版。

就已提出“请工于绘事者,专画缠足之苦,天足之便,知会西乡各画店照刊印行。”陆文郁有绘画的专业特长,想必是在此发挥了很大的作用。

四、陆文郁姐弟淡出禁烟会的原因分析

1911年10月10日,辛亥革命爆发,此后,清政府很快被推翻。政局的动荡,无论是禁烟会还是天足会,活动均受到严重的影响。受革命思潮影响,陆文辅投身女子参政同盟会,以寻求更大程度的妇女解放,陆文郁则参加了红十字会。陆氏姐弟淡出禁烟会的原因之一。

更主要的原因,是他们在参加禁烟会的过程中,逐渐地认识到在当时的社会制度下,无论是官方禁烟机构还是民间组织,都无法在中国禁绝毒品。

陆文郁《旧日禁烟的鬼把戏》中提到的禁烟活动,《大公报》1911年8月28日《顺直禁烟会焚毁烟具开会纪事》详载如下:

> 本月初一日,为中国国民顺直禁烟会开焚毁烟具大会之期。会场在南开中学堂前操场地方,会场四周均插以旗帜,上书警惕各语。会场内南方有官棚三间、绅棚三间,内外悬挂龙旗多面并间以万国旗帜,迎风飘洒,颇为辉煌,东方有军乐棚一座。直向会场正门上悬布制横匾一方,上书“中国国民顺直禁烟会焚毁烟具大纪念”数大字。未入会场时即远远望见北方系焚毁烟具场,该场四周拦木栅两层,中置烟具五大堆,各堆如塔式。官绅棚前不数武置演说台,面向北。演说台与焚毁烟具场之中间设有高台一座,上书“副会长报告处”。
>
> 是日三点开会,先由副会长登台呼:“振铃开会!”铃声起。复闻副会长报告:“奏国乐!”来宾诸君俱起立。国乐作后又闻副会长报告开会宗旨,其词云:“今日开焚毁烟具大会,乃为绝彼毒物,拯我万民,表示国民禁烟之真意,答报万国协助之隆情。”报告毕,乐再奏。乐止又闻副会长报告:“请地方长官演说。”随有禁烟局总办苏观察委托会员严君约敏代读演说词。乐三奏,又闻副会长报告:“请外宾演说。”随见有美国领事官演说,又有德国副领事官、俄国领事官代表及万国改良会代表丁君义华相继演

说。又闻副会长报告:“请顺直各界来宾演说。”随见有纪君管涔登台。演说毕,乐四奏,相继又有王君伯辰、陈君蔗圃演说。乐五奏,又闻副会长率全体会员表示志愿,其词云:“我国民沉沦鸦片数十年,今乃觉悟,焚毁烟具,誓绝根株,今而后愿我国四万万人民共进文明,同登寿域,凡我会员皆当祝我大清国万岁!大清国皇帝万岁!”随闻呼:“大清国万岁!大清国万岁!”众声如雷霆。又闻副会长报告:“焚毁烟具万岁!”同声四字,旋见北方烟火怒发,风声、火声与竹爆声相济,复有鼓掌声不绝于耳。火稍熄,又闻副会长致谢来宾,其词云:“今日开焚毁烟具大会,蒙地方长官监视及各国领事官、巡捕官惠临,更有顺直绅商各界远道与会,何胜荣幸,刻烟具焚毕,鄙人谨代表本会全体会员顿首百拜,以致谢忱。”即闻副会长报告“振铃闭会”,复奏乐送客,时约五点钟矣。

是日外宾到者有:俄国领事官代表百君及翻译官某君,美国领事官暨其夫人,德国副领事官及书记官,日本警察公署副长及稽查长森山武利先生,法国兵官及英国海牧师,北京、天津英文时报馆主笔,天津英文星期报馆主笔,天津益闻西报馆主笔,万国通信新闻报馆总理及天津青年会干事诸君。地方官到者:交涉使代表某君,巡警道宪叶观察,禁烟总局总办苏观察,天津府严太尊,天津县姒邑尊……到者不下二万人。凡当奏乐演说节止之顷,辄鼓掌之声不绝于耳,诚盛会也!

想此番焚毁烟具之后,我国禁烟效果必又猛进一步。闻近日接到顺直各分会来信,拟于同日举办焚毁烟具者颇多。又见禁烟一事人人赞成,大可为我国前途贺。又有官立第一、第二、第三等处戒烟医院带来白话传单数万张,委托本会员散放,直至闭会而止。

此次禁烟活动,是中国国民顺直禁烟会的大事,作为积极参加禁烟会的陆文郁一定是亲临了现场,而且位置靠前。所以他在《旧日禁烟的鬼把戏》中给出了事情真相,文称:“先由警察厅长演说,接着由监察员检查应烧的烟土,发现大批印度大土是假充的,当场要求警察厅长把真的拿出来。警察厅长恼羞成怒,同监察员立在一起,彼此歪眼相看,斗起口来,活赛连环套,其实双方全是烟鬼。有人出来了事,才胡胡弄弄把这场假动作给圆了场。”知晓真相应是他们离开禁烟工作的最主要原因。

五、余话

陆文辅的主要成就是为天津早期女子教育作出的贡献,同时也不断的传播着幼儿教育的方法。1906 年的《敝帚千金》杂志即连载了她的演讲稿《一家的监督》,该文从六个大方面详细讲述了幼儿抚养的科学方法。急公好义也是她鲜明的性格特点,《大公报》1907 年 3 月 17 日《中国妇人会收到赈捐》载“教员陆阐哉贞女第二次捐一元”,可见这已经不是第一次捐款。

各种社会活动为陆文辅赢得了广泛的赞誉,在她病逝后,由严修、温子英、李芹香、林墨青等发起,在普育女学校为她举办了追悼会。《大公报》1915 年 11 月 16 日《哀悼会志详》载:“普育女学校于前日午后二钟,在本校内为教员陆阐哉开哀悼会,已略志昨报。兹将开会秩序补志如下:1. 振铃开会,2. 奏乐,3. 会员报告,4. 会员报告陆先生行述,5. 会员致祭,6. 学生致祭,7. 来宾致祭,8. 学生读祭文,9. 学生哀悼歌,10. 会员读祭文,11. 奏乐,12. 会员演说,13. 来宾演说,14. 陆先生家族答谢,15. 奏乐,16. 闭会。是日各界男女来宾莅会者计五百余人,会员演说者为温子英、宋则久、李六更、马千里、温阮天真女士、聂守贞女士等,语意沉痛。又会场中悬挂挽联七十余幅,兹择优抄录以纪其盛:其家族陆辛农君哀联为‘痛吾姊好学一生事亲尽诚抚弟尽义矢志总期光女界,磋群仲羁身万里病未能侍窆未能临抚哀何以对同胞’;顾叔度先生挽联为‘贞德北宫高芸阁瑱环曾早撤,秋声东越苦荷湖风雨不胜愁’;温子英挽联为‘矢志艰贞人莫及,效忠教育我不如’;李六更挽联为‘阐哉先生千古,六更小弟一哭’;天津女子中学校学生郭效苏女士挽联为‘最伤心琴亡星殒,忍撒手李艳桃浓’。并闻当场解决出殡日期,为月之二十一(即阴历十五日)上午九钟。时至四钟宣布闭会。”陆文辅去世时,陆文郁正在美国参加巴拿马赛会,他的挽联如何能挂在现场呢?是越洋电报发回,还是别人代笔?陆文郁的相关文章未载。

十余年后,陆文辅的事迹载入志书,1931 年出版的《天津志略》载:“陆文辅为女教育界之先进。当时满城皆桃李,乡人咸称为阐哉先生。辛亥革命时,曾纠合女同志,立女子参政同盟会。”

陆文郁在天足会的具体活动虽不详,但二十多年后,他却与天津一个研究缠足的大家产生了交集。1936 年,姚灵犀著《采菲录初编》,此后陆续出版“采菲”系列,在当时的社会引起轰动,时人对姚灵犀评价褒贬不一。姚灵犀也曾因此入狱,且晚景凄凉。《采菲录第四集》(1938 年出版)中出现了介绍缠足方法的插图,署名为“老辛”。虽然陆文郁绘画署名也是“老辛”,但此“老辛”却不是他。从姚灵犀的记述可知,此时他尚未见过陆文郁。《新天津画报》(1940 年第 11 卷第 12 期)载姚灵犀的诗一首,姚灵犀称:“陆君辛农,津门老画师也,神交已久,未获一面。前承戴允抝相介,晤言之次,即绘秋菊见赠,并题‘人澹如菊’四字,感而谢之。”姚灵犀的诗为:“放翁纵笔借秋光,写出黄花晚节香。人澹更添知已感,本来心性抱孤芳。”即 1940 年二人才初次见面。后来,姚灵犀出席了陆文郁的生日宴会,并把见面的情况刊发在了《新天津画报》(1941 年第 1 卷第 24 期)上,文称:“山阴陆辛农先生,以画名于津市,诗词亦有风致,山水、人物、花卉俱臻上乘。神交已久,今秋欣获识荆,每有公燕,饱聆教益,并快新作。嘉平二十五日,适逢寿诞,以词祝之。”姚灵犀所做祝词如下:

金缕曲

春信舒梅柳,玳筵前、红酥织爪,黄藤美酒。俱作放翁新受用,共祝词坛泰斗。时已值、醉司命后。活色生香矜彩笔,播芳声、艳说传神手。诗与画,倾心久。

多情潘令偏难偶,叹年来、愿乖偕隐,义能独守。我劝衔杯还旷达,绕膝佳儿佳妇。又喜见、孙枝競秀。从古烟云能养性,算画师、都是期颐叟。持此意,为君寿。

姚灵犀的《金缕曲》,上阕高度评价了陆文郁的艺术修为,且从前面的诗到这首词均有“放翁”二字,彰显文脉传承。下阕第一句后注“今年有悼亡之戚”,时值陆文郁的妻子过世不久,席间定是谈到了这个话题,且陆文郁决定不再续娶,故词中有“义能独守”。姚灵犀并在见报时注明其出处,即“王摩诘丧妇后三十年不娶,人称其义先生,亦守义不再娶。”继以王维、陆游类比陆文郁之后,姚灵犀又描写了陆家儿孙满堂的幸福生活,劝其早日走出丧妻之痛。

从姚灵犀的诗和词中可以看出,他对陆文郁是以学生自居,恭敬崇拜有加,但目前所见陆文郁的各种著述和文章中,对二人交往均未提及。

(李琦琳,天津市历史风貌建筑保护中心)

弓仲韬在北洋法政学堂*

刘国有

1911年秋至1914年冬，弓仲韬在天津北洋法政学堂求学的三年时间里，亲历了辛亥革命和民国的建立、参加了北洋法政学会、受到了革命意识的熏陶、结识了北方政坛的若干重要人物，特别是他后来的政治引路人李大钊。因此，这是他人生中的重要阶段。

一、弓仲韬在津学习若干情形考

关于弓仲韬在天津的学习方面，资料很少，我们只能根据仅有的信息作些浅近的推测。1913年《北洋法政专门学校同学录》的《附录》，张恩绶长校时编纂的同学录中，有登记弓钤，字仲韬，22岁，直隶安平人，联系地点为"本县高等小学"。同年，白坚武27岁、李钊25岁。照此推算，弓应比李大钊小三岁，如果李大钊生于1889年，弓仲韬应生于1892年。这与流行的弓仲韬1886年生人之说相差6年。

关于弓赴津求学的动机，既然他要求学"法政"学堂，自然要学习法政，为投身政治服务。那么在辛亥革命爆发的前夜，弓仲韬到底是怎样的政治观点呢？大体推测，其主张革命的可能性更大一些。当时，声势浩大的国会请愿运动已经失败，青年学生趋于激进，"立宪派运动失败，而革命派进行越发有力，

---

* 本文曾发表于《党史博采》2023年第6期下。

从此立宪派的人也都倾向革命”。[1] 这个判断也应适用于青年学子弓仲韬。

关于其选择来津求学的原因,其实安平至津没有直达火车。衡水赴津须绕道北京或沧州。相反,到北京或保定则方便得多。但保定和北京的法政学堂都不招收小学生,只有北洋法政学堂设中学班,招收小学生。其次,天津是清末新政的试验场、是北方进步运动的中心,“那时中国北部政治运动的中心,首推天津,天津以北洋法政学校为中心。所以我校在政治运动史上,很关重要。”[2]这是弓舍近求远到津求学的主要原因。

弓仲韬投考北洋法政学堂,除以上因素外,或还得益于《大公报》广告,抑或同乡亲友推荐。研究者所熟知的衡水老乡李青峰(字采岩,冀州人)、李培藩(字凝修,衡水人)、张润之(字泽民,武强人),均为李大钊在津同班同学,与李关系密切。或为中学二班的张乃心(字灵府,枣强人),或在津冀南绅士,如学堂老师张恩绶(深县人,后任校长)、高俊彤(字静涛,冀州人)、韩殿琦(字韵湘,新河)。

北洋法政学堂中学班学制8年,中学5年毕业后直升本科,“宣统元年…八月添设中学,招第一班学生八十人。”宣统元年即1909年。按每年一班推测,弓仲韬所在中学三班应为1911年秋,辛亥革命前夕入校。1912年,学校改名为北洋法政专门学校。1914年,该校与保定法政专门学校等校合并,更名为直隶公立法政专门学校,“是年…中学第三四班百人,亦于十二月间奉饬合并归入南开毕业,自是停止招考中学班。”[3]即弓仲韬1911年9月前后入读北洋法政学堂,1914年12月离开,此时学校已改名为直隶公立法政专门学校。迄今为止,未发现他到南开的线索,估计就此离津。大体上说,他与李大钊的交集时间为1911年9月到1913年6月近两年时间,应该说交往的时间是充分的。

弓仲韬所在的中学三班,目前未发现影响较大的名人,但比他高一两年的中学同学有些后来声望较高,如中学一班的童启曾、于树德、王宣,中学二班的童冠贤等人,都是激烈的革命分子,北洋法政学堂革命派的主力。“十月革命

---

① 中国李大钊研究会编注《李大钊全集》第四卷,人民出版社,2013,第497页。

② 中国李大钊研究会编注《李大钊全集》第四卷,第495页。

③ 张树义:《法商学院年刊·本院院史》1931年6月。

起,地理教员白毓崑,学生于树德、王宣、凌钺诸人同时奔走革命。”[①]“于永滋、王德斋两位先生是革命派中心人物。”[②]白毓崑即白雅雨,本校教师,于永滋即于树德。

二、弓仲韬与辛亥革命

弓仲韬入学不久即赶上辛亥革命,法政学校有大批师生卷入,白雅雨、胡宪、于树德、王宣、凌钺参加了革命,白雅雨英勇就义,他们应是弓仲韬走上革命道路的最早启蒙者。

辛亥革命前,于树德、童启曾、童冠贤等即参与发起秘密革命组织“克复学会”,出版《克复学报》。白雅雨、胡宪则发起成立共和会,“天津共和会是辛亥起义后,以北洋法政学堂和天津女子师范学堂为中心组织起来的革命团体…公推白雅雨为会长,胡宪为副会长,与南方和京津一带革命团体联系,大概是辛亥年九月间(阴历)的事。”[③]这是辛亥滦州起义的主要领导机构,白雅雨在起义中英勇就义,让李大钊等法政同学受到极大震撼,“给白先生开追悼会,就在这个礼堂上。那追悼白先生挽联的字句,今天我来到这礼堂上,还仿佛有人念给我听!”[④]《克复报》和《民立报》都是同盟会的报纸,大家“都抢着看报”,这些报纸和白雅雨老师的言传身教,应该是弓仲韬等人受到的最早的革命洗礼。

童冠贤(1894—1981),又名启颜,北洋法政学堂中学二班学生,1914 年 12 月转入南开学校,后赴日留学,组织新中学会,于树德、安体诚、周恩来加入其中。童启曾与王宣均为北洋法政学堂中学一班学生,参加北洋法政学会。童启曾,字效贤,民国后任国会议员,支持中国劳动组合书记部劳动立法请愿书。王宣(德斋,1890—1988),天津蓟州人,北洋法政学会会计兼编辑部部员[⑤]。凌

---

① 张树义:《法商学院年刊 · 本院院史》。

② 朱文通整理:《李大钊全集》第四卷,河北教育出版社,1999,第 322 页。

③ 于树德:《回忆滦州起义与共和会》,载中国人民政治协商会议全国委员会文史资料研究委员会编《辛亥革命回忆录 · 第 5 集》,中国文史出版社,1981。

④ 《李大钊全集》第四卷,河北教育出版社,1999,第 323 页。

⑤ 李椝:《十八周年纪念词》,原载《直隶法政专门学校十八周年纪念特刊》。

钺,原名庆钺、子黄,河南固始人,北洋法政学堂别科同学,白雅雨、胡鄂公在津活动的主要助手,还负责联系同盟会代表王葆真。王葆真说:“我与江浩、赵秀章、凌钺等几位同盟会同志,另有秘密的联系,有时孙谏声、白雅雨和凌钺等同来见面。”此外,王氏还指出,“辛亥九十月间,我在天津和白雅雨、孙谏声、凌钺诸同志时常往来,并与本省革命同志江浩…等二十余人,皆有秘密的联系。”①

这就是说,本校中学地理教师白雅雨是天津革命运动的主要领导人,王葆真和江浩等人是重要指导者,别科同学凌钺为他们的主要助手,中学班童冠贤、王宣、于树德为骨干。作为中学班同学的弓仲韬应跟他们比较熟悉,投身革命的可能性很大。但因资料缺乏,笔者难以详细考证。

三、弓仲韬与北洋法政学会

北洋法政学会是张恩绶管理时创办,张校长和同学张竞存、田解并列会长。《言治》会员录第一年入会之“弓铃”,应为“弓钤”即弓仲韬。这是弓仲韬有记载参加的重要的社会组织,该会重要人物还有潘云超、李大钊、郁嶷、白坚武等。通过它,弓与李大钊及直隶政界诸多人物建立了联系。

1911 年 9 月入学的弓钤既可在第一年入会,则北洋法政学会应在该年下半年后成立,至迟不会晚于 1912 年底,因《言治》在 1913 年创刊,此时已有第二年入会者。大体估计是 1912 年 6 月顺直临时议会开会前后成立,因不少会员为顺直临时议会议员,学会的成立料不会过度迟延于此次选举。

该会的领导成员多曾为国会请愿积极分子,张竞存和田解都是天津请愿同志会重要成员,调查部长凤文祺为法政学堂请愿代表;张竞存与郁嶷等曾声明把请愿余款赠给流放新疆的温世霖。除王宣和弓钤等中学同学外,会员大部分为北洋法政学堂已毕业讲习科及李大钊等在校高年级同学,多数已毕业同学为立宪分子,李阑增、丁宗峄、韩体乾、刘梅塘、李培真、李春荣等均曾当选顺直谘议局或顺直议会议员。

---

① 中国人民政治协商会议全国委员会文史资料研究委员会编《辛亥革命回忆录·第5集》,第 416 页。

这些议员大多1910年前已毕业,但因该会的关系及竞选需要,可能经常回校。1909年绅班毕业的潘云超本是国会请愿积极分子,民初又积极宣传社会主义、参与北洋法政学会活动,是民国新闻界名人,也是李大钊领导北方革命的重要助手。大体上说,这是一张独特的北方政治关系网,弓仲韬加入其中,对他维系与北方政界的联系,包括其投身革命,建立中共最早的农村基层党组织,应可提供一定的引介与保护作用。值得一提的是,北洋法政学会还有几位衡水老乡是李大钊密友,如张泽民、李培藩、李之藩(字彦卿,冀州新河人)。也许他们正是弓仲韬和李大钊之间最早的介绍人。

袁世凯解散国会后,北洋法政学会沉寂了几年。随着后袁时代局势的宽松和国会复活,该会也有了复苏迹象。1916年12月30日,白坚武准备同孙洪伊一起赴南京,“预备同伯兰赴宁。嘱北洋法政学会备寿屏。”12月31日,“早刻,知伯兰不去代表北洋法政学会赴宁祝寿”。① 这里的祝寿对象应为冯国璋,此时他已任副总统,仍住南京。1917年1月7日,白拜会冯国璋,“见副总统畅谈,具道代表来意。”白所谓“代表”,即应代表北洋法政学会。孙、白均可充代表,说明他们与学会的密切关系。李大钊1917年回北京后,即筹备续出《言治》。1979年4月1日,《言治》正式出版,到1918年7月共三期。他的《调和之法则》《战争与人口》《大战中欧洲各国之政变》《法俄革命之比较观》等重要文章都在此发表。此后北洋法政学会渐趋沉寂,但仍断续有活动见诸媒体。1918年9月,白坚武到京,捐助北洋法政学会6元②。1919年3月至9月,北洋法政学会多次向北大图书馆捐赠《〈支那分割之运命〉驳议》及汉译《蒙古及蒙古人》,说明此时仍有活动。

作为会员的弓仲韬貌似没有在《言治》上发表文章。但他应可看到机关刊物《言治》和学会发行的其他书刊。李大钊离校留日直至回国、任教北大,及宣传马克思主义等重要动态,弓仲韬都应可通过《言治》、同学录和李采岩等其他校友及时获知。

---

① 杜春和、耿金来整理《白坚武日记》,江苏古籍出版社,1991,第48页。

② 杜春和、耿金来整理《白坚武日记》,江苏古籍出版社,1991,第157–158页。

四、弓仲韬与中国社会党

弓仲韬既然参加了北洋法政学会、可以看到《言治》，而且跟潘云超、李大钊等人建立了联系，那么跟中国社会党有千丝万缕的联系就是顺理成章的。

1911年11月，新成立的中国社会党开始在津公开活动，最早的天津支部筹备事务所就设在《醒报》馆，该报总编辑郭究竟和编辑潘云超都倾心社会主义，在该报连载刊文，大力宣传，“社会主义……手段虽异，然皆不外扶世救民，扫除君主之尊严，打破贵族之阶级，而一洗旧日专制压抑之恶政，而高唱民权，求政治上自由平等真理以求于大同。”[①]“社会主义为二十世纪必经之阶级，未能或逃”[②]。这估计是中国北方第一次有人公开宣传社会主义，极大地影响了李大钊，估计也会深深打动弓仲韬，是他最早的社会主义思想启蒙。

1913年1月开始，中国社会党连续刊发广告，宣布天津支部即将成立：“今订定阳历二月二日在河北李公祠内开成立大会，届时将请社会主义大家江亢虎、张继、丁义华、吴稚晖、卢信[③]陈游侠诸君莅场演说”。[④] 1913年2月11日（正月初六），天津《大公报》广告又说，中国社会党天津“支部现已完全成立，设事务所于东马路崇仁宫内。谨定于每月第一星期下午一时在本所内开支部全体党员大会，每逢星期午前开职员会，特别讲演等大会临时通告。”[⑤]2月2日（腊月二十七）开成立大会、2月11日（正月初六）即开展活动，说明中国社会党天津支部在当年春节前后十分忙碌。李大钊等主持的《言治》月刊也成为社会党重要阵地。1913年5月的《言治》第二期即开始登载社会党主办的《大同》

---

① 英先：《社会党发生之原因》，《醒报》1912年1月6日。

② 缨跣：《缨跣空言》，《醒报》1912年1月15日。

③ 卢信（1885—1933），字信公，广东顺德人，早年加入中国同盟会，主持同盟会檀香山地区机关报《自由新报》和当地党务，民国成立后任中国社会党北京总部文牍干事，国会参议员，司法总长。见胡健国：《近代华人生卒简历表》，国史馆印行，2003。温雄飞：《孙中山先生在檀香山》，原载中国人民政治协商会议全国委员会文史资料研究委员会编《文史资料选辑》第七十六辑，文史资料出版社，1981，第17页

④ 《中国社会党通告》，《大公报》1913年1月24日等。

⑤ 《中国社会党天津支部广告》，《大公报》1913年2月11日。

《社会》《公论》等杂志目录,有的标题一看就知道是宣传社会主义。如《言治》本期刊载的《社会》杂志 1912 年目录就有《工人之无政府主义谈》《社会主义商榷案》《社会主义述古》《人道》《论社会革命之理由》《均贫富浅言》等。《人道》作者卢信即曾参加 1913 年 2 月 2 日社会党天津支部成立大会并发表讲演①。这其中蕴含的大量信息,《言治》读者都可以看到,弓仲韬也不例外。

与此同时,中国社会党的附属组织工党也在天津大力宣传、积极造势,目前尚不知弓是否参与了这些活动,但天津工人踊跃入党的盛况一定给他留下了深刻印象。1913 年 8 月,袁世凯查禁社会党,李大钊与郭须静回乐亭避难②。不久,李赴日留学。这些情形,弓仲韬应大体知情,这是他最早接受的社会主义熏陶,也是最早经受的政治考验。

五、结语

弓仲韬在北洋法政学堂求学时,加入了以北洋法政学堂校友为中心的政治交际网,结识了李大钊等北方诸多政治人物,经受了政治斗争的残酷考验,也应该初步接触了社会主义和工人运动。这些经历是他以后接受马克思主义,投身于伟大历史洪流的早期准备。

(刘国有,天津公安警官职业学院)

① 葛懋春、蒋俊、李兴芝编《无政府主义思想资料选》,北京大学出版社,1984,第 1071 页。

② 《游碣石山杂记》,《言治》月刊第六期。

天津早期革命运动中的谌志笃[*]

邹 宇

近代天津是帝国主义、封建势力重点经营的地方，伴随着新文化运动的展开和无产阶级的觉醒，天津成为爱国志士早期从事革命运动的重要场所。在如火如荼的天津早期革命运动中，有一个人身先士卒，以自身之觉悟唤醒民众之觉醒，为马克思主义的传播、反抗帝国主义和封建势力挥洒了青春热血。他就是谌志笃。

一、一纸血书，名震五四

谌志笃（1896—1970），号石僧，贵州织金人。1896 年出生在贵州的一个殷实之家，1916 年考入天津直隶公立工业专门学校（现河北工业大学前身）。在津读书期间，与周恩来、邓颖超等结为挚友。五四运动期间，作为天津学生联合会会长和天津各界联合会主要负责人之一的谌志笃为激励国人，毅然断指写下血书，表示其视死如归的坚强决心。

五四运动的导火索是由于中国在巴黎和会上的外交失败，原本应该归还中国的德国在山东的租借地、铁路及其他权益转让给日本继承。消息传来，激起中国人民的强烈愤慨。天津是最早响应五四运动的地方之一，五四运动爆发的消息传来，在天津各界群众及爱国学生当中引起强烈反响。1919 年 5 月 6 日，

---

* 本文曾发表于《中国档案》2023 年第 7 期。

在谌志笃和北洋大学学生张太雷、南开学校学生马骏、直隶省立第一中学(现天津市第三中学前身)学生于方舟等人的组织联络下,天津中等以上的10所学校的学生代表和北洋大学学生近千人,齐聚北洋大学礼堂,声讨卖国政府和日本帝国主义。1919年5月7日,各个学校又分别举行了"五七"国耻纪念集会与示威游行,宣传五四运动的经过和意义,学生的爱国热忱日益高涨。

在不断的反帝爱国斗争中,爱国学生在1919年5月14日成立天津学生联合会,谌志笃当选会长。随着运动的开展,学生同天津各界人民建立了联系。为了进一步把各界力量凝聚起来,6月18日正式成立了天津各界联合会,谌志笃当选为联合会的主要负责人之一。当年6月初,在北京街头演讲的几千名学生,很多被北洋军阀逮捕。消息传到天津,谌志笃等几位学生领袖召集学生,冲破军警的包围抵达直隶省公署,要求面见省长。谌志笃作为学生代表同直隶省长曹锐进行会谈,并提出要求省长电告北京政府释放被捕学生,不得阻挠学生上街游行、演讲等条件。最终,曹锐答应了学生的要求。

在轰轰烈烈的爱国学生运动中,学生奔走呼号,罢课游行,抵御外侮,反对出卖国家。然而别有用心之人,造谣破坏,污蔑学生是受人利用,只有五分钟热度。谌志笃为此十分气愤,1919年在6月19日的学生集会上抨击这种行为,称:"这是企图分化我们的团结,摧毁我们的爱国力量,我们绝对要粉碎这个无耻的阴谋。"为了解除大家的疑惑,更为了声援五四运动,谌志笃毅然断指写下血书,血书上言:"学生作事,纯本天良,不为势迫,不为利诱。谌志笃代表天津全体学生宣言",借此表达其愿与爱国学生共同斗争到底的坚强决心。谌志笃的行为感动很多人,进一步推动了天津五四学生运动的开展。1919年7月初,谌志笃代表天津学生联合会邀请从日本归国的周恩来主编《天津学生联合会报》,7月21日报纸问世,日销量万余份。此后,谌志笃与周恩来并肩战斗,为推动天津学生运动的开展,反对军阀和帝国主义势力作出了不可磨灭的贡献。

二、"觉悟"先锋,声讨军阀

经过五四运动的洗礼,天津的一代先进分子迅速成长起来;反帝爱国斗争中,促使他们更加紧密地团结起来。觉悟社就是在这样的条件下诞生的。

1919年8月,谌志笃、周恩来率领天津学生500余人赴京请愿,同各地代表一起,连日露宿在总统府外,要求政府释放被捕代表和学生。在回津的途中,谌志笃、周恩来、郭隆真等讨论今后天津反帝爱国斗争的新方向,提出天津学生联合会与女界爱国同志会要更加紧密地合作,更好地研究和宣传新思潮,成为天津反帝爱国运动的核心。经过10多天的筹备,1919年9月16日,在天津草厂庵学联办公室,革命青年团体觉悟社终于诞生了。谌志笃、周恩来、邓颖超、张若名、马骏等先进青年纷纷参加了成立会。

觉悟社成立后,很快成为天津学生爱国运动的中坚力量。作为新生团体的重要成员,谌志笃更加积极地投身于革命斗争。觉悟社同天津各界联合会、学生联合会等团体一起组织了1919年9月底到10月初的赴京请愿斗争、"双十节"示威游行以及10月20日天津各界万余人赴直隶省公署请愿斗争。在10月10日"双十节"这天下午,天津四万多名学生、市民和各界代表人士齐聚南开学校操场,要求严惩在8月初镇压爱国运动,杀害回教救国后援会会长马云亭等人的凶手马良以及打死唐山学生代表郭友三的凶手,要求北洋政府当局释放为此而遭到逮捕的32名代表,并且举行了天津有史以来最大的一次国民大会。谌志笃被推举为大会的总指挥,周恩来、邓颖超为大会主席团成员。大会结束后,谌志笃等还组织了声势浩大的示威游行,声讨北洋军阀。与此同时,觉悟社成员还联系各方人士,积极营救被逮捕的代表。经过38天的艰苦斗争,迫使北洋政府当局释放了被捕代表,反帝爱国运动取得了胜利。这个胜利离不开以谌志笃为代表的先进学生和各界人士的艰苦努力,为反帝爱国斗争的开展和马克思主义的传播发挥了重要作用。

三、艰苦斗争,营救志士

在1919年10月的请愿斗争后,谌志笃、周恩来等觉悟社成员加紧了学习和研究的计划,几乎每个晚上都在讨论和研究问题,将研究新思潮、探求社会改造道路作为觉悟社的主要任务。随着斗争的深入,北洋直隶省政府愈发忌惮觉悟社以及天津学生联合会等社团的存在,在1920年1月25日悍然将天津学生联合会和天津各界联合会强行查封,并逮捕了前往省公署要求面见曹锐的二十余名代表。在极其险恶的条件下,周恩来提议用数字代替人名,周恩来代号伍豪,意为“五号”,谌志笃代号武陵,意为“五〇”。

学联和各界联合会被查封的消息传来,觉悟社、天津学生联合会等社团骨干分子无比气愤。1920 年 1 月 26 日至 28 日,在谌志笃等人的主持下,觉悟社连续召开秘密会议,商讨下一步如何开展斗争。1 月 29 日,在谌志笃、周恩来等人的领导下,各校师生及社会团体举行了声势浩大的请愿,要求直隶省公署启封天津学生联合会和天津各界联合会,释放被捕代表。结果,周恩来、郭隆真、于方舟等被捕入狱,游行队伍遭到镇压,因为时间发生在 1920 年(民国 9 年),史称“九一廿九”惨案。觉悟社从此转入地下活动。

周恩来等被捕后,谌志笃、邓颖超等开始展开积极营救活动。由于被捕者多达 24 人,谌志笃、邓颖超等便带领学联 24 名代表,背着铺盖卷来到警厅,要求代替被捕的 24 名代表坐牢。这一举动引起很大震动,1920 年 4 月 6 日的天津《益世报》也刊载了《二十四名学生要求替换被拘代表》的新闻,称:“谌志笃(等)在警察厅门前聚齐,要求将被拘代表二十四人换出,情愿代其执行。首由门岗延入接待室内,不久即由杨以德接见……至晚七时,学生代表即行返会,闻尚欲上呈省长请被拘代表与学生代表替换羁押云。”经过斗争,终于争取到同被捕代表见面。

除此之外,谌志笃等天津学生联合会、觉悟社成员采取法律手段,经过细致研究和数次对于情况的勘查,打算聘请著名律师来协助解决此事。学联公推谌志笃为代表,赴京聘请刘崇佑来津。1920 年 4 月 17 日的天津《益世报》亦对谌志笃赴京消息进行了报道,称:“公推谌志笃君赴京聘请法学士刘崇佑来津办理。顷据谌志笃函称,刘君已经首肯云。”

据谌志笃本人撰写的《参加五四运动的几点回忆》一文中透露,刘崇佑在 1920 年 7 月 12 日致天津检察厅的辩护书中,谴责反动当局的违法行为。天津地方审判厅迫于群众的压力,不得已以拘押期间已经抵足刑期为理由的遁词,当庭宣判无罪释放。谌志笃认为:“这次轰动社会的英勇的斗争,不仅是蒙难代表的光荣胜利,也是天津全体爱国人士共同反对日本帝国主义,反对北洋军阀卖国政府的又一次胜利。”

1920 年 8 月,周恩来、刘清扬等人赴法勤工俭学,谌志笃则继续留在天津完成学业，1923年回黔教书，后参加北伐战争。中国人民共和国成立后历任贵州省人民政府参事室参事、贵州省政协委员、省政协文史资料研究委员会办公室副主任等职。1960年5月，周恩来到贵阳视察时，曾与谌志笃会面，二人重叙当年的革命情谊，并将谌志笃女儿谌曼里的遗物当面交给了他。1970年，谌志笃在贵阳病逝，终年75岁。在天津早期革命运动的历史上，永远镌刻着谌志笃的光辉业绩，人民永远都会记得谌志笃为反帝爱国运动、马克思主义的传播作出的不朽功绩。

（邹宇，天津社会科学院亚太合作与发展研究所）

安幸生烈士生平事迹及其对天津革命运动的贡献

——纪念天津总工会第一任委员长诞辰120周年*

刘　昉

20世纪20年代，天津工人运动在党的领导之下迅速勃兴，以安幸生为代表的天津青年工人运动领袖在民族觉醒中成长、在革命实践中锻炼，有力有效开展党的政治宣传和群众发动工作，肩负起争取民众团结、拯救民族危亡的历史使命。安幸生用自己革命战斗的一生，生动诠释了中国共产党人坚持真理、爱国进步的思想和对党忠诚、不负人民的伟大建党精神，对马克思主义的早期传播、天津工运事业发展和工人阶级探索解放自身的道路作出了突出贡献。

安幸生是中国共产党早期党员、天津早期工人运动领袖和天津工会组织的主要创始人，五四运动中投身中国革命事业，领导本地爱国学生运动、农民运动和工人运动，发起成立进步社团，传播马克思主义思想，参与天津地方党组织筹建，担任中国劳动组合书记部天津支部书记和天津总工会第一任委员长，是天津工运事业和工会工作的奠基人，为党领导下的北方工人运动作出了杰出贡献。1927年大革命失败遭奉系军阀杀害，牺牲时年仅25岁。

一、从少年立志救国到革命信仰的确立

安幸生1902年出生于天津北郊河头乡中河头村，本名安毓文，字幸生，号

* 本文系天津市总工会2022年度重点课题“安幸生烈士诞辰120周年专题研究”的阶段性成果。曾发表于《天津市工会管理干部学院学报》2023年第2期。

仁岗，是家中长子。其父安维礼崇尚新学，在家中自办学堂，幸生自幼在家学中启蒙，较早接触了新思想。16岁考入直隶省立第一中学，在校期间结识了于方舟[①]，两人同受新文化思想影响和十月革命洗礼，结下深厚友谊，相约走上革命道路。

1919年巴黎和会外交失败触发了国内革命狂飙，在五四运动影响下，天津爱国进步青年迅速集结，声援北京学生正义斗争。安幸生参加了在北洋大学召开的十校学生代表大会和"五七"国耻纪念集会，声讨日本帝国主义侵略野心，谴责北京政府丧权辱国行径。他参与筹建天津学生联合会，与周恩来、邓颖超、马骏等发动天津大中学校万余名学生罢课示威，带领一中"救国团"两次赴直隶省公署请愿，广泛动员工商各界加入"三罢"（罢工、罢市、罢课）斗争，显露出非凡的组织领导才能，迅速成长为学生运动骨干。

1919年9月和1920年4月，天津先后诞生以研究改造社会问题为宗旨的两大学生组织——觉悟社和新生社，并称进步社团"双子星座"。安幸生为新生社主要发起人之一。李大钊受邀来津讲演，对青年学生致力开创宣传思想阵地的举动给予极大褒奖，安幸生因能力突出、文采出众受到大钊先生格外青睐，担任社刊《新生》主编。《新生》最早提出要在天津建立共产党组织，曾被李大钊誉为"全带社会主义色彩"[②]的革命刊物。1920年秋，新生社改组为天津马克思主义研究会，杂志因宣扬社会主义思想被反动当局查封，社团遭强行解散，安幸生被捕入狱，遭母校直隶一中除名。

获释后，安幸生回到三河头村暂居。因怕牵连家人，就与长工吃住在一处，每天一同劳作，得以更加深入体察民生疾苦。得知县政府巧立名目敛取苛捐杂税，他主动替农民主张权利，集合乡邻到县政府据理力争。当局迫于压力，取消了农民冬天烧炭取暖要缴纳的"烧炭税"和屠宰自家牲畜也要缴纳的"割头税"。抗税成功激发了农民斗争意识，锻炼了斗争能力，在广大村民心中播下了革命的火种，为此后三河头村创建北方农民党支部——"西北乡农民党支

---

① 于方舟（1900—1928），河北宁河人，与安幸生同为直隶省立第一中学学生，五四运动中担任天津学联委员、各联学生代表。曾任中共天津地委首任书记，在玉田暴动中被捕牺牲。

② 《新人》，1920年8月18日1卷4号。

部”打下了基础。

通过积累斗争经验,安幸生对革命形势的判断和救国理想的实现路径逐渐有了清晰认识。1922 年初,听闻党的“一大”召开,他返回城里,联系到新生社社友李培良[①],准备共赴革命洪流。两人经常出入设在恒元纱场工人宿舍的天津工余补习学校。补校设有工人图书馆,售借马列主义书籍和进步报刊,广受工人和贫苦知识青年欢迎,被称为“天津劳工运动的一道曙光”[②]。二人在这里广泛接触工人、阅读进步书刊,很快接受了社会主义思想,迅速融入无产阶级阵营。他们脱下长袍,换上同工人一样的短打扮,学习工人语言,利用教识字的机会启发工人觉悟,灌输无产阶级思想,把全部热情和精力投入到工人运动中。

1922 年 5 月,第一次全国劳动大会召开。为保护工人权益,安幸生组织天津各界游行,提请北洋政府审议《劳动法大纲》,要求合理规定工人工时、工资和劳动条件。同年 8 月,劳动组合书记部天津支部成立,安幸生担任天津特派员,肩负起组织领导天津工人运动的重任[③]。为落实党的二大关于劳动立法的决议,他领导天津劳界率先响应,亲笔致电国会参众两院,敦促通过《劳动法大纲》,称农工同胞为“供给人类幸福之源泉者”,呼吁给予其公平待遇[④]。电文言辞恳切,措辞犀利,颇具感染力和威慑力,彰显出一代工运领袖的勇毅风范。《劳动法大纲》提出实行八小时工作制、废除童工、赋予劳动者集会、结社、同盟罢工权等主张,成为此后工人斗争的实际纲领。

1922 年秋,李大钊安排罗章龙专程来津,吸收安幸生和李培良入党。经过一系列斗争历练,安幸生自觉已找到救国救民的正确道路,义无反顾加入党组织,在弱冠之年完成人生信仰的最终确立,成为坚定的马克思主义者。

---

① 李培良(1903—1931),天津甲种商业学校学生,新生社社员。积极参加五四运动,曾任中共天津地委农工部部长,发动组织纱厂工人运动,大革命失败后历任中共北平市委书记、唐山市委书记,1931 年在天津病逝。

② 《天津工人图书馆募书启事》,上海《民国日报》副刊《觉悟》1922 年 6 月 9 日。

③ 中共天津市委党史资料征集委员会编《马克思主义在天津早期传播》,天津人民出版社,1989,第 20 页。

④ 天津市总工会工会志编修委员会办公室《天津工运百年纪事(上)》,《天津市志·工会志系列丛书》,2014,第 32 页。

二、领导天津工人运动的实践

1923 年 2 月，军阀镇压京汉铁路大罢工，酿成震惊全国的“二七”惨案。安幸生随即号召天津铁路工人一致行动反抗内外压迫。他在《新民意报》副刊《星火》上，披露“二七”真相，声讨吴佩孚罪行，发起募捐支援郑州工友。各路工人纷纷响应施以援手，捐款捐物抚恤因参加罢工失业的工人和死亡工友家属。在他带领和影响下，京奉铁路天津机务处工人声援郑州铁路举行了三天同情罢工，京汉铁路总工会办事处也迁至天津。

这时期，天津先后发生造币厂工人停工息铸事件、为收回旅顺和大连的反帝爱国运动、永丰机制凉席厂工人停业游行事件、茶食行业商店工人罢工，群众性爱国运动此起彼伏，人民斗争情绪高涨。安幸生组织工界并联合学界、妇女界代表上下配合、左右呼应，为争取工人权益、促进民族解放贡献了工人阶级力量。

1924 年 1 月，国民党一大召开，安幸生与共产党员于树德、于方舟、江浩等人以北方代表身份出席会议，落实我党关于建立革命统一战线的部署，团结在津国民党左派，筹建两党地方组织。同年 2 月，国民党直隶省党部和天津市党部成立，安幸生按照中央指示，以个人名义加入国民党并担任农工委员，用国民党党员身份作掩护，秘密筹建中共天津党小组。其间，他联络 26 个团体成立“天津反帝联盟”，撰写发表《反帝联盟宣言》，发动全市工商学界停工罢课，举行“九七”示威游行，声讨帝国主义对中国野蛮暴行，在青年学生和各界群众中引发巨大反响。

1924 年 9 月天津地委成立，安幸生担任执行委员和职工运动委员会主任，他与江浩、李锡九、邓颖超等人分工配合，协调纺织、铁路、印刷、码头等行业，具体负责联系海员和码头工人。为有效开展工作，他混在码头苦力中间一道拉大车、装卸货包，踩着摇晃的跳板肩挑背扛，有时与封建把头、洋行买办巧妙周旋，为工人出头争取利益,有时出面制止不同“帮口”[①]“脚行”[②]工人间的内讧,利用一切时机开展宣传教育,启发工人阶级感情,劝导大家团结起来共同对付剥削他们的敌人。他善于与工人打交道,很快争取到大家信任,建立了码头工人工会[③]。

国民革命思想由南到北席卷全国,中央指示各地迅速发动群众,促成孙中山北上、政治解决国家问题,安幸生与天津党团领导动员组织50多个团体在孙中山来津期间开展盛大迎送活动。他发起成立“天津国民会议促成会”,担任临时书记和文书科主任,起草章程、宣言、通电,号召全体人民拥护和支持“新三民主义”。孙中山病逝后,又为《民国日报》撰文,成立天津“孙中山主义研究会”,颂扬中山先生伟大功绩,表达天津人民继承遗志、为革命奋斗到底的决心。在国共两党党员集会上,安幸生致哀悼词,其间“悲痛难抑,泪如雨下”,与会人员无不动容[④]。

1925年“五卅惨案”震惊中外,激起全国人民极大愤慨。安幸生最先报告上海纱厂罢工情况,明确指出五卅运动的反帝性质。在声援五卅示威集会上,他代表天津地委职工运动委员会作开场演讲,叙述惨案发生经过和帝国主义暴行,为天津开展五卅运动进行总动员。安幸生分途联络天津爱国团体,成立反帝爱国统一战线组织——天津各界联合会(简称“各联”),并被推举为请愿代表。他呼吁工人一致罢工,与学生、商界、各爱国团体及市民群众联合反帝、御辱救国,组织天津死难烈士全国公祭活动,声讨英日帝国主义枪杀华人行径,极大激发了天津人民斗争士气,使天津反帝爱国组织规模在短时间内发展至200余个团体、10万多人。

这期间,在英国教会学校“新学书院”和日本“同文书院”就读的中国学生因参加反帝活动遭校方驱逐,安幸生出席学生后援会,支持学生勇敢斗争,面对

① 地方或行业中借同乡或同行之名结合起来的团体。

② 专门从事搬运服务的机构,脚行一般由行头和脚夫组成,行头负责管理脚行并从中剥削获利。

③ 天津市总工会工运史研究室编《天津工人运动史》,天津人民出版社,1989,第48页。

④ 中共天津市委党史研究室:《中国共产党天津历史·第一卷,1924—1949》,中共党史出版社,2021,第74页。

比自己更年轻的革命力量,他讲道:

> 中国所受之不平等条约,始于鸦片战争,今之帝国主义者,以英为最险恶,日本次之,日本先前亦曾受不平等条约之束缚,至今所以能废除,而与列强并驾齐驱者,非政府之功,乃人民之齐心所致。今沪案发生,世界各国均抱不平,表示反对,即如日本、英国之劳工党亦均与中国表同情,吾欲废除不平等条约,打倒帝国主义,须根据中山先生之遗嘱,唤醒民众联合世界上以平等待我之民族……

讲话分析了世界革命斗争形势和人民团结的重要性,呼吁联合世界各国无产阶级,共同求得民族解放,道出了全民族一致救国的心声。为帮助离校学生解决生计问题,他多方奔走筹集捐款,联络筹建北京黎明中学,使两校学生得以继续学业[①]。

在五卅风暴影响下,国外商船纷纷绕离上海港取道天津。安幸生按照北方区委指令,联系外轮昌升号货船上的党员,组织夔州、惠州、昌升、裕生、奉天五艘船上425名船员登岸罢工,成立"中华海员工业联合会天津支部"[②](简称"天津海员工会"),当选为支部书记。在海员工会宣言中,他写道:

> 我们海员历受资本帝国主义的虐待,使我们不能忍受。然我们相信这绝对不是资本帝国主义者对待我们海员,或中国人民局部的一个小小问题,是世界上压迫阶级对待被压迫阶级一种必然的现象。因此,我们若解决这个问题,也不是单独的一个海员问题,及奉天、夔州、惠州、裕生、昌升五个船上的工人问题,必须联络被压迫阶级共同奋斗。因此,我们五船海

---

① 程抚、石火主编《中国共产党在天津(新民主主义革命时期)》,天津人民出版社,1994,第61-62页。

② 省港大罢工和"沙基惨案"发生后,怡和、太古两个英商洋行急令停泊在香港和上海的商船驶往天津。中央指派赵士炎来津,与李季达、安幸生组成"天津海员罢工委员会"。天津海员工会于1925年7月18日在法租界长春大旅社召开成立大会,夔州、惠州、昌升、裕生、奉天等五轮船员到会百余人,大会通过了《天津海员工会章程》,推举安幸生为支部书记。

员,于本月十八日将中华海员工业联合会天津支部成立。一切事项,归总会指挥,并郑重声明:我们愿随各地海员之后,共谋人类的幸福,及己身之利益。①

宣言反映了长期受压迫人民的苦痛,体现了工人对工会组织的信任与期许,表达了无产阶级对自身革命前途的确定,以及团结起来反抗剥削与强权的决心。罢工中,安幸生沿车站货场至河东大王庄一带发动工人,使海员工会的活动覆盖海上航道及内河码头。他与租界争夺工会办公场所、处置英国牧师造谣事件、瓦解外方雇佣白俄水手分化工人阵营的图谋、妥善安排离船人员生活保障,成功应对各种复杂局面,因办事公允深得工人拥护和各方敬仰。

1925 年劳动组合书记部天津支部成立三周年之际,全市产业工会达 20 余家,会员超 7000 人。为使工人团体“势力集中、指导灵通”,海员、纺织、印刷、油漆、地毯五大工团联合发起成立天津总工会。1925 年 8 月 4 日,总工会成立大会在广东会馆举行,各产业工会代表 50 余人参会。成立大会收到各联、学联等团体致词祝贺,通过了《天津总工会章程》,选举由 15 人组成的执委会。总工会设立总务、财政、宣传、组织、纠察五部,形成天津工会最初的组织机构。安幸生虽缺席成立大会,却凭借在工人中的极高威望,当选为总工会第一任委员长。

总工会成立后,党迅速以六大纱厂为中心,掀起了工人运动高潮。安幸生参与了著名的“闹宝成”和“砸裕大”事件。在宝成纱厂,他代表工人向资方提出不得任意开除和打骂工人、增加工资、午间停车吃饭三项要求,不惧强权据理力争,最终打破僵局,迫使资本家答应了工人提出的条件,罢工取得胜利。

为防止宝成纱厂事态在一墙之隔的裕大纱厂重演,资方借口协商解决工人捣毁工事房一事,纠结反动军阀对各界代表实施诱捕,同时派出军警查封各爱国团体,镇压集会工人,向手无寸铁的群众开枪射击,致使 20 余人被杀,400 多人被捕,轻伤不计其数,造成轰动一时的“砸裕大”事件。这一事件的影响波及

① 中共天津市委党史资料征集委员会、天津市总工会工运史研究室、天津市历史博物馆编《五卅运动在天津》,中共党史资料出版社,1987,第 234 页。

全国,北京、上海代表团来津调查,认为惨烈程度甚于"二七"和"五卅",德国和苏联工会组织也派员来华提供援助[①]。安幸生被扣押四个半月,狱中他与另外四名共产党员秘密建立党小组,组织学习,发展党员,里应外合开展斗争,把敌人的巢穴变成了革命的主场。出狱后,天津地委隆重召开慰问大会,为其颁发"革命先锋"纪念章。

由于长期在外奔波,屡次被捕入狱,家人担心其安危,极力劝阻他放弃革命,回乡安稳度日。长姐问他放弃衣食无忧的生活、跑去参加革命到底图什么,安幸生慨然答道,"我所做的事就是为全天下的百姓都有饭吃、有地种,都能过上和咱家一样的日子",朴素的话语彰显了为国为民的高尚情怀。

1926 年元月 1 日,总工会恢复公开活动,在大东旅社隆重举行升旗典礼,宣告新会址挂牌办公。安幸生作为大会主席发表演说,鼓励工友团结在工会旗帜之下继续革命。他密集组织"天津国民讨张(作霖)抗日会"、纱厂青工大会、"大沽口事件"和"三一八惨案"国民大会等大规模群众集会,推动天津工人运动空前高涨。

1927 年,蒋介石发动"四一二"反革命政变,北方区委书记李大钊遇害,党随即把有生力量从北方疏散,安幸生接受组织安排秘密转至上海、武汉等地。4 月,党的五大在湖北召开,安幸生作为天津代表参会,会后与王荷波、蔡和森受命北上,着手恢复党的北方工作,筹建中共顺直临时省委和北方局[②]。他担任省委组织部部长和北京市委执行委员,并以北大学生身份作掩护开展地下工作,其期间经蔡和森介绍,与地下党员董季皋的女儿董恂如结为伉俪。组织上安排他们赴苏联学习,只等安顿好工作即可成行,孰料婚后仅 33 天,安幸生突遭抓捕[③]。

得知被列入南京政府"清党"名单,安幸生本可与其他同志一起转移,却坚持让蔡和森先行离京,自己留下善后,被京师警察厅捕获。敌人搜得中国共产

---

① 天津市总工会工运史研究室、天津社会科学院历史研究所合编《新民主主义革命时期天津工人运动记事》,天津社会科学丛刊编辑部,1985,第 47-51 页。

② 天津市北辰区档案馆《革命先驱安幸生》,2016,第 199-201 页。

③ 天津市总工会工会志编修委员会办公室《天津工运历史人物传略》,《天津市志 · 工会志系列丛书》,2013,第 2 页。

党工作计划,以及武装暴动相关材料,却并不知晓他的真实身份,岂料叛徒出卖,全案党员均遭暴露。敌人深知其掌握关键情报,先是威逼利诱,继而施以酷刑,安幸生始终正气凛然,不为所动,坦陈自己是共产党员,但拒不做任何交代,只留下一句"我是信仰共产主义的"临终遗言。1927 年 11 月 11 日(农历十月初八),安幸生与被捕的十七位同志一道慷慨赴死,在北京安定门外箭楼遭反动军阀枪杀,史称"十八烈士",时年 25 岁。

三、对天津革命运动的贡献

(一)成立团体,宣传思想,促进马克思主义在天津的传播

安幸生担任《新生》杂志主编和《工人生活》主要撰稿人,为天津《新民意报》《益世报》、上海《民国日报》等多家报纸撰文,扮演记者、演讲员、监察员、请愿代表等社会角色,在多个爱国进步团体担任要职,积极为工人阶级奔走呼号,善于发动宣传、撰写战斗檄文,启发天津进步青年和工人阶级觉悟,有力宣传了马克思主义,极大武装了先进分子思想。

他参与创办的新生社,是继觉悟社之后天津的又一思想阵地。新生社致力于马克思主义学习研究,吸引一大批先进分子,形成了最初的革命力量。《新生》杂志介绍和讴歌社会主义思想,为有识之士改造社会提供科学理论指引,使更多人民群众走上了信仰社会主义的道路。在新生社基础上建立的马克思主义研究会、社会主义青年团为天津地方党组织的建立奠定了思想和组织基础,储备了党的干部。

(二)组建工会,发展会员,为天津工运事业奠定基础

从 1922 年到 1926 年,安幸生先后担任中国劳动组合书记部天津支部书记、天津海员工会支部书记、天津总工会委员长,主理工会各项事务。他组织工人开展斗争,是天津工人运动的旗手和工会工作的实际领导者,是一系列重大革命斗争的发起人和组织者。在他领导期间,天津工会工作成效卓著,会员规模大幅提升,由 1924 年地委初建时的 1430 人发展到 1926 年超过 3. 2 万人。党的四大决议对这一时期天津工人运动的成绩给予高度评价,认为在新式工厂

最发达的天津等地“工人能完全组织在本党指挥之下”使“本党职工运动的基础更稳固了”①,体现出天津工会正确贯彻了党的意图,有效发挥了政治引领作用,为党巩固革命阵地赢得了有利条件,为当时各地的职工运动提供了借鉴。

(三)领导工运,维护权益,探索工人解放的正确道路

面对政府羸弱对外让权,安幸生勇于和善于斗争,以反帝大同盟负责人身份,通过演讲、告民众书等公开方式对外发出党的声音,营造了反帝反封建的强大声势。他联合200余个团体,继而带动天津80万市民组成广泛的爱国统一战线,共同团结在党的旗帜之下,对天津工人运动沿着正确方向发展起到了至关重要的作用。

他发挥工会政治引领和宣传鼓动作用,广泛动员劳动群众包括外资洋行雇员加入反帝阵营,及时唤醒民众吸取血的教训,放弃对反动政府的幻想,依靠自身斗争赢得民族解放。他组织募捐、抵制日货,带领天津工业界呼应全国工人运动,激发全市人民爱国热忱,使天津革命斗争由市内扩展到近郊,由城市铺展到农村。

他将维护工人权益作为工会第一职责,坚持从工人实际利益出发,从立法层面推进源头维护,通过明确的经济和政治纲领提高了工人觉悟,为此后天津工人运动立下斗争范式。

他运用正确的斗争策略,在组织大规模工人集会和斗争中,合理分布力量,沉重打击帝国主义和反动军阀,为工人斗争胜利积累了宝贵经验。

此外,他注重工农联盟、劳知结合,一面积极向农民灌输革命思想,一面引导知识阶层加深对劳动人民的感情,促进了革命力量的团结。

(四)不怕牺牲,英勇斗争,践行伟大建党精神

面对大革命失败危局,安幸生冒险出席党的五大,临危受命主动担当,恢复党的北方组织。在京工作期间,他坚持秘密斗争,为中共北方局、顺直省委、北京市委、北京工会工作不遗余力。被捕后,面对敌人严刑拷打始终不变节、守初心,从未吐露党的任何机密,以自身行动践行了共产党员对党忠诚、不负人民的

---

① 中共中央党校党史教研室选编《关于职工运动之决议案》,《中共党史参考资料》,1979,人民出版社,第191页。

铮铮誓言。

在25年短暂人生历程中,安幸生7次入狱,始终坚信革命终会成功,瞩望同仁巩固团结,加倍努力革命。无论面对多么严峻的斗争形势、多么艰苦的条件和险恶的环境,他总能高扬革命乐观主义精神,坚持真理、坚守信仰,直至最后牺牲,彰显了坚定的革命理想和对党的事业的无限忠诚,他深沉的爱国情怀、追求真理与进步的精神,将永远闪耀着不朽的光辉。

(刘昉,天津市工会管理干部学院)

爱国企业家赵雁秋*

何德骞

20世纪30年代，在抵制日本侵略的商业战场上，天津涌现出一批杰出的民族实业家，赵雁秋先生就是其中之一。他为了抵制日本对硫酸市场的垄断，创办了中国人自己的硫酸厂，靠长期吃咸菜窝头的坚持精神，在价格战中战胜了日本垄断企业。如今位于河东区大王庄的利中大楼，就是当年的利中制酸厂旧址。早年，利中酸厂不仅天津人熟知，而且誉满华北。尤其天津河东人都叫它“镪水厂”。而要说利中酸厂，首先就得提到创始人赵雁秋先生。

图1 赵雁秋先生与夫人、长子赵铨合影

---

* 本文曾发表于2023年6月26日天津广播电视台生活广播《城市记忆》节目。

因笔者的先父何毓华与孙奂仑(国民政府要员)是“换帖兄弟”,赵雁秋又是孙奂仑的亲家,自然三家有世交关系,且三人同为晋系僚属,所以关于赵雁秋先生的情况笔者了解得更多一些。赵雁秋,原名赵云中,辽宁绥中县人,1893年出生在一个家境殷实的开明士绅家庭。民国初年考入北京工业专门学校化工系,成为这所学校的首届毕业生。1915年,赵雁秋担任中华民国农商部技师,并兼任求实中学理化教员。1919年,他被派往山西推行度量衡,直到1928年他始终在山西省公署以委任任职任用。他工作的特点是“明敏精细,具条理之材”,深受当时山西督军阎锡山的重视。阎锡山甚至曾经一度想让他给自己做秘书。

在山西时,赵雁秋结识了许多军政要员,像阎锡山的老师赵戴文、后来曾任国民政府陆军上将的商震等人物。1928年北伐胜利,阎锡山以国民革命军第三集团军总司令管辖晋、冀、察、绥及平、津两市。在晋系得势的时候,赵雁秋在张家口掌舵税关科长和监督,这期间还发生了这样一件事。阎锡山的老师赵戴文要求赵雁秋拨给他一笔为数可观的款项,但赵雁秋认为税款不能擅自挪用,拒绝了赵戴文,这也惹怒了赵戴文,竟派人将赵雁秋关押在地方法院好多天。经电告阎锡山,认为赵雁秋秉公办事是对的,才被释放。

1930年,赵雁秋升任北平崇文门税务监督,这是自清代以来的官场“肥缺”,之前基本都是由王公近臣来充任。可见此时的赵雁秋被阎锡山所信任。不过“中原大战”之后,阎锡山下野,他目睹北洋政府官场腐败,不愿意与他们为伍,于是,毅然辞官,退出官场。1931年至1932年初,他创办了北平振北制革厂,并自任厂长兼工程师。

1931年,九一八事变发生后,家乡沦陷,日寇侵华的野心越来越暴露出来,赵雁秋看到时局的危急,预料到北京、天津迟早会被日寇侵吞,爱国之心油然而生。他认为,要想拯救中华民族,必须振兴民族工业,只有充实国防实力,才能抵御外敌。于是,他利用自己的专长实用化工专业,筹建民办制酸工业,实现“实业救国”理想,走实业救国之路。

创办实业需要资金,赵雁秋为官清廉,没有积蓄,虽四处奔走,筹资甚微,只筹到20万元。这点财力是不可能实现自己愿望的,于是他选择股东投资合股制创建民族工业。但在战乱年月,商家是不愿投资的,只能依靠以前的老关系来支援。他来到天津,找到此时军界的三位大人物:西北军察哈尔省主席宋哲元、晋绥军河北省主席商震、东北军黑龙江省主席万福麟,跟他们详细说明硫酸工业对军事的重要性,并列举了清末徐建寅曾研制硫酸用于军队加强实力的例子。经过赵雁秋的极力动员说服,宋哲元、商震、万福麟三位身临抗战前线的将军非常认可,于是都自愿入股,三人共凑了 25 万元交予赵雁秋。45 万元资金到位后,赵雁秋创办的天津利中制酸股份有限公司(简称利中酸厂),宣告成立。

图 2　天津利中酸厂旧照

1932 年,利中酸厂启动建设,厂址选在了今河东区大王庄八经路与七纬路交口,交通运输非常方便。厂址选定以后,接下来就是制酸厂的厂房建设和购置机器设备。按照当时民族工业建设的通常做法,是向外商招标承建。但是外商要价很高,仅设备费用一项就要价 25 万,另外还要负担一名工程师每天 15 美元,和外商雇来的两名电焊工每天 5 美元的工资。这么多的费用对开始起步的赵雁秋来说根本负担不起。正在一筹莫展之时,他忽然想到求助南开大学校长张伯苓或许可行。当张伯苓先生了解到这些情况后,立即答应下来,表示全力支持,并向他推荐了时任南开大学应用化学研究所所长兼化工系主任的张克忠。张克忠是美国麻省理工学院的博士,他在美国学的是应用化学,而且成绩优异。张克忠了解到赵雁秋的来意后,欣然同意,愿意挑起建设硫酸厂的重担,还表示除了设备成本外,只收取最低的劳务费,以便给工厂节约资金。

创办硫酸厂,对当时条件简陋的南开大学应用化学所来说,困难不小。首先是制酸的技术攻关,然后是建筑设计,过去都没做过。张所长接受任务后,找来张洪沅和蒋子瞻两位教授,三人共同来完成这项艰难的任务。虽然人员少、条件差、报酬低,但是在爱国热情的鼓舞下,他们精神饱满、废寝忘食地工作。从 1933 年 6 月开始设计到 1934 年 5 月制酸厂试车成功,在不到一年的时间里,只花费了 13 万元,一座日产 3 吨的硫酸厂就建成投产了。仅设备费一项,就比依靠外商减少了 12 万元。生产出来的硫酸,无论浓度、纯度及色泽均达到国际标准,甚至还优于日、德等国同类产品。张克忠教授在当年的总结报告中这样写道:“以其费用之低廉,建筑时间之迅速,成绩之良美,本所同仁深以为幸,亦以尽同仁学习工程之责,因此尤觉中国问题可以由中国人自行解决,而中国工程师未必不如外人也。”

利中酸厂建成后,赵雁秋向张伯苓和张克忠提出,想请蒋子瞻教授来酸厂做总技师,帮助解决技术上的难题,南开校方也同意了。利中酸厂生产的硫酸质优价廉,吸引远近的工业厂家争相购买。当时进口硫酸每箱(两坛装)七八十元,而利中酸厂产品每箱只卖 50 元,外商竞争不过。于是外商不得已将售价降至每箱 48 元,特别是日商大清、清水、金山几家株式会社联合起来与利中酸厂作对,一度将每箱硫酸的价格降低到 7 元,想挤垮利中酸厂。面对这种局面,赵雁秋再一次找到南开大学化工所寻求帮助。在化工所的帮助下,利中酸厂更换廉价原料制酸,价格低廉得让外商无法接受,连日商也在竞争中败下阵来。赵雁秋与南大化学所联手在市场竞争中,又一次打败洋商,保卫了民族工业。

日商退出竞争后并不甘心失败,他们借口利中酸厂排放的烟尘和气体有害人体健康,煽动工厂附近的居民聚众闹事,迫使酸厂一度停工。南开大学校长张伯苓得知此事后,亲自带领化工系教师和学习成绩优秀的申泮文等学生,到利中酸厂研究消烟方法,排除了空气污染,使工厂重新开工。恢复生产后的利中酸厂抵制日货长达一年之久,极大地振奋了当时的民族工商业者,鼓舞了其他工业领域抵制日本经济侵略的士气。由于利中酸厂生产的硫酸产品的销量看好、需求猛增,赵雁秋计划在天津城东军粮城另设分厂,但是由于日本侵略者在1937年发动了七七事变,使利中酸厂的发展计划半途而废。天津利中酸厂从建厂到七七事变,在短短的3年多时间里,共出售硫酸3000余吨,成为中国北方首屈一指的制酸企业。据当时天津《周刊》报道,华北各厂家使用利中酸厂的廉价硫酸,降低了生产成本,促使工业产值猛增。

天津沦陷后,日伪占领天津,原先在竞争中失败的“大清”等三家日商的代表,带领日军冲入利中酸厂,把总技师蒋子瞻扣押起来,然后送到日本“受训”。由于受到残酷的精神折磨,蒋子瞻在回国不久便抑郁而死。赵雁秋也受到日本通缉,被迫流亡到四川灌县避难。此时的赵雁秋先生没有了生活来源,其实凭借他的社会关系,本可以轻松地谋得一个官场的职位。但他为人正直,讨厌官场风气,宁愿自食其力也不求人,而选择当了灌县中学的理化教员。在这里教了五年半的书,仅靠微薄的工资生活,但他深受学生们的尊重和爱戴。当时日寇经常对四川实施空袭,赵雁秋在山中为跑警救人不慎把腿摔断了,因此只能拄着拐杖行走,同学们看到他来学校上课都争先恐后搀扶他,而他却从来没有因为自己受伤耽误上课。他不仅生活俭朴且乐观风趣,有时在课上,他拉胡琴、吹箫管,配合讲授课程,学生们都非常欢喜听他的课。说来也巧,在灌县他还碰巧救过溺水的原天津县长陈诵洛。

1945年抗战胜利后,赵雁秋回到天津,利中酸厂恢复开工。这时赵雁秋已年近六旬,自知精力不足,想找个年轻人来经营企业。原来的股东宋哲元已经病逝。商震在国民党军队的斗争中失势,意志消沉。只有万福麟虽在颐养天年,还是关注民族工业发展,把他的次子万国权推荐给赵雁秋。万国权毕业于重庆中华大学工商管理系,时年28岁,风华正茂。赵雁秋主动让贤,让万国权任酸厂经理,全面负责经营和管理,而他自己则甘当总技师,负责技术工作。

1949年1月天津解放后,利中酸厂焕发出无比强劲的活力,生意兴隆,经济收入极佳,成为当时天津市较大的企业之一。1955年春,利中酸厂在天津市民族工业中率先实现了公私合营,成为资本主义工商业社会主义改造的典型。酸厂经理万国权也成为著名民族工商业家。公私合营后,赵雁秋得到组织的信赖,留任该厂总工程师,直至1960年因病逝世,享年68岁。

改革开放后,民族工商业家万国权当选为民建中央常务副主席、全国政协副主席,成为民主党派和国家领导人。他深情地回忆说:“如果没有利中酸厂,就没有我后来的事业;而如果没有赵雁秋先生,也就没有利中酸厂。”同时,利中酸厂能有如此成就还要感谢南开大学张伯苓校长和化工系的支持,没有他们的帮助,利中酸厂也很难办起来,更难在竞争中战胜日本企业。

赵雁秋先生大半生为民族工业作出的贡献,世人有目共睹。更令人佩服的是,在旧中国,受外商压制我国基础工业薄弱,化工制酸工业是很少的,赵雁秋先生是极为难得的创业先驱。我们研究近代工业发展史,绝不能忘记赵雁秋先生毕生所作出的艰苦卓绝奉献。

(何德骞,南开大学北洋文化研究中心)

上海美专学生王卓艺术轨迹考*

卢永琇

民国时期，在美育救国思潮的影响下，上海美专、北平艺专等美术教育专门机构陆续兴建，培养了大批美术人才，推动、丰富了各地的美术展览、美术培训活动，提升了国民的美育水平。上海美专成立于 1912 年，培养了众多美术专门人才，是民国时期美术潮流中的重要推动力量。大批学生毕业后在南北各地从事与美术相关的活动，促进了地域美术的发展交流。他们当中的一些人成长为著名艺术家，名留画史，也有人仅在地方美术中留下踪迹。但这些地域性人物的活动轨迹也是中国近代美术史的重要组成部分，他们对地方美术发展的影响和作用不容小觑。上海美专学生、山东人王卓即是其中之一。他推动了地域美术发展，助推天津市立美术馆②的发展，助力艺术家的作品推广，很好地传播了上海美专"闳约深美"的精神理念。

一、推动地域美术发展

王卓出生于 20 世纪初，家境殷实，幼年生活于济南并热衷绘画。1922 年入上海美专学习，以王文桢为名注册。学习期间，王卓曾在上海美专成立十二

---

* 本文曾发表于《艺术探索》2023 年第 37 卷第 5 期。

② 天津市立美术馆成立于 1930 年，1947 年更名为天津市立艺术馆，1952 年并入天津市历史博物馆，2004 年并入天津博物馆。

周年纪念展览会上承担“庶务股绘画广告”工作。[①]

王卓从上海美专毕业后,回到济南在中学担任美术教员,[②]其时结识由南京返济南的俞剑华并协助其在翰墨缘美术院的工作,参与整理出版陈师曾的《中国绘画史》[③]。陈师曾的《中国绘画史》在中国绘画史研究上是一部开山之作,翰墨缘版是较早的刊印版本。

1926年,王卓离开济南到青岛担任私立胶澳中学的美术教员。此时他结识了毕业于哥伦比亚大学的孙瑜[④]和毕业于美国弗吉尼亚医科大学的钟振东[⑤],王卓和弟弟王玫[⑥]开始与二人一起筹拍电影《青岛之波》,[⑦]后因困难重重而不了了之。王卓在上海美专学习期间即开始摄影技术的学习,这一时期开始更多的实践,并有摄影作品刊登在上海专门研究摄影艺术的《天鹏画报》[⑧]上。

1928年,王卓参与发起了近代青岛第一个民间书画社团——少海书画社。该社存续六七年,培养了大批画家,除在潍坊、济南等山东省内各地,也在天津等地设有分销处。是年冬,少海书画社在青岛火车站钟楼二楼举办了第一次书

① 刘海粟美术馆、上海市档案馆《上海美专会议记录(1923年4月—1925年6月)》,载《美专风云录·上》,中西书局,2013,第66页。

② 王卓在山东的艺术活动调查得到青岛文学馆馆长臧杰先生的帮助,诚挚感谢。

③ 周积寅、王宗英:《俞剑华年谱》,《南京艺术学院学报(音乐与表演)》1984年第3期,146页。

④ 孙瑜(1900—1990),原名威坞,毕业于清华大学文学系、美国威斯康星大学、哥伦比亚大学和纽约摄影学院,学习文学、戏剧和电影。执导我国第一部配音有声电影《野草闲花》。他以诗性电影美学开创中国电影新局面,被誉为“诗人导演”。孙瑜在其著作《银海泛舟》中记录道:“我在青岛结识了王玫、王卓弟兄俩,当时他们也和我一样,是抱着各种伟大理想的好青年,他们原籍山东临沂县,是晋代大书法家王羲之的第十九代后裔。王卓钻研人像摄影,弟弟王玫自幼就是提琴迷。”参见孙瑜:《银海泛舟》,上海文艺出版社,1987,第46页。

⑤ 钟振东(1892—?),天津人,1918年任中国红十字会天津分会医务部职员,后任天津陆军医学学校教官。曾在青岛开设华振大药房,任青岛药剂师工会理事长。著有《有机化学》《牙医学》。

⑥ 王玫(1907—?),原名王文栋,中学毕业后任法资银行万国储蓄会山东总分会的打字员,后任中学音乐教员。20世纪30年代活跃于青岛乐坛,为中国成功研制小提琴的第一人。

⑦ 藏杰:《青岛美术寻踪》,《青岛美术史稿》,中国海洋大学出版社,2022,第63页。

⑧ 王卓:《翠黛含愁君欲去》,《天鹏》1928年第3卷第1期,第31页。

画展览,展览同时印行有画册。书画册第二页有王卓的题词“丹青曙光”,文字介绍为:“王君卓,字干华,号文桢,山东临沂人,嗜金石,工书画,又擅指墨及一切法西绘画,用笔秀劲,卓然成家,不蹈前人蹊径,历充唯美画会委员,四川美专西画系主任,及山东中校、青岛中校美术教员。”此后,少海书画社又连续举办了三次画展,在第二次画展时也印行有画集一册,亦收录有王卓的画作。

1928 年,王卓在青岛参与创办《灿烂画报》。这份画报以“提倡文化灌输美术”为宗旨,每周三发刊一次,内容涵括古今书画、金石、器皿、摄影以及文学、小说、笔记等。画报颇受欢迎,刊行有一百期。王卓的摄影记者生活由此开启。

一年后,王卓又热忱支持作家王统照[①]发起青岛第一份文学月刊《青潮》的编印,为杂志设计了封面。《青潮》封面设计简单直观,以直尺、三角板、量角器和一轮弯月的组合来构建画面。他说:“人们的生活不能离开自然,但也不能不靠科学的力量。我们这个封面画是科学与自然的共同表现:上边那个新月是自然的光辉,下边是科学的工具。”[②]《上海漫画》于 1930 年刊登了王卓为青岛立裴照相馆设计的门饰:太阳、花卉、飞禽以较为夸张、抽象的方式呈现。[③] 青岛立裴照相馆也是王卓摄影实践的阵地。

经过多年实践和坚持不懈地钻研,王卓的摄影水平迅速提高,加上良好的绘画基础,他的作品大受欢迎。上海《良友》《文华》,以及天津《北洋画报》成为王卓美术摄影作品的发表阵地。从这些作品可以看出,其时的王卓以花卉、人物等“静态”为主要对象,在美术摄影中强调光影与诗意的表现。

这时期王卓的油画艺术亦有较突出的表现,他的油画《花》参加了第一届全国美展[④],《诗之门》则参加了鲁省中日俄艺术展览会[⑤]。

1931 年,王卓的摄影作品开始在更多的杂志中发挥影响力,夏天是其较为活跃的时段。他先后在《大亚时报》《北京画报》发表了美术摄影作品《海滨游

---

① 王统照(1887—1957),字剑三,山东诸城人,中国现代文学家、诗人。一生著作等身,有多卷本《王统照全集》存世。长时间生活于青岛。曾在山东大学任教,1950 年后任山东省文化局局长。

② 冯光廉、刘增人《王统照研究资料》,知识产权出版社,2010,第 467 页。

③ 徐汇濬:《青岛立裴照相馆门饰》,《上海漫画》1930 年第 97 期,第 3 页。

④ 王卓:《油画花》,《北洋画报》1930 年 3 月 13 日,第 2 页。

⑤ 王卓:《诗之门》,《北洋画报》1930 年 3 月 11 日,第 2 页。

侣》《水平线上》和《浅光帆影》《青岛中山路之一瞥》等。这一时期,王卓更关注人与景物的融合,在构图与线条中寻找影像之美。

20 世纪二三十年代的天津,开放包容,工业发展,经济繁荣,艺术多姿,吸引了各方面人才,成为北方重要的经济、文化中心。在这样的环境下,天津美术界非常活跃,涌现出油画、版画、雕塑、漫画等新艺术形态。特别是 1930 年成立的天津市立美术馆,团结艺术家举办展览和各类培训班,社会影响力日渐增强。约在 1933 年初,王卓辞去即墨中学教职,接受宋裴卿①的邀请,北上天津工作。王卓同乡秋尘②在《记画家王卓》一文中详细披露了王卓到天津东亚毛呢有限公司任设计主任的工作情形。③

近代天津报业发达,媒体林立,其中创刊于 1926 年、停刊于全面抗日战争期间的《北洋画报》,是近代中国北方最具影响力的文化期刊。王卓到天津后即担任《北洋画报》的特约记者,发表美术作品和关于话剧、戏剧、舞蹈、电影演员动态、各类文化事件等的摄影作品,共百余次。其中仅 1933 年,《北洋画报》刊登王卓署名作品 16 次,内容有演员剧照和踪迹照片,以及他创作的油画和美术摄影作品等。《天津商报画刊》等媒体也刊发有王卓绘画和摄影作品,其中绘画内容多为风景,摄影内容多为城市建筑、街头即景等都市风光。这时期,《摄影画报》、《北京画报》、《电声》(上海)、《青岛画报》、《声色画报》、《中华》(上海)、《时代》等杂志也不断有王卓的作品刊出。

《大公报》(天津)上曾有关于王卓摄影新技法的讨论,支持与反对方各执一词,热闹异常。1935 年,王卓受邀在天津女青年会进行“摄影意义与兴趣”的讲座,并在现场展示自己的作品。④ 他还受邀在天津青年会的摄影展中担任筹备委员。甚至当时天津的一些摄影展览和摄影赛事,要标明摄影专家王卓等人参加以吸引大众。还有的活动以“美术摄影家王卓君,流连半日,摄影多帧”为

① 宋裴卿(1898—1956),名显忱,山东省益都县(今青州市)人,留学美国。近代天津实业救国的代表人物,1932 年成立天津东亚毛呢有限公司,创立“抵羊”毛线品牌,有“呢绒大王”之称。

② 秋尘,即吴秋尘(1902—1961),原籍江苏吴县,生于济南,毕业于北京平民大学报学系,是活跃于 20 世纪 30 年代的著名报人。创办有《一庐》杂志,曾任《北洋画报》主编。

③ 王卓:《油画花》,《北洋画报》1930 年 3 月 13 日,第 2 页。

④ 王卓:《诗之门》,《北洋画报》1930 年 3 月 11 日,第 2 页。

媒体宣传的内容。[1] 可见王卓在当时的社会影响力。

摄影记者与油画家的身份交替出现,迅速提升王卓在天津美术界的知名度。这时王卓经常对其他艺术家进行多方面的推介。

二、助力美术家作品的推广

1936年,“国家广告公司”为“提倡艺术,调剂生活”创办《玫瑰画报》,邀请王卓担任主编[2]。王卓延请平津沪50多位“或为文坛名宿,或为艺材硕彦”之人为该报的特约撰稿人。该报每期四版,刊登各地轶闻趣事和书画、摄影、漫画等艺术作品及文艺小说,报道艺术事件和人物以及电影讯息等。[3]《玫瑰画报》的出版迅速在全国引起关注,上海的《国画》1936年1月在《画坛报导》中说:北方画家王卓近在天津组织《玫瑰画报》,已出五六期,内容颇精。[4]《玫瑰画报》开设有美术、戏剧专栏,王卓据此大量推介书画家和摄影家作品,陆续刊登齐白石、王济远、赵望云、汪亚尘等平津沪鲁艺术名家的作品。俞剑华是王卓的师友,《玫瑰画报》上曾连载俞剑华绘制的《济南名胜册页》十二种,刊登其《浙东游记》等文章。俞剑华也珍惜二人的友谊,怜惜王卓的才华,在《中国美术名人大辞典》“王卓”条中写道:王文桢,改名卓,山东临沂人,幼习美术,工西画,惜早卒。”[5]

王卓在天津生活期间,时刻关注家乡山东的艺术发展,《玫瑰画报》上经常刊登青岛、济南发生的艺术新闻,刊载山东艺术家的绘画、摄影作品。王卓在济南时,与济南画家张愚谈是朋友,同为俞剑华组织的翰墨缘美术院成员,一起参与整理出版陈师曾遗作《中国绘画史》。[6] 这种合作发展成为家庭友谊,两家人

---

① 秋尘:《记画家王卓》,《北洋画报》1933年3月4日,第2页。

② 秋尘:《谈办画报》,《玫瑰画报》1936第1卷,第5页。

③ 《玫瑰画报出版 国家广告公司主办》,《大公报(天津版)》1936年2月27日,第11页。

④ 徐建融、刘毅强:《海派书画文献汇编》,上海辞书出版社,2013,第893页。

⑤ 俞剑华:《中国美术名人大辞典》,上海人民美术出版社,2012,第63页。

⑥ 周积寅、王宗英:《俞剑华年谱》,《南京艺术学院学报(音乐与表演)》1984年第3期,第146页。

的合影多次在《北洋画报》上刊登出来。王卓主编《玫瑰画报》时,二人以主编和作者的形式延续友谊。1936 年《玫瑰画报》第 1 期刊登了张愚谈的《龙泽塔影》,第 42 期刊载了《济南著名画家张愚谈画山水》《张愚谈绘五莲山风景》。王卓成为天津和青岛两地美术联系的纽带,促进了两地的美术发展。

王济远、汪亚尘是王卓在上海美专学习时的老师,与王卓一直保有良好的联系,王卓毕业后,《玫瑰画报》是他们师生联络的阵地。汪亚尘的杂文《北游杂忆》和家属照片《公子汪佩虎像》等刊发于《玫瑰画报》,为该画报吸引读者。

三、助推天津市立美术馆的发展

王卓选择离开青岛到天津追求个人事业的发展,很重要的原因是被天津活跃的艺术氛围吸引。王卓不仅在天津的报纸行业,施展良好的人际关系与编辑才能开创出一番天地,同时他也十分看重天津的美术馆阵地。在担任天津市立美术馆摄影培训班导师和西画班导师时,他以自己在上海美专培养出来的能力,热心教授学生、捐赠自己的作品,并保留下许多珍贵的影像资料。正是有王卓这样的导师助力,天津市立美术馆发展成为近代中国最具影响力的公立美术馆之一。

(一)担任导师

20 世纪 30 年代,天津摄影行业越来越多地加入艺术元素,美术摄影方兴未艾。天津市立美术馆紧跟时代美术潮流,在 1930—1940 年每年都会举办一到两次摄影展,并在 1933 年策划组织了摄影培训班。[①] 由于报名者众多,美术馆将摄影培训班的名称由摄影研究会改为摄影研究所,并增加了班次。王卓为培训班导师。

这时期王卓已经辞去东亚毛呢有限公司的职务,主要艺术活动围绕着《北洋画报》和天津市立美术馆。"黑白摄影社"是 1930 年在上海成立的民间摄影团体,成立之后迅速在多地发展会员,影响辐射全国。天津也成立了分社,王卓

① 《美术摄影研究所不日开课续招学员》,《大公报(天津版)》1933 年 11 月 30 日,第 13 页。

加入其中成为会员。他在会员通讯录中登记的地址为“天津法租界北洋画报社、天津河北中山公园天津美术馆”。

1935年,天津市立美术馆举办了“第四届摄影展会”,身为摄影培训班导师的王卓以美术摄影《如梦青春》入选该展览。[①]

王卓在天津市立美术馆还负责西画班透视学的教学,[②]他传承发扬上海美专的传统,将各种绘画技法传授给学生,也是对自己在西画科学习成果的一次检阅。为了给学生们示范,他进行更多的创作,有些作品捐赠给了天津市立美术馆作为收藏品。

(二)捐赠作品

依目前资料发现,王卓捐赠给天津市立美术馆共5件作品:国画山水、水彩静物、水彩风景各1件,美术摄影2件,另捐赠有《少海书画社书画册》2册。其中水彩静物(后文中称为水粉,都应为水彩)和美术摄影现藏天津博物馆。

被馆方称为《王文桢美术摄影》(2件)的,是天津市立美术馆接收捐赠的第229号藏品。其中被命名为《大厦一角》的作品,照片背面文字说明:“图为一著名宗教建筑物之一角。在不同方向的曲直线织组中,显示着沉着的雄伟的力。所有的图案,极含有文艺复兴期南欧文明的象征。由此一角,可想见其余焉”。另一件作品《层》被点评为:“直线的组织,在光暗不同的调子里面,充分显示着力的表现。惜纸质不良,未能将色差调匀耳。”(作品背后的题字)点评者“冰庵”待考。这是两件以建筑物为拍摄对象的作品,具有鲜明的个人风格。

被馆方称为《王文桢画水彩静物》(前文称为水粉)的是王卓捐赠的又一件藏品。画面中有四件物品被刻意摆放在左右前后并用白、黄、红色调搭配表现。主体是面包和奶壶,分置画面的后排左右,前面各有一苹果。作品呈现透明水彩的效果,虽然壶的造型与透视欠准确,但构图打破了20世纪30年代中国水彩画惯用的三角结构等常规构图方式,用笔也追求不寻常的处理,起伏的线条比较丰富,画面整体具有明显的外来风。

---

① 王卓:《如梦青春(天津市立美术馆第四届摄影展览会出品)》,《北洋画报》1934年6月21日,第2页。

② 《市美术馆西画研究所访问记分正班与星期两班一切设备颇称完善》,《大公报(天津版)》1935年3月7日,第15页。

被馆方称之为王文桢《自绘山水图(核)》的作品[①],其面貌无从可考。

(三)宣传推广

王卓在担任天津市立美术馆摄影培训班导师期间,拍摄了许多影像资料,使我们今天能更好地了解20世纪30年代天津市立美术馆的展览和藏品面貌,弥足珍贵。

《天津市立美术馆所藏之关公训弟泥塑》[②]是王卓拍摄天津市立美术馆藏品的照片,拍摄对象为《古城训弟泥人》,是天津市立美术馆建馆之后购买的第90件藏品。同时购买入藏的还有《岳母刺字泥人》和《木兰从军泥人》。《古城训弟泥人》和《泥塑岳母刺字泥人》现藏天津博物馆。《古城训弟泥人》在天津市立美术馆历次建制更迭、馆址变迁的历史流转中保存下来,实属不易,但不知在何时关公的手指残缺。20世纪末该藏品曾出国参展,修复师因为不了解原作的样貌而将残缺的手部修复为握拳状。王卓的这张照片拍摄于1933年,是该藏品损坏之前的面貌,可以为今天的文物修复提供可靠的依据。

王卓拍摄并刊发在媒体上的天津市立美术馆藏品还有三国石刻[③]、雕塑《美人坐狮》、《陈师曾仕女》等。其中三国石刻目前不知所踪,另两件现保存在天津博物馆。王卓拍摄发表的《陈师曾仕女》,天津市立美术馆称为《陈衡恪绘仕女图》,是馆方购入的第314件藏品,并被视为馆藏珍品刊登在馆刊上。

天津市立美术馆举办的第四届、第五届摄影展的情景,也因为王卓的工作而得以呈现给今人。第四届摄影展是天津市立美术馆举办的京津沪三地摄影名家作品展,王卓选择其中的精美作品《渔家女》[④]等,在《北洋画报》刊发专页报道,并撰文介绍展览盛况。[⑤] 程肇民摄影[⑥]是美术馆第五届摄影展览会的展

---

① 王卓:《"王文桢绘山水图"》,《美术丛刊》1935年第3期,第39页。

② 王卓:《天津市立美术馆所藏之关公训弟泥像》,《北洋画报》1933年7月5日,第5页。

③ 王卓:《最近每周两次公开展览之天津市立美术馆中国石刻》,《北洋画报》1933年7月11日,第2页。

④ 王卓:《渔家女》,《北洋画报》1934年5月24日,第2页。

⑤ 天津市立美术馆第四届摄影展览会:《水鸟》,《北洋画报》1934年6月19日,第2页。

⑥ 程肇民摄影:《北洋画报》1935年5月30日,第2页。

品，也经王卓推荐得以刊出。

王卓还拍摄了天津市立美术馆陈列室的外景[①]、美术馆绘画班的女学生[②]等，为我们今天研究天津市立美术馆保存下珍贵资料。

（四）上海美专的师生情谊

王卓在担任天津市立美术馆摄影培训班导师和西画班导师期间，与上海美专的师生保有广泛联系，将刘海粟、汪亚尘等的画作送至天津的报刊发表，扩大了上海美专在天津的影响。

1935 年 9 月 11—17 日，天津市立美术馆举办上海美专教授王济远个人画展，展出其国画、油画 85 件。王卓到展览现场为王济远拍照，并将其中王济远与记者刘一行的照片，以及三幅王济远展览作品的照片刊发于《天津商报画报》。从照片中我们可以了解展览现场的情况。[③][④][⑤]

此次王济远画展期间，天津市立美术馆以 60 元之资纳入一件《水彩西湖风景》为馆藏，同时王济远赠送给美术馆一幅他绘制的人体素描，以及与美术馆秘书刘子久联合创作的梅石图。这件合作作品被馆方记录为《王济远、刘子久合作梅石中堂》。

王济远与王卓十几年的师生情谊颇深。前述有王济远赏识王卓作品并投刊媒体。此次王济远天津个人画展，是否因为王卓的推介无从查考，仅从王卓为王济远展览宣传的情况，可见两人的关系之密切。

四、结语

王卓在上海美专接受了系统的美术教育，是一位本土培养的艺术家。他毕

---

① 王卓：《天津市立美术馆陈列室的外景》，《天津商报画刊》1933 年第 8 期，第 37 页。

② 王卓：《美术馆绘画班的女学生》，《玲珑》1934 年第 4 期，第 1 页。

③ 王卓：《画家王济远在津展览杰作吼山烟蘿洞》，《天津商报画刊》1935 年第 15 卷，第 23 页。

④ 王卓：《王济远画松》，《天津商报画刊》1935 第 15 卷，第 48 页。

⑤ 王卓：《越中象鼻洞（王济远画展出品之一）》，《北洋画报》1935 年 9 月 12 日，第 2 页。

业后从事美术教育工作并不断进行油画、水彩和美术摄影的创作,后在艺术报纸、平面设计等新媒体中展露才华。他的油画、水彩画以花卉景物为主,构图清新,笔触老练。他的摄影以自然花卉、都市景物、人文环境为主要内容,追求光影、线条、结构的效果。他以自己的摄影实践促进了新兴的摄影艺术在北方的传播,扩大了上海美专在北方的影响。王卓所处时代正是美术西风东渐的时期,他的水彩、摄影作品被重新发现,对研究 20 世纪 30 年代中国水彩画、摄影的面貌可谓大有裨益。他助力艺术家的发展,助推天津市立美术馆的发展,为我们了解近代北方地区美术面貌保留下大量的珍贵资料。

1937 年抗日战争全面爆发,家国情怀使王卓的思想发生巨大变化,作品中不见了岁月美好的都市景物、美人、花卉。他选择南下,参与了淞沪会战的拍摄,后避走于西南,并在 20 世纪 40 年代早逝于“大后方”。

近代中国美术史上有一批王卓这样的美术文化开拓者,他们在地方美术中的贡献值得深入挖掘。

(卢永琇,天津美术馆)

留美幼童祖孙三代的津沽情缘*

井振武

1881 年，中国留美幼童方伯梁回国后入读天津电报学堂，并于 25 年后在天津草创唐山路矿学堂；1949 年，方伯梁之子方皋成为新中国中国银行天津分行经理；2008 年，方皋之子方新阳来津，进一步挖掘父亲当年接收中国银行天津分行的历史细节。笔者特采撷方氏三代人的几段历史故事，讲述他们与天津的历史情缘。

一、留美幼童归国入读天津电报学堂

从 1872 年开始，清政府相继派遣四批总计 120 名年龄在 12 岁左右的幼童赴美留学。这些幼童又称"官学生"，方伯梁身在其中。

方伯梁，字柱臣，号文体，1860 年 3 月 16 日出生，广东开平塘口墟古宅村(即今塘口镇自力村)人。1872 年 8 月 11 日，首批幼童 30 人赴美留学，且招收后续学员，送上海预备学堂培训。13 岁的方伯梁参加了预备学堂，等候选拔。

1873 年 6 月，方伯梁被选为第二批官学生，随带队官员黄胜一行前赴美国。他们从上海出发，7 月中旬抵达美国西海岸旧金山，然后换乘火车穿越美洲大陆前往马萨诸塞州。当火车行驶至艾奥瓦州时，突遭 5 名土匪抢掠行李车厢，并捣毁机车引擎、杀害火车司机，还把押送的富国银行现钞抢走。列车方派

* 本文曾发表于 2023 年 7 月 21 日《今晚报》，第 20 版。

人到附近电报房“发电报”请求支援、派遣一名火车司机、送一台引擎来。这惊心动魄的一刻,使方伯梁震骇,也使他第一次体会到电报的神奇与高效。谁又曾想到,若干年后方伯梁与电报业结下了一生情缘。

方伯梁和同学邝咏钟被分配到马萨诸塞州春田郊区小镇威尔布拉罕,先后就读于州卫斯理学院和威利斯顿学院。威利斯顿学院有四个年级,每个年级又分文科和理科两个班,每班约有 20 名学生。学校重视现代科学教育,除了英文、语法、英文写作、英国文学、英国历史、拉丁文、自然地理等文科课程外,还开设理科课程,诸如代数、解析几何、解剖学、心理学、生态学、植物学、动物学和物理学等。高中四年级设有选修课,包括天文学、化学实验、机械制图、地质学、建筑制图、测绘和地形绘图。

读高中时,方伯梁借宿在美国人查尔斯·利兰德家中。利兰德开了一家小卖店。生活学习在这样的环境中,方伯梁的英语水平飞速提高,并给自己起了一个英文名字:Fong Pah-liang。最初他学习文科,后来对理科产生极大兴趣,遂转理科读书。

1880 年 9 月,方伯梁考入麻省理工学院土木与卫生工程系深造。1881 年,中国第一条长途电报线路津沪线在上海、天津两地同时开工架设。在津沪线的带动下,国内各地很快掀起了电报线路的修建热潮。同年 5 月,带队官员为留美学生开办短期电报训练班,方伯梁未在其中。6 月,清政府下令将留美学生全部召回,方伯梁与校友袁长坤毅然决定与 19 名电报短训班幼童踏上归国的轮船。他们 9 月 21 日抵津,入电报学堂读书,成为最早来津的留美幼童群体。

电报学堂创办于 1880 年 10 月 6 日,堂址在天津东门外扒头街,是近代中国一所工业技术专科学校。校长盛宣怀、总教习璞尔生,由丹麦教习讲授“电学与发报技术”等课程。第二年,李鸿章、盛宣怀挑选包括方伯梁在内的 8 名留美幼童,送到刚开通的京沪线各电报局交由洋总管教习帮带,从事管理或技术工作,效果很好。

不久方伯梁被派往京沪线苏州电报局,任苏州电报局局长,后调往海南电报局,1886 年调任广州两广官办电报学堂担任教习。长达 19 年的执教生涯,让他培养了大批电报业精英骨干,桃李满天下。

二、重返第二故乡开创铁路矿业高等教育

1905 年,方伯梁重返第二故乡——天津。他先是入中国北方铁路局任职,后出任山海关关内外路矿学堂(现西南交通大学前身)监督,人生进入最辉煌的阶段。山海关关内外路矿学堂(原名山海关铁路官学堂)始创于 1895 年。1900 年八国联军占领山海关,学堂被迫关闭。1905 年 5 月,督办关内外铁路事宜的大臣袁世凯深感修建铁路的重要性,聘用洋人任技术人员绝非长久之计,遂饬令山海关铁路局开设铁路学堂。7 月,山海关铁路局总办周长龄任学堂总办、方伯梁任学堂监督,并请回原学堂总教习葛尔飞,谋划复校。10 月,选唐山火车站以西、唐山铁路机械厂以北为新校址,组织施工建设。

据史料记载,方伯梁克服重重困难,奋力恢复学堂。1906 年 3 月,学堂改称"唐山路矿学堂",增设矿务专业,从而改变原北洋铁路官学堂只有铁路专业而无矿务专业的现状。8 月,方伯梁与总教习葛尔飞亲赴香港、天津、上海等地,在报纸上刊登广告组织招生,通过考试择优录取。因新校舍尚未完工,方伯梁将天津作为大本营,招聘师资,筹备复校事宜。第一批录取学生一共有 121 名(铁路工程科 81 名,矿务工程科 40 名)。11 月间,三地 191 名新生陆续报到,暂住天津法租界长发栈、中和栈、佛照楼三家旅店,就地组织学生先行学习功课。天津是方伯梁高教事业的发祥地,这期间他和夫人有了一个孩子,为感恩"第二故乡",特取名"赐津"。

1907 年 2 月,新校舍竣工,教学楼高耸,各项设施一应俱全,颇具特色。下旬,学堂正式开学。在方伯梁主持校务期间,修订了唐山路矿学堂校规 30 条,新颁布制定《山海关路矿学堂章程》和《设学总纲》。借鉴欧美大学的铁路工程科、矿冶工程科办学模式,第一次采用本科四年学制,在全国同类高校中处于领先地位。他常教导学员"要强国就要学习国外先进技术、学创新理念;要挖掘矿藏,搞好冶炼;要建道路、要建铁道、发展运输",培养了一代实用人才。1910 年,第二批获庚子赔款奖学金的 70 名学生当中,该校学生有 6 人名列榜中。方伯梁作为中国铁路矿业高等教育开创者之一被载入史册。

1908 年 1 月,学堂由路局划归邮传部所属,学校经费改由邮传部拨付,更

名为“邮传部唐山路矿学堂”。6月,方伯梁赴奉天府出任劝业道。年底,返回铁路系统,参加詹天佑主持的京张铁路和张家口至绥远的铁路建设,任京张铁路电讯总工程师和电讯处长。后调任粤汉铁路电讯总工程师。1913年至1927年,方伯梁长期担任武汉电报局局长,1927年在武汉辞世。

三、弃职从军改名“银行通”待命进津

历史总是那么奇妙,在方伯梁于天津草创唐山路矿学堂40多年后,他的儿子方皋来到津沽,也干了一件彪炳史册的大事。

方皋,本名方锡皋,大排行第六,1915年3月3日生于武汉。方伯梁不吸烟、不喝酒、不打牌,洁身自好,勤俭持家,对子女学习要求严格,循循善诱。在良好家风的熏陶下,方锡皋入小学时衣着朴素,读书刻苦。考入武昌文华高级中学后,屡获各种奖杯、奖状,学习成绩优秀。

方锡皋参加童子团当上小队长,接触了邹韬奋主编的进步刊物《生活周刊》,还聆听了晏阳初来校的讲座。经友人介绍进入汉口中国农民银行,在江西萍乡办事处任助理员,后来在广州分行成为农贷助理员,工作中屡受好评。

1937年,七七事变爆发。与众多热血青年一样,方锡皋为保家卫国抗击侵略者,毅然辞去银行工作,投身民族解放的洪流。1938年1月,他考入国民党中央军校长沙分校。当时国共两党合作已结成抗日民族统一战线,但在军校训练队中,国民党官员不热衷抗日,排斥打击进步学员,常以各种理由体罚甚至开除进步学员。

地下党员何锡麟与方锡皋等人秘密商量开展对抗国民党右翼势力的活动,被校方发现后开除。何锡麟、方锡皋抗日心切,联合另外三名学员,一起前往八路军驻长沙办事处,申请到延安去。长沙办事处主任徐特立接见了他们,得知他们在校的遭遇十分同情,提笔撰写信件,介绍他们赴延安抗日军政大学读书。何锡麟成为方锡皋走上革命道路的引路人。

1938年3月,方锡皋成为抗大第四期学员。他去掉名字中的“锡”字,改称方皋。5月,经王光伟、袁义忠介绍,他光荣加入中国共产党,成为一名共产主义战士。8月毕业后,他被分配到八路军115师游击大队任军事教育干事。第

二年,调任晋西支队下属二团军事教育参谋、教导队队长,以及一团作战参谋等职,多次参加攻打日伪据点的战斗。

1940年年初,115师开始筹建鲁西银行。供给部部长吕麟知道方皋是个“银行通”,调任他为秘书兼业务科长。抗战胜利后,方皋奉命参加濮阳市委组建,担任市委常委负责工商业管理;八路军占领济宁后,方皋任工商管理局局长,筹建冀南银行济宁支行(任经理);筹办民营瑞华银行济宁分行,在管理城市、发展金融业工作中积累了丰富的工作经验。

1947年10月,方皋调任中国人民解放军华东野战军战勤指挥部经济部部长,重返部队。1948年年底,平津战役打响。方皋接到调令,参加军事接管天津工作。一辆大卡车送他们直奔天津前线。抵达胜芳镇后,方皋被分到军管会金融部,随后投入军事接管集训中。12月13日,天津市党政机构组建工作开始进行。军管会金融部为了接管天津银行系统,对金融机构进行分类研究,对各家银行、信托、金库等机构制定了不同的应对措施,并商讨稳定金融市场的基本方针,研究货币、金银、外汇的管理办法,拟定具体接管步骤,随时待命进城。

四、方皋受命出任天津中国银行经理

1949年1月15日,天津解放。天津市军事管制委员会正式成立,天津市人民政府也宣告成立。

方皋、詹武率工作队对中国银行天津分行进行接管。方皋与詹武都是老八路、边区老金融。方皋是冀南银行济宁支行经理,詹武曾任晋察冀边区银行冀中分行行长,他们共同配合创造了接收中国银行的“天津方式”。

中国银行历史悠久,前身是大清户部银行。中华民国成立后,被孙中山定名为中国银行,总管理处初设北京西交民巷,后迁往上海。中国银行天津分行创办于1912年12月,行址在法租界,1945年迁至今和平区解放北路80号、82号(原为横滨正金银行和汇丰银行旧址),被指定为北方地区的集中行,代表总处、总司券行使职权。

工作队按既定方案,第一步看管、封存、找人,宣布接管事项。第二步责令原有人员造具各种表、报、账册、档案等的移交,接收其印鉴、封库清点档案。对中行行政、业务交接;进行账务核查,查收银行金库,对银行大楼、车辆、设备等大批固定资产登记造册。面对170余人的大银行,方皋、詹武紧紧依靠职员中的党员,与银行普通员工分别谈话,按党的政策,该原岗留用的继续留用,对重点和关键岗位人员逐一甄别,根据不同情况或留用或适当调整。第三步,组织审查小组,审查全部财产、了解账外和外库存的物资,调查各种情况,复审无误,即算完竣。整个接管工作有条不紊。该行属于官僚资本财产执行接收,划归中国人民银行天津分行领导,改称外汇部,詹武任军事代表。

天津作为全国解放最早的对外贸易口岸,制定外汇工作方针、政策,以及组织实施都有待在实践中摸索与创新,没有现成的经验参照。当时,民主人士、上海商业储蓄银行天津分行经理资耀华,提出保留"中国银行"名号从而保存在世界各地的大笔存款的建议。军管会接收部金融接管处在工作中也提出:"中国银行至少应赋予专业性质,保持原机构、制度之大部,全体人员执行外汇业务为有利。"这些建言受到高度重视,并报请党中央。

中国人民银行行长南汉宸迅速来津,传达党的精神,对接管中国银行的方针政策作了表态:明确保留中国银行原名义、原机构,要把中国银行建成面向海外的外汇专业银行。1948年3月15日,中国银行天津分行隆重开业,并在《天津日报》刊登复业广告。3月16日,外汇部取消。中国银行天津分行设营业室,下设存放款科、外汇经营科、外汇管理科,会计科、出纳科、调研科、外汇交易所;设秘书室,下设文书科、人事科、庶务科。当月,方皋奉命赴北京任中国人民银行北平分行副经理兼中国银行经理,把"天津方式"经验带往北平。5月18日,方皋受命出任新中国中国银行天津分行第一任经理。6月11日,他收到委任其为天津中国银行经理的证书。

中国银行天津分行采取了一系列稳定金融市场和物价的积极措施。一是参与兑换旧政府的金圆券;取缔外币黑市,开展外币收兑工作;取缔金银黑市,代理金银收兑工作等,促进了天津经济的恢复和发展。二是领导制定了新中国对外口岸银行第一个地方外币管理法,随着沿海口岸城市陆续解放,其他七家中国银行大都以此为参照制定了各地的外币管理方法。三是中国银行天津分行率先开办折实储蓄业务。折实储蓄业务是为打击金融投机、稳定物价而开办的一种特殊的人民币保值业务。它将货币折成实物,将若干实物合在一起作为一个折实单位,当时确定的每个折实单位为元丰牌面粉1市斤、玉米粉1市斤、大五福布1市尺。按照这三种实物前五天的平均批发价格计算出当日折实单位牌价。存入或支取时按存入或支取的折实单位数照当日折实牌价折合成人民币。被总行作为经验,通知已解放地区各分支行参照该做法,开办折实储蓄业务。四是天津分行开始派人赴济南、张家口与货物产地联系,组织货源从产地到口岸,处处得到银行资金扶持。方皋作为新中国红色银行家,与战友一起创造了接管中国银行的"天津方式",开启了中国银行历史新篇章。

随着上海战役打响,党中央于5月调詹武赴淞沪前线,5月27日上海解放。6月,党中央决定,中国银行接管原则上按天津的办法,并宣布了中国银行的人事任命,詹武出任中国银行第二副经理,主持中国银行总管理处(中国银行总部)工作。"天津方式"由此落地上海,在全行推行。

五、后人不忘家国情怀　追寻祖辈历史足迹

方伯梁的后裔方郪平、方广胜、方马林、方辉、王晓平等人,不忘家国情怀,一直在追寻祖辈方伯梁的历史足迹。他们到美国麻省走访城镇、中学、高中、麻省理工学院,搜集整理出万余字相关历史考证文章。

笔者在参加纪念容闳诞辰190周年大会期间,结识了方郪平、方新阳,此后一直与他们保持着密切的联系。笔者不但得到了方氏兄妹考证方伯梁在美留学的文稿,还收到由方广胜主编的纪念方皋诞辰百年《从军人到银行家》一书。这些文稿和书籍都提出了"天津解放时方皋与战友们接收中国银行天津分行早于上海"的论断。

方新阳是方皋之子,1948年出生,早年在黑龙江生产建设兵团,北京大学毕业后,分配在中共中央党史研究室工作。方新阳曾任深圳中国工商银行高级经济师。探访天津,亲眼看一看祖父、父亲两代人生活战斗过的地方,是他心中的一个梦。

2008年,他终于来到天津,漫步在波光粼粼的海河之滨追思先辈,一时感慨万千。他表示:"我出生前祖父就过世了,父亲也于1995年去世,来到他们两辈人生活、工作、战斗、拼搏过的城市,特别亲切,有种超时空交汇的历史感。"

2014年,方新阳参与了《从军人到银行家——纪念方皋同志诞辰百年》一书的撰写,对父亲的革命战斗经历有了深入了解。当下,新中国的中国银行史是以上海解放接收中国银行开篇的。方新阳认为“现有中行史是从解放上海成立中行总管理处记载的”这一说法并不准确,故在网络上发表了《来自“万岁军”的新中国第一位“中国银行”经理》一文阐述自己的观点。他在文中提出:天津市军事管制委员会接收中国银行天津分行早于上海大半年,创造性地探索出“天津方式”并向解放区推广。这一观点引起了中国银行行史办的关注,工作人员联系方新阳后特别叮嘱:请前辈以口述故事补上天津中行这段缺失的空白历史。

此后,方新阳没有停止探索的脚步,而是进一步挖掘其父亲接收中国银行天津分行的历史细节,走访天津地方史学专家,得到了《近代以来天津城市化进程实录》《天津接管史录》等珍贵史料,以及詹武赴上海前后的史迹材料,又写出了另一篇相关文章送交中国银行行史办。

(井振武,天津地方史学者)

周汝昌与海下文化*

周长庚

一

红学家周汝昌在其著作《少年书剑在津门》自叙："故乡是一部读不完的书，那页页行行，写着我和俦侣们的青春——它经历的路程，它焕发的风华，它遭受的苦难，它含蕴的情怀。要了解一下我这个人，而了解的第一层，就是明白我所以为我者(形成了我这样的人)，原来是在此种样式的'时空''风水'之中出生而长大的，我怎么也脱离不了那一切的组构和陶冶呀。"

周汝昌出生在天津津南咸水沽，青少年时代大部分时间都是在家乡度过的，他与他的家乡文化即海下文化渊源颇深，"海下文化"包含漕运文化、农耕文化、军旅文化、宝辇文化等。从历史脉络来看，周汝昌的家族发展与家乡的漕运文化息息相关。周汝昌本人又是在中华传统文化氛围非常浓厚的家庭里成长起来的，这与他诗人气质的形成有着莫大的关系。咸水沽又因周氏兄弟手抄甲戌本《石头记》并走上《红楼梦》研究道路，而成为"新红学"的重建和发祥地。

那么什么是"海下文化"呢？"海下"指的就是旧时从天津卫三叉河口，沿海河有一条海大道，途经津南咸水沽、葛沽等地，一直到大沽口，海河南岸的村镇旧称为"海下"。那时咸水沽的百姓称"上天津""下葛沽"，这"上""下"和我

---

* 本文曾发表于《天津文学》2023年第7期。

国地势西北高、东南低密切相关,故此该地域的民风民俗也称“海下文化”。周汝昌对此情有独钟,撰写了许多具有独到见解的文章,体现了周汝昌热爱家乡的情怀,为我们留下了一股“海下文化”的鲜活文脉,是极其宝贵的非物质文化遗产。

二

周汝昌遗物中发现有《周氏族谱》,该族谱是由周汝昌的祖父周铜续写。时间是从明末至晚清。据族谱记载,周家是在明朝末年崇祯时期,自安徽桐城避患北方,在天津海河之畔咸水沽镇落籍。始祖周瑚是一位读书人,可却未考取功名。周铜的曾祖父周文选也是颇有才华,在四里八乡颇有声名,但也是屡试不第,并未能破壁高飞。周铜的父亲周克友在咸水沽镇曾办团练,成绩颇斐,功在乡闾。后来经僧格林沁保举,朝廷恩赐昭武都尉。周铜的哥哥周镛接办团练成就有加,并蒙恩典诰授武德骑尉。清末周家已到鼎盛时期,成为咸水沽镇的大户,分北院、东院、西院,总称“同和号”。养“登悠”“水梯子”“五百石”三艘出海大船。远到东北沙河子(丹东)、营口,南到江浙,贩运粮食、木材,以及生活用品。在镇内开办同和粮行、烧锅(酒厂)、木铺等,又在镇外购买田亩从事农耕,人称“同和小庄”。所以说,周汝昌的家庭与漕运文化是息息相关的。

周铜一生酷爱艺术,书画成绩,名藉乡里。尤其爱戏曲演唱、民间花会的表演。由他提倡、资助创办了咸水沽镇同乐高跷老会、龙灯会、法鼓会。他创新花会,借鉴戏曲表演,从而丰富了花会的演技。高跷会的渔翁、俊鼓、老坐子均化用了戏曲老生、武生等的表演程式,“傻儿子”“傻妈妈”的表演也融汇了曲艺相声插科打诨式的表演特点,使民间花会的表演更加丰富多彩,颇得观众好评。

相较于其艺术造诣,周铜可谓是科场失意,后捐了一名“同知”的官衔。他有生之年,以家居海河之畔的优势,借用了老海河的天然景致自建了周氏花园。楼台亭阁、小桥流水、奇花异草、名人字画、鹿鸟动禽应有尽有。张伯驹、顾随、寇梦碧等诸位先生均有诗词贺咏,这在当年咸水沽镇乃至天津卫也是颇有名气的。

周铜的胞兄周锐是位起家的好手,先是在咸水沽镇东昌号做事,慢慢积攒了家业,购买了田产、海船,开办了店铺。他经常亲自随海船出海,将家业交与弟弟周铜照管。对弟弟周铜资助咸水沽镇的花会、购买名人字画,非常支持,绝没有"我辛苦挣钱养家,你大把花钱娱乐"的埋怨。

周汝昌的父亲周景颐是清末科秀才,一介文弱书生。他不善经营漕运海船、店铺生意、农田稼穑,只是勉强维持而已,但他却乐善好施周济穷困乡邻,赢得了众口皆碑的赞誉。四里八乡合村共议,为周家献上了"硕果苞桑"的巨幅匾额和"智深勇沉"的银盾,以表示崇敬的情怀。

周景颐在民国初年被乡民推举为镇长,以后又兼商会会长。任职期间,领导镇民抗"牙税"。"牙税"是指凡是入口的东西都要上税。农民赶集贩卖粮食、蔬菜;商店售卖的所有吃食也是要上税的。这一下子惹恼了咸水沽和周边四里八村的百姓,大伙向镇公所申诉。周景颐因势利导,告知百姓说,镇当局不便出面,让大家按咸水沽镇居住范围分成四段:东大窑、关帝庙、玉皇庙和外村,团结起来赶走收税之人。百姓有了镇长的支持,在集日到来之际,抄起自家的棍棒、杈子、扫帚,见了收税人先轰后打,一下子赶跑了收税之人。过后县衙追究此事,周景颐以众怒难违,搪塞应付,这"牙税"收缴也就不了了之了。

那时咸水沽镇周边土匪肆虐,抢劫绑票时有发生。周景颐和周汝昌都曾被土匪绑劫过,父子与土匪巧妙周旋,商户和镇民集资,几经周折方赎票救回,免于枉死。随后向县衙上书,派来了二十九军的一个排士兵和民团共守咸水沽镇,但因进入咸水沽镇的岔道太多不好把守,后经合镇共议,决定修土城墙一座以挡匪患。

修建土城墙工程浩大,把咸水沽镇围起来需要十几里地的长度。占地、补偿、围墙结构、原料、资金、设计施工等,几经商讨,方案确定。在 1931 年初春,挖河取土,土草结构的城墙开始动工了。因该工程深得民心,百姓有钱出钱、有力出力,工程进展较快。到转年的开春,一座一丈多高,外陡里坡,顶部有半丈多宽走道的土城墙竣工了。从此白天城门打开,民团站岗;夜间城门紧闭,民团上墙巡逻,从而堵住了土匪的骚扰,保住了一方平安。为此咸水沽镇落下了抗匪的美名。

1939 年,一场特大洪水淹没了天津城乡,咸水沽镇也未能幸免。面对这场特大灾难,周景颐置自家于不顾,立即召集镇里的乡绅、居民代表召开紧急会议,研讨对策。会议决定,倒塌的住房因陋就简,垛屋盖房,自主营建,乡邻助工;抢节气播种退水的田亩;镇里多方筹资开设粥厂以解冻饿灾荒。粥厂按家、按户、按人口数目发放"粥牌",每天分两次舍粥。每次领取的无论是米粥或棒子面糊,稀稠程度都能插住筷子,确实解决了百姓的饥饿问题。

每逢年关三十晚上,周景颐总派人查看穷苦人家,黑灯瞎火包不起年夜饺子的人家。送去了东西,放在这家门前,喊一声"东西送来了！快起来包饺子!"主人出屋眼见白面、肉、菜感动得热泪盈眶,就知是周景颐所为。

周家开有一家木匠铺,除了制作门窗户带、桌椅家具外,还出售棺材。每逢穷人家无力购买棺材发送老人时,先赊棺材埋葬死人,以后有钱时再还。穷人连饭都吃不上,哪里有钱还账,也就不了了之了。故而他家的棺材铺,被人们戏称"舍材厂。"

周景颐任职镇长、商会会长,从不居尊自傲藐视百姓。路遇百姓打招呼,他总是双手下垂止步微笑回应。与文友同好相交,更是出手大方。咸水沽镇存心堂老中医刘锦文与周景颐相交颇深,经常在一起诗词唱和,书道交友。周景颐把家藏的明朝书法家周天球的墨砚送给刘锦文。刘锦文得砚之际,给刚出生的孙子起名"刘得砚"。由此可见墨砚价值不菲,这宝砚至今仍被刘锦文孙辈收藏。

逢年过节,家家张贴对联,邻居买了红纸请周景颐书写春联。他总是有求必应,一家人裁纸研墨,忙乎整个腊月才算完事。周景颐特善背临《朱柏庐治家格言》,至今乡邻好多家存有他写的格言墨宝。

周景颐虽然对晚辈要求甚严,但非常尊重他们个人对前途的选择和喜好。支持他们购买书籍和乐器,支持他们学做生意或深造求学的个人理想和追求。可以说,周汝昌在治学生涯中,不管遇到什么样的挫折苦难,都能坚持学术真理,矢志不渝,这与他受父亲周景颐人格影响是非常大的。

三

周家沿袭到周汝昌这辈时,亲兄弟五人——震昌、祚昌、泽昌、祜昌、汝昌。弟兄们都是爱好文艺的人才,大哥震昌弹得一手好风琴;二哥祚昌因善吹箫,外号“老箫”；三哥泽昌拉得一手好京胡。解放初期，沽人京剧老生邵汉良回乡省亲，与票友们排演京剧《打渔杀家》，在田家圪广场演出，操琴者就是周泽昌。四哥祜昌则是演奏三弦的高手。

周汝昌更是文艺爱好者的佼佼者，民间法鼓、曲艺大鼓、戏曲的文武场面都能应对。尤其在燕京大学读书时，他参加了校方的京昆剧社，以小生的行当登台亮相，文饰《春秋配》的李春发、武演《虹霓关》的王伯当，昆曲演过《夜奔》的林冲。

周氏兄弟五位，继承了祖辈的文艺爱好，延续了艺术家庭的文脉。由此可见，周家是世代书香、文武兼备的家庭。周汝昌就是在这样传统文化氛围非常浓厚的家庭中成长起来的，这对他以后所形成的诗人的气质和文化信仰也是有很深影响的。

周汝昌深得家长喜爱，故 9 岁方入咸水沽镇公立第十一小学。六年小学经常因散兵游勇强占学校而中断，但他的各门功课成绩优秀，国语、外文更加突出。初中考上天津大经路觉民中学，小考、中考、大考均夺头名，外号“铁第一”。

周汝昌高中考取南开中学，入学成绩得了第二名，他深感失落，但也从此不再为“第一”的名次而苦恼纠结了。高二时，日寇轰炸南开学校，失学后他与同学步行到了北郊韩柳墅，参加了二十九军的操练，后因前线战事紧张，二十九军疏散了学生兵。1938 年，为考取燕京大学，他考入当年的工商学院附中，插班高三（即现今的实验中学）。1939 年，周汝昌考上了燕京大学西语系，但因家乡发大水，未能入校。

周汝昌 1940 年返校燕京大学，因语文和英文成绩优秀，这两科荣获免修的特许。1941 年，燕京大学被封校，他又辍学回家。其间，当过自家铺子的会计、小学代课教师，后来考入天津海关，因参与工友们索薪的斗争，又被开除。1947 年，他又返燕京大学，经过考试方才入学。西语系本科毕业后，1950 年他考入中文研究院。

周汝昌的求学过程是异常艰辛的，为了疏解自己苦闷的心情，他在家乡的陋室里与他的老师顾随书信往来，诗词唱和，这段时间也是他诗人气质形成的一个重要阶段。要想研究周汝昌，了解周汝昌的性格、气质和文化信仰，就要先从研究周汝昌的家族及家乡的文化开始。

四

周汝昌的母亲李彩凤出生在咸水沽镇北洋码头的学究之家。周汝昌幼年听母亲讲《红楼梦》的故事印象颇深。她是独女,深受父母疼爱。那时尚没有女子学校,父亲自幼教她读书识字。天资聪慧的李彩凤,经父亲热心点拨,能读写默背“三百千”、《论语》等书籍。她背着父母,从堂兄弟那里借来《儿女英雄传》《西厢记》等书来偷读。结婚后,堂兄来看她,还捎来一本《石头记》。她通读之后,经常给周汝昌兄弟们讲书中故事。她把春日游览自家的花园时,周家女眷们如《石头记》中女孩儿们一样梳妆打扮,逛大观园般热闹的场面讲给周汝昌兄弟们听。这些故事令小小的周汝昌听得非常入迷,所以母亲李彩凤应是他“入红”的启蒙人。

周汝昌是如何走上研红道路的呢?四兄周祜昌给燕京大学上学的周汝昌写信,提到胡适先生买到《脂砚斋重评石头记》,并得到曹雪芹好友敦诚的《四松堂集》,但没有看到敦敏的《懋斋诗抄》。在学校图书馆,周汝昌很容易借到了该书,假期带回家和周祜昌共同研究。那是在 1948 年暑假,周汝昌从北大校长胡适先生那里借得古钞珍本《脂砚斋重评石头记》,也就是甲戌本,携书回到家乡——天津咸水沽镇。在乡间故园,庭院花木之下,周汝昌与周祜昌一起研读探索。考虑到这个古钞珍本纸已黄脆,不忍过多翻检,为了保护它,遂决意以朱墨两色抄录一册副本。由周祜昌努力坚持抄写了一个暑假方“竣工”。周祜昌为此写有《手抄“甲戌本”序言》与《红夏抄书记》的专文,详细记载了这部经胡适先生慨允留给周氏兄弟的“甲戌副本”的产生过程。

整个暑假,周祜昌在母亲院内一笔一画地抄写“甲戌本”。周汝昌则在父亲院里一个纸条、一个纸条地整编“书稿”,因为那时,周汝昌正在搜集一切与《红楼梦》及其作者曹雪芹有关的文献资料,准备撰写《红楼家世》一书——这就是日后轰动海内外的《红楼梦新证》的雏形。

眼看暑假已临近尾声,周祜昌经过不懈地努力抄写,“甲戌录副本”也圆满“竣工”了,周汝昌也将要返校了,但“录副本”还需要与“原本”进行最后一道工序的校核工作。因为时间紧迫,兄弟俩就由一人念,一人接听、核校。于是,兄弟二人坐在藤阴之下,口耳相校,闻声看字,遇有疑点,停下来问清楚,不致有误。这样,核校工作也相当顺利。

“藤阴”是什么意思呢?

周氏兄弟出生居住的老宅,紧邻闻名遐迩的“海大道”。“海大道”因清代康熙、乾隆巡幸大沽海口而得名。即是现在从天津直达大沽海口的津沽路。古镇昔日三里长的老街,即是“海大道”其中的一段,循傍着老海河而行。新中国成立后,三里老街改名为:建国大街。

周家老宅就是北方乡镇中常见的土坯房屋,没有砖瓦,也不高大宽敞。四个方方正正的院子相连在一起,呈“田”字形。挨着“海大道”也有临街的“门脸店铺”。

周家老宅院子靠北面还有一株老藤,人们都管它叫“藤萝”。虽然老藤不算繁茂,但夏季开花的时候,一串串的紫色花朵香气浓郁,沁人心脾。下小雨的时候,孩子们都会跑到藤萝架下避雨,很是新鲜好玩儿。

这株老藤,也见证了这所院落悠远的历史。周汝昌曾回忆:

原来,寒家真是“家无别况”,只有两株古藤实在可珍。我出生的老宅院里一株,“同立木号”店铺后院父亲住的院子里也有一株。此二老藤,树龄恐怕至少超过三百年,估计是明代所植。因为藤萝生长最慢。生长了二十年之久的一棵紫藤,茎干只有一棵粗绳那样。而我家古藤的主干,其围径却和巨瓮相似,可知行家说有三、四百年了,并非夸张!所以从祖父起,视若“家珍”,遂取了一个“藤阴斋”的雅号。每到春末,紫花如垂株,清芬满院,又结长荚,中有黑色圆籽,有时拿它作纽扣用。我长大了,离家以后,每读杜老“浥露思藤架”之句,总是乡绪盈怀,亲情满目。我家在清代光绪年间也算是个“进步”之家庭,因此,“藤阴斋”是求大名鼎鼎的南海康有为题写的。我小时候常听父亲说过:我家的“藤阴斋”的“藤”字是“草”字头,康有为怎么写成了“竹”字头?引以为憾事,但到底不再请名家另题。有一年,古藤的枝条长得十分茂密。有一位姨兄,是个“棚匠”,为人绝顶聪明,能出奇思巧计。他见先父的“书房”太简陋摧颓了,自告奋勇,将四间老屋重新筑高些,变得也明亮了。又为利于古藤的生长,用极长的“棚干”(杉木)搭建了一个又高又大的藤架,将古藤的枝条作了一番整理,竟然盘满了整个架子。每到夏季,藤架正遮覆于书房前,虽是盛暑屋内却无一丝炎热之气。乡间每有拜会先父的客人,置身在“古藤书屋”时,都会觉得心旷神怡,不禁赞叹:这屋里有“宝”啊! 乡邻们还曾说,隔着河(老海河)几里远,也能看见这座大藤萝架,常为此津津乐道。姨兄巧思,又作一“半亭”于藤架下:利用藤枝,再立四棵支柱,上覆稻草,用枯树枝装订成“冰裂纹”图样的上下栏杆;中以木座搭成小几,旁置瓷礅两个,简朴而古雅,见者无不赞叹,难得会有这样的思路和风格境界。

(周汝昌著《我与胡适先生》)

周氏兄弟在这样的家庭环境中,开始了“红学”研究的漫长历程。这古藤也承载着周汝昌童年美好的回忆和对家乡的眷恋之情。

五

20世纪50年代,在周汝昌赴四川华西大学工作前,因路途遥远,当时交通工具也不便,不知还能否再回到家乡。“蜀道之难,难于上青天”,四川的山路崎岖,要回家乡一次非常不容易。周汝昌就请当时的名流画家根据他对周氏花园也就是“爽秋园”的记忆,绘出了《咸水沽旧园图》。并请张伯驹先生创建的庚寅词社于画册上题诗。因清代有“豆子䴕边夜射鱼”的诗句,周汝昌早年曾自号“射鱼村人”,咸水沽也被诗人们称作为“射鱼沽”。也是因为清代诗人吟诵咸水沽有“枫红芦白亦可怜”的句子,所以诗人们又称咸水沽为“枫红芦白邨”。这本画册也成为了珍贵的历史文化遗产。

名列津门“七十二沽”之一的古镇——咸水沽,自古本是“斥卤不毛”之盐碱地,可是经过黄河引水的灌溉,却变成良田,成为鱼米之乡。有谁能想到:就是这么一处小小的乡镇之地,却因周氏兄弟手抄“甲戌本”,走上“研红”道路,而成为了“新红学”的重建地和发祥地! 也因此,我以为,咸水沽这个小镇在红学史上也理应有其一席之地。

咸水沽清代时曾为天津八大古镇之一,名闻遐迩。那么咸水沽古时被称为什么呢?周汝昌从青年读书时即“留意于乡邦文献的搜辑,久欲一考其究竟”。他认同明末清初的地理学家顾祖禹在其所著《读史方舆纪要》中援引古书《地理通释》中的论断:“河间之豆子䴚,今咸水沽也。东去海四十里,地斥卤,广袤数十里。宋时置戍于此。”证明家乡咸水沽这一带即是北齐至隋代的“豆子䴚”。但也有另一说,认为“豆子䴚”不在天津东南,而在山东境内,其远源实出《资治通鉴》,其书第一百八十一卷《隋纪五》载:“平原东有‘豆子䴚’”。

此两说孰是孰非?周汝昌于20世纪的60年代初即写出《豆子䴚》一文,刊于当时的《天津晚报》之上,文章开头即引出清代四家诗人咏及“豆子䴚”的诗篇。第一首为天津查礼的《西沽晚归》。

石桥西畔断霞浮,豆子䴚边晚市收。
独坐船头看雁过,数声啼破海门秋。

诗人咏西沽而提及豆子䴚,可见当时的“豆子䴚”已然成为天津的古迹之一,而且是进一步将此地名扩大为天津的泛称了。再如沈廷芳《隐拙斋集·送查大兄重赴天津》一诗有“回辙豆䴚送东征”的句子,当然还有其他的诗句,也可说明古“豆子䴚”之地本属天津范围,与“山东之说”无涉。

1992年,周汝昌因见到《津南文史资料选辑》中的《咸水沽小考》一文,“不觉引发旧日的兴趣,因而乘兴提笔”,撰成《咸水沽即古豆子䴚新考》一文。周汝昌为此函询沽中父老乡亲,探究古镇流传下来的老地名中尚有“窦家岗”一说,其地就在咸水沽东大桥以南,“豆”其实即是“窦”字的简写,“子”与“家”也有音变关系,如“蒿子沽”与“郝家沽”的例子。而“岗”字,实是“䴚”字的遗痕。我国的大地名一般容易考察,史籍记载也比较详细,书写时也比较“规范化”。而到村庄等小地方,则读音记字便出现混乱了,如同音、音转、音变、简写、讹字等情况到处可见。

周汝昌认为《资治通鉴》所谓:“平原东有豆子䴚”者,那“平原”乃是“平舒”的讹写。因再考《隋书·地理志》,其“河间郡”之下所属,正有“平舒”地名,其下有注:“旧置章武郡”。故《资治通鉴》所据隋代史料已不用“章武”,统称“河间”！由此,我们恍然大悟:豆子䴔正是“河间”所属之地。咸水沽旧有关帝庙,内置大铁磬上铸字:“河间府静海县咸水沽”,也证明古时咸水沽正属于“河间”所辖。周汝昌所论甚详,用心之苦,足见爱乡之深!

咸水沽过去属于天津南郊。周汝昌生前多次提及的南郊风情民俗中,“过会”是年节相当重要的民间活动。在离咸水沽不远的葛沽,每年的正月十六,镇上花会都会吸引四面八方的人到此观看,感受浓郁的年俗气氛。葛沽宝辇花会于2014年入选国家级非遗项目名录。葛沽从恢复第一架宝辇到花会民俗活动的全面恢复,得到了周汝昌的大力支持。

1988年5月,周汝昌回到了天津,来到了葛沽。他说,世界上有个和平女神,我们中国也有个和平女神,那就是妈祖林默娘——海神娘娘。海峡两岸的中国人都信仰妈祖,妈祖就是我们中国人的和平女神。她将对我们的和平统一起积极的作用,我们应该大力弘扬妈祖文化,使之为祖国的和平统一作出贡献。

周汝昌鼓励葛沽弘扬妈祖文化,他说葛沽的民间花会有着悠久的历史,其底蕴深厚,形式多样,内容丰富,应该继续发扬光大。周汝昌参观了宝辇,并为“西茶棚”题字。每年正月里的葛沽宝辇花会,西茶棚的旗上明晃晃的就是周汝昌的题字。家乡的宝辇文化也是周汝昌极其关注的。

小站与咸水沽相距不远,是小站稻的产区。海宇驰名的“小站稻”是由清代淮军盛字军统领周盛传,于光绪元年(1875)率部在天津津南小站地区屯垦开发生产而得名,至今已历一百四十余个寒暑。这既是军旅文化,也是农耕文化。小站镇马厂减河南岸至今还存有“周公祠”,正是清代为纪念开发“小站稻”的周盛传兄弟而建立的。周汝昌曾有一首诗作提到周公祠。

古圣神农塑像奇,周公祠庙棣棠枝。
津南一望江南景,万顷春波碧稻畦。

周汝昌对家乡的那一份眷恋赞美之情,浸透在字里行间,跃然纸上！那一片富庶赛过江南的鱼米之乡,那一片如诗如画的津南风俗美景,永远定格在人们的记忆深处。

纵观百年红学史,周汝昌无疑是最具话题价值的学人。有些研究者忽略了周汝昌青少年时期在家乡的成长及经历,这是有待于商榷的。不论是周汝昌的家庭,还是求学过程和研红起步,都与津沽海下文化紧密相连。一个人个性的形成受家族、家风、教育、境遇等等的影响,要深入了解领悟周汝昌的诗人气质、“红学”研究、治学观点及方法,应着重梳理其家族史和津沽海下文化的传承脉络。周汝昌有很深的乡土观念,与家乡的漕运文化、农耕文化、军旅文化、宝辇文化等都有着千丝万缕的联系。通过他对家乡深厚的眷恋之情,我们可以更多地了解家乡的风土人情、民风民俗,始终坚守文化信仰,坚定文化自信,把优秀的中华传统文化传承下去。

(周长庚,天津市津南区文化馆)

识得读书真理在：吴玉如与南开的因缘*

魏暑临

吴玉如（1898—1982），安徽泾县茂林人，名家禄，字玉如，后以字行，早年自号茂林居士，晚年号迂叟，是著名的书法家、诗人、学者、教育家。他平生以书法、诗词、训诂名世，博学鸿儒，且名士大隐；鸿儒轻利，大隐忘名，而其生前却在书法上有“三百年来无此大手笔”、与沈尹默并称“南沈北吴”，身后更是被认为一代文化大师巨匠，赫然成为20世纪文化史的标志性人物。

在20世纪风云变幻、复杂瑰丽的文化史长卷上，吴玉如的事迹绝不仅仅是一个简单的标点符号，而是值得大书特书的耀眼段落、交响乐章。至于他与南开断断续续几十年的因缘，至今仍值得铭记与研究。

吴玉如的祖辈大都为官，重学入仕的思想一直在家族中延续。其父吴彝年，字佑民，在李鸿章担任直隶总督期间创办的天津电报总局工作，后被派往鸡林（今吉林）担任电报委员，借军队杆路挂线，开办了吉林、长春的电话直达业务。1907年，吴彝年离职，携妻儿定居天津。吴玉如入天津新学书院读书，但他对这所充满教会色彩的学校非常厌烦。1913年2月，他向父亲提出转学请求，而当时的南开学校已经成立近十个年头，张伯苓秉承“公能”教育理念，始终坚持寓德于教、寓教于乐的办学、治校精神，学校规模不断扩大，名扬遐迩。吴彝年于是将吴玉如转送南开读书，从此，吴玉如在南开学校开始了他少年时代最重要的求学生涯。

---

* 本文曾发表于2023年4月1日《南开大学报》。

吴玉如在南开中学全面发展,以国文见长。《天津南开学校第十次第二组毕业同学录·班史》“第一年史”记录:“全校举行第一次国文汇考,录取十人,两班列名者有张瑞峰、陈彰琯、吴家琭……班中同学张瑞峰、常策鸥、周恩来发起‘敬业乐群会’,我班入会者四十余人,占会全体会员二之一,张瑞峰为正会长,常策鸥副之,周恩来、吴家琭为文艺、演说二部长……《南开星期报》出版,本班举张鸿诰、吴家琭充社员。”“第二年史”中记录:“校中汇考国文,与试者数百人,录取四十名,揭晓我班第一,陈乃洧、张鸿浩、吴家琭、陈彰琯、吴汉涛均列名班中,获匾额一个,归为永有,上由校董严范孙先生书‘含英咀华’四字……”在《南开中学风云人物录》一书中,吴玉如被列入第37位。

在南开学校的求学经历对吴玉如影响至深,他在南开就读时的《自题小照》绝句,充分表现了他当时的卓尔不群、铮然傲骨,和踌躇满志、器宇轩昂:“个侬降自大罗天,混迹红尘已廿年。傲骨纵然称妩媚,此生不解博人怜。”“何来小子太癫狂,把笔不曾顾四方。识得读书真理在,轻他南面不为王。”

的确,读书不求真理,则至多成为腐儒;而读书欲求真理,却要付出较常人不知多少倍的辛苦。正是“识得读书真理在”的思想,引导吴玉如度过他未来几十年“不为桀虐,不为民蠹”的人生,促使他坚守着文人准则和对真理的追求。也正是“此生不解博人怜”的心态,让他纵使一生蹭蹬,却能傲然独立。在常人看来,吴玉如善书法、写旧诗,他的学问大多是旧学。其实,他正是在坚守传统文化的人生之路上,不断与古为新,明理求索的。

现在的“天津市南开中学”大门牌匾就是吴玉如题写的,庄重沉厚,取北魏书风并加以行书笔意。南开与吴玉如之间是千丝万缕的不解之缘。

1915年,吴玉如中断了两年半的南开求学生活,肄业,随父亲来到北平,考入了北京大学预科班,但因家庭变故而中止学业。其后转入朝阳大学,又因丁父忧而辍学。他曾在上海函授国文专科学校进修,以邮寄的形式将自己的作业寄到上海,老师批阅后再反馈回来。当时吴玉如的诗作得到的批语为:“一片神形,自尊品格,如此清才,能有几人。”这一方面体现了他一贯的努力与不断地进步;另一方面也体现了南开学业的扎实根基与持久影响。

1916年,吴玉如到东北谋生,得到傅强、马忠骏等人的青睐与帮助。1917年7月23日到28日,直隶地区受台风影响出现大范围暴雨,伴有山洪暴发,水患肆虐,堤破河决,天津受灾最为严重,整个市区全部被大水淹没。北洋政府赈灾不力,平民死伤无数。吴玉如在南开的国文老师张皞如目睹这一惨状,义愤填膺,写下长诗《难民歌》,发表在当时的天津《益世报》上。远在哈尔滨的吴玉如从报纸上看到老师的长诗,情动于衷,当晚磨墨,伏案用工楷抄下了老师的这首长诗。这也是现存吴玉如早年最完整、成熟的一份书法作品,可惜动乱之中,真迹灭失,现仅存复印件。

吴玉如再到天津,已经是十几年后。1933 年,吴玉如回到天津英租界,他看到国事艰难、民不聊生,但楼台笙歌、不知国耻,深沉地为时局民生发出呼号;他自感雄心虽在,但老来贫穷,文章无用,呼吸艰难,但又不肯向权贵低头。无奈之下,他选择了人生中第一次"南游"。从 1933 年至 1935 年,他为了衣食奔走于北平、济南、宁波、上海、杭州等地,同时鬻文卖字、教授家馆,并以文会友。

1936 年,39 岁的吴玉如迎来了事业的曙光,得到张伯苓的邀请,回母校南开工作。当年的南开学校这时已经进一步扩大,成立了南开大学,他经函准担任商学院国文教师及经济研究所秘书。暑假后,任文学院大一国文教师。这是吴玉如第一次正式在学校教书,而且是在著名大学,这对他来说真是莫大的鼓励。南开对于吴玉如来说也是人生重要的经历和见证,现在南开大学校门树立的"允公允能,日新月异"的校训,以及"范孙楼""伯苓楼"的楼名就是以吴玉如的书法为原本,截取和集字而成的。

起初,吴玉如讲授公文写作,与文学还有一定距离,但是他文学水平高、教学效果好,后被破格任用为文学院中文教师。那个时候南开大学聘任教师的标准与清华大学一样,75%的教授都是留学生。这期间,吴玉如充分发挥专长,授课方式非常独特。在讲"公文程序"和"应用文习作"这一类课程时,浅显的则是教学生写寻物启事和招领启事,深奥一些的则是让学生拟作布告和电稿。1936 年鲁迅逝世,吴玉如出了个作文题,让每个学生给鲁迅治丧委员会拟一通唁电,有一位同学竟闹了个大笑话。这位同学的电文乃是发给鲁迅先生本人的,其中竟有"不知尊意如何"的文句。课后,吴玉如曾对儿子吴小如说:鲁迅地下有知,恐怕也会冒火生气的。所以,他将当时流行的"等因、奉此"之类相当空泛乏味的形式套语填充进《史记》《汉书》《论语》《孟子》等内容,以提高学生的学习兴趣和文化素养,还口述故事,让学生写成小文。他的讲授并不呆板,内容也经过择选,如讲《后汉书·马援传》,既不谈伏波将军、新息侯、忠成侯的经过,以及薏苡珍珠的疑窦,也不议论“马革裹尸”的豪语,而只是选择其劳飨军士的言辞和《戒兄子严敦书》的文字,待学生写成后,再不厌其烦地逐篇逐字批改。在批改学生作业时,他那独具“二王”意蕴的秀美字迹,让学生们爱不释手,不忍丢弃。他在开设选修课时,很多学生最初觉得可能没有什么意思,因而只有五六个人报名。但是,他精彩尽心的教学,在学生中间口碑相传,到学期末,五六十人的教室已经座无虚席。

吴玉如在南开工作生活充实快乐,他与妻子马淑蕴的第一个女儿吴同申也出生在南大西柏村寓舍,他在诗作《书窗》中说:“书窗晓坐浮生静,天外高雷触耳鸣。瘦叶树头随雨霣,大云星角卷风行。悟从虚幻心无竞,身历炎凉意已平。啸傲岂缘甘避世,世间物我两忠情。”

大学教师的身份受人尊重,工作内容也符合吴玉如的特长,他在南开暂得栖身,获得平静,如果能就此安定下来,做学问、教学生,真是善莫大焉。但是,时局动荡,战事频仍。1937 年 7 月 7 日,卢沟桥事变爆发。7 月 28 日,日本侵略军强占天津。9 月,南开大学奉国民政府教育部之命,与清华大学、北京大学联合南迁,后在云南昆明组建了著名的西南联合大学。西南联大作为战时特殊高等学府,聚集了一大批著名学人,一时成为学术重镇。但是,吴玉如没有能够随校南迁,也就没有和西南联大产生交集。

七七事变发生后,一些殷实的人家,纷纷向租界迁徙,以求庇护。而南开大学的教师却几乎没有意识到灾祸即将降临。当时有一个从关外逃回的学生,谋生无路,就住在吴玉如家中,对吴玉如十分感激,他有亲历沦陷区的经验,预感到日本将要进行全面进攻,力劝吴玉如马上搬家,暂避兵燹。但是吴玉如家藏书逾万卷,而且租界内的空房早已抢租一空,搬家困难重重。那个学生深入租界各个角落,日夜搜寻,最后在英租界边缘的一条胡同里,找到一所天主教会的房子,于是当天紧急搬家,因藏书太多,直到晚上 10 点才搬完。文学院院长冯文潜教授在吴家的带动下也一直搬到深夜。就在冯家的最后一辆车离校不久,天色刚刚黎明,日军飞机就对南开大学开始了轮番轰炸。住在南大校园里的教职员工,只有吴、冯两家未遭毁损,所有的东、西柏村的教师宿舍都被夷为平地,人员仅以身免。

1938年,吴玉如只身前往四川,在重庆拜谒张伯苓,被其推荐担任国民参政会的秘书。张伯苓作为民主人士代表,时任参政会副议长,吴玉如的老上司莫德惠也在国民参政会任职。吴玉如此时曾踌躇满志,想要为国共合作下的抗日救国作出贡献。但是在1939年,蒋介石在参政会内扩张国民党的力量,参政会秘书长王世杰和四名秘书中,只有吴玉如不是国民党员。有一次王世杰向吴玉如透露,蒋介石希望他能参加国民党,工作起来容易协调。吴玉如婉言谢绝,王世杰怫然而去。在这同时,另一位秘书雷震对吴玉如说:这是一步登天的事,旁人求都求不到,你不要错过机会。吴玉如一笑置之,不予理会。张伯苓同他商谈关于加入国民党的事,态度比较坚决,几乎近于命令。但是,他对他的老校长说:“你现在说话有分量,就是因为你是无党派人士。”张伯苓实在执拗不过,也只好放弃。不久,王世杰正式向他传达蒋介石的命令,约期召见,何去何从,迫在眉睫。这时,吴玉如赴西南联大的行程本已耽搁,又逢天津洪水为灾。吴玉如以家人遭难为由,暗地买了飞机票,绕道缅甸、中国香港,又回到了天津。后来,吴玉如曾自述:“张伯苓说我太清高。”

1940年,43岁的吴玉如住在天津马场道老武官胡同12号一幢西式平房内(今河西区照耀里小区),开始了深居简出的生活。重庆经历虽然短暂,但是他接触的都是国共要员,“吴家琭”的名字常常见于报纸,更是无人不知,所以,吴玉如回津后怕日本人发现惹来麻烦,从此以字行世,开始常用“吴玉如”这个名字了。

吴玉如通过天津志达中学教务主任朱经畬的介绍,到该校任高中国文教员,课余兼教家馆,这才能养家糊口。抗日战争期间,吴玉如全凭舌耕、笔耕,赡养老人,抚养妻子儿女,家里除了藏书,已经典卖殆尽。1945年,抗日战争胜利,中国结束了外来列强侵略的时代,吴玉如也开始任教于天津工商学院(后为津沽大学)国文系,曾任系主任。

在工商学院任教期间,吴玉如积极参加营救周同宇,彰显了他深明大义、不畏强权的品格。周恩寿(1904—1985),字同宇,周恩来之弟,中华人民共和国成立后任国务院参事。当时,一直从事中国共产党地下工作的他以经商身份寄居天津,受到国民党特务的监视。1948年秋天,他突然被捕。南开校友纷纷串联,设法营救。但要想联名递呈保状,必须有社会知名人士而为当局尊崇者领衔出面,才有可能奏效。于是人们拟了一个领衔者的名单,其中就有吴玉如。有人说,吴玉如从不参与政治,恐怕他不肯管这件事。但当南开校友找到他时,他问明情况,毫不犹豫地一口答应,而且首先在保状上签字。经过南开大学教务主任伉乃如以及吴玉如、常策欧等人的担保,周同宇最终被保释出来。

1951 年,吴玉如从津沽大学国文系主任任上辞职,赋闲在家,此期间曾为中华书局、商务印书馆校勘古籍,后曾参与 1958 年版《辞源》的编纂,以及《宋诗纪事》《古谣谚》等大量古籍的点校工作。

1961 年,张伯苓夫人病逝。不久,吴玉如为张伯苓夫妇合附撰写碑文并书丹。碑铭曰:“故南开大学校长张公伯苓,讳寿春,生于公元一八七六年,毕业于北洋水师学堂,曾与中日甲午之战,慨国事之日非,痛民族之濒危,奋志以教育救国,毕生殚精力无渝,先后五十余年,历考中外,不畏艰难,创立天津南开大学、中学、女中、小学及重庆南开中学,作育人才,力崇实践,始终以允公允能、日新月异为校训,自奉则绳检淡泊,待人唯和易笃诚,卒于公元一九五一年。夫人王氏,生于一八七三年,相夫教子,勤俭持家,公生平志业,亦赖于内顾无忧也,卒于一九六一年。”墓志 9 行 185 字,文辞书法俱臻化境,但是非常遗憾,现在只有拓本存世,原迹已不存。1999 年,南开大学 80 周年校庆前夕,为筹备校史展览,档案馆负责收集部分展品,曾向老校长亲属瞿安贵借用张伯苓墓碑拓片。拓片属蝉翼拓,是装裱好的两幅立轴,一幅为碑阳,一幅为碑阴。在征得瞿安贵同意后,档案馆对拓片进行了拍照和复印,把其中完整的八字校训复制并保留下来,按四字一行剪裁拼接后重新拍照制成模版,并进而处理成为我们现在看到的南开大学正式公布的标识系统中的校训字体。

1973 年,76 岁的吴玉如在周恩来总理直接关注下,被聘为天津市人民图书馆特别顾问。他一直很敬佩周恩来的人品和功业,特别是对周总理晚年亲自过问并安排自己的生活和工作报以感激之情,常对人说:是总理赏我一碗饭吃,感恩周恩来! 1976 年 1 月 8 日,伟大的无产阶级革命家周恩来总理去世。作为老同学,吴玉如痛心不已,老泪纵横,写下《哭翔宇四首》:“十五同窗事眼前,百年到此哭谁边。终身相业清无我,尽瘁生灵百可传。”“为相生平几箇如,试看到死蔑私图。公忠举国人心印,巷哭谁曾出强呼。”“巴江一别卅年中,从此云泥避不通。老去仳离君听得,关情一答笑孤桐。”“一自受施未可忘,恩私我不说周郎。毕生甘饿身无涴,唯此生平是故常。”并作挽联两副:“两万余里长征有道终为天下法;二十六年宰相无私留得姓名香。”“声名岂虚博而来欧美亚非无思不服;功业是积劳以着温敏勤毅有口皆碑。”

1977年,“四人帮”刚刚被粉碎,吴玉如的儿子吴同宾请吴玉如写一幅字。吴玉如就写下了周总理的两句诗:“险夷不变应尝胆,道义争担敢息肩。”他说:“周恩来不是文学家,这两句诗是他青年时代的抒怀之作,与一般文人的空口言志不同,他是言行一致的。周恩来能够成为伟人,不是靠说话,是靠行动。”后来天津“周恩来同志青年时代在津革命活动纪念馆”建成,请吴玉如题字,他又把这两句诗写成条幅,一直悬在纪念馆的会客室里。

(魏暑临,南开大学吴玉如艺术研究中心)

南开大学百树村历史考[*]

欧阳康

百年前，在南开大学八里台校区的土地上，百树村（柏树村）曾盛极一时，这里曾是南开大学最早的教职工住宅。如今，大中路南侧的树林中，一道围墙隔开了九座看来丝毫不起眼的、被称为南开大学东村的平房，它们正是百树村的最后遗存。然而，历史上的百树村，其范围可要远远比这大得多。

一、百树村的建成

据《百年南开建筑图集》记载，1922 年，南开大学在八里台购地兴建新校区，先后兴建了东、西百树村教职员住宅和女生宿舍。建筑均为坡顶平房，内部设施合理，适宜居住。其中，西百树村兴建得比较早，约于 1923 年与秀山堂等建筑同时建成。在 1925 年至 1930 年的《南开大学周刊》中，已经频频出现了“百树村”这个地名。

百树村，最早指的是西百树村，其位置大致相当于现在专家楼、谊园所在地，当时又简称“西村”。它坐落于思源堂以西，环境幽静，是南开大学建校初期唯一的教师住宅区，许多著名教授都曾在此居住。南开大学数学系教授陈鹀在《我做南开大学学生时》一文中回忆，西柏树村内建筑都是一幢幢小巧玲珑别墅式的宅院，前排 8 所、后排 6 所、两头各 2 所，形成一个长方形的群落。《南

* 本文曾发表于《天津史志》2023 年第 5 期。

开大学校史(1919—1949)》则记载,百树村似一方卦形,由九所分列的平房构成,中间围着球场二片,屋的周围由丛树所绕。

东百树村的建成则要稍晚一些,大约在20世纪30年代中期。在1930年刊印的《南开大学响导》所绘制的校园示意图上,后来东百树村所在的位置——南莲池东侧,仍然还是苇塘和花园。不过,至少在1937年天津沦陷之前,东百树村已经建成了。据陈其津(陈序经之子,陈序经曾任南开大学副校长)回忆,陈序经自1946年8月返回天津南开大学,担负起繁重的行政事务,"当时家住在八里台南开校内的柏树东村,已不是战前那个柏树村了"。东百树村的范围,要远比今天的东村大,如今的东村1、2号高层公寓、停车场、包括墙外的小河和湖心岛附近(现水道已由于修建地铁被填没),都曾是东百树村的房屋院落所在之处。

二、百树村的毁灭、重建与其他

(一)百树村的毁灭与重建

昔日秀丽的南开园,20世纪30年代初已经成为天津有名的风景旅游区。诗人柳亚子在南开大学赋诗称道:"汽车飞驶抵南开,水影林光互抱怀。此是桃源仙境界,已同浊世隔尘埃。"可惜的是,在抗战伊始,南开园就遭受到日本侵略者的疯狂破坏和洗劫。1937年7月,日军轰炸南开园的危急时刻,部分师生正是从西百树村旁乘船撤离学校。邢公畹(著名语言学家,曾任南开大学原中文系主任)在《抗战时期南开大学边疆人文研究室》一文中回忆,"七月二十四日,南开大学开始紧急疏散人员和图书、仪器等物资,经师生员工几昼夜的奋战,百分之五六十的东西已转移出校,尚有大批物资待运。但日军开始武装占领天津,七月二十九日午夜一点钟,日军开炮,首先轰炸河北省政府与南开大学。凌晨,飞机腾空,炮声急作,弹如雨下,秀山堂中弹火起,南开园硝烟弥漫。留守人员秘书长黄钰生和杨石先教授、斋务指导员郭屏藩及部分学生,从西柏树村旁乘小船,驶向青龙潭,经过日本飞机场旁,被日军发现,敌人炮火追袭射击,并有日机一架尾随飞行。船行至王顶堤,只得避入稻田中。"

日军轰炸过后,包括百树村在内的大部分建筑物均被毁坏。据白金騄回忆,“硝烟过后,南开大学办公楼秀山堂和机电系、化工系的实验室等建筑物,都被日本侵略军的炮弹、炸弹夷为平地,留下的只剩一片瓦砾。……在日本侵略军铁蹄踩踏下的南开大学,被他们改造为日本天津中学和日本的野战医院,经常驻军千人左右。……抗战前教师居住的柏树村,现今只剩七所,成为日本侵略军的营房。……遥望荒林土阜,电网密布,既往的美景皆成荆棘,满目荒凉,惨不忍睹。”

根据 1943 年 9 月的《私立南开大学抗战期间损失报告清册》统计,百树村教员住宅共损失 22 座,战前价值约 180000 元。抗战胜利后,在南开大学和当时政府有关部门的支持下,百树村得到了修缮和重建。1946 年,善后救济总署冀热平津分署出资修缮了东百树村共计 18 所房屋,当时委托著名建筑师阎子亨进行了全面整修。1947 年 3 月,张伯苓校长返津后下榻东百树村 42 号;同年 8 月,在国民党的大搜捕中,周基堃、吴大任、邢公畹等教授在东百树村家中保护了不少进步学生。

重建后的百树村,在解放初期仍然得到了保留。在 1949 年绘制的《南开大学南、北院平面略图》和 1951 年绘制的《南开大学南、北院建筑平面配置图》中,西百树村、东百树村仍然存在。1951 年、1957 年,周恩来总理两次视察南开都到过东百树村。后来,随着校园建设的逐步推进,西百树村早已经荡然无存,仅仅在 20 世纪 70 年代兴建的幼儿园留下了西村幼儿园的地名。东百树村也已支离破碎,在 1976 年唐山大地震后曾再次进行修葺,现存的建筑也早非当初原貌。

(二)“百树村”与“柏树村”

百树村在很多回忆文章和历史资料中,也会写作柏树村。但是可以通过考察明确的是,在抗战胜利、返津复校以前的历史资料中,基本均写作百树村。而柏树村这一称呼,则多出现于回忆文章和复校之后的材料中。值得思索的是,旧俗认为,松柏多植于墓地,一般不种在住宅区,何以以柏树村代称教职员宿舍呢?

笔者分析,究其原因,应当与南开学校在西南的历史有关。全面抗战前,张伯苓预见北方局势不稳,即在重庆沙坪坝筹建了南开中学(最初叫南渝中学)。1939 年,南开大学经济研究所也在该中学内恢复,同时还新建了一个教职员宿舍新村,就叫“柏树新村”。据张锡祚(张伯苓先生之子)《张伯苓与南开大学》一文记载,抗战期间,张伯苓在重庆专心致力于南开中学的建设,几年的工夫,他把沙坪坝八百亩荒地建设成为一座大花园,在新修的图书馆前,就有一片青翠的柏树林。在 1948 年 11 月 14 日的重庆《大公报》登载的《张伯苓先生一席谈》中,也提及,“沙坪坝南开津南村……院外是野草绿茵和丛丛苍绿的柏树”。结合以上材料分析,笔者认为,“柏树村”这一名字,既是对过去百树村的纪念,也是对重庆南开中学内现实环境的描述,由于“百树”“柏树”二者同音,故而后来就混用了。1945 年抗战胜利北归后成立的“柏树学校”(即南开大学附属中学的前身),也有沿用重庆“柏树村”和纪念天津原“百树村”的意味。

三、百树村的功能

(一)教员宿舍

百树村的第一个功能自然是教员宿舍。居住在其中的,多数是当时或后来名震学界的各学科翘楚。1929 年的《南开大学一览》记载,教师寓所统计中,有 24 人住在“百树村”(笔者注:即西百树村)教员宿舍中,占教员人数的 68.57%。其中,吴其昌、周启源住在教员住宅 1 号,高文僞、冯敩棠住在 2 号,姜立夫在 3 号,饶树人在 7 号,段茂澜在 9 号,萧公权在 11 号,翟恒在 12 号,萧蘧在 14 号,侯文英、靳学书在 16 号,司徒月兰在 18 号,蒋廷黻在 19 号,陈裕祺、唐文愷、张希陆在 20 号,何廉、陈礼、杨邵增在 22 号。

东百树村也曾居住过许多大师。《湮灭边缘的教授村:南开大学东柏树村》一文记载了王振良协助提供的统计情况,其中至少包括:熊性美在 31 号,柳无忌在 32 号,袁贤能、呼延夜泊(王学仲)、邢公畹在 33 号,张洪沅在 36 号,何廉在 37 号,方显廷在 38 号,邱宗岳在 39 号,杨石先在 40 号,黄钰生、侯洛荀在 41 号,张彭春在 42 号,张克忠在 46 号,何炳林在 47 号,顾昌栋在 48 号。另外,王振良编辑的《天津记忆》第 88 期中的《百树村记忆》一文,也收录了有关人士回忆邢公畹、查良铮(穆旦)、杨石先、高仰云等学者于解放后在东百树村居住的历史。

大学校园显然更适宜居住,既环境清幽,又免于通勤奔波之苦。1930 年的《南开大学周刊》曾记载,何廉(著名经济学家,曾任南开大学代校长)之前居住在鱼龙混杂的租界地,后来“不愿居住租借地,结婚后不久即迁往百树村”。百树村的环境是十分优美的。申泮文在《记南开大学校园被毁于日本侵略军的历史片断》中回忆,(西百树村、东百树村)“均为平房村落,家家门前花木扶疏,整洁安宁,疑是仙境,都也是南大校园内的游赏景点。”

百树村更是教师们温馨的港湾。邢公畹、陈珍在回忆黄钰生(著名教育家、图书馆学家)时提及,1947 年返回天津时,已至冬月,又赶上大雪,寒气逼人,他们怀抱着刚满周岁的爱子,携行李前往南开大学。从天津东站乘车路过六里台、七里台,满目荒凉,几乎见不到房舍人烟,孩子不耐酷寒,不时啼哭,夫妻两人也直觉得透心凉。好不容易熬过了一两个钟头,终于到了梦绕魂牵的八里台南开大学。一到校就得到了一个温暖人心的好消息:学校的总务处已安排了东柏树村 33 号宿舍。房舍的宽敞,出乎意料。总务处借给的双人床、单人床、写字台、大方桌、椅子、凳子等都已摆在室内,而且装上了大火炉,还备好了煤。夫妻两人点着了炉火,顿觉室内温暖如春。总务处将来津的教师生活,安排得周到细致,令人深受感动。此时担任南开大学总务长的就是黄钰生先生。

(二)学生宿舍、办公场所

百树村的第二个功能是学生宿舍。陈鸮回忆,除了教师住宅之外,女生宿舍也在西柏树村前排中间的 5 号和 6 号。由于女生宿舍是男生的禁区,所以被戏称为“紫禁城”。1931 年芝琴楼建成后,女生宿舍才迁到了那里。

百树村的第三个功能是办公场所。当年张伯苓校长的办公室,一度就坐落于东村内。邢沅(邢公畹先生之子)回忆,1931 年 12 月,“二次变乱”后(笔者注:即“天津事变,”为 1931 年 11 月日本在天津操纵支持的“便衣队暴乱”,共有两次,第二次在 11 月 26 日至 30 日),伯苓校长每日白天去广东小学办公,晚上则回东柏树村 23 号。各课主任返校后分住东柏树村 3 号至 23 号。从此,东柏树村冠盖云集,俨然成了南开的“政治中心”。

初创时期的南开大学应用化学研究所也位于百树村。张克忠(著名化工学家,曾任南开大学化工系主任)回忆,初创时期的应用化学研究所,所址设立在东柏树村教职员宿舍锅炉房附近,只有几间低矮陈旧的小平房,三间专题研究室、一间普通研究室、一间分析实验室、两间化工实验室、一间图书资料室、一间天平室。伴随着科研的深入与委托业务的增加,研究所人员不断增多,设备不断扩充,旧址不敷应用。经学校批准,研究所迁入南开大学思源堂,在其三楼将一间大教室辟为试验室,作为研究所的“所部”。研究所的原址,即东柏树村的小平房,一部分改成了工厂——南开化学工厂,另一部分就充当了工厂的试验室和管理机构办公室。还增建了一些简陋的厂房,请鲍觉成等人加强化验工作,还吸收化学系学生开展半工半读。研究所上自所长张克忠,下至研究员、助理研究员,都肩负教学与科研任务。1937 年 7 月 28 日,南开园遭到侵华日军的猛烈炮击,南开大学毁于侵略者的炮火之下,应用化学研究所与化工系也未能逃脱这场浩劫。邢公畹、陈珍也在回忆文章提及,“幸存的房舍也面目全非,昔日的定量分析实验室被日军改成了禁闭室;应用化学研究所办公室被隔成两段,一段做了厨房,一段当了厕所。战前校园里的万株树木,砍伐殆尽。”

南开大学经济研究所创建时也位于百树村。南开大学经济研究所是旧中国高等学校中从事社会科学研究并培养研究生的寥寥可数的机构之一。鲍觉民(著名经济地理学家,曾任南开大学经济研究所所长)在《解放前的南开大学经济研究所》一文中回忆,经济研究所成立于 1927 年 9 月 10 日,地址在八里台西柏树村,当时称为社会经济研究委员会,主任是商学院教授何廉。成立最初即着手天津物价的调查和统计分析,进而做编制物价指数工作,对华北乡村工业、农业经济等开展调查研究。经济研究所在抗战以前就颇有名气,申泮文回忆,1932 年至 1937 年,经常有所谓“日本来宾”访问南开大学,其中有一些是冒充政客和学者的日本浪人与特务,他们来了就要参观课堂、学生宿舍、图书馆等,特别是要去经济研究所,探询他们非常关心的所藏经济资料。

四、百树村逸事

（一）百树村的娱乐休闲

正所谓劳逸结合、张弛有度，在繁忙的工作、学习之余，适当娱乐休闲也是非常重要的。《柏树村：过去的印象》一文记载，张伯苓极力营造南开大家庭的气氛，把柏树村10号的一间房子辟为教员俱乐部。教员游艺室和教员俱乐部，是教师业余时间最喜欢的去处。每天晚上，教师就到游艺室或俱乐部喝咖啡、下棋、看报、聊天，放松一下紧张了一天的神经。“集体象棋”是大家最喜爱的一种游艺，两人对局，其余人分别站在当局者身后作义务参谋，本着“观棋不语非君子”的原则，做到集思广益，保持“胜固欣然，败亦可喜”的风度。大约玩一个小时之后，人们尽兴而散，各自回家，或埋头备课，或从事研究工作。萧公权（著名政治学家、历史学家）也曾在《问学谏往录》中回忆，大家住在一起“相处甚得，融洽无间”，晚饭之后，常到百树村10号的教职员俱乐部喝咖啡、谈天，或作各种游艺，借以驱除一天的疲劳。

（二）百树村的社会交往

谈笑有鸿儒，往来无白丁. 在百树村，教师之间、师生之间亲密交往，温馨融洽的社交场景，给许多人留下了深刻印象。在张伯苓的领导下，蓬勃发展的南开吸引着众多著名学者、青年才俊来到这里。张伯苓十分重视师资与人才，每有新教师来，总是会举办欢迎宴会，等安顿妥帖后，又会亲临宿舍嘘寒问暖。每当此时，总能听见张伯苓爽朗的笑声从百树村的房子里传出。

每当考完试，暑假来临之时，与老师们感情融洽的学子们总不舍得立刻回家，更愿意享受一下西柏树村的清净日子，陈鹓回忆：她经常与阮冠世（著名物理学家吴大猷之妻）一起留在空空的宿舍楼里，看书、游玩，十分自在。时常会有老师约上一批放假不回家的学生，在思源堂西边大钟旁的码头上，租船划向青龙潭（今水上公园）游玩。

黄钰生教授的夫人梅美德，把女学生们当成她的小妹妹，常请同学们到百树村家中吃饭，要不就去女生宿舍看望学生，嘘寒问暖、无微不至。

司徒月兰教授(著名英美文学家)非常殷勤好客,对同事、同学和蔼可亲、平易近人,节假日常邀学生到她家做客,并常用西式点心款待。复校以后,司徒教授住在东村。据很多老南开回忆,那个时候,如果听到东村响起悦耳的钢琴声,就知道司徒教授的学生们又来造访了,那是司徒教授在为学生们弹钢琴。校长张伯苓经常来西柏树村看望教授们,有时也到司徒月兰教授家中串门,常常被女主人留下来喝咖啡、吃西餐,晤谈甚欢。

抗战以后,著名诗人卞之琳来南开任教,也居住在西百树村,与同为"汉园三诗人"的李广田为邻。李在西百树村 26 号居住,两位老朋友住地一箭之遥,天天见面。课余饭后,三五同事、学生一起,谈天说地、切磋诗艺,其乐融融。

杨石先(著名化学家,中科院院士,曾任南开大学校长)从昆明西南联大回来后便入住东村 43 号,这位化学泰斗闲暇时光喜欢栽花植树。他家门前那个院落,成了一个花团锦簇的小花园。小花园中以栽种月季为主,除各色各样的月季花外,还有紫竹、石榴、丁香、海棠、凌霄花、一品冠和四季桂等。吴大任(著名数学家)同杨石先是亦师亦友,两个人曾经共事几十年,一直是君子之交淡如水。看见杨家花园的美景后,吴大任和夫人也自己动手,在家中院子亲自设计搭造了一座穹形花棚。春天到了,花棚最先开放的是郁金香,接着便是鸢尾、海棠、苹果花、蔷薇、月季,一片灿烂。吴大任的花园,同杨石先的月季园相映成趣,在东村形成了一道极其亮丽的风景线。

(三)百树村的爱情故事

在百树村,还曾发生过一段感人至深的爱情故事。1925 年,吴大猷(著名物理学家)考入南开大学,师从名师饶毓泰,由于其本身聪明好学,很快便成为饶毓泰的得意门生。1928 年,阮冠世也考入南开大学,吴大猷一直默默关注着这位学妹。不久后,吴大猷由于才思敏捷、成绩优异,被学校聘为大一物理系的助教老师,在机缘巧合下吴大猷竟成了阮冠世的老师,这让对阮冠世一见钟情的吴大猷暗暗开心了许久。毕业后他最终选择了留校,别人都在为他惋惜、抱不平的时候。吴大猷自己反倒开心又坦然,因为一想到留校后能一直陪着阮冠世,他心里就泛着说不出的甜蜜。当了教师以后,吴大猷迁入西百树村教师宿舍。搬进西百树村后,吴大猷同阮冠世虽然近在咫尺,但是仍然不被允许到对方宿舍去。不过住在教师宿舍里总归自由得多,也方便得多了。这时阮冠世已经被诊断出患有肺结核(当时又称为“痨病”,以当时的医疗技术条件无法根治,有终生不孕甚至危及生命的风险),吴大猷却对她更是倍加关怀。暑假回家时,吴大猷母亲经常给他做一道菜——把切成块的瘦牛肉放进坛子里,隔水温火炖牛肉汤。因其母亲说过,牛肉汤营养丰富,最滋补身体。他就将母亲的话记在了心里,并细心观察母亲的操作过程,准备回学校后为阮冠世炖汤补养。搬进西百树村,吴大猷常到菜市场买瘦牛肉,回宿舍把肉切好,放进盛五加皮的酒坛里,隔水温火炖汤,炖好后托熟悉的工友送到女生宿舍。阮冠世接到香喷喷的牛肉汤感到非常幸福和温暖,总要让同屋好友品尝。吴大猷、阮冠世的恋情日臻成熟,到了 20 世纪 30 年代风气逐渐开放,他俩的爱情故事已在全校流传开来。人们觉得阮冠世样样都好,配得上吴大猷,唯独身体欠佳是件事,阮冠世在煎熬的折磨下一度向吴大猷提出分手,但吴大猷坚决不同意。1931 年,两人同赴美国留学,而后终成眷属。由于阮冠世的身体情况无法彻底改善,二人婚后数年间,一直没能生下孩子,成为了长期的缺憾。后来,为了照顾妻子的情绪,吴大猷过继了香港堂弟的小儿子,晚年又认养了一位义女,一家四口度过了一段幸福的时光。

百树村,曾是众多南开先贤和学子的家,更是多年后他们仍然回忆、向往的故乡,它承载着师生们的生活,积淀着南开人积极进取、友爱互助的精神。百树村的一间间小楼,多已湮没在历史的尘埃中,但村中曾经的一缕缕书卷芬芳、一丝丝咖啡浓香、一阵阵欢声笑语、一曲曲钢琴悠扬,仍那么令人神往、引人遐想。百树村,绝不是简简单单的教工宿舍,那是我们心目中理想大学的一角,它的身后,是那些各具风采的大师,是那座曾经无比崇高的殿堂。

(欧阳康,民盟天津市委员会)

近代公共事业

近代天津的公共卫生

——英国影响下的流变与承续*

王若然　青木信夫　徐苏斌

18 世纪英国开始工业革命，城市人口激增造成环境污染，传染病时有发生，但也促使细菌学、免疫学、公共卫生等学科研究的不断发展与突破。19 世纪 40 年代，英国开始将公共卫生与城市建设导则相联系，并进行系统化的公共卫生建设。[①] 作为当时扩张范围最大的帝国主义国家，英国对近代中国的公共卫生与环境建设发展等多个方面均影响深远。

19 世纪初，英国教会派遣的传教士即以医疗途径进入中国进行传教。鸦片战争后，通商口岸城市相继开埠，军医跟随军队一并进入中国。同时，频发的传染病疫情促使英国主导的海关颁布检疫条例，进一步推动了制度体系的形成与完善。海港检疫等制度的形成，又逐步规范了城市医疗与公共卫生的多重方

* 本文为国家自然科学基金面上项目（51878438）“东亚近代英国租界与居留地的规划与建设比较研究”、国家自然科学基金面上项目（52178021）“近代东亚地区法国租界规划建设比较研究”、国家社会科学基金艺术学重大项目（21ZD01）“中国文化基因的传承与当代表达研究”的阶段性成果之一。本文曾发表于《城市史研究》2022 第 1 期。

① 1842 年，有英国“公共卫生之父”之称的查德威克（Edwin Chadwick）完成具有划时代意义的《大不列颠劳动人口卫生状况调查报告（*Report on the Sanitary Condition of the Labouring Population of Great Britain*）。基于该报告，1840 年代英国颁布了《消除滋扰和传染病法案》《公共卫生法案》，成立了公共卫生的专门机构，代表英国开始了系统的公共卫生建构。

面。20世纪开始,以租界工部局为代表的机构开始建立并完善公共卫生制度体系,并将之纳入城市建设的关键环节。天津作为近代唯一包含九国租界的开埠城市,较早受到西方多国影响,其中,又以英国影响的时间最长、范围最广、程度最深,包括英国军队、传教士、海关官员、租界管理机构以及英国人为主导之一的都统衙门等多方力量的影响,在开埠城市中极具代表性和典型性。

目前关于以英国为代表的西方公共卫生在中国的传播和影响研究,由于伴随军事、传教、海关等复杂因素,档案较为分散、未成系统,多以医疗传教士的文化传播①、19世纪《海关医报》档案研究②为代表。对于天津等开埠城市,以刘海岩③、任云兰④为代表的学者从历史学角度作出了深入研究。此外,查克拉巴提(Pratik Chakrabarti)⑤、罗芙芸(Ruth Rogaski)⑥等国外学者则关注帝国主义和医学的关系,以及殖民扩张背景下的卫生理念传播过程及其带来的现代性影响。然而,囿于年代久远、档案开放度不足,获取一手资料难度较大,关于早期传播与影响的研究仍相对较少,缺少系统研究挖掘其演变过程和承续关系,且尚有大量英国一手档案、教会史料和照片未被充分利用。

本文在前人研究的基础上,基于中外一手史料,以1860年英租界划定至1937年日军占领天津为时间限定,剖析近代天津在此期间的公共卫生发展与

---

① 余新忠、杨璐玮:《马根济与近代天津医疗事业考论——兼谈"马大夫"与李中堂"兴医"的诉求歧异与相处之道》,《社会科学辑刊》2012年第3期。刘祺:《西方医学在近代中国(1840-1911)—医术、文化与制度的变迁》,博士学位论文,南开大学历史学系,2012年。郭辉:《马根济与近代天津西式医疗机构的建设》,《中国国家博物馆馆刊》2018年第7期。

② 佳宏伟:《十九世纪后期厦门港埠的疾病与医疗社会——基于〈海关医报〉的分析》,《中国社会历史评论》2013年第14期。王少阳、杨祥银:《晚清浙江通商口岸的疾病统计与分析——以〈海关医报〉为例》,《浙江档案》2012年第8期。杨祥银、王少阳:《〈海关医报〉与近代温州的疾病》,《浙江学刊》2012年第4期。

③ 刘海岩:《20世纪前期天津水供给与城市生活的变迁》,《近代史研究》2008年第1期。

④ 任云兰:《近代天津租界的公共环境卫生管理初探》,《史林》2013年第5期。

⑤ 普拉提克·查克拉巴提:《医疗与帝国:从全球史看现代医学的诞生》,社会科学文献出版社,2019。

⑥ 罗芙芸:《卫生与城市现代性:1900-1928年的天津》,作舟译,载天津社会科学院历史研究所、天津市城市科学研究会合编《城市史研究》第15-16辑,天津社会科学院出版社,1998。罗芙芸:《卫生的现代性:中国通商口岸卫生与疾病的含义》,江苏人民出版社,2007。

城市人居环境建设如何受到英国不同主导力量的影响,以及各因素之间的联动关系。通过挖掘天津在近代发展进程中,不同阶段受到英国不同力量影响的特点,旨在追溯近代西方医学与公共卫生在中国传播的源头与演变,探究不同因素为城市现代化发展带来的破坏与革新、连贯性与承续关系等。

一、1860—1880:英国军医与医疗传教士的进驻

1860 年第二次鸦片战争后天津开埠,作为首个英军进驻的中国北方城市,天津的气候与香港、上海等差别甚大,城市环境与卫生也较为恶劣,因此军医作为军队健康的重要保障首先进入天津,随之而来的医疗传教士则将西方医疗理念与实践扩展到当地居民。

(一)天津的环境与卫生

在气候条件方面,英国属温带海洋性气候,四季温和湿润,温差较小,而天津则与英国城市气候截然不同。天津位于中国北方沿海,地势较低,洼地和盐碱地较多,属于温带大陆性季风气候,四季分明。天津的春秋"干风吹扬尘土,其势甚狂,几乎无日无之";夏季湿蒸炎热异常;隆冬则"寒威彻骨,溪水结冰,非卧暖炕拥煤炉不足以过冬"。[①] 此外,由于天津地处九河下梢,水患多发,海河淤塞严重,城墙附近护城河污水泛滥。19 世纪下半叶,天津多次发生大暴雨和洪灾事件,造成数百万人受灾。

在城市环境方面,根据英国军医在 19 世纪 60 年代的记载[②],天津人烟稠密、交易频繁、漕运繁荣,但周围的村庄除了沼泽地就是低洼地,沼泽周围干燥的地方则布满坟墓。两三百座巨大的盐坨在海河下游的河岸上排列着。土房鳞次栉比,城墙多有坍塌,周围有大量垃圾、粪便,水质浑浊,城内街道两侧延伸出错综复杂的狭窄小巷。在当时的西方人眼中,是"从来没有到过的最肮脏、看上去最贫穷的地方","破烂不堪的肮脏茅屋彼此之间被一道道狭窄的通潮

① 张焘:《津门杂记》,沈云龙主编《近代中国史料丛刊第五十七辑》,文海出版社,1970,第 165 页。

② 查尔斯·亚历山大·戈登:《一个英国军医的中国观察实录》,孙庆祥,计莹芸译,学林出版社,2018,第 86-88 页,291 页。

沟渠隔开,沟渠两边是荒芜的、无人管理的小道。”[①]由于缺乏供水、排水和排污系统,导致寄生虫引起的疾病较常见,致命疾病主要为肝炎、痢疾、霍乱、腹泻等,夏天住院率和死亡率相对较高。[②] 1900 年,英人在日记中描述天津饮水状况:由于井水都是咸的,当地人不得不将水用桶打上来后,放在大缸中沉淀,待杂质和盐分沉淀下去后再过滤饮用。[③] 此外,根据英国军医的观察,天津人不喜建造高于一层楼的住宅,这恰巧避免了人群在有限空间中过于密集而导致的流行病暴发。[④]

在医疗卫生方面,西方人到来之前,天津本土医疗为中国传统医学,采用“望闻问切”的“四诊法”,教育体系以师徒制为纽带,理论观念以阴阳五行学说为基础,治疗手段以外敷内服中草药为主,辅以针灸、推拿、按摩等。19 世纪的天津,时有霍乱、斑疹伤寒、鼠疫等烈性传染病疫情。

(二)医疗与环境的改进

19 世界 60 年代首次进入天津的英军、英国传教士等极易染上疾病。据当时的英军档案统计,平均每千人有六七十人死亡。[⑤] 因此英军进入天津后,即因保障健康的需要开始着手推进城市公共卫生的改进工程。

1860 年 9 月,英军在海光寺军营附近开设临时军医院,即天津最早的西医医院。英军高级医官查尔斯 · 亚历山大 · 戈登(Charles Alexander Gordon)于 1860 年 12 月抵达天津,经考察后认为天津四季分明、温差较大的特点,是除环境卫生外造成疾病的重要原因之一,因此戈登向指挥官提出了对军营和军医院在“取暖、通风、采光、厕所、清洁”等方面的建议。但由于医疗条件有限,当时病重的伤员仍被运往设施较完备的香港治疗。

1860 年 11 月 16 日,英军在天津老城东门附近正式开设总医院(General Hospital)。医院共包括“总医院、办公室、兵营医院、中国医院”(General Hospi-

---

① 雷穆森:《天津租界史》,天津人民出版社,2009,第 81-84 页。

② 刘海岩编《近代外国人记述的天津》,天津人民出版社,2018,第 208 页。

③ Mitford, *The Attache at Peking* ,London:Macmillan and Co. ,Limited,1900,p. 52.

④ 查尔斯 · 亚历山大 · 戈登:《一个英国军医的中国观察实录》,第 292 页。

⑤ *Army Medical Department. Statistical, Sanitary, and Medical Report for the Year* 1861, London:Harrison and Sons,1862,p. 113.

tal, Officers Quarters, Hospital Barracks, Native Hospital)[①]四部分,可容纳 250 名患者(图 1)。其中,在戈登的建议下,中国医院于 1861 年 1 月初建立,旨在接收中国病人、传播西方医疗技术、改善当地人对英国人的印象。西医带来了手术、氯仿麻醉、输液等治疗方式,打破了中国传统医疗理念与实践。戈登在日记中记录道:“我们热切希望当地人能享受欧洲科学所带来的福惠,当地人对我们的既有观念能有所改观,对我们产生更多好感”。[②] 医院收治了接踵而来的病人,而中国官方并没有对此表态,直至 1862 年春,英国从天津撤军,老城东部的医院也随之关闭。

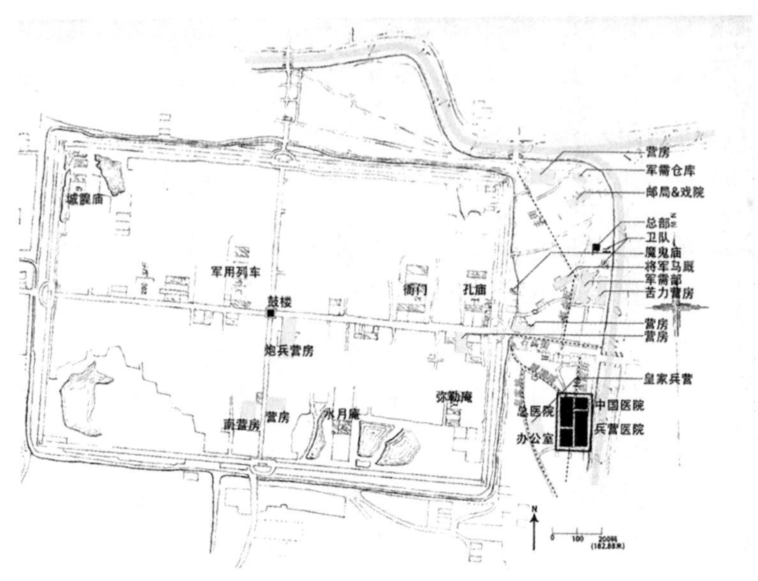

图 1　1861 年英法联军在天津老城东门附近的建设

资料来源:作者自绘,底图参考:Gordon, Charles Alexander. *China from a Medical Point of View in 1860 and 1861*. (London: J. Churchill, 1863). p. 145.

除军医外,由西方教会派遣的医疗传教士对于近代公共卫生的萌芽亦有重大影响。英军撤军后,天津随军门诊部交由英国伦敦会管理,1868 年更名为基

① Gordon, Charles Alexander. *China from a Medical Point of View in* 1860 *and* 1861. (London: J. Churchill, 1863). p. 145.

② 查尔斯·亚历山大·戈登:《一个英国军医的中国观察实录》,第 399 页。

督教伦敦会医院。1879 年苏格兰传教士医生马根济(John Kenneth Mackenzie)加入该医院。他坚信“医学传教士来到中国是为了推进耶稣基督的事业。”①由于空间和条件所限,1879 年 5 月,伦敦会向当时的直隶总督李鸿章建议扩建医院。马根济也在给李鸿章的信中请求总督支持兴建医院的计划,支持他的医疗传教事业,他本人不要任何薪酬,只需总督出资建设医院和购买药品。同年 8 月,马根济治愈了李鸿章夫人的重疾,一时名声大噪,并且得到李鸿章的极大信任和支持。李鸿章先是在衙门外的大王庙开设一间专门诊所,但由于求诊人数众多,妨碍了衙门工作,又在旁边的曾公祠专门留出了一个院落,供马大夫接诊病人,也可接待住院病人。并在门外挂设牌匾“Free Hospital(施医院)”。由于求诊者众多,而曾公祠内空间狭小,只能开设门诊而不能收治需住院的患者,远道而来的患者住宿多有不便,院址距离医护人员居住的租界遥远,往返亦不便。② 于是,李鸿章又在海大道(今大沽北路)建设医院新址,由李鸿章牵头、本地华商士绅共同出资捐赠的总督医院(Viceroy´s Hospital,又称马大夫医院)在当年秋天开工建设并于次年投入使用。

简言之,在天津开埠的前二十年,军医作为确保军队身体健康的重要环节,为帝国主义军事侵略与扩张提供了支持,而专门面向当地人建立的医院,则带来了全新的医疗方式。此后,接续军方管理的医疗传教士,则开始寻求当地官员的支持与合作,将西医向更为广泛的大众普及。医疗以其相对中立的位置,从文化上对传统城市造成冲击的同时,也为天津带来了现代化的医学与卫生理念。但军医的目的仅限于在战时保障军队健康,传教士则为了打消当地人的顾虑与敌意,以医治身体的方式取得信任以便传教,并非意在真正建设与改变当地环境,因而尽管当时已开始提出通风、采光、厕所的清洁等卫生理念,但相关措施并未真正实现。尽管如此,这些早期的理念与有限的建设仍然为天津后一个世纪的公共卫生与城市环境埋下了现代化的种子。

---

① Mary Isabella Bryson, *John Kenneth Mackenzie: Medical Missionary to China*. (London: Hodder and Stoughton, 1891), p. 396.

② Tientsin, "Opening of the Viceroy's Hospital", *The North-China Herald and Supreme Court& Consular Gazette (1870-1941)*, December 9, 1880, p. 5.

二、1881—1897:海港检疫与医学教育的兴起

19 世纪八九十年代,由于海关的发展和国际贸易的需要,海港检疫章程和医学校开始出现,标志着天津公共卫生进入初步发展阶段。

(一)海港检疫

19 世纪 80 年代,英国主导建设的海关在此时开始发挥重要影响。在国外疫病的背景下,天津海关学习借鉴英国其他海外殖民地和上海租界的先例,于 1883 年开始引入海港防疫理念。

1863 年,中国海关税务司、英国人赫德(Robert Hart)建立海关医官(Customs Medical Officers)制度,并从英国选派医学院毕业生赴中国任职。1870 年,中国各开埠城市的海关医官开始逐年提交海关医报(*Reports of the Medical Officers*),旨在调查记录当地中外居民的医疗与卫生信息,对于中英医学界和公众均意义重大。[①]

1873 年东南亚霍乱疫情蔓延,英国在印度与东南亚的殖民地均下令要求海关医官对进出口船舶进行检疫。上海江海关率先重视起中国的海港检疫,并拟定了《各国商船从有瘟疫海口来沪由关派医查验料理以免传染章程》,[②]为中国口岸施行检疫制度之开端。1879 年,霍乱在日本肆虐。1880 年 5 月 26 日,天津海关税务司德璀琳(Gustav von Detring)在给时任津海关道的信中,建议天津制定海港检疫章程。"日本国瘟疫甚剧……所有由该处驶来船只,自应照例前查,以免津人传染。上海现已开办,天津亦宜照办。本司今早与各领事商议,

---

① *China. Imperial Maritime Customs. Medical Reports, for the half-year ended31st March 1897, 53rd Issue*. (Shanghai: Statistical Department of the Inspectorate General of Customs, 1898). pp. 1-3.

② *Statistical Department of the Inspectorate General. Shanghai Despatches*. Inspector General's Circulars, No. 276, 1873. 中国台湾中研院人文社會科學研究中心地理資訊科學研究專題中心, Modern China and the Imperial Maritime Customs 数据库, http://gis.rchss.sinica.edu.tw/cmcs/wp-content/uploads/2013/04/0531896.10-1897.03.pdf.

拟派扦手在大沽口外专司稽查……假半月后再察访该国病势减少,再当酌撤也。”[①]1883年,天花、霍乱等传染病再次于周边国家流行,津海关参考上海经验,拟定了《进口船只传染病症章程》。这是天津最早的海港检疫章程,规定共六条,大致内容如下:第一,在通商口岸发现传染病症状后的上报程序;第二,来自疫区的船只在靠岸前应待医生上船查验;第三,船上如有患病者则需隔离、进行货物熏洗,隔离时间由医生和船只所属国领事馆商定;第四,医生查验后上报理船厅和船只所属国领事;第五,仿照厦门类似章程中的隔离10日办理;第六,违反章程者华人送地方官、洋人送领事官查办。[②] 1899年,鼠疫自蒙古开始流行,营口、牛庄亦有感染。天津海关修订了《天津港卫生检疫章程》,[③]由驻津领事、海关税务司、海关医官共同制定,并于同年公布。章程共九条,在之前章程的基础上更加细化了涉疫船只进港的检疫和隔离程序,包括悬挂检疫旗、设置指定锚地(图2)、48小时强制隔离制度、在锚地附近设置疑似感染者的隔离场所,并规定了发现疑似病例后,人员和船只的分别隔离和消毒程序。此外,还对海关医官的查验工作做了更为具体的要求,包括早7点至晚6点的工作时间、向领事提交报告的程序、检疫通行证的发放等。津海关税务司“以其巨大的热情和勇气做了一切努力防止这个恶魔闯到这里”,施行了更加严格的检疫隔离政策,因而未受鼠疫波及。[④]

---

① 《德璀琳为防日本瘟疫而稽查船只等事札津海关道郑藻如》,载天津市档案馆、天津海关编译:《津海关秘档解译:天津近代历史记录》,中国海关出版社,2006,第219页。

② 《津海关道拟〈进口船只传染病症章程〉》,载《津海关秘档解译:天津近代历史记录》,中国海关出版社,2006,第223-224页。

③ China. Imperial Maritime Customs. *Medical Reports ,for the half-year ended30st September* 1899,58*th Issue. Special Series*:*No*. 2. Shanghai:Statistical Department of the Inspectorate General of Customs,1900,pp. 24-29. 中国台湾中研院人文社會科學研究中心地理資訊科學研究專題中心,Modern China and the Imperial Maritime Customs 数据库,http://gis. rchss. sinica. edu. tw/cmcs/wp-content/uploads/2013/04/0581899. 04-09. pdf(原文为英文,中文为作者自译)

④ 《1899年津海关第58号医学报告》,《津海关秘档解译:天津近代历史记录》,第237页。

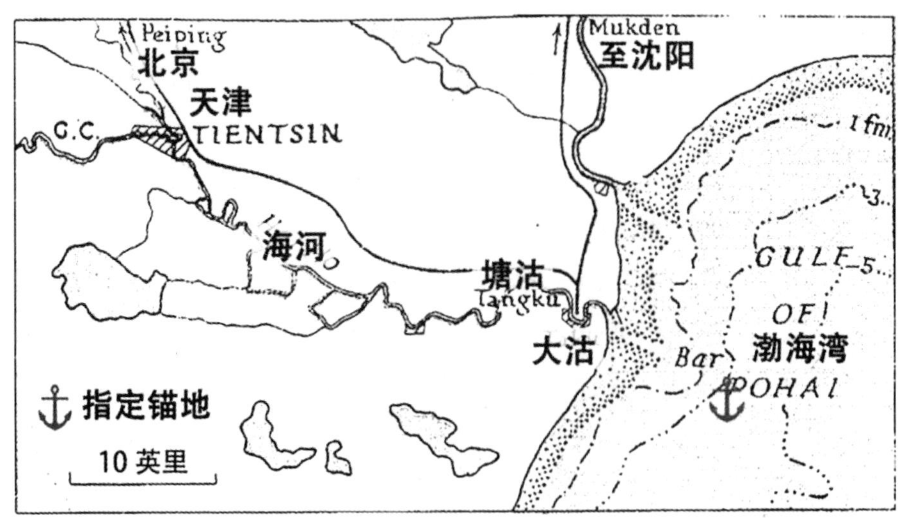

图 2　1900 年大沽港口检疫指定锚地

资料来源:部分注释作者自绘,底图来自 Tientsin and the Taku Bar,http://chinamarine.org/Home/Maps.aspx 最后访问日期:2021 年 5 月 26 日。

1900 年,由海关建议的大沽检疫医院(Taku Quarantine Station)在海河右岸大沽炮台附近设立。① "医院占地 7 亩,包含带有浴室和厨房的一等病房八间,二等和三等病房九间,四等病房一栋,隔离病房 20 间,医官宿舍和医务调剂室 6 间。此外,还有高压蒸汽消毒室、仓库、储藏室、火葬场。"②

(二)医学教育

在海港检疫制度推行的同时,医疗传教士开始在天津建立医学教育。由于医院人手不足,马根济无暇顾及传道事宜,决定兴办医学校。1881 年,总督医院附属医学馆(Viceroy's Hospital Medical School)成立。时逢留美幼童回国,便

① H. R. Robertson. *Dr. H. Rennie Robertson's Report on the Health of Tientsin. For the Twenty-one Months ended30th September* 1899. China. Imperial Maritime Customs. *Medical Reports,for the half-year ended30st September* 1899,*58th Issue. Special Series*:*No.* 2. Shanghai:Statistical Department of the Inspectorate General of Customs,1900,pp. 24-29. 中国台湾中研院人文社會科學研究中心地理資訊科學研究專題中心,Modern China and the Imperial Maritime Customs 数据库,http://gis.rchss.sinica.edu.tw/cmcs/wp-content/uploads/2013/04/0581899.04-09.pdf

② 王文正编《天津卫生检疫百年史 1895-1995》,天津教育出版社,1995,第 4 页。

在李鸿章的支持下，从其中招收部分学生进入医学馆学习。课程包括当时西方先进的解剖学、内科学、外科学等，学生在学校学习西医理论知识，在总督医院进行实践。此外，医学馆还借鉴英国的医生执照考试系统，制定了系统的医生执照考试，颠覆了传统的师徒制与家族传承制度，使医疗与公共卫生的从业人员选拔更加科学与严格。

1888 年春天马根济逝世后，李鸿章停止了对医院的经济和人员支持，总督医院被伦敦会收回。1893 年，李鸿章创办北洋医学堂，将原医学馆合并（图3），聘用英国海关医官、医学馆毕业生为教师。北洋医学堂是为中国自主创办的医学学校之基础，为中国近代医学的发展培养了诸多人才，不仅选派优秀毕业生出国深造，还特别为北洋海军培养军医人才，对近代洋务运动有一定影响。

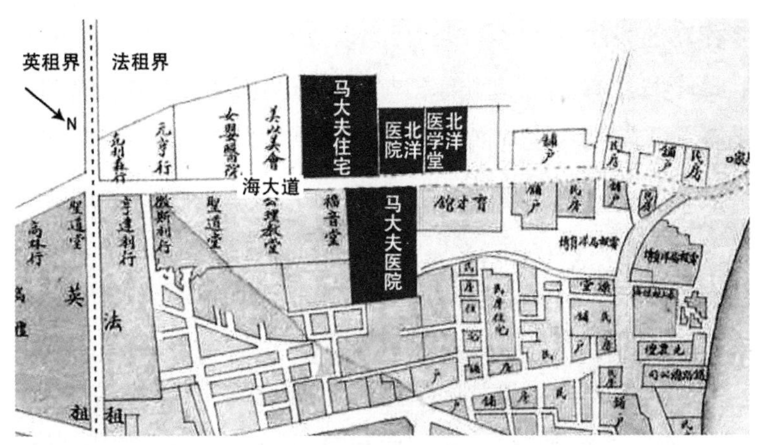

图 3　马大夫医院、住宅和北洋医院、医学堂

资料来源：作者自绘，底图参考：1895 年英法德租界全图，天津市规划和国土资源局编著《天津城市历史地图集》，天津古籍出版社，2004，第 71 页。

简言之，19 世纪的后 20 年，天津公共卫生进入到初步建设阶段，在海关税务司的提议和监督下，施行了严格的针对烈性传染病的防疫与隔离制度，在进出口贸易发达的港口城市引入了现代卫生理念。医疗传教士则开始兴办学校、培养人才，通过医治身体和传授学问，触动人们的信仰以达到传教的目的①，并

① Mary Isabella Bryson, *John Kenneth Mackenzie: Medical Missionary to China*. (London: Hodder and Stoughton, 1891). p. 209-210.

依靠本土官方力量的支持,降低其传教与文化宣传可能受到的阻碍。医学馆培养了第一批了解中西文化的本土医学人才,成为中国自主创办的北洋医学堂的基础,为中国近代医疗卫生建设作出了重要贡献。

三、1898—1937:公共卫生政策与城市人居环境的现代化建设

1898 年,以英租界工部局章程在卫生与建筑方面的系统化规定为标志,天津公共卫生与城市环境进入了系统化的建设阶段。

(一)公共卫生政策的系统化建立

20 世纪初的天津正处于各国租界间以及本土机构竞相发展博弈的阶段。因而除工部局外,还有都统衙门、海河工程局等机构针对各自的管理范围和目的而实施的公共卫生政策。同时,传教士在医疗中发挥的作用也逐渐被第一批本土培养的医疗人士取代。

自天津 1860 年开埠至 1898 年,天津英租界最高市政管理机构——工部局(British Municipal Council)在城市环境方面的政策还较为基础,主要针对土地、税务和法律等问题。1887 年的《英国租界现行规则》,尚未有特殊的卫生与防疫规定。[①] 直至 1898 年,工部局参考上海经验而颁布了《天津英租界扩展界土地章程》,[②]首次正式在卫生与建筑方面制定条例,规定为了健康,需要保证如下条件:"建筑留有充分的空间以保证空气的流通;与建筑有关的排水设施,有抽水设备之厕所、茅厕,壁炉灰坑以及化粪池;暂时或长期关闭不适合居住的建筑或部分建筑;禁止在这样(环境不佳)的建筑中居住"。[③] 开始对于通风、卫生、排水、防火等进行规范。

① 天津档案馆、天津南开大学分校档案系编《天津租界档案选编》,天津人民出版社,1992,第 60-68 页。

② *To Hankow and From Newchwang and Tientsin.* (London:Foreign Office. CO 228/1286. The National Archives,UK,1898.)

③ 刘海岩译:《天津租界市政章程法规选》,《近代史资料》1998 年第 93 期,第 116-166 页。

此外,20 世纪也是天津租界大规模发展建设时期。由于天津地势低洼,英租界内洼地沼泽遍布,早期海关医官报告中即反复提到水源、排水、洼地填埋、绿化种植对于人口健康与公共卫生的重要意义。20 世纪初,天津英租界最早的自来水厂管道铺设完成,原定租界已建设相对成熟。租界工部局开始进行扩充界和推广界的吹填洼地工程建设,同时修筑墙子河两岸的土墙,将英租界一带河坝改造成花园堤岸(图 4),当时的墙子河沿岸已是一派小桥流水人家的田园景象。

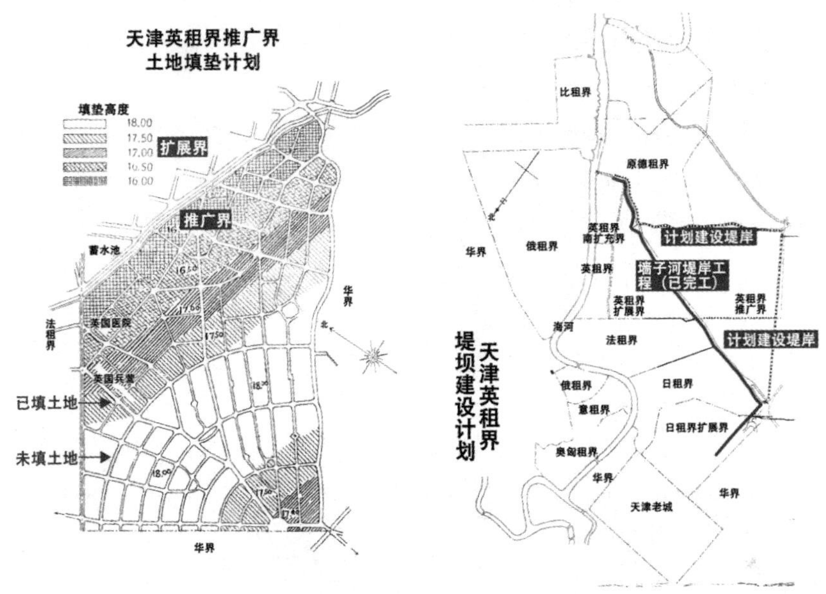

图 4 (左)1917 年英租界内吹泥填地进展 (右)1917 年墙子河堤坝修筑图

资料来源:作者自绘,底图参考: Engineer's Department. *Works Report for* 1918. *British Municipal Council*, *Tientsin.* (Tientsin: Tientsin Press Limited, 1919: 79). p. 97; Engineer's Department. *Works Report for* 1918. *British Municipal Council*, *Tientsin.* (Tientsin: Tientsin Press Limited, 1919). p. 82.

1900 年 7 月,八国联军在天津成立都统衙门(Tientsin Provisional Government),开始临时政府接管时期,直至 1902 年 8 月清政府收回。在此期间,英、日、俄国分别派一名军官,三人共同主持都统衙门事务并成立临时政府委员会,设置附属机构包括总秘书处、巡捕局、卫生局、库务司、军事部、司法部。根据

1900 年颁布的《天津城行政条例》,临时政府负责的事务包含“在临时政府所管辖区域内及其周围地区采取卫生防疫措施,预防发生流行疾病和其他病患”,并设置专门的卫生局统筹负责卫生事务,聘请医生德博施(Depasse)负责卫生工作,筹备建造医院、卫生督察等。卫生局还成立专门小组,从“查找流行病发病源头、监督疫苗接种、建立卫生统计数据”三方面进行卫生监督工作。[①]

此外,19 世纪末,英国领事、商人、海关税务司等组织成立海河工程局(Hai-Ho Conservancy Board),并聘请曾任都统衙门工程局局长的工程师林德(Linde)任顾问,开始推进以保障通商运输和人居环境为目的的海河疏浚计划,并在 1902 年至 1920 年相继完成从天津城区至大沽口的海河裁弯取直与疏浚工程。

1902 年,都统衙门撤离天津,由直隶总督袁世凯接管。袁世凯保留了都统衙门卫生局,延聘了部分原英、法职员,招聘北洋医学堂的毕业生,更名为天津卫生总局,是本土公共卫生管理事业的肇始。1903 年颁布《天津卫生局防疫章程》。[②] 章程共八条,对于疫病的巡防、上报、收治、消毒、尸体处理措施、城市间的流动与控制等进行规定,并在之前颁布的相关章程的基础上进一步细化了市内、火车站、港口的检验检疫方案。

(二)城市人居环境的现代化建设

1919 年,以英租界四部分合并及颁布统一的《工部局条例》为开端,天津租界区进入了整体的现代化建设阶段。公共卫生体系建设进一步完善,并成为影响城市建设的关键因素。此阶段依然是本土与租界工部局并行管理,但本土力量逐渐成熟,从政策制定和实践操作上都更为具体化,在城市建设、公共卫生、医疗、防疫、教育等多方面都有更为系统的发展。

同年,英租界原订租界、扩展界、推广界、南扩充界(原美租界)四部分和两个工部局正式合并,颁布统一的《天津英租界工部局条例》,并参照上海的租界章程起草了卫生相关条例,在建筑防火、排烟、排水、施工安全、人行道通行等方

---

① 刘海岩等编辑《八国联军占领实录:天津临时政府会议纪要》上册,天津社会科学院出版社,2004,第 254 页。

② 《天津卫生局防疫章程》,《北洋官报》1903 年第 192 期,第 13-14 页。

面,均进行了规定。[1] 1922年的《天津英租界市政信息手册》则正式以法律强制规定卫生排水设施与化粪池的安装计划,以现代化的化粪池取代传统的粪车,并将化粪池污水管与新建设的下水管道相连,新式卫生间设备普及英租界全域,全面开始了现代化城市卫生建设。[2]

1925年,工部局进一步颁布更为具体的《驻津英国工部局营造条例暨卫生附则》,从通风、采光、排水、室内外卫生设施、监管、安全、防火、空气质量等方面详细规定了建筑的公共卫生标准。[3] 自此,“卫生设备执照请求书(Sanitary Installation Certificate)”正式纳入“建筑准单请求书(Application for Permit to Build)”申请附件中,标志着建筑工程的申请,必须同时将屋内及屋外的排水、排烟等卫生设备纳入考量,并须通过工部局工程师的防漏泄试验。在人员方面,该申请书还规定了建筑项目需要配备相应的卫生设备工程师和工匠。[4]

1925年至1937年,英租界工部局建筑师安德森(Henry McClure Anderson)规划的“围墙道花园”开始逐年建设,英租界义路金公园(Elgin Garden)、久不利花园(Jubilee Park)、皇后花园(Queen Park)相继完成建设并开放。此外,1920年至1930年,吹泥填地工程持续进行,并开始了各租界协调配合的墙子河疏浚工程和其他道路改造工程。天津这座曾经在沼泽之上的城市,开始逐渐转型为健康、繁荣的现代城市。

在本土机构方面,1928年天津卫生总局更名为天津特别市卫生局,并扩大了管理范围,包括医疗卫生、食品卫生、环境卫生、医院建设、传染病预防。[5] 20世纪20年代,河北新区、三岔河口等地的本土医院相继成立,截至1934年共有8个市直属卫生机构,包括全科医院、戒烟等专门医院、医学学校、卫生稽查训练班等。1932年,中国海港检疫管理处在上海成立,伍连德任首任处长。同年天津海港检疫管理处成立,具体工作的实施参照20世纪30年代初期颁布的

---

① 刘海岩译:《天津租界市政章程法规选》,《近代史资料》1998年第93期。

② British Municipal Council Tientsin. *Handbook of Municipal Information*. (Tientsin:Tientsin Press,1922). 雷穆森:《天津租界史》,天津人民出版社,2009,第291-292页。

③ 天津市档案馆编:《英租界档案》第八册,南开大学出版社,2015,第3485-3777页。

④ 天津市档案馆编《英租界档案》第八册,第3624页。

⑤ 张宏涛主编《天津通志:卫生志》,天津社会科学院出版社,1999,第5页。

《海港检疫章程》,并逐年发布各地的《海港检疫所报告》,[①]首任处长由张凤藻担任,标志着海港检疫权从洋员手中收回,开始了华人主导下的港口检疫工作。

由此可见,20世纪初天津英租界原定租界发展建设基本成熟,开始了对于扩展界和推广界的填地建设工程。与原定租界集中的商业与官方建筑不同,扩展界与推广界的土地功能多为居住、娱乐等,因而对于公共卫生与人居环境的规划格外重视。同时期开始的海河疏浚和墙子河改造工程,也同样保障了良好的居住与运输条件。此外,在都统衙门统治天津结束后,由华人接管的天津卫生总局作为中方主导的第一个公共卫生机构,奠定了本土卫生管理的基础。20世纪20年代开始,租界工部局与本土卫生部门并行发展,出现了以法律强制约束的公共卫生相关政策,并对于市政建筑工程也有了更为详细的规定,包括道路、排水等市政基础设施,以及医疗、公园等公共设施两部分。在20世纪30年代之后,本土主导力量逐渐取代外国影响,开始了现代化的城市人居环境建设。

1937年7月卢沟桥事变爆发后天津沦陷,城市大部分地区被日军和伪政府控制,英法租界成为"孤岛",发展与建设几乎陷于停顿,英国对天津公共卫生与城市环境的影响力大幅下降。1939年6月至1940年6月,日军封锁英租界长达一年。1941年12月,日军彻底占领英租界。直至1943年1月,英国与汪伪政府签订《关于取消英国在华治外法权及其有关特权条例》,标志着英租界正式交还。

四. 结论

综上分析,英国医学与公共卫生自19世纪下半叶开始进入天津本土传播,在不同时期由军队、宗教团体、海关、工部局等不同力量所主导,表现出不同特点,并随时间发展逐步系统化,可分为"起始进驻、初步发展、系统建设"三个阶段(表1)。这些不同的传播途径,表现出破坏性与革新性、连贯性与承续性多元并存的特点,对于天津近代卫生与城市环境发展具有深远影响。

---

① 上海出入境检验检疫局编著《上海卫生检疫发展史》,上海古籍出版社,2012,第36-37页。

表 1 天津近代公共卫生与人居环境建设受到的英国影响分期

时间	阶段	主导影响因素	特点
1860—1880	起始进驻阶段	军医，医疗传教士	现代医学开始出现，影响范围具局限性
1881—1897	初步发展阶段	海关，医疗传教士	海港检疫与防疫理念出现，开始人才培养
1898—1937	系统建设阶段	工部局，都统衙门，本土机构	工部局开始制定公共卫生政策，医疗传教士被第一批本土医疗人士取代；卫生政策开始法制化和强制性，英国管理人员逐渐被本土机构取代，开始系统的现代化建设

在破坏与革新上，这些代表随帝国主义和殖民主义而进入中国的力量，其最初目的在于保障帝国军队和移民的健康、贸易的正常进行、文化的渗透。但由于传染病的风险，也同时需要保障当地人的卫生状况，因此具有破坏与革新的双重性。在军事占领之后，医学又成为帝国霸权“合理化宣传”的手段之一，以治愈疾病、缓解痛苦而确立权威地位。同时，制度与技术的传播也加强了帝国主义的主导地位，从武力管控逐步转型至文化霸权。而另一方面，这些力量为中国带来的革新亦不可忽视，包括政策、制度、观念、技术、理论革新。在政策上，通过制定专门的医疗与公共卫生政策奠定了 20 世纪初本土卫生与防疫机构的基础，并将卫生的考量与城市基础设施和公共设施建设紧密结合；在制度上，建立了医疗报告制度、病例制度等；在观念上，引发公众从传统局限的个人卫生，关注到广义的公共卫生，重视城市人居环境与卫生的关系；在技术上，引入西医的手术、麻醉等技术，颠覆了中国传统医疗卫生；在理论上，包括防疫理念的产生，传染病学的引入，以及对城市交通枢纽防疫的重视。此外，在中国本土方面，甲午战争之后，中华民族意识普遍觉醒，民族主义情绪日渐高涨。天津第一批受过现代医学教育的人员逐渐成为本土医学的中坚力量，推动了本土医疗卫生的并行发展，并在 20 世纪上半叶逐渐完善成熟。最终在海关控制权、租界行政权收回后，摆脱了西方的控制，开始了华人主导下的公共卫生体系建设。

而连贯性与承续关系，则集中体现在机构和人员的变化中。中国政府第一所自主创办的西医学校——北洋医学堂，是由医疗传教士建立的医学馆演变而来。在教师聘任上，其仍以医学馆时期的医疗传教士、海关医官为主。天津本土卫生局则是由医学馆培养的人才任职，并由原都统衙门卫生部直接承续而来。本土海港检疫制度的基础则是由英国海关医官建立的海港检疫制度。工部局则通过基础设施和公共设施的建设,直接改善和塑造了城市人居环境(图5)。

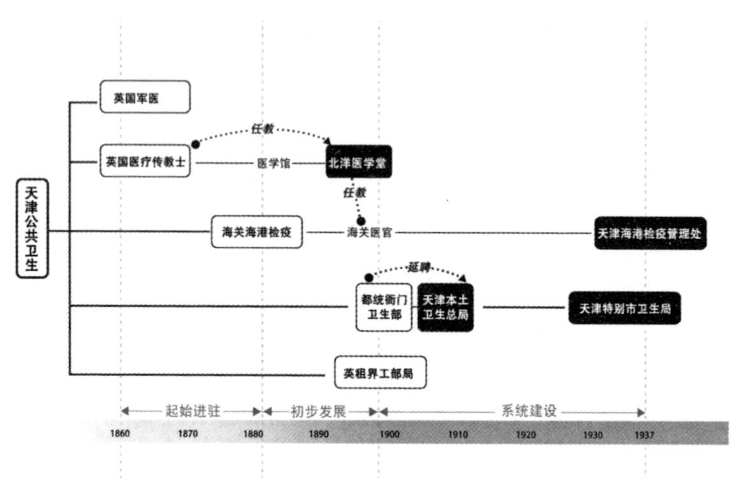

图5　天津公共卫生系统的英国影响与承续

1860年至1937年,天津公共卫生与城市环境受到英国不同力量的影响,这些从不同渠道进入中国的卫生人员、机构与制度使西方医学与公共卫生在中国广泛而全面地传播,除直接传播外,亦包括机构的延续、人员的延聘、任教等间接影响。从政策制度、理论观念、实践技术等多方面塑造和影响了城市公共卫生与环境的建设,并为20世纪天津的现代化进程带来了科学内涵与深远影响。

(王若然、青木信夫、徐苏斌,天津大学建筑学院)

试论津海关洋员与中国早期现代化*

洪卫国　魏　巍

自 18 世纪英国工业革命以来,现代化就成为世界历史的总体趋势。任何一个国家和民族,不管它的历史传统如何的伟大与悠久,只要它想在这个地球上存在和发展,那么,现代化就必定成为其无可逃避的选择。大约两个世纪以后,中国,这个曾经创造了人类社会最辉煌的文明,并曾经长时期居于世界领先地位的封建大国,在西方列强的炮舰和廉价商品的双重夹击下,被迫离开传统的发展轨道,拖着它沉重的步伐,开始了向现代社会的艰难转型。而史学界一般把 1840—1911 年的晚清时期视作中国现代化进程中的早期阶段。

一、近代中国早期现代化的起源

自 1840 年鸦片战争始,自诩“天朝上国”的大清王朝完败于一向被视为“蛮夷”的英国,被迫签订《南京条约》,割地赔款、开放五口、议定关税。后英、法又于 1856 年借口“亚罗号事件”“马神甫事件”及进京换约而炮轰广州,北上占天津、侵北京,火烧圆明园,迫清政府先后签订《天津条约》《北京条约》,再开三口通商并拱手中国海关行政主权予列强,第一个由西方人把持的中国海关就出现在 1854 年的上海,而作为第二次鸦片战争“直接产物”的津海关则设立于

* 本文曾参与 2023 年 10 月海关总署关史办与上海海关学院举办的第一届清莲湖中国海关史学术研讨会交流。

1861 年。

与此同时,清政府割地赔款带来的沉重负担,进一步激化了中国社会的各阶层矛盾冲突,终致酿成太平天国、捻军等农民起义。太平天国在江南的胜利,使得清政府丧失江浙一带财税来源,进一步造成国库空虚。“捻军”则纵横两淮,占据中原,甚至进逼直隶的静海,更直接威胁大清国都安危。令清王朝内外交困,摇摇欲坠。如李鸿章所言“此三千余年一大变局也。”①

这句话很生动地反映出那个时期,中国这块古老的土地上所发生的一场巨大的革命性的变化过程——近代中国早期现代化。中国被迫向外部世界打开了它迟迟不愿开启的大门,中国人从此可以站在更广阔的空间观察世界、认识世界。一些先进的中国人呼吁学习西方长技,为早期现代化的开展做思想上的最初酝酿。

(一)中国早期现代化兴起的历史背景与内外因素

西方第一次工业革命后,科学技术文化及社会生产力的飞速发展,带来生产力与生产效率的极大提高,迫切需要更大的市场来容纳和消化工业革命的产品,进而推动向世界各国特别是殖民地的侵入与扩张。其扩张与侵入的过程,也由于列强往往是以其超越他人的军事和技术优势作为手段,而具有侵略性和强制性。经过两次鸦片战争,清政府对西方列强的认识从“夷务”到“洋务”的转变,不仅是痛苦的更是被迫的。

此后,清政府认识到与西方不仅在军事工业,同时也是生产力现代化方面存在着巨大差距,但在其内部对如何解决一系列的内忧外患问题产生了“洋务派”与“守旧派”。在太平天国、捻军等“心腹之害”与西方列强的“肘腋之患、肢体之患”的认知下,特别是受益于洋枪洋炮、洋枪队“借师助剿”的成功经验,以曾国藩、李鸿章为首的清朝政府内的洋务派开始在全国各地掀起“借法自强”的洋务运动。在民族资产阶级尚未登上历史舞台,中国早期现代化的任务不得不由洋务派来承担。

洋务派鼓吹实行“新政”变革,利用取官办、官督商办、官商合办等方式发展新型工业,引进西方技术和人才成立了江南制造总局、金陵制造局、福州船政

---

① 李鸿章:《复议制造轮船未可裁撤折》,同治十一年(1872)。

局、天津机器局等，以增强国力，来维护清政府的封建统治。从以上可以看出，这种变革的驱动力，在很大程度上也是来自清政府维持自身统治的需要，而被迫做出的逐步改变。尽管这种变革在“洋务派”与“守旧派”长期角力中此长彼消，但归根结底都统一在维护清政府的封建统治目的上的政策性、技术性的分歧。尽管如此，我们也要客观看到这些“新政”的实施对中国迈入现代化社会奠定了一定基础。

当然我们也不能忽略来自外部的影响因素。

几乎在同一时期的1850年至1870年，英国殖民地争取获得自治权的民族独立主义运动高涨，以1858年印度大起义脱离英国东印度公司统治为代表事件。令西方统治阶层意识到殖民地的解放是不可避免的，同时他们也不愿意继续承担维持海外殖民地高压统治，而带来的政治与经济的巨大代价和后果。反映在对华关系上，就是趋向于用外交及其他手段来施加影响的缓和的外交政策。

英国第一任驻华公使卜鲁斯（Bruce）认为，应“把中国作为一个能够独立负责的国家来看待”，“如果想使中央政府负起责任，那就一定要以行动加强这个衰弱的帝国政府”。

美国公使蒲安臣（Anson Burlingame）于1864年6月5日在其对美国驻华领事们的指示中提出了包括“和中国官吏合作”“承认中国的合法权益”等四项原则，并说：“你们应该认识到，我们正努力去用公平的外交行动代替武力”。①

1863年发生的“阿斯本舰队”事件中，英国政府不仅允许总税务司李泰国代表清政府采购军舰还“由女王亲自签署的许可证，准许服中国兵役并且为中国政府装备船只……”②

以卜鲁斯、赫德（Robert Hart）为首的主张用引导、影响和渐进的对华政策，促使清政府从内部搞“改革开放”，由此成为英国等列强那一时期对华外交政策的主流。

---

① 芮玛丽：《同治中兴：中国保守主义的最后抵抗（1862—1874）》中国社会科学出版社，2002，第26页。

② 参见1862年7月30日，英国外交部拉雅德（Layard）致英国内务部克莱夫（Clive）函，载《同治中兴：中国保守主义的最后抵抗（1862—1874）》，第5页。

由此可见,随着国内的社会冲突的逐渐平息,加之外国的干涉又趋于平和,这是晚清政府进行"新政"改革,开启早期现代化进程不可忽略的外部因素。

纵观人类发展的历史,每一个阶段的现代化都是那个时期最激烈、影响最深远且无法阻挡的一场社会变革,而科技进步和产业革命质的突破,则是推动这种现代化的客观要素。

基于上述分析,我们可以看出,晚清时期的中国早期现代化是一个错综复杂、多种矛盾交织的复杂结合体。晚清王朝从盛极走向衰败过程中,因为外来的和内在的政治、经济、军事的影响,在国家逐步沦为半殖民地半封建的过程中,也产生了向资本主义工业化发展的早期形式。因此说中国早期现代化的进程具有半封建与半殖民地同步进行的特点,中国的早期现代化不可避免地与代表西方在华的势力存在密不可分的关系。

(二)中国早期现代化与近代中国海关的关系

图 1　赫德(二排中)离任前与总税务司署洋员合影

中国海关是监督国家对外贸易,管理税务的行政机关。由西方人把持的近代中国海关(新关)从 1854 年首次出现在中国领土上,而在 1858 年以《天津条约》附约形式确定下来的外籍税务司制度,最终让近代中国海关(新关)成为代表西方列强在华利益的代理人,以在任 48 年之久的总税务司赫德最为突出。

在英国公使卜鲁斯等人看来,其核心力量——海关外籍税务司,是适合改造和影响清政府发展走向的手段之一。不仅仅是因为海关各部门的主管人员来自西方列强国家,能在日常的工作中反映以所代表国家的利益;其次他们一般都有较高的现代科学知识,大部分受过高等教育并获得各个等级的学位;更有来自原国家的专业行政管理机构,具有较高的现代管理和科学技术知识与经验,能够在清政府的早期现代化中发挥不可忽视的影响与作用。

1865 年 10 月 17 日,赫德通过总理衙门向大清朝廷呈递《局外旁观论》折。这是赫德任总税务司后首次就中国事务公开发表全面意见,也是在中国近代史上非常有名的一份奏折。赫德开篇即指出,“当局者迷,旁观者清”,旁观者“敢抒所见,或效一得之愚”。他写道“中华情事,一曰内情,一曰外情。今日之外情,系由前日之内情所致;而日后内情,亦必由外情所变。”申明中国向西方先进技术、先进思想学习,改革开放势在必行。

1866 年 4 月,清政府将《局外旁观论》全文抄录给沿江沿海督抚认真阅读研究,“共体时艰,勿泥成见”,专折速行密奏,提出“设法自强”“保国保民”的具体办法。[①] 由此正式开启中国海关参与中国早期现代化之先河。

其他海关税务司如德璀琳(Gustav von Detring)、汉南(C. Hannen)来自于作为现代化先行者的西方国家,不但以它们先进的科学技术向中国展示可供模仿的榜样,而且他们还积极鼓吹中国进行“改革”,甚至直接参与了中国的早期现代化活动。在他们影响下,近代中国海关虽然代表了西方列强在华的利益,但在一定程度上也推进了中国迈向现代化国家的进程。近代中国海关自 1854 年出现以来,曾为历届政府提供了多达 1/3 至 1/2 的财政收入。除负责征税、缉私外,近代中国海关还建设灯塔、设置航标、竖起信标、管理港口、测绘中国沿海地区、参与涉外交涉、促进中国参与博览会和世界会议组织、收集气象资料以便于天气预报。此外,海关还督办同文馆以培养外交人员,帮助发展现代教育,翻译西方自然科学、政治经济和法律著作,协助建设现代化的海军等,甚至有一支约 70 艘舰艇所组成的缉私舰队。近代中国海关还协助开展影子外交,洋务运动、义和团运动、辛亥革命、北伐战争、抗日战争等中国近代重大历史事件的背后,无不渗透着近代中国海关的影响和操纵。近代中国海关是帮助中国融入世界现代民族国家及 20 世纪世界贸易和金融体系的关键中枢,历经各种动乱,

---

① 同治《筹办夷务始末》卷四十,中华书局,2014,第 10-13 页。

却能经常保持完整,鲜有其他机构可以与之相比拟。近代中国海关虽然是中国政府的一个机构,但俨然已经是中国对外通商口岸上的“第二政府”,是真正的大海关。

二、津海关洋员参与中国早期现代化

历史上天津是作为拱卫京畿的门户而建城的,因其与作为国家都城北京的特殊地理位置而带来的政治、军事上的重要性与特殊性,使得天津在建城六百年的时间里,长期处于一种门户封闭状态。1860 年第二次鸦片战争后天津开埠,洋务运动的兴起与西方列强对中国市场的觊觎,使得“当河海之冲,为畿辅之门户”的天津很快成为北方经济与贸易的最大口岸。

“天津教案”后,洋务派代表人物李鸿章任直隶总督兼北洋大臣长达 25 年,天津成为其实践洋务新政的中心。与中国早期现代化相关的军事、铁路、邮政、采矿、教育、卫生等皆自此首开先河。

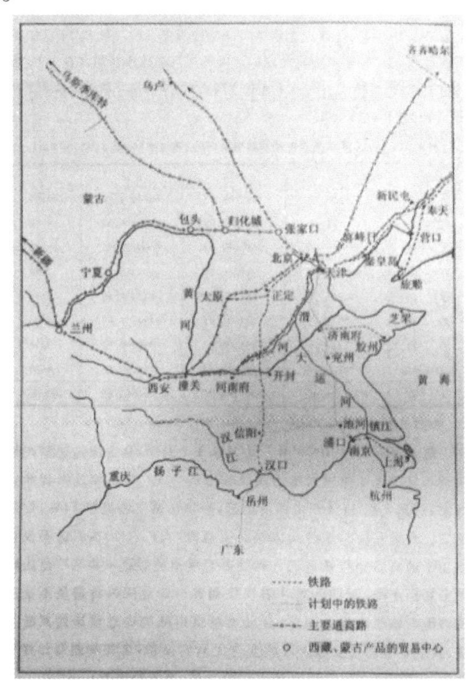

图 2　十九世纪天津口岸贸易区域图

《北京条约》宣布天津成为对外通商口岸后,法国人克士可士吉(C. Kleczkowski)与总税务司赫德一起参与筹建津海关,1861 年 3 月 23 日,津海关正式建立,津海关税务司制度也随之确立。克士可士吉成为第一任津海关税务司。克士可士吉为当时法国驻华代办哥士奇(K. A. C. Kleczkowski)之弟,经哥士奇推荐进入中国海关。

津海关自清咸丰十一年(1861)设关至民国三十五年(1946),税务司一职一直由外籍人士担任,先后有来自英、法、美、德、日、意大利和丹麦的 33 名外籍职员担任过此职。在津海关任职税务司的洋员中英国人居多,这与总税务司的委任权相关,而总税务司赫德是英国人。津海关税务司中除汉南和德催琳任期在三年以上之外,绝大多数税务司任期两年以内,这个数字充分说明了晚清税务司流动性之强。

汉南,英国人,1859 年进中国海关。翌年,受上海税务司德都德之命,代行税务司职务。汉南于 1862 年转福州,以税务员之职负责该关事务;1863 年任烟台税务司;1866 年,任九江税务司;1869 年,任厦门税务司;1869 年 9 月,任津海关税务司(1869 年海关总税务司署第 48 号训令)。

德璀琳,德国人。他于 1864 年进入中国海关;1872—1877 年,先后任镇江海关、新海关(宁波)、粤海关(广州)、烟台海关税务司;1877 年 12 月 4 日,任津海关税务司;1898 年,秦皇岛开关后兼任秦皇岛海关税务司。从 1877 年至 1913 年,德璀琳除短期回国或去他国外,一直在天津。前后任津海关税务司 22 年、任英租界工部局董事长 13 年,此外还担任过海河工程委员会首席委员等职务。德璀琳以天津为基地,涉足于中国的内政、外交以及天津许多方面的工作。

德璀琳在津海关任职前后长达 22 年之久(他分别在 1877—1882 年、1884—1896 年、1900—1904 年先后三次出任津海关税务司,与其他税务司的短暂任职形成了鲜明对比)德璀琳任职津海关税务司时正逢李鸿章任职直隶总督时期,这说明德璀琳与李鸿章之间的关系应极为密切。正是由于与李鸿章的特殊关系,他发挥的作用与影响尤为巨大。德璀琳曾协助李鸿章办理了诸多外交与洋务新政事业。

二人相识于德璀琳任职烟台东海关税务司期间,在 1876 年为解决马嘉理(Margary)事件,德璀琳参与《中英烟台条约》谈判,期间获得李鸿章的赏识,引为知己。翌年,德璀琳调任津海关税务司,德璀琳充当李鸿章外交和洋务活动的幕僚,一些重大国际事件中,如中俄伊犁交涉(1878 年)、中法谈判(1884 年中法战争)、中日谈判(1894 年甲午战争战争)等,德璀琳都扮演了重要的角色。故而津海关洋员在中国的外交、政治、军事等方面发挥的作用不可忽视。以下从国家层面、城市建设、社会发展等层面简述和解析津海关洋员在所发挥的作用。

(一)国家层面

1. 参展维也纳世博会第一次向世界介绍天津

1873年维也纳世博会,史称“奥国万国商品陈列公会”。适逢奥匈帝国皇帝约瑟夫(Franz Joseph Ⅰ)加冕25周年。1870年11月,奥地利向世界各国发出维也纳博览会参会邀请时,作为清政府主管理涉外事务的总理衙门还在为天津教案的善后大伤脑筋时,以世博会是“炫珍耀奇”的无益之举,以“中国向来不尚新奇,无物可以往助”为由加以拒绝。迫于奥国公使的强烈要求及总税务司赫德的说项,遂将筹展、参展博览会事务正式授权总税务司署办理,总税务司赫德通令包括津海关在内的全国十四个通商口岸海关精心备办展品。

1870年,总税务司署通令各口岸海关向社会公众发出参加世界博览会的通告后,不料乏人问津,即使公布展品实行免税等诸多优惠措施亦不得回应。尤其是天津口岸,天津教案的处理虽然以赔款、惩凶、遣使道歉了结,但中外人士相互敌视严重。国内民怨沸腾,皆詈骂前期处理教案的曾国藩为国贼;西方报复中国的言论亦甚嚣尘上。1870年8月11日《北华捷报》刊文“这次悲惨的和万恶的天津残杀案,是涉及一切同中国具有关系的国家的一个事件;并且,除非强使作一种严重的赔偿以外,每个人都要对容忍那样的残暴行为而得不到惩处的冷酷态度感到懊丧。……”可见对于津海新关税务司汉南来说,此次参展工作的难度可见一斑。尽管如此,汉南还是出色地完成了任务。根据天津档案馆保存的原始档案,津海新关备办的展品分为矿冶、农林、化工、食品加工、手工业等18大类,共计225件(箱),在展品种类上居各关之首。主要以农业园林与林产品最多,有86件。其中,大米、绿豆等谷物,花椒、陈皮等调味品,茶叶、菊花等饮品,大黄、当归等汉方药材代表了天津口岸出口商品的特点。税务司汉南则把主要精力放在编撰天津口岸十年贸易情况上。

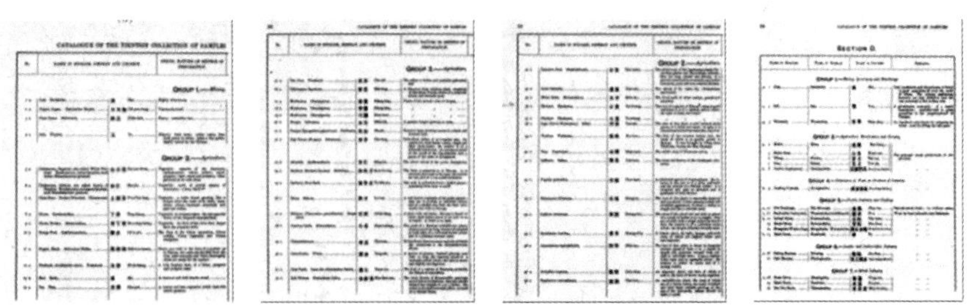

图3　保存在天津档案馆的津海新关的部分送展清单

天津送展商品中,来自西北的毛毯、羊毛挂里、山东的草帽辫等陈列于工业馆;木轮马车、漕运驳船、舢板的模型则与意大利人的火车、比利时人的发电机和电动机同台,令西方人瞠目结舌。而陈列于建筑馆的海光寺飞檐斗拱的中式庙宇建筑模型及一组反映民俗市井生活的泥塑陈列把天津人的生活展现在西方人面前。法国报纸则把目光聚焦到一枚小巧精致的鸽哨上。从贸易与社会人文的角度上讲,此次参展维也纳世博会,向世界介绍了一个正在走向开放的天津,也让天津第一次走向了世界。不仅如此,在汉南的任期内,还筹建了津海关气象站。

2. 创办国家邮政

天津是中国近代邮政的发源地,而德璀琳则是中国近代邮政业务创办之始的策划者、实施者和组织者。第二次鸦片战争后,天津被迫开埠,中国传统的驿站通信方式已不能适应晚清社会的急剧变化,特别是清政府与列强签订通商条约后,列强在中国纷纷成立自己的邮政机构,俗称"客邮"。清同治五年十一月(1866 年 12 月),津海关与上海江海关、镇江关及北京先后设立邮务办事处,开始海关兼办中国邮政的早期工作。1878 年,北洋大臣李鸿章与总税务司赫德商定,令德璀琳以天津为中心试办海关邮政业务,赫德电令"海关邮政局暂设天津"由"德璀琳负责管理各关邮政业务,该税务司所发纯属邮政业务性质的指示,各关应予照办"。3 月 23 日,德璀琳即成立了华洋书信馆,收寄商民百姓和华洋公众的邮件。

最为著名的事件是中国的第一套邮票——大龙邮票得以在天津发行,津海关为近代中国邮政的发展奠定了良好的基础。津海关税务司德璀琳亲笔签收了上海总税务司署造册处寄出的面值 5 分银大龙邮票 500 全张,共计 12500 枚。随即分发北方各通商口岸投入使用,这是中国历史上发行的第一枚划时代意义的邮票。

1878 年,德璀琳与招商局、怡和轮船公司、太古轮船公司等商定免费优先带运海关邮件;同时通过李鸿章令北洋水师将各军舰离港时间事先通知海关,海关邮局利用军舰免费运送邮件。为保证陆路邮递及时畅通,德璀琳还亲自骑马试跑京津邮路,以准确掌握第一手的相关数据。

图 4　大清帝国邮政大楼

1878—1882 年,德璀琳借鉴现代邮政的理念,试办海关邮政,制定邮政制度,发布邮政通知,组建华洋书信馆、大清邮局等邮政机构,开通陆路和水上邮路,以固定邮资的形式开放"官邮"收寄民信,发行邮票。这些举措使海关邮政业务顺利发展,开启中国现代邮政的先河,得到中外官商民众的认可。对此,清政府及李鸿章、赫德都十分满意和赞许。在旧海关史料中,在此期间,德璀琳以"邮政总局主管"和"邮政司"身份,共签发了 200 多份有关邮政的文件及章程,发往全国各口海关。

3. 第一条自办铁路

1881 年春,天津开平矿务局为解决煤炭运输问题而修建了自胥各庄到唐山的仅 11 千米长的胥唐铁路。它不仅是我国自建的第一条采用标准轨距的铁路,而且成为我国自办铁路的肇始,并成为日后整个华北铁路系统的开端。①

① 张畅、刘悦:《李鸿章的洋顾问:德璀琳与汉纳根》,社会科学文献出版社,2022,第 234 页。

图 5　李鸿章、德璀琳等人第一次从天津乘火车到唐山情形（1888 年 10 月）

1886 年春，德璀琳向李鸿章建议，把唐胥路延长到芦台，在铁路的建设过程中，德璀琳又劝说李鸿章把铁路延长到塘沽。1888 年，全长 130 千米的唐津铁路全线竣工。1888 年 10 月 9 日，李鸿章、德璀琳等人第一次从天津乘火车到唐山，亲身体验了现代铁路的快捷。德璀琳在海关年度报告中认为，铁路的开通将使之前束缚天津地区经济发展的交通条件大大改善，"有关天津贸易前程似锦之预言，即可认为信而有征矣"，因此"可将 1888 年视为天津编年史上开纪元之时期"①，而这一年也被在华外国人誉为"中国铁路世纪的正式开始"②。

4."外交部长"

近代中国，由于闭关锁国，清政府的官员对于外事所知极少，既没有外交渠道，更谈不上外交经验。而海关的洋员既是外国人，又是清政府募用的职员，这样的双重身份方便了他们在清政府与各国官方间周旋。外交在清政府的政治活动中所占地位日渐重要，对外交涉日趋频繁的晚清政府常任用海关洋员协助朝廷处理外交事务、沟通对外关系，使海关洋员有了参与政府外交活动的机会。而在中国海关的洋员中，介入中国外交活动程度仅次于总税务司赫德的只有德

① 天津社会科学院历史所、天津市档案馆：《津海关年报档案汇编（1865—1911 年）》上册，内部发行，1993，第 253-254 页。

② 雷穆森：《天津租界史（插图本）》，许逸凡、赵地译，天津人民出版社，2008，第 64 页。

璀琳。鸦片战争之后，在清政府中有两个主管外交的权力中心，一个是设在北京的总理各国事务衙门，它是清政府的外交决策机构；另一个是设在天津的直隶总督衙门，清政府的准外交部，总理衙门遇有外交问题大都交由该部门具体交涉。

1875 年，英国驻华公使派出的翻译马嘉理在云南腾越地区与当地的少数民族发生冲突，马嘉理与数名随行人员被打死。1876 年夏，时任东海关税务司的德璀琳接到总税务司赫德的通知，称中英两国将就“马嘉理事件”在东海关举行谈判，要求德璀琳安排好双方谈判代表的起居生活，做好招待工作。德璀琳不仅按赫德的指示为谈判提供了良好的生活条件，而且还找来与该事件相关的文件主动研究起来。在谈判期间，德璀琳不仅结识了清政府的全权代表直隶总督李鸿章，而且以英国谈判使团成员身份参与了谈判的全过程。同年 9 月 13 日，李鸿章和英国公使威妥玛(Thomas Francis Wade)在东海关二楼签订了中英《烟台条约》，“马嘉理事件”得到解决。而德璀琳的谈判能力也得到了李鸿章的注意和赏识。《天津历史资料》记载：“德璀琳在谈判期间协助解决了马嘉理遇害产生的危机问题，并且修改了税则，显露了其非凡才干，获李鸿章赏识。”不久，德璀琳即被调任津海关税务司。

1883 年，由于法国侵略越南并进而侵略中国，中法战争爆发。从这一年的夏季到秋季，德璀琳一直都在巴黎、柏林和伦敦之间奔走。1884 年春季德璀琳从欧洲返回中国，他与法国水师总兵福禄诺在香港见面。当谈及中法冲突时，福禄诺(F. E. Fournier)表示法国仍可同中国商谈，并写了一封密函请德璀琳转交给李鸿章，两人还策划了一个他们认为可以解决问题的协议草案。李鸿章得知此事，请总理衙门立即饬令总税务司赫德命德璀琳赴津。是年 3 月 22 日，德璀琳抵达天津，将福禄诺的密函面呈李鸿章，并建议清政府与法国“早日讲和”。经过德璀琳穿针引线、斡旋撮合，最终促成“李福会谈”。5 月，李鸿章与福禄诺在天津达成了初步协议，并签订了《中法简明条款》。

1886 年，葡萄牙派公使托马兹·德·罗扎(罗沙)到中国。通过德璀琳引见与李鸿章在天津见面，并经过德璀琳从中斡旋，双方于 1887 年 12 月 1 日在天津的利顺德饭店正式签订《中葡和好贸易条约》。

德璀琳与直隶总督兼北洋大臣李鸿章共同左右中国外交事务长达 25 年，

其间中国的很多重大外交事件,德璀琳都侧身其间,在李鸿章出访欧美诸国时,德璀琳作为其主要随员相随左右。德璀琳本人则通过此举提升了个人的声望,巩固了自身的地位,获得了更多的利益。德璀琳既是那些在洋务工商企业中供职的外国人与李鸿章之间的联络官,也是李鸿章与为其办理外交事务的外国人之间的联系人。这层关系直至 1901 年李鸿章去世为止。《京津泰晤士报》总编辑狄更森曾说过:“德璀琳 25 年来几乎是中国实际上的外交部长,因而北京的外交使节要不先来天津见过德璀琳和李鸿章之后是什么也干不了的。”中国海关驻伦敦办事处的金登干曾在写给赫德的信中说:“他们要我把发给总督(指李鸿章)的电报通过德璀琳转交,但我不同意这样做,并表明经我手送总督的一切通信,您是正当的官方渠道。直至最近,他们所有上呈总督的报告一直都是不密封送交德璀琳的,但由于有消息说德璀琳即将回国,这些报告现在就密封送交税务司。”这番话可以印证李鸿章对德璀琳的信赖,也证明了德璀琳在中国外交事务中拥有的地位和权力。

5. 监造大沽船坞

1874 年日本以“牡丹社”事件为借口,派现代化军舰侵犯台湾并随后强占琉球,引起清朝政府的恐慌。光绪元年(1875),经过第一次海防大筹议,清政府决定分南北洋督办海防,“着李鸿章督办北洋海防事宜,派沈葆桢督办南洋海防事宜,所有分洋、分任练军、设局及招致海岛华人诸议,统归该大臣等择要筹办。”开始积极考虑向欧洲外购铁甲舰船。先后于 1879 年、1880 年、1881 年分批购置巡洋舰、铁甲舰、蚊炮船等多艘,加之原有运输船、辅助船艇等共 25 艘。以往每次舰船维修,都要劳师南下上海或福州,费时费力不说,假若遇有战事,实恐贻误战机。李鸿章于光绪七年(1881)八月二十日在《建造船坞请奖片》中的记述,“北洋海防兵轮船日增,每有损坏,须赴闽沪各船厂修理,程途穹远,往返需时。设遇有事之秋,尤难克期猝办,实恐贻误军需……”因此李鸿章奏请光绪皇帝恩准,在大沽炮台左近,海神庙划地 667 亩,创建北方第一个船舶修造企业——北洋水师大沽船坞。

前因总税务司赫德也曾指令德璀琳规划在大沽修建一座小型船坞,用于维修保养航标灯船。加上德璀琳对李鸿章的办事得力,李鸿章“遂饬前任津海关道郑藻如、候补道许钤身,会同德璀琳……”①

当然德璀琳也不会辜负李鸿章的信任,自从光绪六年(1880)正月动工,德璀琳事必躬亲,特别是材料采办、施工质量,德璀琳亲自检验监督。同时还从津海关抽调熟悉施工、营造的华洋关员参与设计与管理。有税务司带头,这些关员们更是“勤奋趋公,异常劳瘁”并且还是义务奉献“概不另领薪俸”。就这样一干还是两年,让李鸿章大为感动。他特地上书朝廷替德璀琳等津海关人员请功,给德璀琳颁了个头等宝星勋章、帮办贾雅各、欧森赏赐五品顶戴花翎,孟国美赏给二等宝星勋章并五品顶戴,以下人等皆有赏赐。

工程进展很快仅用了十个月就基本完工,并立刻投入使用,操江、镇北两艘兵船进坞修理。其中大沽船坞甲坞长97.6米、宽28米、深6米,木质坞门,土木结构,能够容下一艘2000吨左右的船舶。而且工程质量优异,“坞基坚固,屡经海潮震撼,力保无虞”。

图6　早期的大沽船坞

大沽船坞甲坞建成后,购置了其中吊车、机床、马达、锻压机等设备几十台套,还陆续兴建了配套的铸造厂、木工房、锅炉房等。1884年增建了二号、三号船坞,1885年增建了四号、五号船坞。在同一时间可以装配和修理六艘船舶,成为北洋海军舰队的第一个维修基地。北洋水师2000吨以下均在此进坞大

---

① 天津海关译编委员会编译《津海关史要览》,中国海关出版社,2004,第205-210页。

修,甲午海战之时,大沽船坞日夜为北洋水师赶修舰船。

6. 建设曹妃甸灯塔

清咸丰十年(1860)天津港开埠后,华洋船舶驶津者日益增多。外国船舶多为铁制火轮,载重量大、吃水深,加之大沽周围沙岛、浅滩地形复杂,原有守望塔和木桩、石桩标志已不能保证指引船舶航行准确、安全,津海关与英商航业公司曾欲建曹妃甸灯塔,但由于建筑技术有限和资金匮乏未能成议。清光绪十年(1884),大沽漕粮海运局请津海关自英国代购洋式灯机 1 具。翌年,开始兴建新型灯塔,历时一年多灯塔竣工。灯塔为八角形,共分 3 层,高 45 英尺(约 13.7 米,英制 1 英尺 = 0.3048 米),以大块花岗石埋入沙里,地基是用花岗石碎片、石灰、沙土建成,捶击甚固。砖塔筑于石基上,每层皆有活板门可以上下,并有梯阶彼此相通。清光绪十二年(1886)年 7 月,新置洋式灯机安装完毕,六等定光灯开始发光。由津海关派人驻守,并请僧人修慈照料燃灯事宜。

清光绪十九年(1893),津海关在曹妃甸派驻专人管理灯塔,并修建了管理人员的宿舍,僧人不再参与灯塔管理。为防止海盗骚扰,海关还为管理人员专门购置了武器枪支,以保证灯塔和管理人员的安全。由于地面沉降,1901 年,沙甸与陆地完全断开。为了保护灯塔安全,天津海关在灯塔底部增建了一个保护月台,并在岛上建成一栋管理员宿舍。同年,把原有六等(指光照度的等级,六等光照较暗,亮度低于五等、四等,等级反之则亮,依次类推)定光灯器改装为四等水银浮槽闪光灯器,周期 20 秒连闪 2 次,光照射程约 20 千米。

(二)城市建设层面

德璀琳在天津生活了 20 余年,又身居海关税务司和英租界工部局董事长等要职多年,加之他与清政府实权人物李鸿章等人的密切关系,使他在 19 世纪 80 年代既有能力,更有机会在天津的近代城市建设上一展身手。

1. 设立电报电话,开风气之先

1877 年 6 月 15 日,天津架设了一条直隶总督行馆(今东北角书店后身)到天津机器东局(今贾家沽)8 千米的电报试验线。同年 6 月 27 日,“这条电报线第一次发电,电文只有六个字:‘行辕正午一刻’。这是目前有案可查的中国人自办的第一条电报线和发出最早的一封电文。”[①]此举为中国电报建设开启了风气,具有里程碑式的意义。1879 年,德璀琳鼓动李鸿章将试验线延伸,以总督衙门为起点,经天津东机器局及紫竹林法租界内的中国轮船招商局,至大沽炮台及北塘兵营,建成了中国第一条军用电报线。1880 年 10 月,津沪电报总局在天津成立,总领津沪电线架设。1881 年 12 月 24 日,津沪电报正式建成并向公众开放营业,为中国民用电报通讯之始。

1884 年 11 月 20 日,德璀琳为电话设施购置事函盛宣怀。1885 年 3 月 15 日,李鸿章给德璀琳发去一件札文,商议设立“德律风”局(电话局)的事宜,其费用由天津海关承担。天津规划了两条电话线路,分别是从紫竹林新关南栈起至大沽海神庙新关公所止、自大沽新关公所起至炮台内新关挂旗处止。这两条电话线路,基本和已有的电报线路重合。1885 年底,电话线铺设完毕,设立了两个德律风总局、四个德律风分局,由天津电报局洋人璞尔生(C. H. C. Poulsen)负责管理。

2. 浚治海河,力保天津北方最大港口地位

19 世纪末期,由于疏于治理,海河淤塞严重,制约了天津的贸易发展,成为困扰在天津的各国商人及相关商业机构的重大问题。在 1886 年《津海关贸易报告》中津海关税务司德璀琳曾提出“为本埠视如畏途之海河,未见改善之兆,在夏令航运旺季,其上游近来逐年淤浅,虽就其补救法屡加研讨,但毫无明确之结果。……海河之淤沙,公认原于潮水回流,该回流强行绕越河道内常见之急弯使然也,设若截断数处河湾之颈部,便可修成一条几乎直通河口之水道,据料河水在其流程中既无弯道之阻,庶可维持一条其深足以行船之通海航道。此外,笔直水道内之航运自必益形便利,大沽至天津之距离亦颇形缩短。”

海河既受淤塞之害,又遭洪灾之苦。据记载,1892—1897 年,海河及上游流域多次暴雨,洪水成灾,大量的泥沙被带入海河,造成淤积十分严重,有些地方水深不足 1.8 米,即使在码头附近,水深也不超过 2.1 米,进出天津港的货物,不得不依赖驳船公司进行过驳。洪灾也给海河两岸的百姓造成了巨大损失,1890 年 7 月的洪灾造成 6 万平方千米的土地被水淹没,庄稼被毁,约 2 万人

① 参见刘海波、郭丽编著《北京通信电信博物馆》,同心出版社,2014。

死于洪灾,经济损失达3000万两白银。频繁的灾害造成了天津地区商业萧条,给百姓带来了巨大的灾难,也给航运业造成巨大损失。因此,建立一个海河治理机构成为清地方政府、航运界和商界的共同愿望。

清光绪十四年(1888),津海关税务司德璀琳向直隶总督兼北洋大臣李鸿章举荐的水利工程师林德(A. DeLinde)和他制订的海河整治方案,建议开展对海河的治理工程,得到李鸿章首肯。但是由于费用问题原因,该建议未能实施。清光绪十八年(1892),在李鸿章的支持下,终于确定了《海河裁弯取直方案》,并在靠近租界的地方(今挂甲寺一带),打下第一个海河裁弯界标。但由于工程施工涉及占用农田和菜园,不仅德璀琳、林德等人遭到村民的围攻,裁弯界标也被推倒,海河裁弯工程再次被迫搁浅。海河工程局成立后,即决定把实施对海河河道的裁弯取直工程作为首要的工作内容予以落实。

清光绪二十三年(1897),直隶总督王文韶上奏光绪皇帝,陈述治理海河的必要性及面临的困难。光绪皇帝在直隶总督王文韶的奏折上御笔朱批"知道了"。同年,王文韶与领事团团长、法国总领事杜士兰(Count de Chaylard)、英国领事宝士徒(H. B. Bristow)、天津洋商总会主席克森士(Edmuond Cousins)和津海关税务司德璀琳等人会商,达成《浚治海河协议》,聘请林德为顾问,并通过了林德设计的"浚治计划",协议成立海河工程局(Hai-Ho Conservancy Commission),共同筹划疏浚海河工程。海河工程局内设董事部和仲裁部。董事部原定由津海关道、驻津领袖领事和津海关税务司3人组成。经征求各方意见后,又加入了各租界领事代表、洋商会会长、轮船公司代表,共计6人。

自海河工程局成立起,津海关历任税务司皆以津海关代表的身份出任该局的董事,成为海河治理工程的组织领导者之一。此外,在治理海河所需的费用中,大都是出自海关代为征收的河捐。海河工程局成立后,在其组织下海河航道的综合治理工程得以全面展开,通过建闸门调节水位,疏浚大沽拦江沙、裁弯取直、疏浚河道加宽加深,在市区开辟轮船掉头处,实施冬季破冰等项整治工程,使海河的航运能力大大提高,为提高天津口岸进出口货物的吞吐能力创造了良好的航运条件。

海河工程局成立后,即决定把实施对海河河道的裁弯取直工程作为首要的工作内容予以落实。清光绪二十三年(1897),海河航道情形愈加恶化,水深一般只有1.5—2.5米,在3个月里仅有一艘轮船驶达天津河坝。清光绪二十四年(1898)则“没有一只轮船开到租界河岸”。清光绪二十五年(1899),“只有两艘轮船开抵租界河岸”“一切货物都不得不用驳船从河坝上过驳进出”。过驳方式不仅增加了货物装卸的费用,而且驳运时间缓慢,直接影响到英、法商人和航运业的经济利益。自1901年至1923年的22年里,海河工程局先后组织了6次对海河河道及其相关支流水域大规模的裁弯取直工程,每次施工的时间少则数月,多则两年有余。共计开挖土方8281192立方米,缩短河道26337米。

裁弯取直工程是海河工程局耗资最大、工时最长、涉面最广的系列工程,也是天津城市建设的基础工程。海河6次裁弯工程完成后,航行时间减少3—4小时,由于河道缩短、河床断面增大,航道纳潮量自然增加,各种轮船可乘潮从海口直驶抵达市区各码头。1914年海河纳潮量为1957万立方米,至1926年时增加到2697万立方米。

天津市区的码头潮差增加0.9—2米,入港船舶吃水最多可达5.5米。即便是遇干旱年景或枯水季节时,轮船仍能驶抵天津码头。据《津海关十年报告》记载,民国十三年(1924),裁弯取直全部完成后的天津海河达到“一个空前的航运年,有1502艘舰、船到达这个口岸,其中1311艘到达天津租界河坝,最大吃水量为17英尺6英寸”。翌年,2000吨级的轮船均直航天津的市区。

海河裁弯取直工程,便利了中外轮船的航运通行,推动了天津航运业和对外贸易的发展,推动了天津工商业的发展和租界地区的繁荣。同时,也为城市建设提供了充足的土方,以海河疏浚取出的土方填平市区的洼地、水坑,在上面修马路、建洋楼,天津的城市景观发生了改变。今天的“五大道”多是由海河土方填垫起来的,不同风格或西洋、或中式、或中西合璧的各类建筑拔地而起,天津形成“万国建筑博览会”,为后世留下丰富的文化遗产。海河工程在纳潮蓄水、防洪排涝、农田灌溉和民众的生活用水等方面都发挥了积极的效益。

3. 城市建设,日新月异

1882年,德璀琳作为英租界工部局董事长,主持将海大道(今大沽路)一线至墙子河(今南京路)之间的大片土地廉价收购,再利用治理海河挖取河泥填平了洼地,使之成为可用的建筑用地。很快这些土地便被外国商行占有,不久

"刻有姓名的界石如雨后春笋地林立",随后各种建筑和道路相继出现,形成了天津旧城之外的一片新型市区。是年,德璀琳征得赫德和李鸿章的同意,海关连续三年按货物价值千两收银 1 两,用于修整租界道路和进行植树绿化的费用。在德璀琳主持下还对整个租界的道路进行了规划和铺设,使其成为在夏季马路上覆盖着清凉的枝叶、茂密的绿荫,成为众望所归的各国侨民住宅区。而租界内建成的天津第一条沙石路,即被命名为"德璀琳路"(在今大同道附近)。1892 年,德璀琳设法募集白银 1600 两,修垫了津京大道(今天津经武清杨村通往北京的大道其中的一段)。

德璀琳还是天津电车电灯公司的第一任董事长。身为利顺德大饭店的大股东,德璀琳一心想把利顺德建成一座超级豪华的饭店,先后为饭店引入了电梯、电灯、电话、电风扇等先进的现代化生活设备,使利顺德大饭店成为当时中国北方现代化的饭店之一。

4. 兴建赛马场,中国第一流

1886 年,酷爱赛马活动的德璀琳出任天津赛马会会长及秘书长,他凭借与李鸿章的私人关系,得到天津城南佟楼养牲园近二百亩的土地,修建了新的固定的赛马场。新的赛马场"赛道周长 1 英里,赛道极宽,可轻易容纳 14 匹马并肩赛跑,18 匹的话也并不嫌拥挤。赛道里是一圈同样长度的训练用跑道。再里面是一条防洪用的排水沟以保持赛道干燥。排水沟里是一条煤渣路。赛马场的最外面环绕着一条小河。在许多方面,是所有中国赛马场中最好的。"由

图 7　马场俱乐部

英租界通往赛马场的道路,便是逐渐踩踏成自然马道。为了方便,德璀琳组织修建了一条从英租界至马场的马路,并给予必要的维护,这就是马场道。

1887 年,伴随着西方各国商人参加赛马活动人数的增加,英商赛马会遂更名"西商赛马会"。老的看台在 1900 年被烧毁,1901 年建了一座新看台,一直使用到 1925 年才被三座混凝土看台所替代。在德璀琳的领导下,天津赛马会取得很好的经济效益,便将原来在马场旁的天津乡谊俱乐部(现在的天津干部俱乐部)并入马会。使人们在赛马之余有了一个休息娱乐的去处。改建后的乡谊俱乐部拥有室内舞厅、室内游泳池、保龄球场,此外还设有餐厅、茶厅、剧场、弹子球房、露天舞池等多功能设施,成为京津中外人士聚会休闲的高级娱乐场所。

图 8　赛马场主看台

(三)社会发展层面

1. 成立商会,促进贸易发展

近代天津的发展首要的是来自内外贸易,而海关在这方面发挥了很大的作用。1861 年天津开埠不久设立了津海关。1867 年,刚到中国不过两年的德璀琳来到天津任津海关三等帮办,两年后升任二等帮办。1870 年初,他因调任淡水台北海关代理税务司离开天津。1877 年 9 月,德璀琳再次来到天津,任职津海关税务司。从此,他把家安在天津,也把根扎在了这里。

在促进贸易方面,德璀琳一直是不遗余力。据同时代的来华外国侨民回忆,"作为一个海关税务司,德璀琳先生以其广博的见解以及对死板规章的轻视,在促进这个口岸日益扩大的贸易方面做了很多工作。……在旧的规章不适用新的情况时,他就不顾这些规章了。在我们的商人以自由的精神开辟新的商业领域时,他满足了他们。他一向把自己当作贸易的助手,而不是贸易的控制者。"在他任内,不仅津海关的进出口量大幅增长,而且以保护商人利益、促进贸易发展为目的的天津商会也于 1887 年成立。直到第一次世界大战前,它是代表天津外国商人利益的唯一团体。创办时,它有个 16 洋行或银行会员,其中 7 个英国洋行、4 个德国洋行,其他分别是俄国 3 个洋行,法国和美国各 1 个洋行。在 1904 年以前,只有大清银行一个中国会员,以后也再没有中国会员加入。第一次世界大战分裂了在津的外国商人,英国人于 1915 年、美国人于 1916 年分别成立了自己的商会,于是天津商会改名为天津洋商总会。商会组织在保护和促进侨民贸易、协助处理地方问题方面发挥了一定的作用。

2. 创办教育,昙花一现

19 世纪八十年代,处在"北洋新政"漩涡中心的天津,顺理成章地充当了洋务运动的急先锋。对外通商、新兴实业、西方武备等皆渴求合格的"通译",另外"天文、地理、西国文武、水陆军制、大小工程"人才"实为当务之急"(德璀琳为创办博文书院前后情形及筹资事函山东胡臬台),博文书院在此形势下应运而生,当然津海关税务司德国人古斯塔夫·德璀琳为此积极奔走还有另外一心计,为他的靠山,北洋新政的旗手——北洋大臣、直隶总督李鸿章树碑立传、昭威扬名。德璀琳在"为创办博文书院前后情形及筹资事函山东胡臬台"中说"中堂住津二十余年,伟烈丰功震古烁今,一切悉照西法,尽心尽力,为国为民,将来该院人才辈出,蔚成中兴之业,庶我中堂之威望,永昭声名洋溢"云云。如此话语,也显露了德璀琳与李鸿章有着"深厚而持久的友谊"(《京津泰晤士报》语)。但是这座说花费巨大的现代化学校,从建成起从未有一名正式的毕业生走出博文书院的校门,甚至自从该校落成以后就一直空置达 6 年之久。再者,尽管博文书院在天津的近代教育史上昙花一现、了无成果。直到 1895 年在它的基础上孕育出近代中国第一所现代意义上的大学——天津北洋西学学堂。

当时天津海关道盛宣怀通过直隶总督王文绍,奏请清光绪皇帝设立新式学堂。光绪二十一年八月十四日(1895 年 10 月 2 日),光绪皇帝恩准成立天津北洋西学学堂,并由盛宣怀任首任督办,校址就在博文书院旧址。天津北洋西学学堂建校之初即全面引进西方教育模式,课程安排、教学内容、教科书、教学方法尽力模仿美国的哈佛、耶鲁名校,学堂分二等学堂、头等学堂。1896年,更名为北洋大学堂。几经演变直至成为今天的天津大学。

三、结论

关于李鸿章等洋务派所努力的“洋务运动”对早期中国现代化设施及其作用和影响,史学界已经作了大量研究并展开了热烈争论。但是,对于海关洋员的研究,近年来才开始的。通过以上以津海关洋员为例展开的简述我们可以得出以下几个结论。

第一,早期的中国现代化没有实现现代化的目标。由津海关洋员为代表的外籍在华人士怀着各自的目的,同洋务派官僚一起,在不同程度上都设置了一些早期现代化的设施,以强化清朝的统治。总体上讲,早期的中国现代化停留在“师夷长技”的事务性、技术性层面,很难形成现代化的革新机制。

第二,客观上促进了中国的现代化进程。德璀琳、汉南等津海关洋员带来了西方的生活方式和风俗习惯,并将这些新鲜事物传播到中国社会,促进了中国社会的现代化进程。除了自来水、下水道、电灯、电话、马车、汽车等物质文明,这些都对天津、上海这样的近代通商口岸的城市发展和社会演进产生了“极其广泛而复杂的影响”。19世纪末20世纪初,诸多“中国第一”纷纷在天津出现,诸如在近代邮政和铁路、新式教育和职业教育、市政机构和司法等领域引领风气之先,且成为北方乃至全国清末新政之示范。这不能不说是侨民和租界所带来的西方现代文明对中国的现代化所产生的影响,而且这种影响至今仍然留有印迹。

第三,洋员本质上是从西方的利益出发。德璀琳、汉南等津海关洋员等外部力量敦促清政府“改革”,自然是从维护和扩大本国在华利益,包括在华资本利益的立场出发。他们追求的最终目标,不是中国自身独立的早期现代化,而是适应或满足西方资本向中国扩张要求的早期现代化。对西方资本说来,早期现代化的每一进展,都是对西方资本开放障碍的又一次克服。西方商人迫切需要中国通过现代化以改善他们在中国的资本活动环境,包括商品输出和资本输出的环境。海河疏浚、铁路的修建,电话、电报的设立都是源于此原因。

第四,早期现代化从统治阶级来说,是为了维护清政府的统治。而李鸿章等人出于清廷统治阶级内部力量倡导的中国早期现代化事业的目的,不是全面推行资本主义,而是为了挽救和维护封建统治。因此,一系列现代化主张主要是对外界刺激的被动反应。

第五,其现代化活动缺乏纲领,一盘散沙,缺乏中央层面的宏观筹划。中国早期现代化的启动是靠一些得风气之先的地方督抚大员推动的,这就决定了改革的层次较低、效率不高。洋务运动的各项措施,除了京师同文馆是由总理衙门直接管辖外,其他如机器局、船政局、招商局等各局都是地方级的机构,由地方督抚大员承办,各自为政。德璀琳、汉南等津海关洋员鼓动的李鸿章虽然位高权重,但毕竟都是地方官吏。洋务有"北洋""南洋"之分,导致不能全国一盘棋,缺乏中央政府宏观的规划与统一协调。而且主持"北洋""南洋"的李鸿章和张之洞、左宗棠缺乏政治团结,其改革的效率可想而知。另外,由于缺乏中央政权的统一筹划,也无任何监督体制,造成从朝廷到地方的势力结成一气,互相推诿、腐败盛行。因此,出现了内部管理混乱、不管实效、挥霍浪费现象严重等。正如总理衙门奕䜣等人的评述:"人人有自强之心,亦人人为自强之言,而迄今并无自强之实",真可谓一语中的。

第六,近代中国海关主持的早期现代化事务一般都有成效,而洋务派官僚从事的洋务活动成功者甚少。除了技术设备、人才和经费较有保障,最根本的原因是海关较少受清政府的牵制和干扰,因此得以摆脱封建制度和管理方式的束缚,铲除派系山头界限,摒弃各自为政、职责不分、推诿冗滥等封建腐败落后的积习。实行先进的经营管理制度是海关现代化和其他洋务活动最大的区别,也是最值得洋务派效法的。早期现代化活动大都围绕"海关业务"周边展开,跟海关本身职能关联不紧密,海关大多的角色是"金主",为系列现代化活动买单。但是又跟早期现代化活动紧密相连,这跟"求富求强"的形势下,津海关洋员所拥有的西方社会背景优势有关。

第七,近代中国海关的现代化管理技术证明了其跨越时空、跨越意识形态领域的"价值性",这在几十年后的中国共产党接管旧海关时得到了充分肯定。

比如时任中央财经委员会主任的陈云指出:“在变革中应当采取稳重审慎的步骤,应当把旧海关内对新民主主义有用的东西,如组织技术、经验等接收过来”。周恩来也提出:对旧海关的制度,应当采取分析的态度,应分两方面来认识,一方面它是帝国主义在半殖民地的产物,另一方面又是资本主义的经济机构。对待旧海关不能像企业工厂那样的整套接收过来,如旧海关的人事待遇制度很不合理,应该改革。但在另一方面,有许多业务行政技术方面是有用的,如海关的统计就是比较可靠的,有些资料和业务经验也是比较有用的,应该接收过来并加以改造。

(洪卫国、魏巍,天津海关)

天津民信局始末*

仇润喜

一、诞生

关于民信局的诞生，早有论者认为，唐代长安、洛阳等繁华地区出现的"驿驴""脚力"，即是民间通信业的雏形。而《中华民国十年邮政事务总论》之《置邮溯源》称："民间所用之邮递方法与官立之驿站迥不相同。民间邮递之法，有明永乐以前似未尝有也。是时之前，所有驿递除供王室之用外，其组织及办法实未完备。是时积习，凡属缙绅之辈，宦游必携幕友，职备顾问，又兼案牍。伊等与各省往来函件甚多，民局之事业由是肇基焉。幕宾大都籍隶浙江绍兴，而宁波为绍兴之口岸，民局即滥觞于此。嗣后全国之私立信局咸以此处为中枢。"

对此"明永乐"说，赞成者不少，同时多年来又质疑不断。代表性的如王孟潇《清代之民信局》一文提出：第一，绍兴人士幕游四方，在轮船未通以前，其旅途多遵水陆驿路，绝少取道宁波海口，通信路线亦然，远溯明朝更无此种需要。第二，以通信量及需要言之，少数幕友在广大商民中比重极小，此辈函件虽多，决不能比于商业信件。第三，宁波人在各地信局虽占最大势力，但并非各地信局均发源于宁波人之经营。

* 本文曾发表于2023年10月27日《今晚报》，第20-21版。

晏星质疑:“据齐如山著《北平小掌故》内云:‘北方的信局子,据信局的本行人称,始自明朝。’这句话在北平也许是事实,但在明朝以前,汉、唐、宋各朝的政治经济中心皆不在北平,然则又怎见得明朝以前‘未尝有’民信局呢?”近几年,又有学者提出,民信局的出现,没有最早,只有更等。

笔者以为,民信局是个广义的概念,泛指包括驿驴、脚力、海客、信客、乡人、流人、车马客、乡关客、信局子、侨批(批局)、麻乡约等在内的各种民间通信组织。它是与官办官用、“置邮传命”的驿站并行的。其产生时间并不比驿站晚,只因无名无分,多为自生自灭。此类组织,随着社会发展、城乡经济活跃、人员流动频繁而发展至相当规模,开始以“信局”的名号出现,大约是明代的事。因此,说明永乐年间“民局之事业由是肇基”,显然欠妥。如果说彼时民信局“滥觞”全国,则大体不错。

二、开设与发展

从全国看,天津开设民信局的时间相对较晚,但发展较快。以专家们常常提到的清乾隆年间而论,天津大事多多:整治河道管理、疏浚河道、培筑河堤、捞挖运河、发展漕运,鼓励盐业生产、南粮北运,放弛海禁、推动与外地贸易,以及几次赈济灾民(水灾、蝗灾、地震)等,桩桩件件,无不产生通信需求。

另据记载,乾隆年间,在北京商业繁华区的前门外打磨厂一带,开设了广泰、福兴润、协兴昌、胡万昌等4家民信局。很快,它们便在天津设立分号。此后,聚兴号、义兴号等也陆续在天津设分号。经逐年发展,到同治年间,天津的民信局已发展到30多家,大多设在商贾云集的北门外、三岔河口等地带,有的同时在京、沪、冀、晋、江浙和东三省设有分号或联号。据《清代通史》记载,兴旺时,天津的民信局在直隶省内有分号50家、省外共有100家。光绪年间,因受近代邮政兴起的影响,天津的民信局有所减少,仍有巨兴杜记、协兴昌、福和、老福兴、福兴润、森昌盛、全泰盛、老亿大、义兴、亿成福、三义成、裕兴福、胡万昌、全昌仁、文茂、广茂、立成、益和、三盛、公益、天顺、三顺等20余家。

根据现有史料,天津最早开设的本土民信局是道光元年(1821)的巨兴杜记,设在北门外小洋货街。该信局由杜桂岩出资,与他人合股创办,杜为主要股东、经理。起初,只有几个人,后来发展至几十人,并在北京设有分号。它规定,凡是巨兴杜记店员一律签订雇佣合同,明确权利义务,以保证信誉和服务质量。为了招揽业务,服务力求周到。对熟悉的老主顾,寄信不用出门,中午或傍晚派人去取。派去的人大多态度和蔼,举止有礼。同时,对老主顾或大客户立有账簿,应收资费平时记账,逢年过节再结算收取。在市内,大多使用信差、脚力投寄信件。如路途遥远,也交轮船、铁路运递。通达地点有沧州、张家口、辛集、泊头、桑园、南宫、大营镇、郑家口、大名、获鹿等。

天津的民信局中规模最大的是全泰盛,为五家合一:裕兴福,宋康盅在城内只家胡同创办;森昌盛,陈之澄在估衣街万寿宫胡同创办;协兴昌,李估廷在估衣街万寿宫胡同创办;老福兴,鲍玉露在东门外三岔河口创办;全泰盛,陈芝祥在估衣街万寿宫胡同创办。五家中,裕兴福和森昌盛因经理先后到南方经营,委派朱学林代办;协兴昌和老福兴,则由于经理的先后病逝也将信局委托给朱学林。而陈芝祥身患重疾,临终前将全泰盛委托朱学林代办,只将执照留在陈之族人手中。合一后的全泰盛由朱学林一人综理,实力雄厚,在津门无与匹敌。另据《天津海关 1892—1901 年十年报告》,登记在册的全泰盛信局,递送地点有北京、保定、营口、烟台、上海;利用铁路(或轮船)运递,至北京 4 小时,保定 12 小时,营口、烟台 2 天,上海 3 天。另据杨耀增先生《天津的民信局》一文披露,清同治年间,天津全泰盛轮船信局在京、沪、浙、东三省设有分号,其服务堪称周到。如在镇江,店伙每天都等候最后一位主顾离去才停止营业。当时太古、怡和洋行以及招商局的轮船均为其带运邮件。在接运之轮船尚未靠岸抛锚时,店伙即先乘小驳船将轮船带运的信件接下来,在驳船上即进行分拣,驳船一抵岸边,便立即投送。

天津的民信局均为私商经营,或集资,或合股,资金比较雄厚,大都在外地设有分号。各信局之间亦有大体分工,每一信局专走一路或几路,投递地点遍及国内主要商埠城镇。近代邮政试办初期,自办局所很少,非通商口岸及内地信件则依靠民信局接力寄送。据《天津海关 1892—1901 年十年报告》,民信局借助轮船和铁路,能够将信件送达的地方有北京、保定、营口、烟台、上海、旅顺、济南、吴淞、通州、吉林、辛集、沧州、泊头、桑园、德州、郑家口、南宫、大营、临清、王庙、大名、道口、新乡、怀庆、祁州、张家口、归化、包头、获鹿、太谷、太原、榆次、山海关、锦州、新民、辽阳、宽城子、盛京、铁岭、海龙、周村等。其中,一些“轮船信局”,可以将信件递送至南方各省以至南洋群岛。

三、组织、经办业务与信资

天津的民信局,一般规模不大,不追求排场,每每就隘巷小街,设一铺面。铺面外高悬大字局名招牌,上书“××信局”或“××轮船信局”字样,下面再注明与之交换信件的信局地名、商船船名,以及经办业务。屋内家具简单,一般仅桌子一张、椅子几把。人员配置,根据业务量之大小,多者十余人、几十人,少者二三人。东家,有独资者,也有几人合股者。东家一般不自营业务,业务则雇店员为之。店员一般包括:司账、管柜,一般由一人兼任;收发信物,一至四人;送信,一至四人;批货、杂役、厨役各一人;脚夫二三人。民信局多为自东自伙的合股经营形式,店员亦系股东。每届年终,各按股值劳绩分取红利。

至于总号与分局的关系,民信局一般按年(或季)由分局向总号交款若干。有的年终总号与分局互相结账,各按应得红利分取;有的分局无利可获,而向总号具领全年开销;有的则将所有收人扫数解缴总号。此外,分局有权自设代理店。代理店受分局管辖,不直接与总号发生关系。随着交通日益发达,民信局寄递区域范围日渐拓展。其运作方式为两种:一种是专向内地发展,营业区域限于一两个省,或一两个地方。如三顺信局递送地点有:北京、张家口、归化、包头、获鹿、太谷、太原、榆次。一种是主要利用海轮,往来沿海各埠运送信件。如老福兴信局的递送区域为:北京、营口、烟台、上海、旅顺、济南等地。随着营业区域的拓展,当某家信局无力独自完成全部信件递送时,便开始寻求与友局联合作业,订立协定,年终结清账目。这也在某种程度上体现了信局之间的关系。

天津的民信局一般以寄送信件为主,兼营其他,先后开办以下业务。

信件类,包括书信、新闻纸、商业契约、有价证券、各项票据等。其中书信又分为普通信、挂号信、羽毛信、火烧信(快信)四类。挂号信,对信内装有钞票,或有价票据的信予以挂号,每件按值收取5%的保险费,并附给收条,遇有丢失按规定赔偿。羽毛信,即以鸡毛插在信封上或其四角,表示加急快递,由专人保管、专人投送,相应收费也较高。火烧信,以火烧其一角,表示必须迅速送到。

包裹业务,由发寄人于包面上书明内装物品、价值,如有遗失,民信局则按所报价值赔偿。唯其代寄之包裹,内装违禁物品、漏税物品、现金等,均不加限制。政府虽屡屡查禁罚办,不能禁。

汇兑业务,有的与当地邮局交换汇票,有的由收汇人与当地民信局直接交换现款。

代派报纸业务,天津报刊业创办时间较早,民信局多与报馆联系批发大宗日报、杂志带往各埠,令送信人随时发卖,报馆付给折扣酬金。

代邮局投送内地信件的业务,近代邮政诞生之初,通邮处所有限。邮局收寄内地等处之官民信件,发交民信局投送。民信局除向收件人收取寄往内地资费外,邮局还按照信件上所贴邮票数额之一半付费给民信局。

民信局收寄信件的资费分为“酒力”和“号金”两种。酒力,即普通信资。号金,类似于挂号费。寄送汇票或贵重物品时在信封上注明,由民信局开出收据。如遇丢失给予赔偿,为此所增收的资费称为“号金”。信资收取,由寄件人或收件人交付,或各付一半均可。通常是寄件人付“酒力”,收件人付“号金”。光绪年间,一封信件的资费直隶省内为制钱50文、省外100文,号金为保险价值的1%。民国初年,资费则为天津本埠铜币1枚、本省铜币5枚、外省铜币10枚,号金为普通信资的两倍。

收费形式大致可分7种。一是以件数计者:不得超过规定件数和里程,超过时另外加收信资。二是以距离计者。三是以重量计者,如包裹。四是以价值计者,如钞票、票据及现金。五是以距离和重量并计者,如贵重物品。六是以距离和价值并计者,如钞票、票据。七是以重量和价值并计者,如财宝及贵重物品等。

信资付给方法亦有不同。有由发信人先付全部者,有先付一半者,还有由收信人付给全部者。对老主顾则分3种形式:一是按年终、三节、四季或每月月底结账付款,议定折扣;二是不论信件多少,议订每年、每节、每月付给若干款项,不打折扣;三是议订折扣,交信付款,绝不记账。

四、没落

客观地说,民信局在中国通信史上发挥过重要作用,占有重要位置。在驿站只传递公牍不理民信的背景下,它部分满足了商民对通信的需求,功不可没。即便在大清邮政开办以后相当长的一段时间内,它既是邮政的一种必要补充,又是邮政在发展业务、做好服务方面的"先生"。因此,从海关试办邮政伊始直至大清邮政官局成立初期,邮政采取的基本上是与民信局合作的态度。如1880年1月,德璀琳发布《海关拨驷达局告白》明确,"将各信馆俱归海关税务司自行经理",在"专送北京、天津、牛庄、烟台、上海、镇江等口岸来往信件"的同时,将"内地等处信件""代寄至各口岸转交妥实信局"。1896年《总理衙门遵议办理邮政折》中,明确民信局"仍旧开设,不夺小民之利";所附《邮政开办章程》并列出"专款"3条,利用、合作、以致收编的意图明显。然民信局并不认同,两家"摩擦"不断。以1899年12月总邮政司署发布《大清邮政民局章程》为标志,邮政与民信局的关系发生重大转变,即由合作伙伴,逐步过渡到竞争对手。

大清邮政在吸取民信局的经验、发展自己的同时,行使政府职能,对其限制、挤压:通过在邮政官局登记、颁发经营执照等政策来约束、规范其邮寄活动;通过与轮船、铁路等部门订立协议,垄断运送邮件的权力;通过与电报部门的合作,加快自身发展;围绕资费调整,双方"短兵相接",较量多年。在此过程中,面对邮政官局的咄咄逼人,民信局墨守成规、不思改变,致其市场逐步萎缩。此消彼长,从清末到民初,代表先进生产力的邮政已长成参天大树,民信局则成强弩之末。到20世纪二三十年代,在民国政府三令五申下,民信局终被取缔。

全国如此,天津的民信局自不例外。1897年2月天津大清邮政局挂牌后,按照《邮政开办章程》关于"赴官局报明领单"的规定,天津陆续登记挂号的民信局有老福兴、全泰盛、协兴昌、森昌盛、福兴润、三盛等,文报局1处;未登记挂号的有裕兴福、立成、公义成、刘公义、天顺、三顺、福和等7家。大清邮政有关民信局的各项规定,民信局不得不执行,但也时不时地与邮政局"过招",但收效甚微。

1899年12月《大清邮政民局章程》颁布后，邮政与民信局之间大的纷争没有，但小的摩擦不断。典型的例子如利用该章程存在的缺陷发难，至大清邮政"办理尤属棘手"。1907年，据天津"邮政司申称，政府规定所有民局均必赴官局挂号一节，按理而论，如此办理，民局如不挂号即不能再行营业。然按民邮挂号章程，凡民局一经挂号，所有邮件均应交由官局附寄，如查不照办，始则罚办，终将挂号执照撤销。但执照撤销之后，反与向未挂号者无殊，则官局仍无如彼何也……办理之难可知矣"。

至1908年，天津邮界的财务收支实现扭亏为盈，与民信局的竞争已然稳操胜券。1909年，在天津文报局关闭的同时，15家挂号民信局仅有3家经营少许业务。1910年，天津的民信局所发信件，由上年的10.8万件减至6万件。1912年，天津邮政查获7家民信局往北京私带邮件111件，每件加罚3倍邮资的同时，对第一次违章的老福兴罚银10两，第二次违章的巨兴杜记、义兴杜记各罚银25两，第三次违章的三盛、福兴润、立成各罚银50两，追回执照，"照章不准其再开民局"，给民信局以狠狠一击。

自晚清特别是民国以后，天津的民信局惨淡经营，勉力维持。尤其是随着时间的推移，民众对邮政有了较深入的了解，邮政在民众中已经扎根。少数坚持使用民局的客户，也开始觉得民局信件反正亦由官局运送，而且邮政对远途信件邮费低廉，民局无力竞争，因而也陆续转向，导致民信局的业务一落千丈。

1928年。全国交通会议决"所有各处民信局应于民国十九年内一律取消"。由于各地民信局联名吁请，方得暂行继续营业，但经营每况愈下。据记载，1929年天津7家挂号民信局，平均每日收发信函最多的巨兴杜记160件、胡万昌100件、三义成60件，最少的协兴昌仅为10件。

1934年2月，国民政府行政院通过取缔民信局案，规定各民信局应于1934年年底停止营业，自1935年1月7日起，邮局对民局寄发的信件一律扣留，并经行政院通令各省市军政机关协助取缔。据统计，1934年3月天津挂号民信局仍为巨兴杜记、胡万昌、义兴、三义成、福和、协兴昌、老福兴等7家，但经营已然难以为继：巨兴杜记，日均120件，邮费3.50元；胡万昌，日均70件，邮费2.00元；三义成，日均30件，邮费1.10元；福和，日均15件，邮费0.50元；义兴，日均110件，邮费2.80元；老福兴，日均50件，邮费1.50元。

1934 年 10 月 22 日,河北邮区邮务长科登向交通部邮政总局局长呈报:“现时该民信局 7 家,均已表示准备停业……职局业经派员与河北省政府、天津市政府、河北省会公安局及海关监督公署等处,慎密商恰协助取缔办法……自明年 1 月 1 日起,一律取缔”。就此,1935 年 1 月 1 日起,7 家民信局全部停业。其中“义兴”在北京设有分号一处,经北京邮政、公安催促,于 1935 年 1 月初停办。接着,邮政向各民局索回执照,其中老福兴、巨兴杜记、胡万昌 3 家均催回,其余 4 家即协兴昌、三义成、福和、义兴均停业,人去“局”空,无法追回。

至此,天津的民信局宣告结束。

(仇润喜,天津市邮政局)

杨柳青崇文书院初考*

刘宗江

杨柳青古称柳口，旧属武清、静海两县。清雍正九年(1731)，设天津府并置天津县，杨柳青从此为天津管辖。其地为天津西一大重镇，物阜人丰，历来是南来北往的河运和驿传孔道，《天津政俗沿革记》卷一《舆地》中，乡镇一则有如下记载：“杨柳青地方繁富，几与从前城治相埒，比之近时城治，则尚远也，然亦县治中之大镇也。其地业田者，多近代作新疆商业，别辟生殖之地。科举未废时，杨柳青在文昌阁设崇文书院，成就人材，其文艺见称于时，尤为乡镇中所罕见者。”①杨柳青崇文书院历史记载不多，关于其成立时间与由何人组建也少有记述。公知的唯有，《西青文史资料》里的星稀记载，参见白延年《崇文书院小史》文首：“为了培养读书士子，清光绪四年(1878年)杨柳青绅士刘光先、石元俊、石作桢、周爱莲、王文彬、戴冠庆、朱宝光、王大为等八人在文昌阁内创建了崇文书院。”②历史果真如此吗，下面是笔者目及的一些历史资料。

一、文昌阁碑记及其作者

谈到崇文书院，必谈文昌阁。历史上最真实记述杨柳青文昌阁沿革的文

---

* 本文曾发表于《天津史志》2023年第5期。

① 天津市地方志编修委员会《天津通志·旧志点校卷·下册》，南开大学出版社，2001，第10页。

② 中国人民政治协商会议天津市西郊区委员会文史资料工作委员会：《津西文史资料选编》(第三册)，1989，第190页。

章,收录在《西青文史》第六册中,是由谢玉明先生撰写的《清代〈重修文昌阁碑记〉小考》,其碑文内容如下:

重修文昌阁碑记

咸丰十年秋九月高景先仰山撰。

文昌阁建自前明,载在县志。阁应建在河北柳口东,与三官庙相隔数武,嗣以河势北流恐坍入河内,康熙四十八年,梁公沛龙与同乡士庶主议,遂改建斯壤。又恐遗址无存,即于三官庙上建一奎星小阁,迄今犹存焉。自改建以来修葺非一,或十年、或七八年、或五六年、或四三年,虽屡经岁修而年月无考,弗敢详记。至道光二十八年戊申,因阁被风雨凋残,同人不忍坐视,请出阖镇士商合力捐资重修。阁之底座、巅顶、牖户、栏楹、梁柱、檐牙、月台与虔朔神像外,又新建东西配房六楹,大门楼一座,院落砥平,墉垣铜固,规模整饬,焕然可观。讵意咸丰三年十月初八被逆匪用火焚烧,当幸大兵云集将贼杀薨,而斯阁俨成巨炉,无可扑灭。至咸丰十年庚申二月,同人敬起惜字社咸集于此,怅望空阁不胜欷歔,既而群相叹曰:此吾侪讲学之地也,此吾乡向善之区也,而顾若是之倾圮耶!同人数辈遂邀出厚重老成者数人,先求富者捐资,贫者亦量力捐资于焉。庀材鸠工,择吉兴作。畚揭如云,斧斤雷动,董事者不置余力,出资者亦无懈心,及其成也。凡高三层,窗仍六面,下奉朱衣,中奉文昌,上奉奎星。玲珑明洞,丹雘增新。结构均停,轮奂更美,而记事因之雯,观瞻因之肃。自兹以往,犹望后之君子念创造之维艰,思捐资之不易,务期岁岁修除,永远勿替,文风丕振,而圣教弥尊矣,是为志。①

如上碑文所记,在咸丰十年(1860)二月,士绅同人在文昌阁敬起惜字社。"敬惜字纸"乃中国传统社会长期流传的文化习俗,系指对载有文字纸张的敬重与爱惜,并相信因此会获得某种善报。惜字会又称惜字社、敬字社、惜字局或

① 天津市西青区政协文史资料研究委员会编《西青文史》(第六册),1993,第146-147页。

字纸会等,是地方社会敬惜字纸的专门机构,主要由以士绅为代表的民间人士组建。杨柳青众绅士慨叹早年被损毁的文昌阁,斯是全镇讲学之地,也是向善之区,于是发起兴建文昌阁。当年九月建成,成为杨柳青十景之一"崇阁濛雨",为文人墨客所流连,每逢二月初三文昌帝君诞辰,春秋丁祭,重阳节食糕登高,地方社会名流,文人墨客,都要团聚在这里,以资望身份大小,先后拈香跪拜,再后谈诗论文,饮宴揖别,煞是热闹。嗣后,光绪四年(1878),石元俊等士绅八人在此兴建崇文书院。

碑记作者高景先系杨柳青名士大儒高善观的父亲,一说高善观为崇文书院山长,就目及资料未查出。高善观,道光二十四年(1844)甲辰恩科顺天乡试中式举人。据《道光甲辰恩科直省同年录》载:"高善观,字止于,号镜汀,生于道光癸未十月二十一日,天津府天津县廪生民籍,曾祖克三,字兰溪,乾隆辛卯举人,陕西保安县知县,祖作宾,字弼廷,父景先,字仰山,廪生,候选直隶州州判,娶郭氏,子金台、金鳌。"

高景先资料不多,清人梅成栋纂《津门诗钞》中有署名高景先诗《春草》一首,作者无考。记述如下:

> 烧残野火不须怜,二月江南碧似烟。万里情根初簏簌,六朝旧梦又缠绵。花飘红雨悲今日,人对青袍感昔年。我为春来愁易长,那堪踏遍大堤边。①

二、崇文书院创立者八人简介

前文谈及杨柳青绅士八人,刘光先、石元俊、石作祯、周爱莲、王文彬、戴冠庆、朱宝光、王大为等八人在文昌阁内创建了崇文书院。有资料记载发起人确是石元俊。参见1947年1月19日《大公报》,刊"善士石次卿先生(三)"一文,由王斗瞻记述。

---

① 梅成栋纂,卞僧慧、濮文起校点《津门诗钞》(中),天津古籍出版社,1993,第497页。

> 先生(石元士)家世素封,为善最崇,少成天性,异乎常人。当胜衣就傅,孳孳向学。稍长,攻举业,下笔斐然;顾文章憎命,屡困试场,知交惋惜,先生独不介意,谓学问贵求根底,非恃以戈取功名;益敦孝友,重气节。伯兄筑严(石元俊)以名孝廉,观政工曹。慷慨好义,创崇文书院,课镇之英秀,厥后科第蝉嫣,搢绅相望,论者多归功于石氏。先生与弟蓬仙(石元杰),恒师事伯氏,怡怡一堂,友爱倍至。伯氏卒而无子,两弟请于太翁镇南(石宝珩)公,以从兄纶阁(石元勋)少子嗣焉。①

崇文书院发起人石元俊与石作桢的大致履历见之于晚清石作棫朱卷。石元俊是石作棫的嫡堂叔。石作桢是石作棫的胞兄。

石作棫,光绪五年(1879)中己卯科举人,乡试中式第二百一十九名,历官河南省永宁、项城、宁陵等县知县。

石作棫朱卷载:石作棫,字稺林,一字采三,号宾周,道光庚戌年(1850)三月初七吉时生,直隶天津府天津县监生民籍。

石元俊,字筑岩,郡庠生,咸丰戊午科(1858)挑取国史馆誉录,差满议叙知县,辛酉科(1861)举人,同治壬戌科(1862)会试房荐任工部郎中、营膳司行走,钦加道衔,覃恩诰授奉政大夫,晋封中宪大夫,著有《望杏轩诗文集》。

石作桢,号蕴轩,候选知府河工保举分发江苏前先补用,后署扬州府知府,赏戴花翎,三品衔。②

崇文书院另一主要发起人刘光先,家谱载,字继堂,清监生,候选州同知加二级,诰授奉直大夫,诰赠资政大夫,生于嘉庆二十四年(1819)己卯八月初十日,卒于光绪二十三年(1897)丁酉八月初二日,享年七十九岁。为翰林刘学谦之祖父。

石元俊与刘光先为世交,又有姻亲。查刘学谦与石元俊堂侄石作棫的朱卷可以发现,他们两人的高祖母为亲姐妹,同为杨柳青另一望族高氏之女。即庠

① 《天津人物志》,天津《大公报》1947 年 1 月 19 日。

② 来新夏主编《清代科举人物家传资料汇编》第 98 册,学苑出版社,2006,第 275 页。

生讳煜公女。又是高善观的太姑祖母。高煜,字暎藜,庠生,诰赠文林郎。

王文彬,见之于杨柳青举人王炳奎的朱卷。王炳奎,光绪八年(1882)壬午科举人,五品衔封典。卒年不详。

王炳奎,字星垣,号曜章,一号策六,生于咸丰壬子年(1852)八月二十六日,系天津府天津县县学增广生,民籍。

王炳奎之父,王文彬,字雅亭,附贡生,候选国子监典籍,敕授登仕郎。①

朱宝光,杨柳青人,武庠生,守备所千总,诰授昭武都尉,(翰林刘学谦从堂叔伯刘恩藻之岳父)。

崇文书院其余三名创建者,绅士周爱莲、戴冠庆、王大为,资料不详。

三、崇文书院始建时间

崇文书院始建时间,一般资料定为光绪四年(1878)。又有资料谈及崇文书院初建时,得到了时任县令王炳燮的支持,笔者目及资料未见。

王炳燮(1822—1879),又名炳,后改名炳燮,字绸斋,号璞臣。室名暗然居,毋自欺室。安徽徽州婺源(今属江西)思口漳村人,近代文学家。幼随父客吴门,未冠以古学入元和县(今苏州)邑庠生。咸丰初,太平军陷苏州,曾集乡兵图恢复,后见事不可为,乃隐居胥山。同治甲子(1864)戊午科乡试中式六十二名举人。光绪丙子(1876)会试中式一百二十七名进士。殿试二甲,朝考二等,钦点知县,历任直隶、邯郸知县,署理天津县,即补直隶州特用知府加三级,后卒于任。附祀天津名宦祠。事载《婺源县志·学林传》《苏州民国艺文志》,著有《毋自欺室文集》。

清人张焘撰《津门杂记》中,其乡甲局一则,又有如下记载。

> 天津民风好斗,趋向不端。光绪戊寅岁吴中王朴臣明府炳燮宰是邑,敬刊《圣谕广训直解》,《圣谕广训十六条附律例易解》。又参考成法,修订《乡甲约》一书,约规二十则。在庵观祠宇设局宣讲,扶持正教,以期潜移

---

① 《顺天乡试同年齿录·光绪壬午科》,哈佛大学燕京图书馆藏。

默化,使人心风俗一归于正。法良意美,颇得为治之要也。嗣因相沿日久,绅董习为故事,讲生奉若具文。复蒙督宪出示晓渝,饬令认真整顿。照常办理。务使阖津军民诸色人等,恭听宣讲,身体力行,改过迁善焉。宪示照录。①

光绪四年(1878),王炳燮时任天津县令,在庵观祠宇设局宣讲推行《圣谕广训》。其内容皆孝亲敬长,讲信修睦,重农务本,惜财节用,戒讼息争之要道。

再有顾廷龙、戴逸主编辑的《李鸿章全集》奏议里有一则,由天津府绅士四品衔吏部主事李世珍等联名呈称的《刘秉琳王炳燮拊祀曾国藩专祠片》中记述“原任天津县知县王炳燮,讲求理学,文教聿兴。崇俭黜奢,风俗立变。救荒挑河,诸政必躬必亲。举办乡甲,禁暴锄奸,劝善规过,津邑强悍之风为之敛戢。采访节孝,建立善堂,凡有义举,不辞劳瘁。……”②由此推断崇文书院初建时,得到王炳燮支持是非常可能的。

顾廷龙、戴逸主编的《李鸿章全集》奏议里还有一则,同样引起了笔者的注意,摘录如下:

石吴氏请旌表片,(光绪四年八月十八日),又,据代理天津县知县宋渊泾详称,该县烈妇石吴氏,存年四十九岁,系候选州同吴玉昆之女、工部候补郎中举人石元俊之妻,事翁姑以孝,相夫以礼,宗族称贤。今春石元俊病笃,该氏昼夜侍疾,焚香告天,愿以身代。嗣石元俊病故,该氏痛不欲生,旋绝饮食,于五月初八日殉夫而殁。据绅士翰林院编修华金寿等呈县取具事实册结,详请转奏等情。石吴氏以身殉夫,义烈凛然,足为乡间矜式。应请旨敕部准其旌表,以维风化。除册结咨部外,理合附片具陈,伏乞圣鉴训示。谨奏。(光绪四年八月二十一日),军机大臣奉旨:石吴氏著准其旌表。该部知道。钦此。③

① 张焘:《津门杂记》,天津古籍出版社,1986,第 41 页。

② 顾廷龙、戴逸主编《李鸿章全集》奏议十,安徽教育出版社,2008,第 242 页。

③ 顾廷龙、戴逸主编《李鸿章全集》奏议八,安徽教育出版社,2008,第 163 页。

由此奏折告诉我们一些信息,石元俊在光绪四年(1878)五月间病故,其妻吴氏殉夫,并得到朝廷旌表。又有前文王斗瞻记述石元士一文,石元俊肯定是崇文书院首创者,可以推断崇文书院成立时间于光绪四年(1878)五月石元俊病逝之前,或者更早一些。

四、历史资料里的崇文书院

崇文书院成立以后,规模大小,经费来源,历史也留有痕迹。

张江裁,字次溪,广东东莞人。张氏喜研地方掌故,其客寓天津之时,游杨柳青后,以数日之力而成《杨柳青小志》一卷,列目为疆域、河流、产业、民气、风俗、神庙、诗征等七部分。该志虽然文字较为简略,但侧重风土,对杨柳青的繁盛和秀丽风光多有点染,颇有可观之处。他对文昌阁以及崇文书院留有文墨。有几则摘录如下。[①]

在"疆域篇"中这样写道:"村之东南隅有所谓'文昌阁'者,阁三层,最上一层悬一铜钟之铸字为'雍正初年武清县'。"

在"民气"一章又有如下记述:"其乡科名亦盛闻,有杜子丹太史彤,曾放学差,与赵幼梅师同为尹澄甫孝廉弟子;又刘益斋太史名学谦,曾放试差,与严范老及幼师友善;又郑大令联鹏,为幼师弟子,曾在新疆任县知事多年。"

其中"神庙"一篇谈到了规模大小,经费来源:"文昌阁,在卫河南岸。其神为奎星,旧以为文化科名之主。设书院,月课以文生童数十人,延山长甲乙之,其膏火奖金出于斗厘,与三义塾合办。"这里的斗厘即杨柳青官斗局,此外也未谈及书院山长是谁。

1941年,由杨柳青镇镇公所编《天津县第三区杨柳青镇概况书》书中"学校沿革"一节中也有一些崇文书院的记录,附录如下:

> 清季科举时代,各府县均有书院之设,本镇亦设有崇文书院,文风赖以

---

① 天津市地方志编修委员会《天津通志·旧志点校卷·下册》,南开大学出版社,2001,第679-682页。

兴起,于是有刘学谦、杜彤之得入词林,其举贡生监,尤为众多,该书院地址,即设于文昌阁内,彼时课制,分生童两场,每月订期举行月课两次,优者给以膏火,一切费用,均出自地方官斗厘局入款项下,洎科举废,学校兴,虽有镇绅石元士、刘文蔚、刘恩波、王兆泰等以办理书院之款改设崇文小学,校址即附于官斗局内,(即今之镇公所)。①

上文中,刘文蔚,字霞轩,号镜澄,咸丰癸丑年(1853)二月十四日生,卒年不详,直隶天津府天津县增广生民籍。光绪元年(1875)乙亥恩科举人,乡试中式第三百十八名。曾官广西永福县知县、署灵川县知县,改甘肃伏羌县知事。刘氏为本镇大粮商庆源号家族。

刘恩波,字雨溪,清附贡生,候选训导,敕授修职郎,翰林刘学谦之族叔。

王兆泰,光绪十五年(1889)己丑科举人,候选教谕。觉罗官学汉教习,翰林刘学谦从堂弟刘学范之岳父。

崇文书院从成立至庚子之乱结束,不过二十多年,其晚期的一些情况,在杨柳青士绅柳溪子编撰的《津西毖记》里有所记录。书中主要记述作者所在之保甲局,于庚子光绪二十六年(1900)、辛丑光绪二十七年(1901)、壬寅光绪二十八年(1902)三年中所接办接济官兵、支应洋兵、调和民教关系,以及赈济困贫等事。从中可窥见八国联军于所侵占地区勾结豪绅之情况,有一定的史料价值。

在书末"撮录子丑二年事宜呈请宪鉴节略"一章,记述如下:

绥靖地面:杨柳青向有官斗局抽取斗用,办理义学、义冢、书院各善举。嗣派举办保甲,复设有保甲局,统由花翎捐职道员石元士,四品封职候选训导岁贡生刘恩晋,教习期满候选知县举人刘文蔚,五品衔举人王炳奎,五品封职候选训导附贡生刘恩波,教习期满候选教谕举人王兆泰,候选奎文阁典籍周锦树,候选州同孝廉方正石作瑗经理。②

---

① 杨柳青镇镇公所编《天津县第三区杨柳青镇概况书》,1941,第24-25页。

② 中国史学会主编《义和团》(二),上海人民出版社,第134页。

此外,在“培养人才”一则里,对崇文书院庚子后期运行有所记述:“杨柳青书院.向由文昌阁课试,现有洋分司员傅驻扎,暂行停课。又典当房间立学堂,延请通晓英文安骏元为教习,选聪慧子弟,肄习洋文洋语,仍另从师课,以四子五经按季考验,分别给奖,以资鼓励,束修经费,均由官斗局筹办。”

又“补录”一则,“二十八年,安教习另就事,法司员傅,筹助学堂经费五百洋元,延请通晓法文徐君克振为教习。二十九年,有延请华文生员齐君鼎恒、王君恩霖为教习,午前讲经史古文,并字学、算学与地学。午后肄习法文法语,尚拟扩充。”①

庚子后的崇文书院,相继建立英文、法文学校,这在当时是非常开明的,虽然时间不长,但也为西学的传播在杨柳青小镇开了先河,使学子开阔了眼界,而不是只攻八股文,也正由于此,使部分学子走向更大更远的世界。

文昌阁楼高三层,一层原奉朱衣神,后改供至圣先师孔夫子;二层供文昌帝君;三层供主宰文笔兴衰之神魁星。魁星是一个青面獠牙、虎目圆睁、单腿站立于鳌头、左手持墨斗、右手握朱笔的神。因文昌阁地处镇南,所以主尊坐南朝北,民间有所谓魁星点状元的传说。魁星的朱笔正指向镇里。说来也巧,自从建了文昌阁,果真文风丕振,相继出了刘学谦、杜彤两位翰林和十来个举人。正如清代天津著名诗人华鼎元,在其《津门征献诗》里有一首诗,为名为《魁星楼》:“面貌狰狞众目瞻,朱衣点首喜相兼。若论文字无高下,赫耀功名问笔尖。”②

斯人已去,鸿爪留痕,文昌阁依旧屹立在运河南岸,为世人瞻仰流连,崇文书院是古镇人民的骄傲,笔者发此一文,意欲抛砖引玉,希望更多的读者关注,也期待更多学者挖掘更多的资料,以纪念那些逝去的乡贤。

(刘宗江,天津中轻机械有限公司)

---

① 中国史学会主编《义和团》(二),第 138 页。

② 华鼎元辑,张仲点校《梓里联珠集》,天津古籍出版社,1986,第 174 页。

浅析晚清时期基督教会学校对天津传统教育和近代教育的影响[*]

涂小元

基督教主要分为三大教派，即天主教、东正教和新教。汉语中的"基督教"特指新教（俗称"耶稣教"），创立于1517年德国马丁·路德（Martin Luther）发起的宗教改革。本文所涉及的"基督教"即指"新教"。

清嘉庆十二年（1807），英国基督教伦敦会派遣罗伯特·马礼逊（Robert Morrison）牧师到达中国广州。[②] 马礼逊是笔者所见史料中记载最早来华的基督教传教士。他的到来，标志着基督教传教士正式进入中国。

由于清廷继续实行康熙年间颁布的"禁教令"，[③]马礼逊无法传教，被迫离开中国。此后，虽仍有基督教传教士来到中国，但囿于"禁教令"的束缚，依然无法传教。

咸丰八年四月十四日（1858年5月26日），英法联军进入天津，清政府被迫与俄、美、英、法四国分别在天津的海光寺签订《天津条约》。在中美《天津条约》第十二款中规定："大合众国在通商各港口贸易，或久居，或暂住，均准其租赁民房，或租地自行建楼，并设立医馆、礼拜堂及殡葬之处。"[④]在中英《天津条

---

[*] 本文曾发表于天津博物馆、天津文博院编《天津博物馆论丛. 2022》。

② 容闳：《西学东渐记》，湖南人民出版社，1981，第7页。

③ "禁教令"的具体内容请见马嘎尔尼著，刘复译：《康熙与罗马使节关系文书·乾隆英使觐见记》，台湾学生书局，1973，第70-71页。

④ 王铁崖编《中外旧约章汇编》第一册，三联书店，1957，第91页。

约》第八款中规定:“耶稣圣教暨天主教原系为善之道,待人如己。自后凡有传授习学者,一体保护,其安分无过,中国官毫不得刻待禁阻。”①之后,基督教会凭借这些不平等条约大肆进入中国。

为便于传教,基督教传教士进入中国后主要从事两项事业,即盖教堂和办学校。为“培植英杰”,使之“上达朝廷,下达草野,”②基督教传教士们在各个通商口岸兴办了众多的教会学校。这些教会学校,主观上是为了培养一批能够更好地传播基督“福音”的中国籍传教士,是一种文化侵略行径;但客观上,由于这些教会学校将西方国家的教学理念和教学内容传入中国,对中国的传统教育和近代教育亦产生了一定的影响。

由于时间跨度百年、通商口岸众多,限于篇幅,笔者仅以晚清时期的天津为研究对象。为此,拟从天津的传统教育简述、天津的近代教育梗概、天津的基督教会学校概述、基督教会学校对天津传统教育和近代教育的影响等四个方面加以研究。如有不当之处,敬请方家指正。

一、天津的传统教育简述

所谓“传统教育”,其内涵以儒学教育与举业教育为主。

自明永乐二年(1404)设立天津卫以来,天津一直是一座军事重镇。随着人口的不断增长,教育成为迫在眉睫的紧迫问题。正统元年(1436),明王朝谕令:全国凡设“卫”的地方都要设卫学。同年,“天津卫学”在今文庙之府庙成立,教学内容为礼、射、书、数四科。“卫学”是儒学的一种,称为“文学”。这是天津市内最早的学校。

万历二十年(1592),为使盐商灶籍子弟就学,长芦巡盐御史黄卷设“长芦运学”。“运学”的教学内容与“卫学”相同。

随着天津屯田事业的发展,天启元年(1621),主管京畿地区屯田事宜的御

---

① 王铁崖编《中外旧约章汇编》第一册,第97页。

② 李楚材辑《帝国主义侵华教育史料资料——教会学校》,教育科学出版社,1987,第39页。

史左光斗在天津成立了“屯学”,专为解决屯农子弟的教育问题。“屯学”以读经、应策为教学内容。

清雍正三年(1725),清廷将天津卫改为地方行政建置——天津州和天津直隶州,“卫学”改为“州学”。雍正九年(1731),清廷又将天津直隶州升为天津府(附郭置天津县),“州学”改为“府学”。雍正十二年(1734),又增建“天津县学”,设于今文庙之县庙。

随着经济的发展,为了满足读书士子考取功名的需要,天津还陆续成立了一些书院,如成立于康熙五十八年(1719)的“三取书院”、成立于乾隆十七年(1752)的“问津书院”、成立于道光七年(1827)的“辅仁书院”,等等。为普及教育,还在天津设有“五经馆”“义学”和“私塾”。

可以说,近代以前的天津传统教育与全国其他地区基本一样,均以儒学教育与举业教育为主。

二、天津的近代教育梗概

所谓“近代教育”,主要具备如下特征:建立完整的小学、中学等基础教育体系;有目的、有步骤地将近代自然科学转化为课程形态;重视教育立法,以法治教。本文所述“天津的近代教育”时间为清咸丰十年十二月初十(1861 年 1 月 20 日)至宣统三年八月十八日(1911 年 10 月 9 日)。按照时间前后顺序,将天津的近代教育分为“洋务运动”时期和“北洋新政”时期。

(一)洋务运动时期的天津近代教育

洋务运动时期[①],为求“自强”,李鸿章、盛宣怀、袁世凯等人于天津创办了北洋电报学堂、北洋水师学堂、北洋武备学堂、北洋水雷电气学堂、北洋管轮学堂、北洋医学堂、北洋中西学堂(后更名为“北洋大学堂”)、新建陆军行营兵官学堂等洋务学堂,在全国曾起到过示范作用。

---

① 洋务运动时期为咸丰十年十二月初十(1861 年 1 月 20 日)总理各国事务衙门的成立至光绪二十七年六月初八(1901 年 7 月 23 日)总理各国事务衙门改为外务部止。具体内容请见夏东元:《洋务运动史》,华东师范大学出版社,1992,第 28 页、第 486-487 页。

洋务运动时期的天津近代教育主要呈现五个特点。第一，以军事学堂为主，性质比较单一；第二，因受传统文化以及科举制依然存在的影响，本地学子们仍然重视儒学教育与举业教育，这些洋务教育并不被社会所认可；第三，不重视小学、中学等基础教育；第四，办学形式只有官立一种，不重视、不鼓励民间办学；第五，漠视女子教育。

（二）北洋新政时期的天津近代教育

光绪二十六年十二月初十（1901 年 1 月 29 日），逃至西安的慈禧太后以光绪帝的名义颁布"变法上谕"，实行自上而下的改革。① "清末新政"正式开始。

光绪二十八年七月十二日（1902 年 8 月 15 日），直隶总督兼北洋大臣袁世凯代表清廷从"八国联军"成立的"都统衙门"手中收回对天津华界的管辖权之后，天津正式实施"新政"。因天津地处"北洋"地区②，所以天津的"清末新政"时期又称"北洋新政"时期。

为满足政治、经济、军事等方面对人才的需要，袁世凯实行了一系列教育方面的改革。改革主要四，一是建立教育行政机构，以适应近代教育的发展；二是多方筹措教育经费，广开办学资金；三是重视人才的培养和使用，调动了天津一批热心教育的仁人志士；四是开始重视女子教育。

经过袁世凯及其继任者杨士骧、那桐、端方、陈夔龙等人的努力，天津的近代教育蒸蒸日上。据不完全统计，至宣统三年八月十八日（1911 年 10 月 9 日），天津共建立了 147 所学堂，包括高等学堂、武备学堂、宪兵学堂、陆军小学堂、军医学堂、巡警学堂、陆军测绘学堂、电报学堂、电讯学堂、幕僚学堂、吏胥学堂、中学堂、小学堂、女子学堂、女子小学堂、女子师范学堂、女医学堂、师范学堂、法政学堂、工艺学堂、工业学堂、农业学堂、医学堂、商业学堂、艺徒学堂、客籍学堂、图算学堂、半日学堂、夜校学堂等类型。③ 数量之多、分类之广，领全国一时之先河。

---

① "变法上谕"全文请见朱寿朋编《光绪朝东华录》第四册，中华书局，1958，第 4602 页。

② "北洋"地区包括山东、直隶（今河北省）和奉天（今辽宁省），归北洋大臣管辖。

③ 统计数字请见张大民主编《天津近代教育史》，天津人民出版社，1993，第 136－139 页。

北洋新政时期的天津近代教育主要具有四个特点。第一,办学形式有官立、公立、民立、私立等;第二,重视基础教育;第三,开始重视女子教育;第四,门类较齐全。

三、天津的基督教会学校概述

基督教在天津最早的办学活动始于清咸丰十年(1860)的美国"差会"①。是年,英法联军攻入天津后又进逼北京,美国公理会传教士柏亨利(Henry · Blodget)于八月十四日(9 月 28 日)从天后宫前面的海河上岸。他首先占用了天后宫的一间大殿,挪去了神像,将此开辟为一个临时进行礼拜的活动场所,对象主要是英法联军的官兵和外国商人。因为柏亨利只能讲很少的汉语,无法向中国人传教,为此,他成立了一个小书房,招收了几名中国籍学生。② 这是基督教在天津最早的办学活动。但从严格意义上来说,柏亨利成立的小书房还不能算作是学校。

天津第一座基督教学校成立于同治元年(1862)。咸丰十一年(1861),英国圣道堂传教士殷森德(Innocent)、郝韪廉(W · Nelthorpe Hall)先后来津,于天后宫北购买了一所宽大的房屋作为礼拜堂。同治元年(1862),郝韪廉在紫竹林(今和平区吉林路与承德道交叉口西侧)附近购地两处,建筑楼房,作为会堂、传教士住宅和学道班使用。同年,殷森德在学道班内办起了"中国女童学堂"。③

从此之后,美国的公理会、美国的美以美会、英国的圣道堂、英国的伦敦会、英国的圣公会华北教区、基督教青年会北美协会、日本的基督教信仰者团体等各种差会纷纷来津兴办学校。

(一)美国公理会的办学情况

同治元年(1862),美国驻华公使馆秘书卫三畏(S · W · WiNioms)购买了

---

① "差会"(Foreign Missions),是西方各国基督教差遣传教士进行传教活动的组织。诞生于十七世纪中叶。因其主要工作是差遣传教士,中国人简称为"差会"。

② 天津宗教志编辑室编《天津宗教资料选辑》第一辑,1986 年印刷,第 85 页。

③ 天津宗教志编辑室编《天津宗教资料选辑》第一辑,第 108-109 页。

鼓楼东仓门口一所民宅后转卖给了公理会。柏亨利在此开办了一所男书房。第二年,又增设了女书房。柏亨利建立男女书房的目的还是为了解决传教的语言问题,虽然仍不是学校,但却为美国公理会在天津创办学校奠定了基础。

同治二年(1863),公理会派传教士山嘉利(C. A. Stanley)夫妇与江代德(L. D. Chapin)夫妇来津协助柏亨利进行传教工作。次年,柏亨利离津前往北京,教会和书房的工作遂交给山嘉利夫妇与江代德夫妇负责。其中,山嘉利夫妇负责教会工作,江代德夫妇负责书房工作。[①] 同治五年(1866),山嘉利夫妇在杨柳青镇创办一所小学堂。该学堂设四个班,学生多为信徒子女。光绪十五年(1889),山嘉利夫妇将该学堂迁至紫竹林海大道(今和平区大沽路)。该学堂规模甚小,分为男女两部,每部各有一名教员,食宿由公理会供给,教学以宗教教育为主,兼设算术、地理、自然和以讲授"四书五经"为主的中文语文课。光绪三十二年(1906),公理会利用"庚子赔款"在西沽北运河西岸购建新校舍,将该学堂迁至此处,并将原男女两部分别扩充为小学。男部为"究真小学",女部为纪念当年去世的山嘉利夫人而称"仰山小学"。[②] 两校学制均扩为六年制。两年之后,两校增设初中,男校更名为"究真中学",女校更名为"仰山女子中学"。

(二)美国美以美会的办学情况

同治十一年(1872),美国美以美会传教士达吉瑞(G. R. Davis)来到天津。同治十三年(1874),达吉瑞兴办布道训练班,专门培训中国籍传道人。光绪十六年(1890),他建立了免费膳宿的男女学校——"蒙学馆"(相当于初小),招收男生12名、女生30名。光绪八年(1882),他又创立了女学道房,专门培训中国籍女传道人。光绪十七年(1891),他还兴建了"成美馆"(相当于高小和初中)。因上学而入教的占全体学生的7%~8%,受家长影响而入教的占全体学生的2%~3%,[③]基本上达到了办学的目的。

宣统元年七月二十四日(1909年9月8日),美以美会还曾在法租界海大

---

① 天津宗教志编辑室编《天津宗教资料选辑》第一辑,第86页。

② 河北区教育局校史编辑组编《河北区中小学校史选》第一集,1987年印刷,第2页。

③ 天津宗教志编辑室编《天津宗教资料选辑》第一辑,第97页。

道(今和平区大沽路)的马家口教堂内建立“天津中西女中”。该校校舍简陋,中国籍学生只有十数人,课程有英语、音乐等。

光绪二十三年(1897),达吉瑞在美以美会华北年议会上曾得意地表示:“现在天津……有几个神学院,两个兴盛的膳宿兼备的男女学校,并有一些小学和一个女学道房。”“我们美以美会虽然进入这个地区最晚,已经和其他差会同样兴盛了。”①

(三)英国圣道堂的办学情况

同治六年(1867),英国圣道堂在水梯子购得民房一所,建立布道所和小学。后又在马家口及芦庄子购民宅两处,设立学校和传教士住宅。

为严加管理中国籍学生,圣道堂制定了《天津圣道堂学馆条规》。条规共12条,主要有:学生“进馆先行聚祷诵经,或牧师,或传道先生主讲,必须一体肃静。”“学生功课……总以新旧约《圣经》为主。中国经书诗文次之。”“学生皆受洗奉教者,平日居心作为,固宜恪遵圣经真训,无犯教规”。“学生读书,当专心讲求”,“至于暇时间看书籍,亦不得杂乱无章,更不得观无益之书”。“生徒学道,原为造诣传教之才,以望圣会兴隆。或有不遵循教规者,必难任传教之职,或有不用心习学者,必难获传道之才,如见其人,劝之不听,即令早为出馆”。“为学生者,则以听命为本,无论事之巨细,不当任意苛简,如有不率教者,即行戒饬;再劝而不听者,斥退可也。”②

光绪二年(1876),郝韪廉在天津设立神学院,有中国籍学生20人,毕业后分配至各地教会工作。③

光绪十四年(1888),殷森德的妻子以其故去的长女的名字(Annie Edkins Innocent)在天津兴办了一所女子小学。④

光绪二十七年(1901),圣道堂将被义和团焚毁的宫北教堂原址出售,另购东马路新址,于光绪三十一年(1905)建成教堂、学校和传教士住宅。该处建筑将楼房建得十分高大,礼堂亦很宽阔。该处因地点适中,来往行人众多,所以教

① 天津宗教志编辑室编《天津宗教资料选辑》第一辑,第99页。
② 李楚材辑《帝国主义侵华教育史料资料——教会学校》,第88-90页。
③ 天津宗教志编辑室编《天津宗教资料选辑》第一辑,第109页。
④ 天津宗教志编辑室编《天津宗教资料选辑》第一辑,第111页。

会活动十分兴旺,学校也得到了较快的发展,该处逐渐成为圣道堂在天津活动的中心。[①]

(四)英国伦敦会的办学情况

同治三年(1864),英国伦敦会传教士理一视(Jonathan Lee)在法租界海大道(今和平区大沽路)建立了一所圣经学校,并按照中国人的习惯称之为"养正书院",专门培养中国籍传教人员。[②] 光绪二十八年(1902),"养正书院"第二任院长、英国伦敦会传教士赫立德(S. L. Hart)将"养正书院"扩建为"新学书院",以培养通晓洋务的中国籍青年知识分子。[③] 光绪三十三年(1907),"新学书院"设预备部和专科部。其中预备部设预备班(学制两年)和中学班(学制四年),专科部(学制四年)设化学科、格致科、文学科、工程科等。当年,两个部共有300名中国籍学生。[④]

(五)英国圣公会华北教区(又名"安立甘会")的办学情况

光绪十九年(1893),英租界工部局将坐落在英租界咪哆士道(今和平区泰安道)与马厂道(今和平区浙江路)拐角处的一块空地(实为大坑),以出租(实为赠)的名义交给圣公会华北教区使用。圣公会华北教区将此填平后,兴建教堂和传教士住宅。为解决英侨子女的教育问题,于光绪二十一年(1895)和光绪二十三年(1897)在马厂道6号和8号分别建立男、女学校各一所,并从英国请来女教员任教。[⑤]

位于咪哆士道与马厂道拐角处的教堂最多只能容纳60人,随着教徒的增多,该处教堂就显得太小了。光绪二十四年(1898),圣公会华北教区主教史嘉乐(C. P. Scott)决定在原址建造能够容纳300人以上的大教堂。此时,因女生人数大增,男生人数太少,史嘉乐决定将两校合并,成立一所男女生混校,命名为"安立甘教会学堂",并在教堂院内兴建新校舍。后因义和团运动爆发,该项

① 天津宗教志编辑室编《天津宗教资料选辑》第一辑,第112页。

② 天津宗教志编辑室编《天津宗教资料选辑》第一辑,第90页。

③ 天津宗教志编辑室编《天津宗教资料选辑》第一辑,第91页。

④ 涂培元:《我所知道的新学书院》,中国人民政治协商会议天津市委员会文史资料委员会编《天津租界谈往》,天津人民出版社,1997,第266-277页。

⑤ 天津宗教志编辑室编《天津宗教资料选辑》第一辑,第105页。

目被迫停工。光绪二十七年(1901)校舍继续建造,光绪二十九年(1903)建成。第二年,圣公会华北教区决定将"安立甘教会学堂"迁至怡丰道(今和平区湖北路),校名亦更名为"天津英国文法学堂"。

"天津英国文法学堂"是一所专供西方国家子女上学的学校,招收年龄从6岁到16岁,从幼稚园开始,然后升至两个过渡班级和五个年级。高年级为准备通过"英国剑桥大学地方考试"而学习。一旦及格,则可使学生免试进入英国国内大学学习。该校一学年分三个学期,每学期大约为13周。①

(六)基督教青年会北美协会的办学情况

基督教青年会于1844年6月6日由英国人威廉·佐治(George Williams)在英国伦敦创办。基督教青年会在瑞士日内瓦设有"世界协会"机构,而真正掌握实权的则是设在美国纽约的"北美协会"。"北美协会"的工作范围不仅包括北美洲的美国和加拿大,还包括亚洲的中国、日本及印度。所以,在中国的"基督教青年会"均属"基督教青年会北美协会"管辖。

"基督教青年会北美协会"的主要力量虽然并非放在创建学校上,但在光绪二十九年(1903),天津"基督教青年会"总干事格林(R. R. Gailey)还是在津海关道唐绍仪的支持下,于仓廒街开办了一所普通中学,专门招收天津地区的文人与士绅的子弟。②

(七)日本基督教信仰者团体的办学情况

光绪二十四年七月十三日(1898年8月29日),日本政府强迫清廷签订《天津日本租界条款》,③日本在天津设立了日租界。随着居住天津的日本人越来越多,为解决子女的教育问题,光绪二十八年(1902),在天津的日本基督教信仰者团体将日租界闸口街(今和平区辽北路)旧商谈会会场的一部分作为校舍,成立了一所家庭私塾式的私立天津普通高等小学校(亦称寻常高等小学校)。开学之初,学校只有14名日本籍学生、3名女教师。④

---

① 转引自张大民主编《天津近代教育史》,天津人民出版社,1993,第150页。

② 天津宗教志编辑室编《天津宗教资料选辑》第一辑,第122页。

③ 条款的具体内容请见王铁崖编:《中外旧约章汇编》第一册,第796-799页。

④ 万鲁建:《近代日本在天津设立的学校》,《消费导刊》2009年第8期。

天津的基督教会学校主要具有五个特点。第一,注重基础教育;第二,重视女子教育;第三,办学资金较为雄厚;第四,师资水平较高;第五,在学校管理方面具有较丰富的经验。

四,基督教会学校对天津传统教育和近代教育的影响

基督教在天津开办学校的目的主要有两个:一是通过外语和近代科学知识的教学,培养对华文化侵略的骨干;二是利用传播科学知识作为传教和对华文化侵略的掩护。

但是,基督教开办的招收中国籍学生的学校对天津的传统教育和近代教育确实也产生了一定的影响。

首先,基督教会学校对天津近代教育中基础教育的课程设置有一定影响。

洋务运动时期,由于科举制依然存在,天津并没有兴建中、小学。当时所谓的"基础教育"主要是"五经馆""义学"和"私塾"等为学子们参加科举考试而兴办的学堂。虽然基督教建立学校是"为能应用教育方法,以实现传教之目的",①但在基督教会学校中,除以教授新旧约《圣经》为主之外,还开设英语、算术、自然、地理、音乐等课程。这些课程的设置,确实给当时的天津教育界吹来了一股清新之风,以至于在"北洋新政"时期,特别是在清廷下诏废科举、兴学校之后,天津建立的中、小学校中普遍开设了上述课程。

其次,基督教建立的女子学堂有助于推动天津女子教育的发展。

中国的历朝历代大多忽视女子教育。清廷于光绪二十八年七月十二日(1902 年 8 月 15 日)颁行的《钦定学堂章程》(亦称"壬寅学制")②和光绪二十九年十一月二十六日(1904 年 1 月 13 日)颁行的《奏定学堂章程》(亦称"癸卯学制"),③均将女子教育排斥于外。袁世凯在多道要求废科举、办学校的上奏

---

① 李楚材辑《帝国主义侵华教育史料资料——教会学校》,第 44 页。

② "壬寅学制"具体内容请见璩鑫圭、唐良炎编《中国近代教育史资料汇编 · 学制演变》,上海教育出版社,1991,第 243-296 页。

③ "癸卯学制"具体内容请见璩鑫圭、唐良炎编《中国近代教育史资料汇编 · 学制演变》,第 300-530 页。

中,对女子教育也是只字未提。后受到著名教育家严修和傅增湘、著名翻译家严复、著名报人英敛之等人的劝导,尤其是看到基督教在天津举办了多所女子学堂,对幼儿的家庭教育确有益处之后,才逐渐改变了原来的想法,重视并支持兴办女子学堂。据不完全统计,在"北洋新政"时期,天津共建有北洋女师范学堂、北洋高等女学堂、长芦女医学堂、天津女子公学、天津县官立第一女子小学堂、天津县官立第九女子小学堂、天津县私立女子小学堂、天津县普育女学堂、天津县民立第四女子小学堂等女子学堂,[①]涵盖小学、中学、大学、医学、师范等门类,当时在全国处于领先地位。

最后,基督教会学校传播了西学和西艺,并培养出一批中国籍的著名学者。

基督教会学校尽管以传教为目的进行文化侵略,但同时亦传入了西学和西艺。基督教会学校比中国学堂教授的天文、物理、化学等近代科学技术知识要多而扎实,其程度也要深和广。由于中国籍学生的刻苦努力和强烈的求知欲,基督教会学校确实也培养出一批中国籍的著名学者,如著名教育家罗光道、著名物理学家袁家骝、著名翻译家杨宪益、著名戏剧家黄佐临、著名医学家金显宅等均毕业于基督教开办的新学书院。

(涂小元,天津博物馆、天津文博院)

---

① 张大民主编《天津近代教育史》,第136-139页。

民国时期天津第一妇女补习学校*

尹忠田

民国时期的天津第一妇女补习学校,简称"补校",是一所私立国民学校,由天津回族刘氏兄妹创建的。刘氏兄妹皆是津门闻人,长兄刘孟扬(1877—1943),字伯年,清末秀才。曾任《大公报》主笔,先后创办了《商报》《民兴报》《白话晨报》《天津午报》《白话晚报》。与《新天津报》的刘髯公、《评报》的刘霁岚,并称为天津新闻界三刘。从政后,先后任直隶省磁县、永年县、天津县知事等职。擅书法,书学于顾书度。有《天津拳匪变乱纪实》《注音字母之商榷》《孟扬杂稿类选》《自治常识讲义》《梦影录》等多部著作传世。① 二弟刘夔扬(1879—1960),字仲恭,报人,其兄刘孟扬步入政坛后,他接管经营报馆业务。三弟刘乃扬(1884—?),字叔安,号铁庵,报人,早年在北京创办《国强报》;五四运动后,在天津创办《新民意报》,自任经理;主办天津第一妇女补习学校。四弟刘觐扬(1887—1910),②英年早逝。小妹刘清扬(1894—1977),著名社会活动家,早年加入中国同盟会;五四时期,历任天津女界爱国同志会会长、天津各界联合会常务理事、天津学生联合会会员、觉悟社成员。她是中国共产党早期党员,曾与张申府一起介绍周恩来入党。③ 刘清扬在"文化大革命"中,遭到冲

---

* 本文曾发表于《天津史志》2023 年第 2 期。

① 政协天津市文史资料研究委员会编《天津近代人物录》,天津市地方志编修委员会总编室,1987,第 105 页。

② 刘远:《正信》,2018 年民间印刷,第 55 页。

③ 政协天津市文史资料研究委员会编《天津近代人物录》,第 109 页。

击,受到“四人帮”的迫害,病逝于北京家中。

一、天津第一妇女补习学校的成立

1910年,刘家四弟觐扬因病去世,年仅23岁。遗孀姓石讳洁岩,居家守节,没有生活来源,衣食无着,完全依靠刘氏兄妹帮衬。日复一日,年复一年,似这样长此以往,也不是办法。于是,刘氏兄妹集资,合力为石洁岩筹建了一所学校;进则可以兴教办学,退则可以收取房租。其间,三哥刘铁庵出力最多。知情人士透露说:“刘铁庵办补校的原因是:刘家有四兄弟媳妇石某,在‘五四’时也是女界爱国同志会会员,高小文化程度,人很热心,有工作能力。刘家是封建家庭,石某守节,家里不让她再结婚,她也不能进纱厂,也不能当教员,刘铁庵办学就(是为了)安排兄弟媳妇。还有,刘铁庵有个妾刘佩珊,不识字,想藉补校上学,该校名义上是提倡妇女教育,实为上述二点。”[①]“补校”坐落于西北角天津清真南大寺后面的卫生局胡同16号。学校坐西朝东,青砖瓦房,是一座平房四合院,南北长、东西短。进入校门,右手第一间是传达室,校内格局严谨而又合理,依次有教师办公室一间、总务室一间、教室四间。校园宽敞,教室明亮。校舍竣工后,置办桌椅教具,聘请教师,开学在即。

1921年11月25日,天津《益世报》以《创设妇女补习学校》[②]为题,发表了一篇类似“招生广告”的报道,对“补校”的筹备、坐落、招生条件、教学安排、教务管理及开学时间等情况给予说明:“天津地广人稠,男女各种学校虽多,惟对于幼时因各障碍,致误教育机会。各妇女之补习学校,尚付阙如。兹闻有马千里、刘铁庵诸君,在西门北清真寺后刘宅,设立第一妇女补习学校一处,专收十五岁以上,三十五岁以下未曾入过学校之妇女,授以国语、习字、作文、书札、算数、妇女常识、手工、唱歌等项课程。毕业年限:甲种二年半,乙种一年半。已推举刘孟扬君为名誉校董,刘铁庵、马千里二君为男责任校董,李毅韬女士为女责

① 王贞儒《女星社及其活动》,载中共天津市委党史资料征集委员会、天津市妇联合会编《邓颖超与天津早期妇女运动》,中国妇女出版社1987年版,第584页。

② 载天津《益世报》1921年11月25日。

任校董,陈奕涛女士为教员,拟定明年一月二日开学云。”此时,距开学仅有一个月多点的时间,准备工作还是比较紧张而又繁忙的。

1922年1月2日,天津第一妇女补习学校如期开学。这是一所专为成年妇女开办的学校,因为那个时代的妇女所处的家庭条件、社会环境各不相同,一方面,富人家比较保守,不愿意让妇女出去抛头露面;另一方面,穷人家比较困难,没有钱让妇女去上学,更何况还要做家务、看孩子。所以,学校最初只招了两个班。尽管如此,“补校”总算是开学授课了,教学工作还算顺利,有条不紊、按部就班地开展起来。

二、“补校”与女权运动同盟会直隶支部

1922年10月28日,天津达仁女校的女职教员邓文淑(即邓颖超,笔者注)、王贞儒、冯梅先、曹世安、鲁自然、张冠时、陈英才、张冰贞等人,在天津《益世报》发表了《女权同盟会组织支部》①启事:“兹启者,同人等今接北京女权运动同盟会函,委托同人等在天津组织女权运动同盟会支部。窃思我国数千年来,女权不张,如教育经济,及公私法上种种不平等之待遇,言之滋痛。夫物极必反,穷则生变,权利恢复,今正其时。况值国会制宪之时,正我女界取得法律上一切平等之日,若不及时而为,悔将莫及。素仰先生卓识宏才,热心服务,对兹问题,必不漠视。同人等在礼拜六(二十八)下午三时半,备茶点藉以讨论一切,敬请光临是幸,临颖神驰,此颂学祺云云。”是日,大会准时召开。首先,组织成立了“女权运动同盟会直隶支部筹备会”,会议讨论通过了《女权运动同盟会直隶支部简章》,②明确“本支部定名为女权运动同盟会直隶支部”;确定“本支部以扩张女子在法律上之权利及地位为宗旨”;并订立了组织制度、职务权限等项。

1922年11月26日下午1点半钟,女权运动同盟会直隶支部在河北天纬路

① 载天津《益世报》1922年10月28日。

② 载天津《益世报》1922年10月30、31日。

第二期

女權運動同盟會直隸支部特刊

通信處：天津清眞南寺後第一婦女補習學校。

一九二三年三月十一日。第二天。天津新民意報社代印。

本會一瞥

本會上屆會務

图 1 《女权运动同盟会直隶支部特刊》

女师范学校大礼堂召开成立大会,盛况空前。[①] 随后,各项工作依次展开。

1923 年 1 月 28 日下午 2 时,女权运动同盟会直隶支部召开全体谈话会。会上“赞助员刘铁庵先生建议,本会须增办定期出版物及家庭讲演。”[②]此建议得到大会的重视,于是就安排人员,着手准备一种期刊。

1923 年 3 月 10 日,经过一个月多的精心筹备,《女权运动同盟会直隶支部特刊》(以下简称《特刊》)创刊号出版了,期刊的刊行得到多方的支持和赞助。其间,身为“补校”校董、《新民意报》经理的刘铁庵先生助力最多。他把坐落在天津清真南大寺后面的第一妇女补习学校的教室腾空一间,作为《特刊》的通信处(即编辑部),还在天津新民意报社代印《特刊》。可称得上给予了全力支持和帮助。

三、“补校”与女星社

1923 年 4 月 2 日下午 2 时,原觉悟社成员李峙山、邓文淑、王贞儒、冯悟我、王南羲、胡倾白、赵景深、顾峻霄、谌小岑等九人,在新民意报社开会。天津《大公报》以《研究妇女问题之团体出现》[③]为题,报道了女星社的成立及第一次开会情形:“天津人士对于新思想与新文化方面之进行,向来迟缓,妇女问题,尤少有人注意。近有一研究妇女问题之团体出现,该团体即定名女星社,斯诚天津女界之曙光也。……该社拟出版一种半月刊,定名即为《女星》,以讨论妇女

① 载天津《益世报》1922 年 11 月 28 日。

② 载天津《益世报》1923 年 1 月 30 日。

③ 载天津《大公报》1923 年 4 月 5 日。

问题为宗旨。内容分为言论、讨论、研究、批评、写实、文艺、通信、杂志等。"报道中提到的《女星》杂志为半月刊,后来改为旬刊。女星社是专门关注和研究妇女问题的团体,"这个团体办了两件事:(1)出版了《女星》旬刊。(2)办了一所女星成年妇女补习学校。"①这所女星成年妇女补习学校,就是在刘铁庵先生主办的天津第一妇女补习学校的基础上改组筹建成立起来的。

1923年7月5日,《女星》第八期出版,这期杂志刊载了《女星第一补习学校成立》的消息:"我们所筹备的妇女补习学校,现在已可谓正式成立了。"那么,她们是怎样筹备的呢?《女星》第八期刊载了《天津女星第一补习学校简章》,文章中提到:"我们认定救济失学妇女,当授以知识,是现在中国从事妇女运动的一件急务。所以在女星社的进行计划中,有多设立妇女补习学校的一项。当这种计划还没有找着机会来实现的时候,恰遇着天津第一妇女补习学校校董刘铁庵先生向我们提议,将他办的学校移归女星社接办。我们当然很喜欢的接受这个提议。这就是'女星第一补习学校'的来源。"由上而知,女星第一补习学校是在刘铁庵先生主办的天津第一妇女补习学校的基础上移归接办而成立的。同年,8月25日,女星第一补习学校在天津河北达仁女学开学。

刘铁庵先生为什么把自己辛苦创办的"补校"拱手让人呢?因为他创办的"补校",是一所专为成年妇女开办的学校。在夫权至上的旧社会,成年妇女在家庭中没有地位可言,她们家务劳动繁重、家庭观念深、家庭责任心强。从时间上来讲,她们没有工夫去学习;从经济上来讲,她们没有能力去上学。刘氏"补校"坐落于贫民区,学校周围的妇女无钱上学,有钱上学的妇女又距"补校"较远。所以刘氏"补校"从一开始就遇到了招生困难,四间教室只招收上来了两个班。又因为刘铁庵先生是一位报人,不客气地来讲,他对于办学是一位门外汉。再加上,"这个学校由于先生没有学问,(这个先生指的不是刘铁庵,而是教员;与下文的'另一先生',正好是两个班、两个先生。笔者注)。(另一先生是刘清扬办的大同女学的,高小程度,)抓不住学生,不久学校就散了。当时正赶上'女星社'要办学校,就将它的桌凳交给'女星社',让其接办,定名为'女星

① 谌小岑:《关于〈女星〉旬刊和〈妇女日报〉》,载中共天津市委党史资料征集委员会、天津市妇联合会编《邓颖超与天津早期妇女运动》中国妇女出版社,1987,第587页。

补校’。该校后来迁到河北大马路达仁里李峙山家。”①

刘铁庵先生亲手创办的“补校”虽然,桌椅板凳交给女星社,教室搬空、学生散去,但校园并未荒废。刘铁庵决定重打锣鼓另开张,矢志不渝,继续办学。刘铁庵再三思忖,调整办学思路,重整教学方向,一改以往的成年妇女教育,改为学龄儿童教育。他严格聘任教师,加强教务管理,重新购置适合儿童坐席的桌椅板凳,改妇女补习学校为国民完全小学校。刘铁庵先生创办的这所私立国民小学校,一路走来,可谓栉风沐雨、筚路蓝缕。最终,学校迎来了中华人民共和国的成立。

四、新中国成立后的“补校”

新中国成立后,中央人民政府十分重视教育工作,教育部门对旧有的学校进行接收和调整。中华人民共和国成立初期,原刘铁庵先生创办的“天津第一妇女补习学校”的旧址所在地的卫生局胡同的行政区划多有变化,所以卫生局胡同的这所私立国民小学校的名称也随着行政区划的变化而多有不同。

1949 年 1 月 15 日,天津解放。南运河以北的地区属于第九区,南运河以南的地区属于第八区。卫生局胡同的私立国民小学校所在地是第八区。

同年“1 月 30 日,九区对市立小学接管完毕。”②八区的小学校接管工作亦当是在此期间完成。

1950 年 1 月 24 日,区成立文教委员会。

1952 年 10 月 1 日,天津市调整行政区划,第八区与第九区合并为新八区。此时,卫生局胡同的小学校,改称为(新)第八区第六小学。

1956 年 1 月 1 日,天津市再次调整行政区划,新第八区正式改称为红桥区。此后,坐落于卫生局胡同的原新第八区第六小学,先后改称为市立三十四小学、天津市红桥区四棵树小学第二分校。

---

① 王贞儒:《女星社及其活动》,载中共天津市委党史资料征集委员会、天津市妇联合会编《邓颖超与天津早期妇女运动》,中国妇女出版社,1987,第 584 页。

② 王世新主编《红桥区志》大事记,天津古籍出版社,2001。

1966年,“文化大革命”爆发,红桥区四棵树小学第二分校的全体师生停课。

1976年7月28日,河北省唐山市发生强度为里氏7.8级地震,波及天津。红桥区四棵树小学第二分校的校舍在地震中受损,部分房屋坍塌,自此荒废。

1997年9月,市政府把红桥区四棵树小学第二分校所在地的卫生局胡同及周边大面积危漏平房列入平房改造计划。在热火朝天的城市建设中,一切地面建筑灰飞烟灭,取而代之的是钢筋水泥结构的现代化建筑。

今天,我们回忆天津清真南大寺后的卫生局胡同、回想坐落于这条胡同上的红桥区四棵树小学二分校及其前身天津第一妇女补习学校,恍如隔世。抚今追昔,只有一幢幢单元式楼房任后人凭吊。

五、结语

1919年5月4日,震惊中外的五四爱国运动爆发。这次运动开启了中国新民主主义革命的新纪元,吹响了中国妇女运动的集结号。在这次运动中,她们结团体,争妇权;创刊物,搞宣传;办学校,开民智;她们巾帼不让须眉,令世人刮目相看,“谁说女子不如男”! 恰逢此时,刘铁庵先生主办的天津第一妇女补习学校应运而生。虽然这所学校初办时有主观原因,但是客观上起到了办学兴教的作用。刘铁庵先生作为一位知名人士,在与女界精英交集、交往的过程中,表现出了开明、进步的一面。他作为一名报人,以天津新民意报馆的便利条件,不仅代印《女权运动同盟会直隶支部特刊》,我们“应该声明一下的是《女星》和《妇女日报》的出版,在印刷方面都得到《新民意报》经理刘铁庵——刘清扬的三哥的大力支持。”[①]综上所述,刘铁庵先生以实际行动充分表明,他是一位紧跟时代潮流、支持妇女运动、拥护妇女革命的开明、进步人士。

(尹忠田,天津地方史学者)

---

① 谌小岑:《关于〈女星〉旬刊和〈妇女日报〉》,载中共天津市委党史资料征集委员会、天津市妇联合会编《邓颖超与天津早期妇女运动》,第587页。

南开大学八里台校区启用一百周年的意义

——大学与城市的双向赋能*

陈　鑫

整整一百年前的1923年6月21日，著名的《大公报》刊登了这样一条消息：

> 天津南开大学订于本月二十八日下午三钟，在八里台新校舍秀山堂内，举行第一次毕业式，现已约请各界届时前往参观……

消息篇幅不长，却向世人宣告了南开大学八里台校区启用，同时也拉开了一场大学建设与城市发展交相辉映大戏的帷幕。

南开大学八里台校区已启用百余年。一个校区的百岁华诞，不仅值得全校师生庆祝和纪念，同时其历程也展现了大学与城市的百年互动。城市为大学的生存和发展提供了空间、经济、产业和人口等条件；大学也为城市的发展塑造文化、创新基因、引育人才。八里台百年波澜壮阔的创业史可以从四个方面来考察。

一、开拓城市空间

南开人常说“南开南开，越难越开”，指的是克服困难的决心。巧合的是，

* 本文曾发表于2023年12月1日《南开大学报》。

南开这所学校也确实一路向南，不断开拓。从在西北角的严氏家塾，到老城西南的南开洼，再到城南八里台，现在又有了津南校区、滨海校区，确实是“越南越开”。

今天，南开师生习惯上将八里台称为老校区，称津南校区为新校区。但当年，八里台也曾经是南开大学新校区。1919 年建校之初，南开大学建在南开洼，南开中学之南。八里台校区原计划于 1922 年建成启用，但是由于经费不足，又赶上水灾、战乱，所以直到 1923 年才基本落成。之所以要在 6 月 28 日先在这里举行一场毕业典礼，作为校区启用的标志，就是为了能让第一届学生有机会感受新校区。

看当时的天津地图，八里台已经是城市的最南面。那时天津的老城里、租界区，房屋鳞次栉比。而八里台周边，除了南开大学，几乎没有什么其他建筑。今天，津南校区的同学可能会为远离市中心而抱怨，但在当年的交通条件下，八里台其实是更加不便的，何况当时还处在军阀混战的局面下，学校又常常受到日本人的侵扰。身处市郊，甚至存在危险。

当时交通不便到什么程度？我们可从本文开头引用的那篇《大公报》报道中看到：

> ……八里台新校在南门外海光寺南，旧有大道一条，可以直达。惟该道正在修理，恐至六月二十八日尚未工竣，往来行车或有未便。该校拟届时在海光寺南小河内备船多只插以校旗，并预于下午二钟前即派专员在该处招待来宾，到此下车改船赴校最为便利。

当时由于道路不通，大部分人需要坐船，到现在的南大东门那里下船，再进入学校。

不仅是校外交通不便，校内当年也到处是水洼荒地，芦苇丛生。创校先贤选这块地，是因为地价便宜，而南开经费有限。张伯苓乐观地表示，水洼可以填平，用来建设校园。后来，老舍、曹禺两位校友在张伯苓校长七十大寿时写诗道：“在天津，他把臭水坑子，变成天下闻名的学堂，他不慌，也不忙，骑驴看小说——走着瞧吧！不久，他把八里台的荒凉一片，也变成学府，带着绿柳与荷塘。”就是讲这件事。

校父严修从校园选址、开始动工建设,一直关注学校的成长,并且将他创办的天津“城南诗社”诗友们,约到这个还在施工的新校园,泛舟、征诗。为什么要到这里来作诗?就是希望社会关注八里台校区的成长,吸引更多人在经济上、舆论上支持南开,也为荒凉的校园增加文化氛围。别人眼里的荒凉一片,在南开先贤心中却充满诗情画意。诗人柳亚子的儿子柳无忌是南开英文系主任。柳亚子来看望儿子,同时游览了建成后的八里台校园。他作诗赞美道:“汽车飞驰抵南开,水影林光互抱环。此是桃源仙境界,已同浊世隔尘埃。”此时的南开大学校园成了天津一处桃源仙境,外面军阀混战、社会秩序混乱,而校内是另一片天地。

如今,八里台周边成了繁华市区。也正是因为南开大学在此,逐渐有了天津大学落户七里台,天津师范大学、天津医科大学在附近建校。最近,天津市重点工程——天开高教科技园也在此开园。不仅学府聚集,随着人口迁移和城市建设,八里台毫无疑问已是城市中心区。

从“南开”这个地名与校名的演化过程,我们也可以看到学校对城市空间的改变。天津原有地名“南开洼”,南开中学建校于此,而有了“南开”这个校名,而后又因为南开中学、南开大学办学闻名全国。1956 年,其所处的市区便正式定名南开区。原本南开是指城南的开洼地,现在不仅这个名称所指区域大大拓展,反过来连“老城里”也被划入了南开区。这也可见学校与城市布局的互动。

二、呼应地方产业

天津是近代中国重要的工商城市,当时天津有一个民谚,说“天津卫,三宗宝,南开、永利、大公报”,点明了近代教育、民族经济和文化产业与这座城市的关系。南开系列学校、永利碱厂、《大公报》,不仅是天津近代的骄傲,也是当时天津教育、工业、传媒在全国领先的标志。这三宝之间,又有着密切的联系。

坐落于八里台校园的南开大学应用化学研究所,和天津永利碱厂开展合作,打破了日货对中国市场的垄断。南开应用化学研究所成立于 1932 年 3 月,是张伯苓把科学技术直接为经济服务,推进科技成果转化为现实生产力的一种有益探索。在给研究所定名时,他特别强调"应用"二字。该所《章程》明确提出:"本所目的,在研究我国工商业实际上之问题,利用南开大学之设备,辅助我国工商界改善其出品之质量,俾收学校与社会合作之实效。"南开应化所所长张克忠教授曾兼任永利公司技师、黄海化工社化工系主任等。他与天津的化工企业合作,一起打破了日本在华北地区对酸碱工业的垄断,他自豪地说:"中国问题可以由中国人自行解决。"

《大公报》更是与南开有着千丝万缕的联系,且不说《大公报》的最初创办者英敛之与校父严修关系密切,在晚清立宪运动中思想相近,相互支持。后来的民国时期,《大公报》也与南开深入合作。南开经济研究所曾经主持《大公报·统计周报》《大公报·经济研究周刊》和《大公报·经济周刊》,收集、分析、编制华北批发物价指数、天津工人生活费指数、中国进出口贸易物量物价指数、津沪外汇指数、天津零售物价指数;以天津地区为中心,考察中国工业化程度及其影响,寻求解决问题的对策;对中国农村经济进行考察,特别是山东与河北向东北地区的移民问题。由于注重翔实的数据调查和科学的数量分析,南开学者编制的各种经济指数客观准确地反映了当时的物价、市场和经济运行状况,发布的"南开指数"享誉中外,出版的《大公报·经济周刊》《南开指数年刊》等也为国内外学术界所看重,成为了解当时中国经济活动的重要资料。

永利碱厂、《大公报》与南开实现了相互成就、相互赋能。南开应用化学研究所与经济研究所,之所以成为南开大学当时两大王牌,就是因为与天津地方的另两"宝"产生了良性的互动。南开百年发展历程中,这样校地、校企合作比比皆是。今天,南开创办京津冀协同发展研究院、参与创办天开高教科创园、在天津市支持下开展海河实验室建设、贯彻落实天津市"十项行动"、制定《南开大学高质量发展改革攻坚行动计划》等,都体现了大学与城市的良性互动。我们回顾百年南开历史,学科建设和地方发展结合紧密的时候,往往是南开发展比较好的时候,天津发展比较好的时候。反之亦然。这是值得我们认真思考的问题。南开有"知中国,服务中国"的传统,同时也有必要明确,服务中国首先是扎根地方,在服务地方过程中,实现大学本身的发展。

三、引领社会文化

天津地处京畿,漕海两运、南北交汇,特别是晚清开埠以来,很多领域得风气之先,形成了独特、开放的文化氛围。南开生长于天津社会文化土壤中,受其滋养,南开文化带有明显的天津印记。反过来,南开文化也为天津文化增光添彩,成为天津文化的重要组成部分。

南开大学迁到八里台,有了一个相对独立、自成体系的空间。南开注重体育、话剧等育人功能,这些新鲜事物也影响带动了天津的时尚新风。特别值得注意的是,八里台校区还是中国最初实现男女同校的地方,不仅在一个校园里共同学习,也在一个空间内共同生活。南开大学于1920年首招女生,这本身就走在时代的前列,是全国最早几所招收女大学生的学校。这是五四大潮对南开非常重要的一个影响。但是最初在南开洼办学时,因为条件所限,无论男生宿舍还是女生宿舍都在校外。来到八里台,就不一样了。读书、上课、生活,教室、图书馆、宿舍、食堂,全在一个校园里。

最初男女生在一个校园里,也有种种不适应,如上课不好意思坐到一起,怕别人笑话等。因为那时的中学基本上还都是男女分校,到了南开大学,才有了这种开创性的、新的校园生活。包括排演话剧,最初也是男女生分开,男生排话剧中的女性角色由男生演,女生排话剧中的男性角色由女生演。可是不久,也就是在1929年曹禺(后来成为著名戏剧家)读大学时,南开有了第一部男女同台的话剧——《争强》。

在这方面,南开不仅走在全国大学的前列,而且也可以说走在整个社会的前列。因为大学本就是引领时代新风的地方,而南开又引领了全国大学的新风。虽然最初有种种不适应、种种尴尬,但正是在这种先锋实验的带领下,逐渐磨合、改良。到今天,很多当年的"天方夜谭"已变成大家习以为常的事。

南开受到天津这座开放城市的影响,同时又反过来引领了社会风气的转变,不仅是城市空间的开拓者,也是社会文化的开拓者。就像张伯苓校长所讲,南开人要有Pioneer(先锋)的精神。"所谓日新月异,不但每个人要能接受新事物,而且要能成为新事物的创造者;不但要能赶上新时代,而且要走在时代的前列。"

四、熔铸爱国精神

天津是一座有着光荣爱国传统的城市，从抗击侵略到民主运动、革命活动，天津人民始终勇立潮头，同时天津也是最早培养现代国家意识、开展国民教育的地方。南开教育即“因国难而产生”，办学的目的就是痛矫时弊，育才救国。八里台校园正是这条爱国主义教育之路的见证者。

八里台校区虽然到今年已启用一百年，但是校园中具有百年历史的建筑，却只剩下思源堂一座。之所以如此，是因为1937年日寇轰炸毁校，将南开大学几乎夷为平地。1923年八里台校区启用仪式举办地秀山堂礼堂，同时也是1935年张伯苓老校长向学生们提出振聋发聩的“爱国三问”之处，便在1937年毁于战火。木斋图书馆、早期的宿舍食堂等于那时都化为了焦土。

“你是中国人吗？你爱中国吗？你愿意中国好吗？”这“爱国三问”看似平实无华，但直接叩问心灵，让每一个学生反思自己的身份认同、文化认同、价值认同。这三问堪称灵魂之问，让初入南开的学子们真切感受到了国家的兴衰和南开人的责任，也深刻反思了“我是谁”“干什么”这个终极问题，不少同学从此投身到爱国运动之中。

张校长当年和学生们在秀山堂中的互动言犹在耳，可是在1937年，全面抗战爆发不久，秀山堂就毁于一旦。不过，正如张伯苓校长所说：“敌人此次轰炸南开，被毁者南开之物质，而南开之精神，将因此挫折而愈益奋励！”

南开是中国人自己办的大学，也是抗日爱国的基地，日军炸毁南开就是要“亡其国、灭其史”，反过来也说明南开是爱国的。这次毁校确实让南开浴火重生，南开精神得到了进一步升华。

习近平总书记在2019年视察南开大学时指出，爱国主义是中华民族的民族心、民族魂，南开大学具有光荣的爱国主义传统，这是南开的魂。今天的南开大学八里台校区，已经成为天津市的爱国主义教育基地。“爱国奋斗，公能日新”“越难越开，愈挫愈奋”的南开精神也成为天津城市精神的重要组成。

“渤海之滨，白河之津”，南开校歌一开头便点明了南开创办于天津，南开的成长离不开天津这片热土的滋养，同时南开也在不断反哺地方，把服务天津作为自己的重要使命。开拓空间、引领社会、服务产业、熔铸精神,是南开这所学校与天津这座城市的百年互动,也是我们纪念八里台这座校园启用100周年的意义。

(陈鑫,南开大学)

南运河下游疏浚工程始末*

张　诚

一、为什么要疏浚南运河

京杭大运河逶迤一千七百千米，始于春秋，成于隋杨。系就平原沮洳之地，贯通天然之川流湖泊，以度舟楫而已。轮轨未通时，转南漕以裕天仓，输百货以畅华北，为南北交通之孔道。德州至天津段，为南运河，长约二百五十千米，源出河南辉县苏门山，始为白沟，后称卫河，亦称御河。

建安九年(204)，曹操遏淇水入白沟以通粮道；隋大业四年(608)，杨广发河北诸郡百万，开卫河为永济渠。南宋后，其因黄河多次改道，至明永乐年，漕粮不得不由江入淮，经黄河运至阳武上岸，经陆运至卫辉，再下御河以达京师。

明永乐年，朱棣命尚书宋礼，用汶上老人白英之策，筑玲珑坝横亘五里，驱汶水至南旺，中分两道，南流徐沛，北达临清，罢海道而专事河漕。

明末清初，战乱不已，官不治河，民不修垫。至康熙年，济宁道张伯行，以卫河水弱，请引漳水入卫，以济漕运。自此漳、卫合力，以排山倒海之势下泄，波撼凶险，水涨溃决。虽德州西北有哨马营、恩县之南有四女寺二减河，过盐山经大河故道入海，但沿河各县仍受水害不已。

---

* 本文曾参与2023年中国地方志与中华优秀传统文化论坛“通波千里 万家灯火——运河文化与城市发展”分论坛交流。

雍正年,怡贤亲王奉旨于捷地、兴济再修减河,泛滥之水由岐口入海,此后大运河才始免汜滥之虞。至道光年,各减河皆就淤废,每届伏汛,泥沙俱下,淤塞日甚。

"清光绪初,直隶总督李鸿章,以前开减河皆就淤废,全河之水,悉归天津三岔口一隅,上游堤防既甚危险,下口更不能容泄;若欲挑浚捷地、兴济旧有减河,其下游久已淤成平陆,工大费钜,无此财力。当饬统领盛军天津镇总兵周盛传、天津道吴毓兰等往复相度,就盛军自开引河,因势利导,分泄南运盛涨入海,免致全注天津三岔河口,壅遏为患。"①

时开马厂减河之目的,一是每届伏汛运河汜滥,有此宣泄以减其水势;一是小站多碱,几成不毛,引淡水可以刷碱。由是抽盛、铭各军三十四营,历时一年,终将河水引入营田,并于靳官屯建桥闸一座,名为九宣。

李鸿章在闸旁立碑,勒石永记,称:"是减河之开,较前此四女寺、哨马营各处,尤为因势利导,而出水益便。其下游津静之交,俗所称南洼,弥望百里内外,尽为石田,亦可引淡刷碱,俾曩时不毛之地,得以繁其生殖。"

二、马厂减河与九宣闸

马厂减河长八十千米,西通运河,东入大海。九宣闸共有五孔,每孔设木制闸板四块,提板即可水入减河,落闸则完全归入运;通常每晚九点,将木板提起一块,部分河水流入减河,以资小站营田灌溉;翌晨四点再将木板下妥,河水仍归正流,俾维航运。伏秋大汛则提起两块,以利河水宣泄。

迨至 1917 年,夏秋雨多,河流泛溢,下游之良王庄、大蒋庄纷纷溃决,洪水波及天津,租界可以行船。时马厂以上河宽八米,下游渐至十八米,溜缓沙停,河床凸起,而减河则越刷越深。

大水过后,杨以德以九宣闸启闭失宜,遂改为铁质闸板,利用电机控制起

① 《南运历代沿革述略》,载河北省南运河下游疏浚委员会文牍股《河北省南运河下游疏浚委员会报告书》,民国二十五年(1936)。该书由天津益世报馆出版股印刷,现存于美国哈佛大学汉和图书馆。

降。提闸后河水势大力猛,河底且越刷越深,翻旋浊泥入运后淤积不去,正流遂被减河夺去。

水抵天津,在三岔河口受北运河顶托,又受海河潮水倒灌,加之河道弯曲不畅,遂有裁弯取直之议。后经迭次会议,于警务处设浚河筑垫事务所,购地开工,然治标未能治本。至五六七月,上游水小干涸,河床竟高出上游一米。汛期一至,险象环生,人民不享其利反受其害!

南运河河务局,于1931年在九宣欲重装旧式闸板,力图补救。但淤垫之势始终未能缓解。“唐官屯以上三数公里一带,淤垫情形且更倍之,倘再延不疏浚,实有淤废之虞。且因南运河下游淤垫愈高,宣泄愈滞,致九宣闸泄量增钜,流势愈益湍急,闸口下两岸翼墙下端之土堤,被刷情形因亦年甚一年”。①

三、南运河疏浚之动议

1926年褚玉璞督直,内战频仍。褚以治河为由,责令长芦纲商,按引抽取二元作为定款,每年得捐一百四十万元,然各河淤塞如常。

1931年张学良主政,筹办运河疏浚日高。“因受东北事变、蒙古问题、陇海路开通、青岛工商业发达,及山西工商政策诸影响,至为不振。”②

时河北省建设厅,与天津市商会共同发起,技术由省厅负责,工料需五十万之谱。然揆诸经济状况,实难酬得此款。遂将预算压至二十四万元,一半由省拨发,一半商会捐凑,但终因商款未能筹齐,加之便衣队暴乱,致工程胎死腹中。

1936年春,主政冀察之宋哲元,闻听各省积极整理河道,深知开通南运下游,关系津市繁荣及沿岸民生。于是开会首议疏浚,天津市市长萧振瀛,亦以开发利源助之。

冀察政务委员李廷玉,历数清末民初以来,主政者以治河为名,搜刮民膏,移作他用。疾呼“廷玉为盐商之一,既为摊缴河捐之人,虽知余款空存,久苦无

① 《南运历代沿革述略》,载河北省南运河下游疏浚委员会文牍股《河北省南运河下游疏浚委员会报告书》,民国二十五年(1936)。

② 《拟催南运河下游疏浚委员会,迅速疏浚南运河下游以利宣泄,而免水患案》,载河北建设厅编印《河北河务会议汇刊》第一期《河务会议各项报告案》,1933,第110页。

门请乞。今幸,委员长垂念民间疾苦,以疏浚南运下游之举,为拯济津静先决问题,可称仁人之言,其利甚薄矣。惟以时届仲春,纵能克日兴工,已苦畚锸方劳。业与汛期迫近,若待几经商榷,几度测量,则一再迁延,势恐伏汛逼来,缓不济急。"①

宋哲元立嘱萧振瀛、门致中、秦德纯,电邀河北省建设厅王景儒,从速来平商议。景儒当日搭车赶至,是晚即在门公馆开会,提议组设疏浚委员会,以李廷玉总主其事。几人旋赴天津,邀集官绅、商贾及各水利专家,在市府公开讨论。此为 1936 年 4 月 8 日。

会议在市府会议厅举行。萧振瀛首先报告疏浚南运下游之缘起,经与会者议决,组织河北省南运河下游疏浚委员会,设委员十七人,公推李廷玉为常务委员会主席,暂借东门外南斜街芦纲公所办公。

李廷玉,字实忱,1869 年生于天津大觉庵,前清举人,北洋将弁学堂毕业,日本早稻田大学留学,官至北洋陆军中将,九江镇守使,江西省省长。时为平津卫戍司令顾问,冀察政务委员会委员。

"廷玉少时研究畿辅水利丛书,颇有心得。袁世凯督直时代,曾公随叔父良辅公倡疏子牙河下游,至今多利赖之。家世濒河而居,常被水灾,因而熟知水性,益以修治之切,擘画之专,经营之勇,计自兴工。"②

1936 年 4 月 25 日,李廷玉接到宋哲元批准令,遂于当日召集委员开会,宣告南运河下游疏浚委员会成立。会后分发公函,聘任人员,商借仪器。其时已是旧历闰三月初六,距伏汛大限仅两月了。

四、万事开头难

李廷玉偕委员李吟秋、吕金藻及工程处长王葆华,约时任静海县长关广誉,同赴靳官屯九宣闸,由此沿南运河向下游踏勘,并商筹筑坝、疏浚各事。并分函

① 李廷玉撰序,载河北省南运河下游疏浚委员会文牍股《河北省南运河下游疏浚委员会报告书》,民国二十五年(1936)。

② 陈中岳撰序,载河北省南运河下游疏浚委员会文牍股《河北省南运河下游疏浚委员会报告书》,民国二十五年(1936)。

沿河两县及内河航运局、水上公安局，令饬河内船只限期转移，以便及早开工。

南运河下游疏浚委员会成立，引起主流媒体关注。《庸报》于1936年4月29日以《疏浚南运河视察员昨出发，疏浚工程大致决定，该段船只限期退出》，发表文章。

南运河下游疏浚委员会，经觅定本市东门外南斜街天津芦纲公所旧址为会址，并已成立开始办公。该会以疏浚工程，关系冀省内地交通水利，及津市安全繁荣甚钜，工款业经筹定，实施疏浚，未便延缓。兹拟开始疏浚工作，惟该段河流，尚有多数商船运输停泊，惟恐该河九宣闸提放，该段水源断绝，船只搁浅，影响工作，特函请各关系机关，限令各船，退出疏浚工程段内，静海县政府昨布告船户遵限退出。文云，查疏浚南运河至天津一段，开工在即，九宣闸一经提放，势必断绝水源，所有闸口以北往来船只，统限于五日，内开往他处，以免妨碍工作云。①

5月1日，又以《南运河下游，受放水影响不能畅流，泥沙淤塞日甚，冀察政委会拨款三十万元，派专家勘察加以疏浚》为题，说："自民元以后，因受小站九宣闸提闸放水之故，下游之水，不能顺流直下；以致泥沙淤淀甚高，河水时常涸干，田园不能灌溉，饮料于兹断绝，影响民生至重且大。冀察政务委员会有鉴于此，决拟疏浚该河下游，已筹出经费三十万元，并于昨日特派委员李廷玉，并工程专家王葆华、李吟秋、齐占一等数十人，由津直往九宣闸。"②县长关广誉，公安科长吕殿甲陪同勘察，当晚下榻于县政府，30日早乘船返津。

5月1日，沿河船户孙德安等一百零九人，闻听河内船只限期转移，联名电请延期。会方派员向船户及沿河民众解释，劝各暂忍一时之不便，享永久之利益。

5月2日，疏浚委员会召开第二次常委会议，李廷玉报告本会成立后，因分遣测队、设立工段在需款，已商请萧市长担保，暂向河北省银行先借二万元俾应

① 《疏浚南运河视察员昨出发》，《庸报》1936年4月29日。

② 《南运河下游受放水影响不能畅流》，《庸报》1936年5月1日。

急需。

鉴于招商投标,因虑期迫工艰,投标者竟至寥寥。李廷玉屡次与静海关县长、天津陈县长商讨,谋由两县募集沿河村民挑挖,两县长慨然以答。关广誉表示,三日内即可征募工人万名,不致贻误。

5月9日,疏浚南运河下游工程开标,来投者只有大兴公司、复新公司、润兴成公司三家。且只有润兴成公司所投第三段中标;上下两坝打桩、填土等工程,准由德记公司承揽。

5月10日午后,李廷玉即约两县长到会,商定第一、第二、第四段归关县长,第五段归陈县长,依照前议募集村民各节办理。转天,静海县政府就召集沿河两岸各村长等百余人,研究出夫参加疏浚问题。各村表示:“此次招工疏浚,即除切肤之大害,而沿河农户,又得相当之工资,自当努力赶工,不至延误”。陈官屯乡长当场宣布出夫五百名,承包三华里,为期一月报竣。

5月13日,天津县长陈中岳,在大稍直口召集境内沿河二十八村开会,以事关船业航运、农民水利,讨论各村出夫参加工作等事。然就在人们翘首以待全线开工的时候,一场大雷雨降临了。

五、疏浚工程仓促开工

一夜大雨之后,全线不得不紧急排水,如期开工成为泡影。直到1936年5月20日,村民才脚踩泥泞,担筐荷锸接踵而来,南运河下游疏浚工程,自此由上至下次第开工。

5月21日,《益世报》刊载静海县城赵点一先生来函,要求恢复九宣闸旧式闸板:

> 民六大水为患,当局恐九宣闸宣泄不畅,将原设木制闸板,改为铁制独板,用起重机提闭闸板;一经提起,水必由板下澈底急泄,运河正溜从此被减河夺去;以致九宣闸下运河水势纡回,淤泥沉淀,河道隆起。春夏之交,上游水源减少,至九宣闸遂完全澈底以去,运河下游,年必干涸;农民叫苦,运河断绝,殊失当日开辟减河之本旨。兹幸疏浚有期,万民欢忭,若不标本

兼治，数年之后，势必故态依然，疏浚工程将不胜其烦扰；欲求一劳永逸，必须一面疏浚，一面恢复九宣闸旧式闸板，仍使水从板上漫流；新式板亦可存而不去，至伏秋大汛时，不妨完全提闸，以期宣泄通畅，而收并顾兼筹之效。谨拟管见，以供当局之采纳焉。①

5月23日，疏浚委员会举行第五次会议，吕金藻提出水平仪不敷应用；凌勉之提出盐船绕行减河遇阻问题。会议讨还论了资金问题。李廷玉和吕金藻主动提出，此次参与治河皆为公益，不领分文。

5月27日，李廷玉训令部属："查本会疏浚南运，工艰期迫，凡我内外同仁，均宜勤慎从事，积极进行；现值各段开工之际，全部尤须努力工作，无论星期例假，亦应照常办公，以期此项工程早日报竣。"

据静海县政府报："本县招工疏浚境内南运河，业经开工承做在案。惟沿河村庄平日利用河流，渴望早日完工异常情切，近来人数日益增多，工作极为踊跃。天津一带能与本县各段同时竣工，或先后竣工之期相差无几，同时放水，自属不成问题；设若本县在半月二十天内工事告竣，徒以下游工作未能完成，不能放水，则沿河一带人民，未免失望。拟恳俯准于本县各段工竣之后，提前放水。""如何赞同，则本县沿河一带人民于感奋之余，工作当尤踊跃。"②

当天《益世报》也说，"疏浚南运河工程，津静两县各段，业于18日开工，每段原定工人三千名，但因雨影响，致未到齐，疏浚委员会深恐贻误，经电促津、静两县政府。""据会方宣称，疏浚工程虽因天时、人事关系稍受阻碍，但本会决以全力督促进行，俾于6月底如期竣工，以利航运而防水患云。"

据视察员赵以忠报告，各段因人数不足工期有所延误，"各包工人误工原因，皆由私心太重，贪心过高；私心太重，则剥削工人，故工人不易招；贪心过高，则多包里数。误工者均在四里以上，一二两工段皆受此病"。视察员张秉忠报告："因近日饮料不洁，染病甚多，故人数逐渐减少，已令包工人对工人饮料特

① 《静海赵点一先生来函》，《益世报》1936年5月21日。

② 《文牍报告》，载河北省南运河下游疏浚委员会文牍股《河北省南运河下游疏浚委员会报告书》，民国二十五年(1936)。

殊注意,并从速加工赶作。”

《大公报》以《疏浚运河工程进展迅速,将来可通小轮船,静海参加工作者一万二千名》报道了南运河下游疏浚工程进展情况。

> 南运河下游,因连年淤塞殊甚,致河身高出,几与地面相平,每年四五月,河水完全干涸,平时水深亦仅三四尺。此次开挖,事先已将河水放干,河内亦无船只,各段河底,一律凿成宽二丈四尺,深三尺到五尺不等,同时由河底向河岸掘成坡形,起出之泥土,暂时堆积于河岸两旁,任各村村民取用。
>
> 今次疏浚规模极大,将来扩大放水量,深度可达二丈,五百吨小轮船,南北航行无阻,沿岸农户尤可得灌溉之便,询为有意义之建设云。①

六、最艰难之市内段

市内段,为西营门至南运河下口,总长度不足五千米,因负整个工程排水之任务,开工比上游晚半个月,工期紧迫。

市内段为南运全河之尾闾,地最洼下,积水既多,益以泉涌。两岸工厂、作坊废水日夜不停,更须按机抽水,不敢稍涉大意。兼以两岸人烟稠密,房屋栉比。且河床挖出之土,苦无堆置之地,运除尤感困难。且居民随意倾倒垃圾,破砖碎瓦,充满河心。此段征工十分困难,工人素质普遍不高。

市区段由合记公司包办,首由西营门至自来水公司,以两千米一小段,筑成横坝,中间挖沟,再用抽水机抽除;然后再由自来水公司向下筑坝,工作之法以此类推。

由于日夜赶工,茶店口西之金华园、大沟头、小杨庄一带,挖出河淤甚多。疏浚委员会迭次开会,决定用轻便之小铁道或载重汽车,运至西头湾子大伙巷北,及望海楼前暂为堆积。并函市政府转饬公安、工务、财政三局,布告市民如

① 《疏浚运河工程进展迅速》,《大公报》1936年5月30日。

有需用,可随意运取。

自南运河下游疏浚工程开始以来,天闷不雨,工人颇感不适。此时工期过半,合记公司仅雇工八百余名,恐有误工期。

1936年6月10日,合记公司为加速排水,租用大号抽水机数部,安置下口坝上;另从海河工程局借大口径钢管,在坝下挖沟装设,于潮落时外放。

6月14日,夜半降雨。坝内积水较多,抽水机昼夜赶速抽水,侯家后河内工人在挖泄水沟。大丰浮桥以上,亦在向下游抽除积水。

6月17日,宋哲元见令建设委员会派员进驻天津,以便随各段将次告竣,随时验收。验收专员欧阳维一,率技师王恩海、测量处技师李师荣,携带应用仪器、测夫前往天津。

6月24日为设定竣工之日,但由于困难重重,未能如期。李廷玉心急如焚,仍然挥汗如雨为工竣赶写碑文,为放水礼安排日期。

6月25日,天降大雨,对未完工市内段,如同雪上加霜。

《大公报》以《疏浚运河大部告竣,将行放水礼》为题:“疏浚南运河下游工程,原定昨日全部报竣,据调查除津静两县各段如期完成外,市内西营门至金钢桥一段,因抽水及运土困难未竣。工程处以伏汛即届,一旦河水暴涨,关系重要,昨饬包商于即日加添夜工。”

《益世报》也以《关于疏浚南运河下游工程,最近即可全部完成,委员会方面将定期举行放水典礼,并撰镌碑石,以留纪念》为题报道。此时市内段在各方催促下,工人数目较以前有所增加,单套大车数十辆拉运积土。

6月26日,阳维一等赴静海九宣闸开始验收。

6月27日,疏浚委员会举行第九次会议,讨论市内段因抽水、出土等困难延期开工,在积极赶做中又值阴雨,增加许多阻滞等问题。“刻正一面催包工人添加夜班,一面请静海县代雇民夫;如无意外障碍,月杪亦可竣工。”

七、工程验收与庆典

1936 年 7 月 4 日《大公报》披露,如鲠在喉的市内段,进度严重拖延,所挖河淤亦不能迅速运除。

7 月 9 日,总监工周馨吾报说:“市内工段工作人数,由西营门至大丰浮桥,卯工约一千零数十名,由大丰浮桥至河口,包工人所雇之工人约一千二百名。昨日卯工有工作不力,每人出土不足一方者;当即严令赶作,必须按照规定作完,每人必作足一方始能发给工资;故昨晚有九时息工者,并未正式添加夜班。大丰浮桥以上,一二日内恐不能完成;如通宵工作,工人疲乏,转日不能工作;若添夜班,亦须另招工人,俾有休息时间,工作上方可奏效。”①

另外,面临南运河上游雨量增加,伏汛即将到来,南运河河务局紧急来函:“查连日水势增涨,下游急须通畅以资宣泄,除指令各该工段妥为防护并呈报外,相应函请查照迅予饬工拆坝,以资宣泄而策安全为荷。”

就在这天晚上,雷电、大风裹挟疾雨骤至。各委员心急如焚,逆料沟浍皆盈,全线工竣还得拖延。然转天雨过天晴,河无行潦,岸无塌陷,上下皆喜形于色。《大公报》却担心“市内段工程,虽经一再增加工夫,但以困难甚多,迄未报竣;工程处方面,以沿河民众盼水殷切,南运河汛期已届,一旦水势猛涨,关系河防至巨。”

7 月 12 日,验收专员逐段验收始抵金钢桥,对市内段工程深度、宽度、坡度,经测后认为相符。于是,历经五十余日,动用两万多人,筹款三十六万,近五十年来津市唯一之水利建设,关系天津数十万中外居民饮水,及津、静两县航业与灌溉的南运河下游疏浚工程,宣告完成,全线验收结束。

7 月 13 日午时,疏浚委员会在市政府西辕门旁,相邻的安徽会馆前,举行了盛大的“南运河下游疏浚放水典礼”。

会场正好与南运河下口相对,主席台高悬李廷玉亲书对联一副。上联:

---

① 《监工报告》,载河北省南运河下游疏浚委员会文牍股《河北省南运河下游疏浚委员会报告书》, 民国二十五年(1936)。

“浚川贪取半文钱，纵当时幸免天诛，终必坠河而死”，下联：“放水适逢小暑节，念此事全凭民力，问谁与汝争功”，横批为：“侥幸完工”。众人见之不免为之唏嘘。

李廷玉率全体委员即在主席台中央就座，左边来宾席，有市政府秘书长马彦翀、天津县长陈中岳、静海县长关广誉、商会主席纪仲石，及津、静两县士绅与各机关代表；右边是记者席，各报馆、各通讯社记者等，约数百人参加。

大会由秘书陈文彦主持，由李廷玉作南运河下游疏浚工程报告，台上台下掌声雷动。

李廷玉激动地说：“本人才疏学浅，承宋委员长指导，与门主席、戈运使、萧市长一起，经各委员、各专家、各同人的共同努力，终于完成了这项伟大的工程”。随后，李廷玉简单地叙述了前期运作过程。“此次侥幸工竣，实在是因为天未下雨，及大家努力的力量。各代表向廷玉道贺，廷玉实不敢当；此事无可庆贺，可庆贺的是两岸民众，有充分的水量，得以灌溉田园充实饮料。”

随后，工程处长吕金藻报告工程详细情况，尤其是市内段，原估为七万八千方，实际竟达十六万方。且由于垃圾过多，工作难度大，故较比其他各段延缓。他说：“这也是事实上的困难。开工伊始，有许多人问本人，在限期内可以完工否？本人实无把握，回溯此事，吾们不能不感谢津、静两县长领导，两县人民帮忙的热诚。”

接着市政府秘书长马彦翀讲话，虽然他身居高位，但说起话来十分风趣。他操着一口陕西方言，滔滔不绝地对李廷玉及各委员表示钦敬。

马彦翀说：“兄弟今天站在委员立场上，本不应该说话，但是因为奉了(新任)张市长的命令代表市政府，不得不说几句。天下事，事实胜于雄辩，方绕听到主席的报告，津静两县民众，得有充分的灌溉水量，和天津市民得有饮水的源泉。以很短的时间，和很少的金钱，而能如此成功，实在有如孟子所谓的天时、地利、人和兼而有之；有天时没有地利，是不成功的；有地利没有人和，亦是不成功的；天久不雨，工程可以从容进行，岂不是天时？两县县长及民众帮忙，岂不是地利？全体员工一致努力，岂不是人和？对于南运河下游工程之保护，必须成立保管机关，以期南运不再淤塞，永远畅流，否则宋委员长及李主席去位，恐再无人有如此毅力,办理这样的伟大事业。”①

主席致答词后,全体于会场前摄影。然后过金钢桥,到南运河下口坝。由李廷玉执锹破土后,工人于爆竹声中拆坝,同时电令九宣闸亦上口坝掘开,放水礼成。海河水即倒漾入南运河,黄流浑浑,一泄无阻,两岸民众,欢声雷动!时伏汛前一日也。

转天《庸报》报道“津市唯一水利建设,南运河疏浚告成,放水礼隆重举行,爆竹声中两挡水坝同时开掘,双下游今午在杨柳青镇会流。”《大公报》亦报道:“南运河放水典礼,昨午在津隆重举行,马彦翀代市长勉励爱护即成工程,两万余人之伟大成绩。”

八、树碑立传以励后人

1936 年 7 月 25 日,宋哲元批准《为呈报验收完竣举行放水典礼各情形请检核北岸由》。李廷玉召开第三次全体大会,讨论工程维护和遗留问题。如筹组南运河下游维护委员会;津静两县所属大侯庄等三十六村,联名拟在马厂减河北岸装设水管;王顶堤村联名恳请挑挖西营门外废墙子河;以及旧金汤桥移设大丰浮桥,大丰浮桥移设西营门渡口等。

9 月 2 日,《庸报》以“疏浚南运河纪念碑,昨晨举行揭幕典礼,参加来宾马彦翀等百余人,李廷玉主席宣读碑文。”介绍了南运河下游疏浚委员会在金钢桥旁树立《宋委员长德政纪念碑》典礼过程。

此碑高一丈余、宽三尺余,汉白玉料,为李廷玉撰写,书家陈嚣洲书丹,刻工极为精细。李廷玉主持并宣读碑文后,市长代表马彦翀发表了演说。

李廷玉在致答词时说:“马秘书长谓本会此举,为将来不为现在,这话是很对的。然而本人不如禹远甚。当尧之时,洪水为灾,大禹继父之业,辛勤艰苦,卒平水患。读禹贡篇,禹锡玄圭,告厥成功二语,非表彰大禹之成功,实乃垂范于后世;马秘书长所谓表彰现在即所以策励将来,就是这种意思。”“此次疏浚南运,本人无功可言,更不足为后人取法。”“本人凭一片丹心,一腔热血,为桑

① 《文牍报告》,载《河北省南运河下游疏浚委员会报告书》。

梓服务，分文不取，本属分所当然；然而不明真相者，以为此中不无余润，群思染指，甚至纷纷籍籍，以小人之心度君子之腹；但是本人既不亏天良，何谓人言？这都是因为河工的积弊，由来已久，所发生出来的反响！”①

老将军说这句话，对应了放水典礼那天，他为什么在台高悬“浚川贪取半文钱，纵当时幸免天诛，终必坠河而死”“放水适逢小暑节，念此事全凭民力，问谁与汝争功”的对联。他气愤地说：“今日举行树碑典礼，本不应该说这些话，不过就着所有经过情形，略择一二切要的和大家谈谈，请大家注意！”

1936 年 9 月 20 日，第一纪念碑典礼于静海九宣闸举行。碑文亦为李廷玉撰写，书法家李邦佐书丹。仪式甚为简单，除事前函达静海县政府届期派警保护外，并未通知各机关。但静海民众以疏浚南运河有益民生，参加者极为踊跃。

9 月 26 日，李廷玉主持召开第四次全体大会，报告工款全部发清，后续事务移交河务局，宣布本会结束，全体起立鼓掌。

李老将军年逾古稀，主持完成这一伟大工程受到各界好评。市商会主席纪华称赞说：“将军以桑梓利害关系，勉任其难，且认为因势利导，既贵季节之适宜，尤以不夺农时，专事募工为正当，更不计工款如何，辄悉力主持，招工赶作，于盛暑烈日之下，亲往督工，多年决而未行之案，因将军之努力，未及两月，得以观成，农民感戴，仰若神明，至其裨益津市商业者，宁有涯涘乎。”

李廷玉面对社会好评绝不贪功，自言：“廷玉素无治河学识，更无经验可言，忝负疏浚南运之名，实则未能设谋尽力。此次全工告成之速，端由宋委员长精诚所感。在此加工赶作期内，雨泽甚稀，故于最短时间，得以从容蒇事。所有在事人员均能清白乃心，不辞劳怨，因之款不虚糜，工以速成。至于堤可增高培厚，河可倍加速度，一派畅流，航运通而商业资以繁荣，水利兴而农民普以乐利。而且天津为通商巨埠，户籍三十余万家，以运河永庆安澜，人无吾其鱼乎之虑，而津静沿河村落，园圃相望，全无干旱水溢之灾，从此物阜民康，礼仪明而人重尊亲，衣食足而人知廉让，熙熙皞皞，尽安出作入息之常。”“本会同仁知其然也，不畏难，不避怨，履河督率虽烈日蒸腾之下，不敢稍惮烦劳，所有服役员工，又皆露宿风餐，昕夕争先尽力，果然汛期将届，全段疏浚告终。统计每日作工者

① 《文牍报告》，载《河北省南运河下游疏浚委员会报告书》。

三万余名,动用农田水利基金约在三十四万以上,虽不敢谓款无虚縻,料实工坚。然一般人各矢精勤,足以告鬼神而无惭天地。""因念赵公点一之提闸一议,其功有不可没者在焉。若就廷玉个人论之,则一介迂儒,徒滋愧悚而已,有何成绩之足云耶。"①

(张诚,天津地方文史学者)

① 河北省南运河下游疏浚委员会文牍股《河北省南运河下游疏浚委员会报告书》书后,民国二十五年(1936),第57页。

芦台煤河船闸保护纪实

周醉天

唐廷枢于1872年底经人推荐北上天津接手改组轮船招商局,并从此成为李鸿章洋务运动的重要助手。1876年唐廷枢受命筹办矿局,经勘查选址确定在直隶滦州乔家屯开矿。1878年7月24日,开平矿务局在直隶滦州府开平镇千总驻地挂牌开张。当时尚无唐山,只有18户人家的小山村乔家屯,且并无道路交通。唐廷枢经过多次实地考察,历尽千辛万苦把设备运抵凿井现场。唐廷枢深知,一旦开井完成,成功出煤,煤产品的运出销售,将是一件异常困难的事情。于是唐廷枢未雨绸缪,确定了开挖运河解决运输的方案。1881年3月开工,至同年8月竣工,共开挖运河35千米,从阎庄至胥各庄,被称为阎胥煤河。该煤河至胥各庄由于高程而止,然后修筑铁路连接到矿井现场,这样解决了矿煤运出销售的交通运输问题,同时还解决了矿局所需各种生产设备、生活物资等的运进问题。运煤河以及船闸,是开平煤矿得以正常生产、扩大生产以及家属区域逐渐扩大,并最终成为唐山市的决定性因素之一。因此,称阎胥煤河是唐山的脐带也不为过。

2019年10月17日,笔者组建团队对煤河船闸展开考察。考察团队成员有拥有工程施工企业和民俗博物馆的宁河企业家马振得、著名津牌网红导游窦明、时任中国建设银行天津芦台支行行长傅文军、摄像师韩江北以及笔者。

经现场勘察,运煤河芦台起点位于蓟运河芦台镇曹庄村,船闸原本位于金云鹤与运煤河丁字交叉的连接点上,但船闸已经被填埋,卡房也已灭失,船闸填埋土之上形成贯通的堤岸公路。船闸的水下石砌闸床还在,蓟运河一侧的船闸闸床露出水面和公路堤坡,形成公路下水面上两个三角形石砌台,台上已长出野树、野草,台的尖角处有一处严重破损,像是船头撞击所致(考察团队捡拾了数块被冲撞损坏的140年前唐廷枢安装在此的条石碎石,用以收藏纪念)。蓟运河外侧的船闸闸床在堤岸公路下也有少部露出。而从此处船闸开始的运煤河,在约100米处被筑坝拦截,所形成的水面已被用作鱼塘。该水坝外即是运煤河主体河道,并在左岸开出一条河道,通向蓟运河,其中建有水闸。该处煤河右岸隶属于天津市宁河县曹庄村,左岸现状是一个新建的养老院,即天津市宁河区养老服务中心;沿煤河河道继续向北,右岸继续是曹庄村,左岸是阎庄,数里之后是煤河阎庄桥。阎庄桥是S201省道跨越煤河的大桥。阎庄原属宁河县,由于历史原因如今行政隶属关系为唐山市汉沽农场管理区,即唐山在天津的飞地。煤河蓟运河船闸一端以及船闸之地界,今属曹庄村界内。煤河阎庄段及下游两岸便已是唐山市汉沽农场管理区的管辖地界。可以确定,至少在煤河船闸处开始的上游这一段煤河,已经基本失去运输功能。后建的阎庄水闸表明,煤河的水利排储灌溉功能依然存在。

本次考察为撰写论文提供素材和现场情况,撬动当地文史力量对这段历史予以关注。此外,可择机将煤河船闸保护问题向有关部门提出,并申请将该船闸认定为不可移动文物,予以保护。

一、第一次对话政府

对芦台煤河船闸考察以后,笔者即与天津广播电视台新闻部进行联系沟通,向当时的朱旭主任和靳鑫、何娟等编辑记者汇报了考察情况,介绍了这一段近代工业发展的历史以及该船闸的重要性,得到他们的认同。于是笔者开始了以新闻部直播节目的形式与有关政府部门对话、沟通和反映的一个颇为漫长的过程。

首先,笔者为新闻部的编辑记者提供了船闸的老照片、不同阶段前来考察者所拍摄的照片,以及本次笔者团队拍摄的照片。笔者向编辑记者介绍了这一段近代史的实事,并且告诉他们这种140多年的工业遗存,在整个天津也屈指可数。同时还向他们讲解了唐廷枢乃中国工业之父、中国铁路之父,其创造了中国工商实业的若干个第一。这些成绩全是其1873年来到天津,至1892年在天津去世这二十年间创造的。唐廷枢作为与天津有如此深厚渊源、如此有意义的人物,我们现在在天津却找不到一处可以讲解介绍唐廷枢的地方,甚为遗憾。这个船闸保护起来,必定会成为一个文物景点,既吸引游人,又可以普及近代史和那些风云人物在天津的事迹。

时任新闻部主任朱旭认真听取、仔细安排,为该船闸保护与政府部门沟通交流从此拉开大幕。新闻部的编辑记者就我的讲述和提供的照片,制作了供直播现场背景大屏幕播放的视频,给主持人主持词设置了笔者的提问环节。

2019年12月7日,时任天津市水务局党委书记、局长张志颇走进天津广播电视台海河传媒中心津云中央直播间,直播的节目叫作《向群众汇报》,即通过直播节目就市水务部门这一年的工作向广大市民作一个汇报,就城乡供水、防汛减灾、污水处理、水污染防治等方面的短板,与现场的政协委员、专家学者、市民代表和媒体记者对话交流,并回应市民关切的问题。

在主持人的主持之下,话题来到芦台运煤河船闸的保护问题,主持人首先请大家观看大屏幕,播放提前做好的有关运煤河船闸的视频,然后笔者以政协委员的身份在直播现场发言,由于是现场直播,流程是提前设定的,发言时间很短,笔者发言简要阐述了该船闸的建造年代、建造原因、其当年对于唐山这座城市的意义,对于中国近代矿山煤炭事业的重要性,以及今天作为文物的现实意义,希望政府部门予以重视和保护。

现场得到的答复是,将妥善处理。

虽然当时对于水务局这样原则性的答复并不满意,但是后来的事情表明,笔者可能是误会了水务局,也是他们与问题提出者缺乏沟通造成的。

第一次与政府部门对话未有结果,朱旭主任安慰说:周老师别着急,咱还有机会,我会安排的。说实话,这个结果即在预料之中又在情理之外,按理说,应该得到一个更加具体的答复,无论这个答复是肯定还是否定。

二、第二次对话政府

2020年5月,笔者接到天津广播电台的通知,6月17日宁河区领导将作客直播间,届时请笔者继续参加与政府的对话。恰在此时,笔者在马振得先生的民俗博物馆偶遇时任宁河区文旅局干部刘锦丰。笔者随即抓住机会跟刘锦丰介绍了运煤河以及船闸的历史、现状,保护船闸的文物意义和现实意义,以及对未来的意义,同时告知其电台将要在 6 月 17 日与宁河区领导做直播节目的时候,邀请我做现场嘉宾,我将提到这个问题,请转告文旅局和政府做好准备,给予重视。

刘锦丰回到单位后即向文旅局领导作了汇报,宁河区文旅局立即采取行动。2020 年 6 月 3 日,相关部门派李月华(图书馆馆长)带队实地考察坐落在宁河区养老服务中心的煤河及闸口遗址,并采集闸口遗址现状资料。6 月 5 日,李月华、杨风新、刘磊一行三人,来到天津市区拜访笔者,李月华先生快人快语地说:“周老师,我在宁河管了 28 年文物,我怎么不知道有这个一百多年的船闸呢? 请您给我讲讲。”他们在我书房架上录像机,我给他们讲了两个小时该运煤河及船闸的前世今生。6 月 8 日,李月华再次带队前往煤河另一头唐山市丰南区胥各庄进行实地考察,参观了开滦博物馆、开滦第一口采煤井,了解诸多关于煤河及闸口的资料,通过实地考察发现煤河的农业灌溉、排涝功能依然在正常使用,依然造福当地居民。

2020 年 6 月 17 日,宁河区有关部门负责同志,做客由市政府办公厅、市委网信办、天津广播新闻中心、津云新媒体共同策划推出的《公仆走进直播间》特别策划《迎难而上　双战双赢——2020 区长访谈》。笔者以政协委员的身份参与了这次访谈,并在提问环节再次将运煤河船闸保护问题提出。宁河方面这一次是有备而来。所以,时任宁河区文旅局李灏局长和刘广玲副局长均来到直播现场,李灏回应了主持人的提问,他说:“2020 年 6 月,宁河区安排专业人员先后对该船闸及其相关河道——煤河唐山胥各庄至汉沽农场闫庄全段开展现场查勘、唐胥铁路调查活动,召开所在地闫庄村知情老同志座谈会,请教知名历史专家,走访当地群众,查阅《宁河县志》《水利志》,参观考察开滦博物馆,收集现有与船闸相关的佐证图片和文字材料,现场进行了拍照,同时录制视频,备档留查。下一步,宁河区文旅局将邀请市级文物和水利专家结合已经收集到的材料就船闸的重建和保护工作展开专题论证,在坚持‘修旧如旧,不改变文物原状’的前提下,最大限度复原该船闸历史旧貌。采取保护措施,加强船闸保护管理,组织材料向天津市文物局申请报批天津市重点文物保护单位。力争把古船闸打造为宁河区蓟运河旅游观光线路上的重要节点。”

节目的这个环节的设计、配合、完成得都非常好，并从此，我和李灏局长成为好朋友，节目的情况，还可阅读以下的官媒报道。

2020 年 6 月 17 日，宁河区有关部门负责同志在做客由市政府办公厅、市网信办、天津广播新闻中心、津云新媒体共同策划推出的《公仆走进直播间》特别策划《迎难而上　双战双赢——2020 区长访谈》时，一座船闸成为节目讨论的焦点话题之一。

天津著名文史学者周醉天和团队一直在致力于天津近代工业遗存的发现和保护。不久前，他们在宁河发现了一处颇有价值的遗存，就是位于宁河区蓟运河和运煤河交口的一座船闸，据周醉天介绍，这是中国工业史上的第一个船闸。是京津冀地区乃至华北地区工业发展的重要历史见证。1881 年建成至今已有 140 年。节目中，周醉天表示这个船闸自然状态延续到现在依然存在，没有保护。2019 年 10 月 17 日，周醉天团队考察拍摄，已有损坏，他希望能将这座船闸保护申请成为文物得到更多的开发和保护。

之后，笔者和李灏局长保持了友好密集的联系，但是令人意外的是，这次直播节目过后两个月，相关单位出现人事变动。这个消息使笔者再一次受到打击。笔者怀着忐忑的心情，游走在电台、芦台、北辰、宁河、编辑记者和文旅局官员之间。就这样半年以后，终于等来第三次机会，在此真的要感谢时任天津广播电视台新闻部主任朱旭两年来的支持，利用“区长访谈”的直播节目给笔者机会。

三、第三次对话并保护船闸获得成功

2021 年 4 月 13 日，天津新闻广播《公仆走进直播间》特别策划“办实事开新局——2021 区长访谈”，时任宁河区区长单泽峰对话群众代表、媒体记者、专家学者,结合生活配套建设、人居环境整治、户厕改造等热点问题回应百姓关切。这也是笔者第三次坐在区长访谈的直播节目上。节目按照惯例进行着,笔者的环节被安排在最后,照例是播放大屏幕,照例是简短的发言提问,其实也不是提问了,就是希望(也不敢说要求)政府能够重视运煤河船闸,予以保护而已。

李颢局长上一次在直播现场回答的就是:宁河区文旅局将邀请市级文物和水利专家结合已经收集到的材料就船闸的重建和保护工作展开专题论证。这一次,依然如此回答——正在组织专家对船闸进行论证。回复很简短,此环节即结束,笔者略感不快。更让笔者不愉快的是,在之后官媒公开该次"区长访谈"的视频,居然把提问的这个环节给剪掉了。这是为什么呢?笔者左思右想后发现,这一期,甚至前后好几期的"区长访谈"节目,都是民生问题,忽然出现一个文保提问,略显突兀,也显得节目较散。为了突出民生、体察民生的主题,才剪掉笔者的提问。

而其实就在四月份,区长访谈节目后,在区长和常务副区长的主持下,就笔者提出的保护运煤河船闸的提案,已经在落实当中,这项工作正在逐渐地开展。当然,区政府和文旅局的工作有自身的规矩和流程,笔者当时是不知道的。事后得知,宁河区文旅局邀请区城建委、土地、芦台镇、民政局、社会知名人士、文物专家等人员,组织召开了煤河闸口申报为文物保护单位的座谈会。根据座谈会和专家意见,宁河区文旅局决定,将煤河闸遗址确定为不可移动文物,即"尚未核定公布为文物保护单位的不可移动文物"。为此,李灏局长给我打了一个热情洋溢的电话,限于工作纪律,他不能直接将事情进展原则完全告诉我,但是他说不管什么结果,都得经过区里领导班子会议通过,正式挂牌为准。

至此,笔者长出一口气,总算有了一个结果,虽然这个结果并不令笔者满意。或者说结果是满意的,但是并不是终极的目标。再换句话说,还有更多的目标去追求。准确地说,这个结果只是第一个阶段性的成果。因为毕竟把煤河船闸确定为不可移动文物了。虽然是尚未核定公布为文物保护单位,但是确认了它是不可移动文物。这件物品本身发生了本质的变化,从一个普通石材垒筑的废弃船闸,变成了不可移动文物,既然是不可移动文物,就要求政府给予保护了。其成为政府确定的不可移动文物,那么政府就有保护它的职责了。同时,如何更好地保护和利用这件文物?将是下一个阶段努力实施、尽力追求的一个目标。为此,笔者开启了新征程。

四、主题公园的提出

关注时局,"时局"还真的有所变动。2021年7月,时任西青区区长白凤祥到宁河区任书记,对此颇感欣慰。因为之前在网上视频关注到白区长的工作状态,是一个实干家,比如把德云社召回天津,白区长和西青区都作出很多贡献。白书记履新宁河之后,便马不停蹄地下基层、走街串乡,发表了不少言论。这样,我便觉得向这位实干家书记,再转达一下我的新诉求还是有必要的。于是我给李灏局长写下一封信,请李灏局长以及其他渠道转呈白书记。

李颢局长:

我有关注到宁河区委白凤翔书记近期的讲话,颇有感想,提出一些项目建议,供参考:

宁河新闻、宁河融媒2021年9月4日发文《传承红色基因　留住记忆乡愁　坚持走绿色生态发展之路!白凤祥在俵口镇调研推动乡村振兴》,报道指出:白凤祥书记指出,要抓实产业振兴,充分利用区位优势和土地资源,打破老一辈固守成规的种养殖方法,不断调整和优化农业产业结构,发展成倍效益的高效农业、品牌农业,要全力打造七里海河蟹、特色果蔬产业链,着力提高产业的标准化、规模化、品牌化水平,不断提升农产品附加值,带动农民增收致富。要利用好七里海这个生态名片,结合辖区环境、文化、农业等资源优势,用好闲置的集体用地和厂房,将散落的乡村旅游资源串珠成链,推动文化和旅游、农业和旅游、研学和旅游融合发展,进一步提升旅游产品精致度,切实把俵口的故事讲好、讲足、讲出去,要鼓励和引导更多热爱家乡,有经济实力的乡村贤达、社会名人等返回家乡建设发展。发挥能人回归效应,带动当地群众勤劳致富,为村集体经济收入和群众财产性收入的增加注入新活力,激活乡村振兴新形态。白书记并强调,强化人人都是营商环境,处处体现营商环境的理念,踏踏实实服务好企业,服务好老百姓。

为此,在学习白凤祥书记讲话的基础上,拟定几个符合书记讲话要求的项目,与贵局磋商:

一、将与天津某影视工作室合作,将我区散落在乡村的特色村庄、历史遗迹、人文景点、工业遗存、风貌建筑、自然风光等,拍摄、制作成为图片和视频,作为天津《影视拍摄地集成》的一部分,并利用其北京的影视资源,以期吸引北京的影视剧组来我区拍摄,以期带动文旅项目发展;

二、与天津某自媒体合作,将上述特色村庄、历史遗迹、人文景点、工业遗存、风貌建筑、自然风光等,串珠成链,拍摄成短视频,利用自媒体进行广泛宣传,并在市内组织"宁河一日游",以促进文旅经济发展;

三、在七里海保护区之外,选择可以看到鸟的地点,建设观鸟点,并实施有效管理,促进研学与文旅项目发展;

四、选择适当水面,引进"水上桨板"项目落户我区,该项目属于高端体育休闲项目,前景看好。目前该项目在我市尚未有任何体育训练或者经营项目开展;

五、保护文物"煤河船闸",建设"煤河船闸主题公园",开展"唐廷枢与中国近代化研究",建设学术、文旅、经济互动的"宁河—珠海—澳门—唐山走廊",加强与上述地区的联系,促进我区对外交流和文旅、经济发展。

请李局并各位领导指示。

天津历史文化学者、红桥政协委员、文史委副主任　周醉天

2021 年 9 月 29 日

我的目的是第五条,其他几条可以说是铺垫。反馈的信息,该信函转达到书记,与此同时,有消息传来,2021 年 10 月区长又去职了,由当时的常务副区长惠冰主持工作。也就是说,之前文保工作是在惠冰常务副区长管辖之下,现在更是惠冰出任区长。此期间,保护运煤河船闸的法律程序全部走完,文物安全保护责任牌终于被设立在煤河船闸遗址上。看着傅文军给我发来了照片,我心潮澎湃。

李颢局长继续成为船闸保护利用所依靠的重要力量,他就煤河船闸保护利

用问题再次写出报告,得到了惠冰区长的指示。惠冰区长首先肯定了李颢报告的内容,同时具体指示:纪念碑要设计得漂亮一点;要用赋的形式写一个煤河的碑记;要将纪念碑跟周围场景结合起来,考虑游客拍照的场景设计。同时惠冰区长指出:咱们既然做个事,咱就给他做漂亮了,做每一件事儿,都让它有设计感,能够传承下去。

2022年下半年开始,一个巨大的项目开始了,即宁河区与天津市水务局关于蓟运河沿岸观光带文旅项目。为此,惠冰区长指示李灏局长要将煤河船闸列入蓟运河观光带项目之中,要围绕船闸打造一个小景点、一个纪念碑,要保护遗迹、挖掘历史、做好历史展示,从规划和设计开始。

五、煤河船闸景点设计方案的形成

于是宁河区文旅局在之前与水务部门多次交涉的基础上,这一次拿着区领导的指示,组织了一次论证会,实际上就是让笔者给水务和设计部门讲解运煤河船闸这一段历史和意义。经过几次沟通之后,于9月29日一大早,笔者驱车百里来到芦台。文旅局李月华等人带着水务、设计单位的人员先行到煤河船闸现场进行了实地考察,十点钟回到水务局会议室。笔者充满激情地为他们讲述了运煤河船闸这一段历史和唐廷枢为了中国现代工业泣血奋斗的后半生,两个小时的讲座感动了在场所有人。设计人员纷表示笔者的讲座给他们的设计增加了文化加持。随后,我们就如何保护船闸进行了简单的交流。笔者提出的意见是:加建一段河堤,或者从蓟运河里,或者从堤岸之外,弧形绕过船闸,这样既可以保持河堤的完整性,也可以使堤岸公路可以通行,最重要的是可以将船闸填土去除从而可以恢复原状。对于这个建议,设计人员表示难度太大。对于具体设计方案,笔者作为业外人士人不便过多发表意见,但是这样的情况已经可以满意了,于是在友好气氛下论证会圆满结束。

以下是宁河区文旅局的工作简报关于此次论证会的报道:

煤河闸口保护规划方案论证会情况简报

煤河闸口,称为芦台闸口或闫庄船闸,系称为世界采矿史上第一条运煤河——煤河之终点。至今已有140年历史,现仅存船闸遗址(迹)。2021年4月,经区人民政府审核同意列为未核定公布不可移动文物。

为做好文物保护、管理及利用工作,2022年9月29日区文旅局牵头组织开展了保护规划方案编纂及专家论证相关工作。区水务局分管领导、业务科室同志,北京金河水务聘请的第三方华森设计院专家,中国古迹遗址研究保护协会会员、独立学者周醉天与会并发表论述,提出各自见解。

上午10:00集中在区水务局报告厅召开保护规划方案论证会议。

与会全体同志首先到坐落于芦台东北约1.5公里的蓟运河南岸曹庄村北的煤河闸口遗址进行现场考察。

会议达成一致如下:

一.煤河闸口曾经的历史贡献和如今的文物价值,遵照文物法“修旧如旧,不改变文物原状”的原则规定,要将其恢复原貌,实施原址加以保护。

二.从实现乡村振兴目标出发,要将煤河闸口按照景区景点功能标准打造,规划方案的编纂与制定完全融入到区水务局牵头正在进行的《蓟运河(木头窝~小薄桥)水生态治理修复工程》(拟定名称)总体方案中。因涉及文物工作,另外单独制定细化方案。

三.初稿的编纂完成截止日期为:2022年10月15日。下一步工作将向相关部门征求意见,后续再细化再调整,至合格为止。

2022年9月29日

至此,这是几年来笔者最为高兴的一天,因为终于进入设计这个实质阶段了。笔者憋着的,关于唐廷枢和运煤河的故事终于有人听了。近三年的努力终于取得一点成果,使煤河船闸成为文物。现在,利用文物建设景区又提到议事议程,所谓好事,莫过于此了吧。带着喜悦,十一假日与家人出游,目的地为洛阳。十月四日在冷雨中来到龙门石窟,游览最后一站是白园,当回程走过大桥的时候,发现桥下堤岸有一段弧形河堤,于是赶紧拍下,发给李月华馆长,请他转给设计单位供参考。我要的未来,是这个样子的。

之后,宁河区文旅、水务以及设计单位经过多次论证,确定按照景区景点功能标准打造煤河船闸，最终形成总体方案。2023 年 2 月 10 日，关于煤河船闸的总体方案，在区政府“过会了”，即在区长办公会上得以通过。

方案通过了，区文旅局、水务局、设计单位等都非常兴奋，惠冰区长也很高兴，说文旅局“这事儿干得挺漂亮”，文旅局第一时间将这条消息告诉笔者，同时约定，近期要再来芦台，具体听取设计方对方案的介绍，对设计方案进行初步的审读。于是，经过几次沟通协调之后。2 月 21 日星期二，笔者驱车来到芦台，参加这个对设计方案的审读会，参会者有时任文旅局李灏局长，以及李月华、孙志利、杨凤新、设计院付玲科长等，听取设计院方面总体方案的介绍，对设计方案进行初步审读。该方案是这样的：

1.《蓟运河（木头窝—小薄桥）水生态治理修复工程》（拟定名称）包括岸滩清淤、岸坡景观绿化、灯光亮化等项，项目总投资将超过 2 亿元人民币。煤河船闸保护项目被纳入，将建成一个景点公园。

2. 煤河船闸保护项目，划定船闸所在河堤以及与船闸相连的水面及其周边陆地，建设煤河船闸主题公园，博物馆、纪念碑和船闸复制品。

3. 对船闸实施现状保护。由于该船闸已废弃，被填埋，成为河堤的一部分，只是在两侧露出了船闸闸床的两个尖角，堤岸上面已经压成柏油，形成了堤岸公路，在这种情况下，只能实施现状保护而无法实现恢复原状的保护。蓟运河是一条非常宽阔的主河道，是市管河道，区里无权在该河道的堤岸进行施工和变更河堤岸现状，不能使堤岸形成了缺口。100 多年以来，水文状况也发生了变化，也不允许将堤岸破坏，所以不能够实施恢复原状的保护，只能就现有现状进行保护。

4. 制作复制品供拍照留念。那么鉴于以上第 3 点的原因，为了建成景点的需要，为了供游人参观的需要，也为了纪念的需要，那么在船闸旁边的一个适当的地方，按照原样原尺寸复制一个船闸，以供游船游客参观、拍照。

5. 在复制船闸附近，修建一座纪念碑。

6. 在景区中央位置，建煤河船闸博物馆。

老实说参加这个方案审读对笔者而言是一件高兴的事，乐见景区建成。但是对于方案设计的内容是第一次见到，还是感觉有点儿突兀和吃惊。设计的内容，比如博物馆、纪念碑、复制品，都超出了笔者原来的想象，内容有点多、体量有点大。其间,进行了很多交流,也提出一些零零碎碎的意见,但是并不系统,并没有深思熟虑的意见和建议。为此,在下午回程以及晚上,一直心里念念不忘,直到夜里,终于拿起笔整理思路,写出一封书面意见传给文旅局。

关于煤河船闸景观设计第一次审读的几点建议

第一,原始照片的左侧有一个围栏,围着一个气象用的风向标,建议在复制船闸的时候也要复制一个同样的风向标和围栏。

第二,纪念碑的位置我觉得需要重新考虑一下,因为什么?因为今天只是从游船的角度考虑了纪念碑的位置,没有从未来整体的角度考虑,如果是从惠区长的要求来看,那个纪念碑有一篇赋,有碑文写在上面的话,那它显然不是放在河坡底下的纪念碑,不是给游船上人看的,游船上的人看不到纪念碑上的文字,所以,纪念碑而应该是放到陆上,景区中心位置。

第三,真船闸要有保护措施,比如说这两侧要装有防护网或者防护护栏,以防再次受到船舶的冲击而损坏。

第四,煤河船闸博物馆,是因为这个船闸而建,以船闸为基础兴建的这个博物馆,那么这个博物馆跟船闸就应该是一体的。换句话说,船闸就应该在博物馆里边,但是估计我们是做不到这一点了,那么,至少在位置上博物馆也就应该靠近船闸而建,或者说傍船闸而建,在博物馆设置一个通道,能够接近船闸,能够近距离最佳位置地观看,这样才能够成为一个船闸博物馆。

第五,基于以上第三点意见,纪念碑的位置地应该在整个公园的中心位置。

第六,纪念碑应呈现船和星两个元素。船代表运煤河里运煤船,运煤河的本意;星,代表唐廷枢,唐廷枢字景星,开平煤矿的创办者,运煤河的开凿者,唐山之父。

第七,纪念碑可以做成“船剪影”的形状,船体便是一面纪念墙,船体墙上镌刻“运煤河赋”,而桅杆的顶端有一颗星。

另:关于船闸复制品的效果图,感觉上中间的那部分画得有一点小,因为照片显示中间部分上面有一个小卡房,船闸石台的台面比小房间要宽一些,这比例似乎欠了一点,希望效果图也要画得精准好看,谢谢。

以上意见供大家讨论,谢谢。

此致:李灏局长、李月华馆长、付玲科长等。

周醉天

2023 年 2 月 22 日凌晨一时

李局回复,意见收到,一定参考。同时,并经与区政府等部门沟通,否定了设计方建博物馆的方案,对此,笔者并没有反对。在第一次见到这个方案的时候,对于建设博物馆的设计,是出乎意料的,因为建一个博物馆的投资是非常巨大的,对于正式的博物馆,国家法律是有详细规定的,它的软件、硬件、藏品都有非常严格的规定,建成一个真正的博物馆是非常不容易的。当然,笔者希望能建成关于唐廷枢的博物馆,但目前条件并不具备,先不要说投资,就目前所占有的文物而言,也远远不能支撑一个博物馆。但是设计部门对博物馆可能也不太清楚,他们就设计了一个建博物馆的方案。其实区里也不是完全的否定,区里的意见是,将要在区政府所在地芦台镇建一座蓟运河博物馆,届时会有唐廷枢和运煤河这样一个单元。

第二关于现状保护还是恢复原状保护的问题。我当然倾向于恢复原状的保护,但是由于它是一个大河的河堤,涉及水利、堤坝、水务安全,所以在这种情况下,现在不能够实行恢复原状的保护。那么笔者的想法就是退而求其次。现状保护也可以,先把公园建起来、先把唐廷枢宣传起来、先有地方能看、能讲唐廷枢就可以了。饭要一口一口吃,事情要一件一件办。如果我们坚持博物馆或者坚持恢复原状的话,那可能会很长时间、很多年不能够实现,所以退而求其次,保护现状,笔者也同意,目的是追求速度,追求这一阶段的成果。

六、结语

非常欣慰的是,煤河船闸得以保护成功。略有遗憾的是,没能恢复原状的保护,只能做到现状保护。文物的利用,建成煤河船闸公园的提议得到了重视,设计方案已经确定,是为欣慰,并坐等开工建设。公园名为“景星公园”当顺理成章。期待建成,在景星公园里,给游人讲述煤河船闸和唐山的故事,讲述中国工业之父唐廷枢的故事。

汇报完毕,谢谢大家。

(周醉天,自由撰稿人)

天津近代商业发展史初探*

曲振明

天津是一座现代化国际大都会,已有六百多年的历史,从运河边上一座军事要塞,逐渐演变为中国北方的工商贸易中心和航运中心。纵观天津的成长与繁荣,可谓因商而兴。商业是城市经济发展的重要标志,了解天津的历史,不能不对商业历史有所认识。本文综合相关资料,试对天津近代商业形成与发展进行初步探讨。

一、钞关移津:运河沿岸商业区的形成

天津城旧称天津卫,最初是一座“兵民杂居”的军事要塞,北城与东城毗邻大运河。大运河在明代已成为沟通南北的重要商路,由于漕运与盐业的发展,天津逐渐形成大运河北端的商业重镇。不过其发展进程中,经历了由集市到街区的转变。

天津城最初的商业活动主要是集市,城内只有宝泉、仁厚、货泉、富有、大道五个集。明弘治年间又在城外增设通济、丰乐、恒足、永丰、宫前五个集和安西市,形成了十集一市。每集三天,几乎天天有集。位于老三岔河口的天后宫,早年大量南货在此卸船,船民祭拜林默娘娘的同时,顺便在此补充生活必需品。

* 本文曾发表于 2023 年 5 月 15 日《今晚报》。

为此,宫前集应运而生。宫前集又分为宫南、宫北两集,随后在此基础上,以天后宫为中心的三岔河口地区河沿地段,又形成了粮市、银市和鱼市等。

天后宫的繁荣离不开庙会,天津人又称皇会,每到天后林默娘娘的生日,不仅天津人出会庆贺,山东、河北一带的船户也前来进香。

而且“香船之赴会烧香者,许带土产,关卡并不抽税。由御河(南运河)起沿至北河(北运河)、海河,帆樯麇集,芥园、湾子、茶店口、三岔河口,所有可以泊船之处,几于无隙,可寻河上黄旗飞舞空中,俱写‘天后进香’字样”。船户带来的特产可在皇会上交易。于是在皇会的带动下,天后宫一带的商业繁荣一直延续下来。

清代初期天津商业经济由集市转向了街区,形成运河沿岸的商业中心,这与钞关、盐关移驻天津密切相关。天津是南北漕粮的转运地,也是长芦盐的生产地。历史上,漕运与盐业是推动天津经济发展的两个轮子。康熙四年(1665),钞关由河西务移驻天津,因其在天津所有税关中规模最大,且位于城北,俗称北大关。北大关与崇文门、临清、淮安、扬州、浒墅、北新并称运河的七大钞关。钞关主要征收船税,以载运商货的船户为课税对象,为此北大关附近的南运河停泊大量南来北往的商船,形成了北门外运河码头。这些商船在等候征税的同时,进行各种商业贸易和交易。康熙年间,长芦巡盐御史署与长芦都转盐运司分别由北京、沧州移驻天津,加强了盐业的税收。盐商在河东一带筑盐坨,并将芦盐分发各地。早年间,涌入天津的各地商品种类繁多,如闽广一带的蔗糖、茶叶、纸张、海货、木料、干鲜果品,江浙一带的丝绸、布匹,江西的瓷器,江南的竹木和竹制品,河南的粮食,辽东的豆类等。这些商品汇集天津,就地成交;回程在天津装上药材、核桃、红枣、瓜子等。

随着天津商业贸易的发展,旧城北面与东面的沿河地区,渐渐形成了竹竿巷、估衣街、宫南宫北大街等商业街区。康熙十三年(1674),竹竿巷口有了中和烟铺(1940年前后更名五甲子老烟铺),说明此时形成了一些商店。雍正三年(1725),改天津卫为天津州。雍正九年(1731),天津升州为府,同时设立天津县,为天津城的发展创造了条件。到了乾隆时期,城北、城东沿河一带已经十分繁华了,这些不仅在乾隆年间的《潞河督运图》上有所体现,而在乾隆举人杨一崑的《天津论》中,更有“繁华热闹胜两江”的赞誉。据道光年间《津门保甲图

图 1　乾隆年间的《潞河督运图》描绘的宫南宫北大街

说》记载,经商的铺户在东门外和东北角 3416 户,北门外和西北角有 4084 户,说明清代中期的天津商业形成了规模。

由于各地商人云集天津,又形成了商人开设的栈房、公所、会馆,光绪年间《天津事迹纪实闻见录》中,记有山西会馆、闽粤会馆、江西会馆、山东济宁会馆、福建邵武公所、广东潮帮公所等。会馆或行帮公所是都市中由同乡或同业组成的团体,大量的工商业会馆出现,在一定的条件下,对保护工商业者的自身利益、协调行业发展,起到了一定的作用。

图 2　中和烟铺是天津最早的商店,1940 年前后建成大楼,更名为五甲子老烟铺

中国传统的商业投资主体是家族式的,多是独资或几个股东合资经营,股东既是投资者,又是经营者。股东的家庭收支是与商业经营联为一体的。乾隆、嘉庆年间,天津已有知名的富商大户了,有的承办盐务、有的从事海运,还有粮商兼地主。富

户豪门在天津社会影响颇大,形成了“八大家”的说法,并在民间广泛传播。

从咸丰初年(1851 年以后)开始,流传着一句有关八大家的口诀:“韩、高、石、刘、穆,黄、杨、益照临”。口诀的流行,说明这些家族在当时已得到社会上的公认。在各大家族姓氏之前,人们习惯冠以堂名字号或居住地,也就是:天成号韩家、益德裕高家、杨柳青石家、土城刘家、正兴德穆家、振德黄家、长源杨家、益照临张家。八大家中从事盐业的有四家(高、黄、杨、张),粮业的三家(石、刘、穆),海运业的一家(韩)。这些家族在敛财致富之后,又根据自己的财力,广泛投资于当铺、粮庄、银号、绸布庄、杂货铺等其他商业。如天成号韩家,除养海船数十艘外,还贩运粮食,开设当铺、长源杨家除承包四县的盐引外,在天津及外埠开设了二三十座当铺;穆家经营粮食发家后,以开设正兴德茶庄而著称。清代,以“八大家”为代表商人阶层,是传统商业的投资主体。随着西方资本主义进入和封建经济秩序的瓦解,个别投资者开始投资新式商业,跨入了资产阶级门槛。

二、开埠通商:中外商品集散地的形成

1860 年《北京条约》签订后,天津被迫辟为通商口岸。从此,天津成为北方贸易港口和工商业城市。为了适应对外经济贸易的需要,清廷在天津设立了三口通商大臣(后改为北洋大臣)和津海关道。1870 年,治理“畿辅”的直隶总督兼任北洋通商大臣,并加授钦差大臣关防,此后中国的对外交涉中心,由上海转移到天津。随着政治地位与经济地位的提升、中外贸易的加快、九国租界的建立、洋务运动的兴起,天津城市经济发展揭开了崭新的一页。

开埠第一年,有 13 个外国商人来到天津,他们将洋行开设在天津东门外与东浮桥一带。天津近代商业,是由外国产业资本的销售机构——洋行直接引进的,但外国商人的致富也与享受不平等条约的特权密切相关。1862 年 3 月 4 日,《中俄陆路通商章程》在北京签订,该章程规定,俄商货物从陆路运至天津,进口征税“按照各国税则三分减一”。天津曾是茶叶的转运地,这一优惠减税的条件,使俄国茶商觅得了商机。他们将茶叶从汉口经上海运到天津,再由天津用船运往通州,从通州由骆驼队经张家口越过沙漠的古道运往恰克图,然后

从恰克图运往西伯利亚与俄国市场上去。在运茶路途中,天津成为茶叶的转运基地。俄国商人纷纷在津设立洋行,如斯塔尔采夫在宫北开设顺丰(萨宝石)洋行、巴图耶夫在河北开设阜昌洋行。他们将茶叶运经张家口后,又将口外的皮毛运到天津,经加工、打包后又出口欧洲,天津又成为皮毛出口的重要基地。

图 3　俄商巴图耶夫在英租界投资的皮包打包厂

1870 年天津教案发生以后,外国商人及洋行纷纷从旧城迁入租界,到甲午战争前已发展到几十家。其中著名的洋行,有英商怡和、太古、仁记、新泰兴;俄商顺丰(萨宝石)、阜昌;德商世昌、信远;法商启昌、亨达利;美商丰昌等。另外还有英商汇丰银行、屈臣氏大药房等。为了协调各国在天津的利益,天津洋商会于 1887 年成立。

随着进出口贸易的发展和外国侨民的增多,外国商人在天津陆续开设一些为进出口贸易服务的工厂。1874 年英商驳船公司成立,经营轮船拖驳运输和船舶维修。1881 年,英商高林洋行洗毛打包厂正式成立,这是天津第一家羊毛打包厂,几乎所有出口商都在这家工厂为要装运的羊毛清洗打包。此后,仁记洋行、隆茂洋行、新泰兴洋行、阜昌洋行也先后建立了洗毛打包厂。不过高林洋行启动较早,又兼营出口业务,生意越做越大。高林洋行随即投资 30 万元在紫竹林码头盖仓库,开展货栈业务,遂成当时天津最大的洋行之一。

随着英法租界的开发,天津的外国人增多。一些外国洋行纷纷扩展经营,如原以经营茶叶、皮毛为主的顺丰洋行斯达尔采夫、阜昌洋行巴图耶夫,将获利的资金购买了大量的土地,建成住宅、栈房和工厂。摇身变成天津显赫一时的房地产商。

1890 年天津各国洋行达到 47 家。天津逐步成为中外商品进出口集散中心,与对外贸易有关的货栈、运输和报关等行业相继产生与发展,为进出口服务的金融机构,传统的票号、外国的银行、保险公司等机构在天津纷纷建立。1864 年到 1900 年,不到四十年,天津的进出口贸易量翻了 40 倍。

图 4　位于英租界中街(今解放北路)的英商太古洋行

在中外贸易中,外国洋行经常利用中国代理人即买办帮助进行商业活动,为此又形成了买办阶层。天津早期买办有广东帮、宁波帮、天津帮之分。广东帮来自开放较早的广东,这些人来津之前,已为外国人物色,天津设行后正式成为买办。宁波帮多发源于上海,在上海与外商打交道后来到天津,又依靠洋人以同乡关系为纽带形成了另一个买办集团。天津帮为本地培植的买办,这些人有在外商企业服务转成买办的,也有在外国留学或中国新式学校培养懂外语的毕业生。

天津买办的鼎盛时期在 19 世纪末 20 世纪初,随着洋行业务的开展,买办大发横财。其中怡和洋行的梁炎卿、太古洋行郑翼之、汇丰银行吴调卿、道胜银行王铭槐等,在天津号称"四大买办"。早期的一些买办受到清政府的严格控制，如汇丰银行吴调卿既是买办，又是清廷官员，先后任关内外铁路总局督办、京师农工商总局督办大臣等职。1860年天津开埠初期，对外贸易规模有限，只有对日本、东南亚等少量直接出口，多以上海为中转的间接贸易。汇丰天津分行成立后，吴调卿发挥了重要作用。时逢以天津为基地的北方洋务运动兴起，汇丰银行开展了一系列业务，促进天津进出口贸易迅速增长。他在为官、从商的同时，还开办天津最早的火柴、织绒、硝皮工厂，对天津迈向近代化作出了贡献。

与此同时，清末洋务运动及袁世凯发起的北洋实业新政，一大批民族资本的新型厂矿企业、轮船铁路、邮政电报、学校医院等纷纷创立，开风气之先，使天津成为对外开放的窗口和中国近代经济发展的引擎。民族商业的发展与天津新型商业组织的出现密不可分。早在1898年戊戌变法时，吴调卿就认识到发展民族商业的重要性，上书建议在各省设立商务局，这条建议得到了光绪皇帝的认同。1902年，袁世凯从八国联军的都统衙门手中接收天津市政，为了稳定经济、筹集赔款，成立了天津商务局，委任吴调卿与王铭槐为总办和帮办。由于商务局是个官办机构，得不到商人的支持，很快被淘汰。1903年4月，天津商务公所成立，即天津早期的商会。天津商会是中国最早的商会之一，是近代社会在中国北方最为活跃的商业民间组织。天津商会是时代的产物，反映出近代中国社会转型的必然。随着经济实力和社会势力的逐步增强，天津商会这个工商业企业家的利益代表，作为政府与工商业者的联系纽带，成为各项经济活动中的重要环节。它发挥了其他市场中介组织无法替代的作用，成为清末民初社会经济和政治生活中一支不可忽视的力量。

从1860年天津开埠到1912年民国成立，经历了五十二年，天津社会的经济结构和社会面貌、思想意识都发生了巨大变化。近人金钺在《天津政俗沿革记·序》中言："数十年来，国家维新大计，擘画经营，尤多发轫是邦，然后渐及于各省，是区区虽为一隅，而天下兴废之关键系焉。"由此说明天津工商经济发展，对近代中国社会影响巨大。

三、电车开通,促进商业中心的延伸

天津位于九河下梢,是南、北运河的交汇地,“路通七省舟车”。优越的地理位置造成南北商品的涌入与输出,为天津商业的繁荣增添了活力。

李鸿章发起北方洋务运动后,十分重视提升天津城市的交通运输功能。在他的授意下,1872 年成立了“轮船招商公局”,开辟了天津至上海的航线,海运漕粮,同时兼揽客货运输。李鸿章关注天津城区的交通改善,光绪八年(1882),成立北洋工程局,修筑了由督院浮桥(大胡同南口)至紫竹林法租界北端(今锦州道)的沿河大道。后随着租界的扩张,英、法、日租界与天津旧商业中心连成一片。光绪十四年(1888),聘请英国技师设计“金华桥”,成为天津第一座悬臂式可开启式的西式铁桥。同年“津唐铁路”建成通车,铁路修到了天津。后来天津成为京奉、津浦铁路的交会点,通过京奉铁路与京汉、京张铁路相接,而京汉铁路在石家庄与正太铁路相接,在新乡与道清铁路衔接,天津与六条铁路相连。这六条铁路构成华北铁路网,而天津是重要的铁路枢纽。华北铁路网的形成,使天津经济腹地向外扩展,增加了物资交流的数量,使商品货源开发更加广泛。

天津开埠至第一次世界大战前,天津进出口贸易和关税位居全国第二位。由于自然和地理条件限制,海河航道曲折多淤。1897 年,天津成立了海河工程局,致力于海河航道的治理与疏导。此后在海河三岔口以下进行了六次裁弯取直工程,共缩短了航道 26.3 千米。通过裁弯取直,河道缩短、河床断面增大、航路的纳潮量增加。经过六次裁弯后,1924 年达到了“一个空前的航运年”,有 1502 艘轮船到达天津口岸,其中有 1311 艘驶进天津租界河坝码头。随着水陆交通的改善,传统的货栈开始向铁路线及海河码头沿岸转移,形成了新的仓储运输基地。而传统的商业中心,却因公共交通有轨电车的开通,带动了商业中心的延伸。

图 5 繁忙的天津航运业

20 世纪初,城市商业中心由老城区向租界地区转移。推动商业中心转移的首要因素,是电车的出现。1901 年,八国联军控制的都统衙门根据《辛丑条约》拆除天津城墙,修建了东西南北四条马路。1904 年成立的比商电灯电车公司获取建设电车线路的合同。1906 年 6 月 2 日,环城电车线路工程完工,其线路从北大关起,分别驶向东、西两面,沿天津旧城马路环行,俗称“白牌”电车,全线全长 5.16 千米。电车带动了四条马路的商业繁荣,实现了运河沿岸的商业区开始向东南转移,形成以旧城东北角为中心的东北马路及大胡同商业的延伸。

引进电车之初,市民持反对态度,一部分商人也极力阻止。再加上电车开行以后,伤亡事故频发。1905 年,天津绸缎洋布商行联名上书直隶总督,反对在市内建设电车。当时人们对新型交通工具认识不足,主要担心交通安全。此间,天津商会代表民意,做出了许多努力。

天津商会一方面协调比商电车公司,提请电车司机注意安全。另一方面,与天津警察厅、比商电车公司及北洋工程局协调,将围城马路加宽,“使各种车马及行人,分别上下道行走”“既于市面有壮丽之可观,又于商家行人有莫大之便利”。此外,还监督电车公司定期检修车辆,保障车况完好,防患于未然。在天津商会和有关部门的共同努力下,有轨电车事故率逐渐下降。电车逐步为市民大众接受,成为市内重要的公共交通工具,加快了天津城市人口和商业资本的空间流动。

1916年黄牌电车穿行日租界旭街、法租界梨栈大街(今和平路)等商业街,由于电车可以随上随下,可免走路之苦,故而促进了人们的出行。1921年又增加绿牌电车线,带动了法租界26号(今位于滨江道)的繁华,人们称之绿牌电车道,实现了商业中心又一次延伸。电车也改变了人们的步行生活状态,促使城市的商业中心由旧城周围及河流沿岸向电车沿线转移,“盖天津市发展之趋势,其初围绕旧城,继则沿河流,复次则沿铁道线,自有电气事业则沿电车道而发展。”天津有轨电车形成白牌、黄牌、红牌、蓝牌、绿牌、紫牌、花牌等电车线路,全长23.2千米,运营车辆162辆,运行区域覆盖了华界、奥租界、意租界、日租界、法租界以及俄租界。公共交通促进和加速了城市的转型,向着近代化城市方向发展。

图6　正在维修的日租界旭街(今和平路)有轨电车道

四、由县改市,北方商业大都市的形成

进入民国后,天津经历了壬子兵变、直皖战争、两次直奉战争等多次战争侵扰,导致华界社会动荡,商业衰败,迫使城市人口和财富流向租界。相比之下,英、法租界凭借特权保护和社会安宁,商业畸形繁荣。这不仅对外国资本有巨

大的吸引力,而且对华商资本同样具有吸引力。由此,一些殷实的华人商业资本纷纷向租界转移。

1928 年东北易帜,国民政府在形式上基本统一全国。天津由县改为特别市,行政地位的提升,城区有了扩大,城市建设有了较快发展。到了 20 世纪 30 年代,一个大城市轮廓业已形成。1930 年,由梁思成、张锐完成的《天津特别市物质建设方案》,构建了近代天津第一个城市规划,计划将“拼盘式”半封建、半殖民地的城市,改造成自主统一、适应城市发展的近代大城市。可惜由于种种原因未能实现,但是,由县改市后的社会稳定,为天津商业的繁荣注入了生机。

首先,商业投资主体发生了改变。民国以后大量的清代遗老和落魄军阀政客流落天津,形成新的商业投资主体。这些投资者摈弃了传统商业家族式投资模式,越来越多地采用新式有限股份公司的组织形式,如启新洋灰股份公司、中原百货股份公司、裕元纺织股份公司等。这些新型投资者还有一部分曾是外国商业的买办,如汇丰银行买办吴调卿、井陉煤矿买办高星桥等。他们经过在外国商业历练,又在天津开拓投资新的商业实体。

图 7　繁华的法租界梨栈大街(今和平路)

其次,金融机构为商业融资提供了发展条件。20 世纪初天津有中外银行 100 多家,银行资本总额占全国 15%,资金流量居全国第二。金城银行、盐业银行、中南银行、大陆银行是当时享誉全国的中资银行,又被称为“北四行”。其中大陆银行效仿日本大仓财团经营方针,以金融资本扶助工商业的发展,投资25万元成立大陆商业股份有限公司,聘请前北洋政府总理颜惠庆任董事长,以进出口为主要经营业务,生意十分红火。

图8　1928年底建成的劝业商场

再次,新型商业实体的建立。新型商业实体除了投资形式的变化外,注重商品的橱窗展示以及各种媒体的广告宣传,还采用减价让利、有奖购物等促销手段。新型商业街区各种商店成龙配套,白天人头攒动,夜晚霓虹闪烁。尤其是大型综合性百货公司的设立,将天津商业推进到一个新的发展阶段。大型商场与传统商业不同,不仅采用股份制,还采取对外招商的办法,集合优势商业。1928年元旦,中原公司正式开业。其以规模宏大、货色齐全、设备先进,吸引着消费者。开业后以“始创无二价,统办全球货”的优势闻名华北。同年,位于法租界梨栈大街的大型商业综合体劝业场落成。以所谓天华景戏院、天纬台球社、天伟地球社、天宫影院、天露茶社、天会轩剧场、天乐戏院、天外天屋顶花园等“八大天”娱乐,带动商场的百货餐饮,导致游客蜂拥而至。

劝业场建成后,交通旅馆、惠中饭店、浙江兴业银行等纷纷兴建,渐渐形成了梨栈大街的商圈。与其他只是一条街区的商圈不同,梨栈大街向周边外溢得比较明显。聚拢人气,还要靠游乐餐饮业,据不完全统计,20世纪30年代是劝业场繁华地区形成时期,仅影剧院、饭店、舞厅、浴池在此开业的有近60家。

20世纪20年代末期和30年代前期,是旧天津商业发展的黄金时期,形成了旭街、梨栈大街、小白楼、南市、东马路、鸟市、北马路等商业中心,涌现出一大批商家、字号。据不完全统计,20世纪30年代天津市区范围的商贸行业,华界

(中国地)有 14 类,128 个;租界(外国地)有 18 类,132 个,零售商店合计 25400 多家,从业人员不下 10 万人,约占当时天津从业人口的一半以上。由此可见,天津由县改市促进了商业的繁荣。

回顾旧天津商业的形成与发展,我们感悟到天津商业的每一次变化和每一次进程,无不受到政治、经济、交通环境的影响。认识了解旧天津商业的历史,不仅可以加深对这座城市的认识,还会从中有所思索与感悟,进而增强发展天津、繁荣天津的信心和勇气。

(曲振明,天津地方史学者)

周家食堂始末[*]

张绍祖

一、周家食堂主人

周衡(1885—1959),字鉴澄,江苏宜兴宜城镇西门人,是周家食堂主人,天津文史研究馆馆员。他清末毕业于日本明治大学法律系,归国后于民国初年在司法界任职。

周衡的祖父周家楣(1835—1887),一作筱堂,清咸丰九年(1859)进士,入翰林,同治年间任礼部郎中,总理各国事务衙门章京,监察御史。光绪二年(1876)任四川乡试正考官,十二月任大理寺少卿(宜兴人口口相传的"周天官"就是他)。光绪四年(1878)任顺天府尹,兼总理各国事务衙门大臣。光绪十三年(1887)五月卒于任上。光绪帝应百姓请求为他建祠堂,供奉周家楣牌位,以纪念周家楣治理顺天府时期的政绩。

周衡的父亲是宜兴有名的秀才,在家乡以教私塾为生,晚年就任黑龙江省知县,不幸在赴职途中病故。

周衡一生好读书、喜书法,藏书颇多。他生性耿直,不畏强暴,坚持正义,有三件事为证。

一是在他任北平高等检察院检察官时,《国民公报》报纸刊载反对北洋军

---

* 本文曾连载于2023年6月16日至2023年7月21日《今晚报》。

阀的文章，当局要他将这家报纸举罪，他拒绝，以致军阀当权者放风要在一百天内把周衡拿下。周衡知道自己唯一授人以柄的是好赌，便狠下心来戒赌百日，到期限后愤然辞职，挂起牌来当了律师。这件事也使他出了名。

二是1934年他应好友之请，到常熟当县长，但因厌恶国民党县党部干政，只勉强地干了一年便辞职回津。

三是约在1939年，中国大戏院后身有一个恒利金店，老板崔二爷、崔三爷兄弟受到了汉奸赵某的敲诈勒索，崔氏兄弟请周衡打官司获胜。

不想这场官司也使周衡惹祸上身，因周衡常年爱穿蓝色长袍，那个姓赵的汉奸便向日本人诬告周衡是国民党蓝衣社的。有一天，一队日本宪兵全副武装地闯进周衡家，上楼把周衡抓走了。周衡夫人最终托李汉元把被关十余日的周衡保释出来。受此打击后，周衡为避祸便不再当律师，开了一家信孚信托有限公司。因为周衡不善于做生意，赔了不少钱，公司倒闭后，他又操起律师老本行。

周衡成为天津很有名气的大律师。开滦矿务局、启新洋灰公司、耀华玻璃公司、华新纱厂、盐业银行等都请他做法律顾问，其收入可观，生活优越，又有社会地位。近代名人周学熙、李烛尘、庄乐峰、陈亦侯、任凤苞等都是他的好友。有人说，周家食堂是1947年开业的，收入绰绰有余的周衡大律师怎么会去开饭馆呢？他的架子很大，结交的都是上层社会的人，家里不会随便开饭馆，接待外人吃饭。

周衡的十一个子女中，他最疼爱儿子周铨，对周铨的期望很高。20世纪50年代初，周衡经李烛尘介绍，成为天津文史研究馆馆员。1958年，周衡突发脑溢血，死在周铨的怀中。

二、周家媳妇力主创办

周衡的夫人韩若芬，1910年生，天津人，比周衡小25岁。她力主创办了“周家食堂”。

20世纪30年代初，周衡一家由北平移居天津，最初住在日租界吉野街（今和平区蒙古路），韩若芬许身比自己大很多的周衡之后，周家搬到了英租界益世宾道(也称53号路,今和平区柳州路)2号。韩若芬只有初中文化程度,但她心地善良、聪明贤惠、心灵手巧。周家老保姆说,韩若芬进门时,周衡前妻任氏生的大姐、二姐年岁都比她大。

韩若芬能做一手好菜。周家厨师安筱岩师傅做的清蒸鱼、韩若芬做的干烧鲫鱼和小酥鱼,全家人都非常爱吃,孩子们都说从未尝过比他们做得更好的这三种鱼。韩若芬还善于做点心,每逢不同的节日,她都做不同的点心。元宵节,她用荠菜与猪肉和馅做咸元宵,别有风味。五月初五的粽子,所用豆沙要将煮烂的小豆用纱布滤去豆皮,每个粽子馅里夹一条猪油脂,煮熟后趁热搅拌食用。中秋节的油酥月饼,用油酥面做皮,核桃仁、玫瑰花、白糖、脂油做馅,烙出后在瓷罐里存着,能吃上半个月。春节要做三种点心,第一种是枣皮年糕,用枣泥与黏米面做皮,馅与中秋节的油酥月饼相同,用一种特制的木模子,扣出两寸直径的小饼,放在竹叶或苇叶上蒸熟,趁热食用,这点心可以说没有人不爱吃。第二种是用玉米面、核桃仁、枣泥、大油脂与红糖和在一起做的窝窝头。第三种是彩色小窝头,有绿色、粉红色、咖啡色和白色四种,分别用菠菜汁、红果汁、咖啡液、白水与江米面做皮;馅则有两种,一是黑芝麻加白糖和大油脂,一是与枣泥年糕的馅相同,同样是放在竹叶或苇叶上蒸熟。这些美食永远留在全家人对节日的美好记忆里。

韩若芬每年还要亲手做两种食品。一是灌制香肠,一是白糟肉——用香糟腌制煮熟的五花肉,放在瓷盆里密封一周,切片作为凉菜,带有浓郁的酒香味,全家都爱吃。其实她做的每样菜都让人赞不绝口,她做的醉蟹、醉虾和用天津"青麻叶"白菜做的芥末堆,都是周衡喜爱的佐酒菜。芥末堆后来成为周家的传统食品,每年都要做,招待爱喝酒的朋友,备受好评。

周家食堂的创办,是韩若芬的创意。天津解放后,周衡歇业。周家大哥和三哥各带着妻子与几个孩子从南方到天津投奔父亲周衡,加上韩若芬生的几个孩子,当时周家十六口人,还有男女佣人七口人,没有任何经济来源。

正好那时周家人听亲友说,小白楼附近新开了一家夏太太饭店,是在一个地下室。夏太太曾在苏联生活多年,亲自掌灶做俄式大餐,一时顾客盈门。几位亲友说周家的饭菜做得那么好,建议周家也学夏太太开个饭馆,解决全家的生计。可这却遭到周衡的反对,他认为那样太丢面子。韩若芬积极面对现实,在她的力主下,1949 年 10 月 18 日,周家家庭食堂开业了。

三、响当当的韩经理

周家食堂开业那年,韩若芬才 39 岁,精力旺盛。其丈夫周衡 64 岁,对经营食堂做不了任何事。周家食堂的内外操作,全由韩若芬一人担当,是响当当的韩经理。周家的三儿媳担任食堂会计。

每天,韩若芬光是站在厨房安排配菜、上菜的时间就有八九个小时。每当熟客、名流来光顾,她都会亲自去打招呼。轮到一周一天的休息日,常常因为生意忙而不得歇息。此外,还有周衡与三个年幼的子女需要她分心照顾。开业初期,韩若芬最小的儿子刚刚七八岁,经常在店里最忙的时候,跑到她跟前撒娇,甚至惹她生气。她的大女儿于 1949 年出生、二女儿在 1951 年出生,为了经营食堂,她不得不给大女儿找了个保姆,又将二女儿托给大儿媳照顾。

韩若芬把周家食堂搞得井井有条,她与主厨安筱岩师傅切磋,不断对菜品进行创新改进,使菜单更加丰富多样。她曾跟儿子周铨说,在国庆十周年时,她整理出了周家食堂的 200 多种菜谱。

在她的努力下,没用几年时间,周家食堂就成为天津市有名的餐馆。有一段时间,周家食堂因厨师少、食客多,上菜时间过长,招致一些怨言,但饭菜质量与服务态度仍给食客留下深刻印象。20 世纪 80 年代末,儿子周铨曾听一位同事说,有一次同事家在小白楼一餐馆就餐时,和餐馆发生纠纷并投诉到了和平区饮食公司,那里的工作人员表示,像周家食堂韩经理那样的人,是少见的。

周衡与夫人韩若芬都很富有同情心。1939 年天津遭遇水灾,周家把住在平房低洼处的安师傅与周家佣人都安排到家中,包吃包住不要钱。1949 年冬天的一天,韩若芬发现后门胡同中有一个流浪儿,衣着单薄,蹲在地上,冻得浑身发抖,就收留了他,还让他在食堂做了学徒。厨师的孩子、保姆的孩子也长期在周家免费吃住。

韩若芬在“文革”中受到迫害,1965 年周铨与妻子带着四个孩子迁到西青区张家窝居住。

韩若芬从小时候就最疼周铨,然而在她需要帮助的那段时间,周铨未能给她更多的照顾。后来,韩若芬患上了血压高和心脏病。1976年6月,她突发脑溢血,周铨和妻子昼夜在医院看护。周铨曾拜老中医邹焕堂为师,在农村用针灸挽救过中风病人的性命。虽然周铨竭尽全力为母亲治疗,却无力回天。1976年7月20日,韩若芬离世。

四、名厨安筱岩

安筱岩师傅是周家食堂名厨。安师傅儿子安绍生说:“我父安筱岩(1901—1973),北京人。我祖父曾当御膳房厨师。我父少时念私塾,15岁到醒春居饭店学徒,18岁出师后到铁路上做包饭。1920年来到在财政部任职的郑绍鹤家中当私家厨师。1931年随周衡大律师到天津周家当私家厨师。”

周衡的儿子周铨评价安筱岩时说:“他是我一生中见到的最好的厨师,我从未尝过比他做得更好的佳肴了!”安筱岩很善于吸收别家的长处,推陈出新。以周家排骨为例,周家过去也常吃东坡肉,周家排骨的做法就是脱胎于东坡肉。两者的做法大同小异。周家排骨同样先要清水煮,再加佐料红烧,然后上屉蒸,不过蒸好后还要浇汁,肉嫩而不腻,不带皮,口味略偏甜些,更适合不爱吃肉皮、喜欢吃甜的人。另外,东坡肉在很多饭店都能吃到,有独特风味的周家排骨只此一家。有人说周家排骨用蜂蜜而不用糖。对此,周铨说:“吃安师傅的饭菜近20年,从未见过他用蜂蜜。”周家排骨、周家鱼两道菜很快成了周家食堂的招牌菜,吸引八方食客慕名而来。

安师傅用对虾做的两道菜很出名。一道是烹大虾,当时天津各大饭店吃到的对虾,无论是烹,还是干火熗、干煎或红烧,“味道都做不到他的水平”。另一道是高丽虾,将虾去头、去皮,裹上加入发酵粉的面糊与蛋清用大油炸,然后蘸辣酱油或椒盐吃。

凡是点糖醋黄花鱼的食客,食用多半后,都会把剩下的拿回厨房,请安师傅回锅做成黄鱼羹,味道如同西湖醋鱼。

什锦火锅是周家冬季常吃的汤菜。食堂开业初期还在做,后来就不备了。食材最多的两种烩菜则一直保留,全家福有12种主料,宜兴头菜则有15种主料,除鱼丸、虾丸、肉丸、海参、鸡片、笋片外,前者有猪肚、牛筋、虾仁、鸡胗干、黄瓜片等,后者则有鱼肚、火腿片、肉丝、香菜、青苗蒜丝等,特别还加琼脂丝。烩菜是宴席上的第一道菜,如同西餐的先喝汤一样,起到了开胃的作用。这是周家家乡的传统菜。

安师傅用红糟、香糟(白糟)做的系列菜也很出名。在各大饭馆里,用二者做的菜并不鲜见,但很少有像他那样把鸡鸭鱼肉都糟全了的。这个系列菜不下10种,其中糟熘大肠是喜欢肥腻口味的人格外青睐的。

安师傅做素菜也很地道。冬笋向来是素菜的主角,除了干烧冬笋、炒二冬、素什锦外,用腌过的雪里蕻的叶子,洗去过重的咸味后,过油炸酥,加糖后再炒冬笋,别有风味。

安师傅用笋丝、鸡丝或肉丝、韭黄炒成馅,做成炸春卷,五条一份,是散客常点用的。安师傅做的甜点主要有三种,拔丝山药、杏仁豆腐和核桃酪,其中,核桃酪几乎是每桌宴席必点的。

五、八方食客慕名纷至

周家食堂从开业到1951年,慕名光顾者纷至沓来。

当时周家食堂只有楼下三间可以待客,周家人都住在楼上。那时的食客既有各地来的商人,还有京剧界、文化界等名人,如梅兰芳、马连良、裘盛戎、老舍、曹禺等都来过。裘盛戎爱吃"红烧翅子(即鱼翅)",他来天津唱三天戏,每天晚上,都有伙计给他送去一份红烧翅子。

因为顾客太多,店内就餐必须预订,这样就接待不了散客。到1951年后,订宴席的数量大减,才开始有散座。1954年公私合营以后,经济逐渐繁荣,周家食堂虽改名苏闽菜馆,但人们仍然称其为周家食堂,生意又渐渐兴旺。1958年,周家搬到开封道62号,柳州路2号全为周家食堂。

周家菜出名后,当时的国家领导人曾来品尝。毛主席大约是1953年来的,事先并没有通知食堂,是服务员领班姚德林上菜时认出的。后来,周家食堂的厨师还曾把周家菜品送上专列。据说菜肴中的周家鱼最受青睐。

周家鱼是在江苏名菜清蒸鲥鱼的基础上改进的,后者除用葱、姜、绍酒外,还用网油、冬菇、火腿、笋片加鸡汤蒸制,外加胡椒粉与香菜。安师傅的改进之处有五。一是在辅料中添加了天津特产虾干;二是汤料不用鸡汤,食堂每天备一大桶煮鸭子(用做大葱鸭子)、西排肉(用做周家排骨)和鸡(用做椒麻鸡、香酥鸡)的汤,用这种混合汤做汤料,味道更丰富;三是火腿必用地道金华火腿;四是舍去香菜,作料加少许高级的红钟牌酱油与白糖,增加提鲜效果;五是用四边高一寸左右的瓷盆装盛,上面扣一层毛边纸,再上屉蒸 20 分钟,这样就会使所有配料的味道充分进入鱼肉中,不会外泄,同时可防止蒸屉水滴入菜中而干扰味道。这种做法融合了多种山珍海味和肉禽的鲜美,真可谓鱼的顶级做法。吃过这道菜的食客,第二次再吃时,多半会先喝两口鱼汤,再吃鱼肉。因为这鱼汤比鱼肉的味道更浓郁,也可以说是汤中的极品。吃鱼肉时,和吃螃蟹肉一样,也要蘸着姜醋吃。

大葱鸭子也是安师傅的一道负有盛名的拿手菜。整只鸭子去腥、着色、过油后,放置大砂锅内,一侧放几棵整段的大葱白,另一侧放两三个整洋葱,放佐料后要用温火炖四个小时。

据说,有关部门还让安师傅到当时的市政府第一招待所备餐。韩若芬说安师傅至少有三次去第一招待所提供服务。中华人民共和国成立后第一任天津市市长黄敬与市公安局局长许建国都曾来此用餐。

现在,七八十岁的人一提起周家食堂,仍津津乐道,把周家排骨、周家鱼挂在嘴边,把在周家食堂就餐当成一次难忘的经历。

六、美食家周铨谈烹饪

周铨曾是《八小时以外》杂志编辑,也是一位美食家。他是吃周家食堂名厨安筱岩师傅做的饭菜长大的。他生前曾说:“我家每逢喜庆节日或招待亲友,都是家宴,因为自家厨师做的饭菜胜过任何一家餐馆,我也不记得哪位亲友家的饭菜能超过我家。”

谈到安筱岩师傅,周铨说:“他所做的所有佳肴,除了糟熘大肠和鳝鱼(这是因为我的心理作用)外,没有我没吃过的。天津解放前,我只随大人吃过两次饭馆,一次是为了品尝玉华台特有的汤包,一次是父亲周衡带我、庄乐峰带他的孩子在大约今天成都道的小猫饭店吃西餐。”

安师傅亲手教了两个徒弟十几年,但徒弟的厨艺水平赶不上他。烹调不同于普通产品制造,按同样的菜谱,做出菜的水平可能差别很大。烹是运用食材的不同加工工艺,如炸、炒、熘、爆、炖、焖、煨、烧、扒、煮、烩、煎、蒸、烤、涮、熬、酿等,以及对火候的掌握;调是运用各种不同比例调料调味,决定菜品水平。烹是基础,调才是关键。菜的鲜美程度大有高下,一个不会做饭的人,白水煮萝卜丝做汤,加些盐、味精或鸡精,喝起来也会觉得不错,可要想做出高级的美味,则全凭厨师对味觉的把握。一个人的乐感、美感、味感、嗅感的水平固然可以后天培养,但对于安筱岩师傅来说,"他可算是厨师中的天才"。

以周家排骨成功地从东坡肉脱胎,创制出一个全新菜品为例。东坡肉有两种做法,都是先略煮一下,然后加佐料红烧。不同之处在于,一种是切成小块肉,再入陶罐焖制;另一种是整块肉红烧。东坡肉的做法使肉质酥软,皮肉都呈酱红色,味道浓郁,适合喜肥腻口重的人食用。做周家排骨,是取一斤左右不带骨的西排做整块处理,第一步先清水煮至七成熟;第二步红烧,时间不长;第三步带汁蒸,这样佐料味道会进入肉内一部分,出屉后再熬原汁浇肉上,调制的汁比东坡肉汁甜,但不过度。夹肉蘸汁吃,肉质既酥又嫩,口味比东坡肉清淡些,不重不腻。

厨师展示烹饪技术,关键是对调料搭配的选择、对调料比例的掌握,如同中医对药方中药材的加减,有时候是模仿不来的。红烧肉、东坡肉的历史可谓悠久,吃到今天才吃出一个新烧法来,不能不说安师傅的创制了不起。

周家菜是安筱岩、周衡、韩若芬三位美食家合作的结晶,但在菜品创制方面,安筱岩发挥的作用应更大些。遗憾的是,周家鱼没有像东坡肉、宋嫂鱼羹和麻婆豆腐那样普及开来。这道菜产生于天津,如今却不见被本市哪家餐馆列入菜单。

(张绍祖,天津地方史学者)

天津造胰公司的“黑色肥皂”保卫战

张　弛

1908年年初,天津市面上同时出现了两种黑色肥皂,如果不仔细查看上面的商标文字:一块标注为“天津造胰有限公司”,另一块则标注为“华胜公司”,两块肥皂几乎如出一辙。很多因为价廉物美而一直选购造胰公司黑色肥皂的顾客误买了华胜公司的产品,使用后才发现质量极差,纷纷大呼上当,甚至认为造胰公司占领市场后偷工减料,牟取暴利。与此同时,造胰公司的创办人宋则久接到有人仿冒黑色肥皂的消息也是大吃一惊,因为这种肥皂是该公司煞费苦心研制的拳头产品,而且已经在商部立案,享有五年专利权,他人不得制造类似产品。如今出现劣质仿冒品,公司声誉可能就此毁于一旦。宋则久赶忙找到华胜烛皂公司经理李镇桐,当面要求他停止侵权,收回伪货。但李镇桐以造胰公司只是立案,并无官方证明文书为由,拒不承认仿冒侵权一事。即便后来宋则久向直隶工艺总局提起控诉,华胜公司也咬定造胰公司没有商部的专利证照,依旧我行我素,大肆生产。这场围绕着黑色肥皂专利权之争的来龙去脉究竟是怎么一回事?一切还要从宋则久创办天津造胰公司说起。

自晚清开埠以来,以肥皂为代表的西方清洁用品由于在去污能力和使用便利等方面的优势,开始在中国流行,加之外商采取廉价出售、抢占市场的策略,洋肥皂很快便在国内大行其道。以天津为例,20世纪初年当地每年进口条皂5万箱,价值10余万两。目睹洋货泛滥,白银外流的状况,爱国商人宋则久打算采取集资方式创办有限公司,以振兴工艺,弥补漏卮。他在1903年招股集资筹办造胰公司,最初设厂于天津黄姑庵东老公所胡同,后因地势不佳改设在闸口元会庵内。同年10月,呈请天津府县两署立案;1904年开始制造各种肥皂。

1905 年,原定股本 5000 元(每股 50 元)已如数招齐,得以正式在商部注册,公司也定名为“天津造胰股份有限公司”(后文简称“造胰公司”),这是中国人自行建厂制造肥皂的嚆矢。

宋则久为增强造胰公司的市场竞争力,在引进人才和改良技术两方面双管齐下。他聘请东京大学工科毕业生张星五为公司董事,严智怡为工程师(后张退出,严智怡为董事,主抓技术管理),还雇用日本人为工头,积极引入日方先进技术和管理方法。同时,花费重金购置外国先进机器设备,先后从日本购进数台制胰机和制烛机,从德国购入锅炉汽机。1908 年后,造胰公司实现了由手工操作到机器制造的迭代升级,生产效能大幅提升。据商会档案记载,当时造胰公司每月生产条胰、块胰五六百箱,香胰六七百箱,洋烛二三百箱,在同行业中位居翘楚,十分畅销,年年获利。

造胰公司的发展之所以如此风生水起,黑色肥皂功不可没。1906 年,造胰公司遍寻国内各种制胰原料加以比对,又反复优化生产工艺,终于研制成功质优价廉的黑色肥皂,分为两种:其一为洗面粗香胰,又名“黑方块”,其二为洗衣黑条胰。两种肥皂的质量与市面主流品牌并驾齐驱,但每箱单价却便宜很多,凭借价格优势,造胰公司很快便站稳脚跟。特别是在经过工厂招考化验后,黑色肥皂被认为其质最洁,获评“制料净细,出品迈群”,被授予优等金牌。从此,黑色肥皂一炮而红,不仅占领本地市场,更行销华北地区各大商埠。

尽管成绩斐然,但宋则久深知造胰业技术门槛低、从业者流动性强,自己苦心孤诣研发的原料和制法难保不被泄露。为防止他人仿冒,宋则久未雨绸缪在 1907 年通过直隶工艺总局向商部请求为黑色肥皂立案,并如愿获得五年的专照权限。在此期间,造胰公司享有此种肥皂独家专利权,他人不得制造类似产品。但令宋则久始料未及的是,由于相关专利章程尚未订立,商部只是将造胰公司申报的商标图样及文字存部备案,并未正式颁发证照,这就让竞争对手钻了空子。

天津华胜烛皂有限公司(后文简称“华胜公司”)由李镇桐等人于 1906 年创办,起初发展势头良好。但面对激烈商战,华胜公司不是通过降本增效、提升质量来增强企业的核心竞争力,而是希望借助一些非常手段使自己获得身位优势,甚至垄断地位。1908 年,华胜公司借增资扩股至十万元并改为机器制造的机会,通过天津商会向商部请求授予该公司在直隶省内专办 20 年的地位,期间他人不得申请开展机器制胰类的生产经营活动。然而商部以造胰公司创办在前、华胜公司并非首创为由,拒绝了该专办权的申请。与此同时,已经通过优质产品抢占市场的造胰公司也走上了机器制胰的快车道,公司业绩蒸蒸日上。相形见绌之下,李镇桐恼羞成怒,打起了仿冒黑色肥皂的歪主意,这才有了本文开头的那一幕。

1908 年 5 月,就在李镇桐认为造胰公司无计可施,沾沾自喜之际,宋则久突然造访,而且拿出了专利证明文书,再次要求华胜公司停止侵权。原来造胰公司特意向商部请求颁发专利证照,商部也很快批复颁授。面对白纸黑字的证明文书,李镇桐再也无法狡辩,只得停止仿冒,收回伪货。就在造胰公司认为此事告一段落之时,不料华胜公司贼心不死,于 1909 年 3 月向天津商会呈送样品,辩称其产品原料与造胰公司不同,企图申请专利。宋则久只得与公司董事联名上书工艺总局,声明造胰公司既然已获专利,无论他人使用何种不同原料,只要制售形色相同的肥皂,均属侵权。黑色肥皂是该公司呕心沥血之作,华胜公司竟想不费丝毫心力资材,“贪人之功以为己利”,若不加以严行禁止,以儆效尤,必然会对处于萌芽期的中国工业造成极大危害。由于理据充分有力,直隶工艺总局与天津商会采纳了造胰公司的建议,严令华胜公司不得自行产销黑色肥皂,这一场围绕黑色肥皂的专利权纠纷至此才终于画上了句号。

尽管造胰公司赢得了专利权保卫战,但由于造胰工艺粗浅,致使仿冒成风。后来又有益和公司因仿造黑色肥皂而被造胰公司禀请劝业道查究,令其将售出仿品尽数收回并保证今后绝不伪造。宋则久认为要想杜绝此类现象再次发生,必须主动出击,因此他通过巡警总局将很多专利告示张贴于大街小巷,希望用广而告之的方式吓阻牟利之徒的仿造冒牌。正是由于造胰公司注意维护自身品牌价值,与仿冒者坚决斗争,才使得以黑色肥皂为代表的优质产品助推企业进一步发展壮大。1923 年时,公司营业额已增长到 70 余万元;1925 年在北京兴建分厂,产品畅销华北东北各地。包括黑色肥皂在内的各类洗涤制品先后在巴拿马、意大利、南洋等地的万国博览会,以及国内工商展览会上获评优等多达二十余次,也使得造胰公司蜚声国内,甚至名扬海外。

(张弛,天津社会科学院历史研究所)

天津福星面粉公司

成淑君

天津在近代被称为“东亚最大面粉销场”，面粉工业在全国也名列前茅。天津的面粉企业当中，福星面粉公司是比较特别的一个。它的规模和生产量仅次于寿丰，是天津的第二大知名面粉生产企业，同时还是近代天津唯一没有经历过合并重组和改名的面粉厂。另外，它的建厂时间也比较早，中华人民共和国成立后在面粉行业中率先实行了公私合营，“福星”的厂名也历经百年沧桑沿用到了 21 世纪。

福星面粉公司，全称为福星面粉股份有限公司，始建于 1919 年。公司的发起人是刘彭久（字鹤龄）和张良谟。刘彭久是如今的宁河区芦台人，曾担任过吉林木税局局长和懋业银行营业主任的职务，由奉天兴业银行经理卸任回津后，有意兴办实业。张良谟，也就是刘彭久家在天津开办的同顺永斗店的副经理，认为开设机制面粉厂利润很大，他自己在选购小麦方面又有丰富经验，于是鼓动刘彭久筹办一个面粉厂。为了筹措资金，刘彭久请其大哥刘彭寿出面帮忙。刘彭寿（字壬三）曾在吉林督军孟恩远手下当过吉林省财政厅厅长，也做过天津海关监督等职，利用在官场的人脉关系，邀请了陈云樵、刘纪亭、张燮元等一批军阀和官僚入股，很快凑足股本 30 万元。随后，他们租赁了天津西头大伙巷北口河沿二大街处 10 余亩的土地作为厂址，开始兴建厂房，从美国购进全套制粉机器和设备。1920 年福星面粉公司正式建成并投产，董事长和总经理分别由刘彭寿和刘彭久兄弟担任。

福星面粉公司紧邻南运河南岸，用水方便，运河流域的小麦通过水路可以直达公司后门,水陆运输都很便利。公司建成初期,有职工一百余人,原料采用国产小麦,每天可以生产面粉 4000 多袋,收益相当丰厚。不过,1923 年和 1928 年公司先后发生了两次大的火灾。1928 年的火灾发生在 4 月 27 日凌晨近 2 点钟的时候,当时夜班工人正在工作,由于机器电滚走电导致失火。大火焚烧了将近 4 个小时才最终被消防队和水会扑灭,200 余间厂房在这次火灾中被烧毁。两次火灾都给福星面粉公司造成了惨重损失,每次都停产 1 年多。所幸 1928 年的火灾,公司得到了一些火险赔偿。在此基础上,福星面粉公司又续招新股,增资到 80 万元(实际收足 61 万余元),对工厂进行大规模重建。经过重建,福星面粉公司在 1929 年夏再次恢复生产经营。

重建后的福星面粉公司,厂房总计有 450 间,六层制粉大楼由原来的砖木结构改建成钢筋水泥结构,非常坚固,上面还装有避雷针。每层楼房东半部为麦间,西半部为粉间。各种机器如磨面机、调和机、打麦机、清麦机、圆筛、平筛和打包机等一应俱全,总价值约 30 万元。福星没有洗麦机,而是用清麦机和调和机进行代替。全厂设总经理、经理、副理和襄理各 1 人,分营业和工作(也有资料说是工务)两部。营业部分会计、庶务、麦库、面库、机器、账房各科,工作部则有面粉机械股和原动机械股两个股。所有职员和正式工人约有 150 人,另有临时工约 100 人。机器部和面粉部的工人,均为长期大工,多来自江浙一带,工资和待遇都比较优厚。麦库和粉库的工人,则基本都是临时雇佣的小工,工资要低很多。工人们每日工作 12 小时,日夜班轮流工作,每周轮换一次。日班早 6 时至晚 6 时,夜班晚 6 时接班,次日早 6 时下班。工厂内建有工人宿舍,楼上楼下各 25 间。楼上为工人宿舍,室内光线充足、宽敞洁净,每间可供 3 至 5 人居住。不过,多数工人都携带家属在外租房居住。该厂工会,名为天津市面粉业产业工会第一分事务所,也在楼上办公。楼下为小工宿舍,每间居住人数较多,条件也比较差。

福星面粉公司在重建后每天的面粉生产量提高到五六千袋。根据有关资料记载,天津沦陷前,福星日产面粉量占天津面粉日出产总量的比例为 23.2%。福星所产面粉为“蝠星”牌系列等级面粉,商标图案为一只七星蝙蝠。具体分绿蝠、红蝠、蓝蝠、蝠星、白袋五种,其中绿蝠为头等面、红蝠为二等、蓝蝠为三等、蝠星和白袋为四等,价格也依次由高到低。“蝠星”牌面粉问世后,受到广大消费者的欢迎,曾先后两次荣获直隶省工业观摩会和商品陈列所颁发的特等奖牌。

福星面粉的销售市场,主要以天津市为主,其次是北平和河北、河南等地。据记载,1931 年各地销货比例,天津、北平和唐山分别是 64%、27%和 9%。在天津最初是委托各米面店代销,后来在河堤的面粉市场设贩卖门市部,直接推销。

1933 年,在生产量增加和销售兴旺的情况下,福星面粉公司租用了嘉瑞面粉公司全部的厂房和机械设备,设嘉隆第一分厂,扩大经营。但受外国面粉倾销等影响,租约期满后未再续约。1935 年 2 月,嘉隆第一分厂解散,全体百余名职工停止生产。

从 1921 年到 1937 年抗战全面爆发前,福星面粉公司的生产经营总体上来说较为顺利,获利也很丰厚。1937 年之前,只有 1923 年、1928 年和 1932 年出现了亏损的情况,其他年份年平均利润率达到了 36.5%。1937 年麦收之时,福星面粉公司在各地采购了价值上百万元的小麦,但还未起运,七七事变爆发。这些小麦大部分被国民党各部军队强行征收或扣留,也有的被代理店趁火打劫,全部被抢掠一空。战后,据福星面粉公司自己上报,战争期间损失小麦 819 万多斤,麻袋近 10 万条。好不容易渡过这次难关,在天津沦陷时期,小麦和面粉受到统制,福星被摊派给日本人做加工,勉强维持开支。抗战胜利后到天津解放,由于原料缺乏,福星面粉公司生产量锐减,1947 年底甚至一度被迫停工。

解放初期,为了扶持福星面粉公司发展,市贸易处粮油部与该公司签订了代磨合同,解决了该公司的原料紧缺问题。1953 年,福星面粉公司成为天津市第一批公私合营企业,改名为天津市人民面粉厂。20 世纪 90 年代初,该厂重新更名为天津市福星面粉厂。

(成淑君,天津社会科学院历史研究所)

天津永明油漆厂

杨　楠

天津的“灯塔涂料”享誉海内外，从我国第一辆红旗轿车、第一架自制飞机、第一颗人造地球卫星，到长征运载火箭、嫦娥绕月卫星、神舟载人飞船、中国空间站，均使用“灯塔涂料”。“灯塔涂料”距今已有百年历史，其前身天津永明油漆厂是我国民族工业的杰出代表，创办人陈调甫（1888—1961）被称作中国的“油漆大王”。

第一次世界大战时，碱的价格猛涨，苏州的吴次伯邀请毕业于东吴大学化学系的陈调甫和他的老师王小徐用氨法试制纯碱并取得成功。吴次伯北上拜访范旭东商议创办碱厂，两人一拍即合后，吴次伯电邀陈调甫和王小徐来津办厂。随后，陈调甫专程赴美考察生产技术并购买设备。陈调甫在美国时结识了侯德榜，他 1919 年回国后即向范旭东推荐了侯德榜。永利碱厂成立后，陈调甫在碱厂先后担任过技师长、视察部长和厂长等职务。除了制碱，陈调甫的兴趣还有油漆，他在 1929 年创办了永明油漆厂。

陈调甫年轻时就对我国传统的桐油和大漆有着非常深入的研究，他搜集了大量关于桐油和大漆的资料，著有《国宝大漆》一书。他认为桐油和大漆的生产与使用，最早始于中国，已有几千年的历史，但囿于近代中国生产技术的落后，中国传统的桐油与大漆没能跟随现代化脚步，逐步落后于西方国家。陈调甫看到西方国家从中国进口桐油，制成化学漆后又返销中国，这种工业化的油漆售价昂贵，利润很高。对此，陈调甫痛心疾首，立志要创办中国自己的油漆厂，开创中国的涂料工业。

20世纪初,资本主义国家的油漆产业非常发达,美国20世纪20年代油漆年产量就达到一百多万吨。当时我国的油漆市场主要被外国所垄断,本国只有上海的“振华”与“开林”以及天津的“中国”与“东方”这几家规模稍大的油漆厂,其余一些小厂产量小、质量差,很难与进口油漆相抗衡。陈调甫的永明油漆厂建厂之初,困难重重。他的第一批产品在1929年5月出厂,但这批低档油漆不仅竞争不过进口漆,就连天津本地其他漆厂的国货都没法比,天津的五金店和颜料店都不愿进货。因此,永明油漆厂在最初的两三年里产品滞销,经营十分艰难。陈调甫经过反复思考、认真调研,决定转变思路,生产高档油漆。

他首先从人才入手,从京津地区的高校招聘专业技术人员,他为每个技术员配备两名助手,让他们专注于新产品的研制与开发。此外,陈调甫还买来了当时国内市场上能买到的所有外国品牌的油漆,他让技术人员对这些进口漆进行化验,逐个分析它们的优缺点。他不仅要求技术人员总结进口漆的优点,还要针对其缺陷提出改进的方法。在全厂技术人员的共同努力下,他们发现美国的瓦利斯油漆(即酚醛油漆)虽然硬度大、光泽好,但耐水性能差,一经热水烫后会有漆膜变白的缺点。而永明油漆厂研发出来的新款瓦利斯油漆,除了硬度大、光泽好之外,由于加入了国产桐油,其耐水性更高于美国同类瓦利斯油漆。永明的这款新品除质量远超洋货外,成本还低,一经上市便深受用户欢迎,“永明漆”即成为热销品牌。永明油漆厂从1931年到1936年还先后研发出内外皆可用的“万能漆”和汽车用的“喷漆”。

永明油漆厂的这些新产品成功上市后,陈调甫举办了各种展览会,向商家赠送油漆样品。由于国产油漆物美价廉,永明的产品逐渐打开了销路,与进口油漆形成了竞争之势。但随着后来天津沦陷,油漆生意日渐萧条,陈调甫于1938年迁居上海,天津永明油漆厂被迫停产。抗战胜利后,全国各地的工厂、铁路都在复工,许多客户向永明订货,陈调甫在1945年末回到天津,永明油漆厂随之恢复生产。陈调甫没有满足于现状,他又扩大了研发队伍,着手进行当时国际上流行的醇酸树脂的研究。功夫不负有心人,永明的技术团队于1948年成功研制出了树脂涂料,并迅速投入生产。这种新研发的油漆能喷、能刷、能烤,所以也叫“三宝漆”,“三宝漆”很受客户欢迎,成为永明的又一名牌产品。为了扩大生产,陈调甫还从国外进口了一批先进的生产设备,比如英国的单滚磨、美国的反应釜等,永明油漆厂在产量和质量上都有了进一步提高。

永明油漆厂能够成为我国油漆行业的翘楚,与陈调甫个人的经营管理有很大关系。陈调甫在永明油漆厂创办之初就题有“做、学、教”的三字厂训,非常重视技术人才的培养。工人和技术人员进厂后,他亲自讲解厂训,希望职工们边干边学,参与试验。油漆厂内采取老人教授新人的方式,帮助新职工融入环境。在严格的“做、学、教”厂训下,永明油漆厂技师级的技术人员约占职工总人数的50%。从事技术研究工作的,包括技师、技术员和试验工在内,约占职工总人数的20%。① 永明的技术人员待遇都很高,陈调甫还在研发上做了大量投入,对技术人员在图书资料以及试验设备等方面的需求都尽量满足。他购买了大量国外最新出版的相关书籍,使得永明油漆厂图书室有关本行业的藏书一直是同业中最多的。他还购入了国外的文献胶卷,利用“读书器”供技术人员阅读。永明开办了“技术讨论会”,陈调甫亲自授课,向职工讲解技术方面的难题。厂里设有工人业余补习班,聘请了专门的老师;工人所用的课本、文具等也由厂里供给;陈调甫还请人给技术人员补习英语、日语等。一些职工在厂外学习的费用永明也会负担,时人对永明的评价是“厂房破,设备新,规模小,名声大。”

天津解放后,人民政府扶持工商业的恢复与发展,当时规定凡是国内能生产的产品,一律停止进口,因此永明油漆厂的油漆销路更广。1953 年 1 月 1 日,永明油漆厂开始实行公私合营,改名为“天津市公私合营永明油漆工业公司”。

(杨楠,天津社会科学院历史研究所)

---

① 王绍先:《陈调甫与永明油漆厂》,《天津文史资料选辑》第六辑,天津人民出版社,1979,第 149 页。

华资制革业的翘楚

——华北制革厂

刘凤华

天津是华北、西北地区皮毛的集散地和出口地，得此之便，天津的近代制革业起步较早，发展也较快。1898 年吴懋鼎在天津设立北洋硝皮厂，这是我国第一家采用现代鞣革技术和机器设备的近代机器制革厂。经过民国前期的快速发展，到 1936 年天津已经成为仅次于上海的皮革生产中心，其中规模最大的华资皮革厂当属华北硝皮厂

华北制革厂最初称华北硝皮厂，诞生于 1915 年 4 月，是天津设立的第二家新式皮革厂，厂址位于河北区的金家窑大街（后迁至三条石东口）。创办人王晋生（又名王健）早年曾留学美国，获得哥伦比亚大学和威斯康辛大学硕士，归国后邀请天津青年会干事陈锡三、南开大学校长张伯伦等人集资创立了华北硝皮厂。王晋生担任华北硝皮厂经理兼工程师。华北硝皮厂资本金最初只有 5000 元，1917 年投产运行。随着 20 世纪 30 年代前后我国制革业的快速发展，华北制革厂也迅速扩大规模。1929 年，厂子的资本金增到 20 万元；1937 年前，年营业额最高为 60 万元，工人有 90 多人、职员 10 余人，可与中日合办（实为日本独占）的裕津皮革厂抗衡。

当时，制革业正处于旧式制法向新式的转变过程中，新旧制法在去脂、去毛、使用的各种原材料和辅料等方面均有很大不同。华北制革厂采用新式的植物鞣制法，先行浸泡皮张 2—3 日柔软后，放入灰池 5—6 日，待毛自动脱落时去毛洗灰，洗净后放置在单宁桶中，加入树皮树膏或其他矿物质，洗净晾干再施以

油脂,放入轧皮机倾轧、铲板、染色、磨光后即可完工。华北制革厂主要以牛皮作主要原料,牛皮大多产自河南、山东、河北三省;次要原料中,除了石灰、食盐、芒硝等几种可国产外,其他均为进口,例如硫酸来自德国,纯碱来自英国,各类树皮、树皮油、树皮膏来自美国、英国和印度南洋等地。

华北皮革厂最盛时期,拥有色箱(丹宁槽)200 多个,洋灰池 20 多个,转鼓 20 个,轧皮机 8 架,其他如挤水机、冲皮机、片口机、压力机等一应俱全。该厂在创设时曾生产多种皮革,市场反应平淡,王晋生再次赴美学习技术,归国后采购大型机器,专产法兰(珐琅或法蓝)底皮、花旗皮、两色皮,以“象”为商标,用于鞋底制作,品质上乘,经济耐用,世人称赞“华北各工厂以华北制革厂之花旗皮、法蓝皮为最优良”,年产花旗皮 5000 余张、法兰皮 1000 余张,最高时年产总计 2 万张以上。在包装上,以十余张皮作为一捆,外面用麻袋包住,重量约一百磅,以磅计价。产品除了供应天津各皮件厂外,还销往济南、北平、辽宁、锦州、沧州、绥远、包头、张家口、大同、开封、热河等地。此外,1927 年华北皮革厂还添置了皮带设备,生产双象、象、马、熊等品牌的传送皮带。

同当时上海、广州等地的制革业一样,外资制革工厂资本雄厚、技术设备先进,原材料获得容易且较为廉价,因此,基本均是各地制革业中的头部企业。而华资制革厂资本额少、设备简陋、营业受时局影响非常大,特别是制革行业所需流动资本数额较巨、生产周期较长,因此华资制革业更加举步维艰。例如,1935 年天津制革厂中,只有 4 家工厂拥有技术员;1936 年时天津制革厂有 60 家左右,但至该年秋冬季节,停工者就有三分之一,原因是东北失守后市场损失大半,加之此前 2—3 年世界皮价下跌所致。此外,由于部分皮革产品(例如鞋面皮等),中国内地不能自主生产,因此每年还从中国香港、日本等地大量进口皮革。即便如此,华北制革厂仍旧凭借其雄厚基础,在全国民族资本制革厂中居前列。

七七事变后,受战事和日方统制政策等影响,华北制革厂损失惨重。日本的洋行、公大制革株式会社、神荣公司等机构,先后对华北制革厂进行威逼利诱,试图强行购买其厂房和机器设备,强购不成改为加入股本,企图将华北制革变成中日合办工厂,被拒绝后又提出租用的要求。所幸华北制革厂的领导人员均是爱国人士,日人企图没有成功。此后,华北制革公司被迫将机器设备拆下隐藏,避免被敌人利用,又将厂房租给德商洋行,只留下一小部分机器维持生产。

天津沦陷初期,日伪当局对生皮控制不太严格,天津的华商制革厂尚能从本地、河北、山东、河南等地购入原料,维持生产。1939年日本人成立华北原皮协会(后改为皮革加工统制协会)后,80%的生皮归日本军用,剩下的20%为协会垄断,各厂需入股才能分配生皮。时任天津制革公会会长的王晋生带头抵制,只认一股,其他会员效仿,方才勉强维持开工,但所产鞋底皮等,因战事无法运输,只限在平津两地出售。1941年后,皮革被日伪当局列入军用物资进行统制,对各制革厂实行原料定额配给,直接造成各工厂生产时停时开。华北制革厂得到的原料配给极少,每日只能得到三四套零件的"配给"(每套零件为牛头、牛尾各1只,牛足4个),被逼无奈,华北制革厂只能变卖、出租厂房设备,靠织牛毛鞋里或布线袜子勉强生存。1943年9月,为了实现华北皮毛一元化统制,日伪当局成立华北皮毛统制协会,并出台《毛革类搜集促进要纲》等文件,对皮毛的收购和配给实行更加严格的统制,由华北皮毛统制协会统一收购市面毛皮,不允许各工厂自由加工皮毛。在此情形下,多数华商、日商皮革厂被迫停工,改从他业。

华北制革厂作为华北制革业翘楚,其发展经历及其创办人百折不挠的创业精神和相忍为国的爱国精神,都是近代天津工业的一个缩影,亦是留给我们的宝贵精神财富。

(刘凤华,天津地方史学者)

追求创新的天津克明料器厂

王　丽

天津近代玻璃工业起步较早，据《总商会月报》记载，天津玻璃制造业起端于19世纪末，当时山东和广东商人合资设立了玻璃厂，但规模特别小，不久就歇业了。1902年茂泰玻璃厂创设，1908年永信玻璃厂成立，这两家工厂均由日资组建，雇佣日本技师、有玻璃制造经验的日本员工和中国学徒。在此之后，华人经营的玻璃工厂逐渐兴盛，到1923年，天津华商玻璃厂已有12家。20世纪二三十年代，天津玻璃工业已非常有名，成为全国仅次于山东博山的玻璃制造中心。天津克明料器厂，是天津近代最著名的玻璃器皿制造厂，曾辉煌一时。该厂不断创新生产工艺技术，采用先进生产设备，生产的产品独具特色、品类齐全，在天津同行业中一直处于领先地位。

1928年6月，天津克明料器厂成立，是合资制建厂，位于天津市北营门外。设立之初，天津克明料器厂规模比较小，资本总额3000元，主要生产雪花膏瓶子、灯罩之类的简单玻璃制品，占地面积只有1亩8分。时隔不久，它就包揽了除玻璃仪器之外的所有玻璃制品，从酒具烟碟、各类灯罩及化妆品瓶，到“同心牌”暖水胆、植物油灯等。这些产品除供销天津外，还远销北京、河北以及北疆草原。据1934年成书的《国货年刊》记载，当时天津克明料器厂制造的玻璃盆行销天津市，电灯罩运销河北、山西两省，牛奶瓶运销察哈尔省和绥远省，化妆瓶运销热河、山东两省，文具瓶运销陕西省，医药瓶和灯类畅销天津及河北各县，

20世纪三四十年代，郭润庭担任天津克明料器厂的总经理，并逐渐成为该

厂最大的股东。1940年,天津克明料器厂已发展成为天津规模最大的玻璃器皿制造厂,资本达50000元。1941年3月,天津克明料器厂更名为天津克明诚记料器厂,为郭润庭所控制。由于他灵活敏锐的经营意识和集贤纳才的用人方式,使得克明诚记料器厂日益呈现出兴旺昌盛发展景象。据天津档案馆档案记载,1942年天津克明诚记料器厂生产瓶子250000打、轧力玻璃杯11480打、磨花玻璃杯1540打、电灯罩1300打、油灯14400打、料碟270打、贡碟2700打。工厂拥有从业者有150人,其中普通机工和徒弟100人。在工厂规模方面,机械房有5个,拥有轧力机、吹瓶机、磨活机、烧口机等机器设备,并设立分厂制造厂3个。其中制造厂是铝顶革棚16间,机器房是砖瓦房3间,材料库是铝顶革棚8间,制品库是铝顶棚8间,账房是砖灰房4间,宿舍是砖灰房12间,模具房是砖灰房6间,模具修造房是砖灰房2间。分厂制造厂是铝顶革棚48间,分厂材料制品库是砖灰房12间,分厂宿舍是砖灰房10间,分厂账房是砖灰房3间,分厂模具房1间,厂房面积已达到1561平方米。

1933年8月,《大公报》的记者曾对平津玻璃工业作过调查。调查显示,当时天津共有玻璃厂(俗称料器厂)十余家,主要分布于北营门及南市一带,但玻璃厂的出品及设备,大多雷同。为了与众不同,在市场中取得竞争优势,郭润庭坚持不断创新,追求独特的发展理念。他深知,一个企业如果踩着别人的脚印走,是不会成功的。因此,郭润庭始终在“创新”上狠下功夫,使产品处处别具匠心。

郭润庭连最普通的化妆品包装瓶,也费了一番心思。他认为,化妆品,特别是高级化妆品属于一种奢侈消费品,是普通社会阶层消费不起的,所以化妆品瓶必须有所“讲究”,不仅要有使用价值,而且要有观赏价值,造型要美观,色调要漂亮。在克明料器厂技术人员精心设计下,生产出了油玉、白瓷、葱心绿、黄、粉等多种颜色的雪花膏瓶。当时玻璃着色是一项关键技术,别的料器厂是难以做到的,很快克明厂就凭借生产的五颜六色的雪花膏瓶垄断了天津市场。又如,克明料器厂专门研制、生产的小口径花露水瓶、头油瓶,甚至有的小到装瓶时需要用针管注射,小口径瓶克服了市场上大口径瓶容易浪费、不好控制产品使用量的缺点,一经投放市场就受到了用户的欢迎和大批量订购。再如,克明厂生产的玻璃口杯也与众不同,总是在口杯上加工磨花后才出厂销售。因为当时市面上磨花口杯稀少,克明厂的产品再次受到了众多顾客的喜爱,甚至出现了供不应求的场面。正是由于克明料器厂不断创新研发、生产新产品,终以独具特色的产品占据了天津玻璃器皿市场,也让同行厂家难以望其项背。

如果没有技术人才、不掌握先进的生产技术,产品的创新与特色便无从谈起,克明料器厂也就难以立足和发展。郭润庭为了吸纳厂内外高级人才,获得先进技术,可谓颇费心机。岳砚田是精于玻璃熔窑和配料技术的高级技师,郭润庭为了让他安心为厂服务,不仅拉他入股,给予高薪,还送他公司股份,委以重任。由岳砚田全权负责工厂技术监督与指导,凡事都跟他商量,唯恐有招待不周之处。不仅对岳砚田如此,凡是能干的和有手艺的员工,郭润庭都以礼相待。

郭润庭非常重视和爱惜人才,只要得知哪个工厂有适合自己工厂需要的技术人才,总会想方设法将他挖来或聘请加盟自己的工厂。例如,为了制造出与众不同的小口瓶,郭润庭千方百计地通过熟人,用高薪把一位绰号为“机器刘”(刘玉堂)的技师从上海聘请来天津。刘玉堂来克明厂后,解决了许多瓶子生产工艺上的技术难题,改进了瓶子质量,生产出独具特色的小口径瓶。郭润庭还特别关心技术人才的思想波动,用心解决好技术人才的后顾之忧,想尽一切办法留住人才。比如,有一次,东北某厂打算高薪挖走克明厂的一位青年人才,郭润庭闻讯后当即找到这位员工,一面积极劝说挽留,答应给他提高薪资待遇;一面四处张罗给他找对象,出资替他完婚,给予多方面的生活关照。这位青年员工深受感动,终于留了下来。一时间“帮你解决后顾之忧,请留这儿工作”的故事,在社会上被传为美谈。克明厂在追求“创新”与“特色”道路上不断进步,从中也可以管窥郭润庭对技术人才的重视和珍惜人才的良苦用心。

(王丽,天津社会科学院历史研究所)

春合体育用品制造厂的兴衰*

魏淑赟

春合体育用品制造厂(下文简称“春合”),是一家由手工作坊发展起来的综合性体育器械生产企业,后来成为天津“中华老字号”企业之一。

春合建厂的具体时间,存在争议,但都集中在20世纪20年代初。地址是天津南开中学对面两间租赁的厂房。春合的出现,是偶然和必然的碰撞。偶然,是源于一位皮革行业创业者的失败;必然,是那个时代对体育用品的需求。春合的创始人之一傅泊泉,曾经在天津华北制革厂当学徒。之后,他曾与人联手创办“三合成”皮件作坊,惜乎失败。而后,他找到兄长傅泊川商议创业。他们联合本家傅清淮、傅清波、傅万安、傅万金四人联合办厂。傅泊川、傅泊泉、傅清淮和傅清波各出资100银元,傅万安和傅万金各出资200银元,共800银元,取六人“六合同春”之意,为工厂命名,创办了春合制球厂(别称“春合工厂”),也就是春合体育用品制造厂的前身。几年后,春合制球厂改名为春合体育用品制造厂,原址改为营业部,另在马场道建立工厂。

傅泊川出任春合总经理。他不仅擅中医,还是天津西沽学校的一位教师。他的学识和人脉使其对体育的认识更加深刻,并能够获得志同道合者的有效支持。地利加上人和,春合得以在南开中学的支持中走过初创岁月。

那个时候,体育开始受到有识之士的重视。如南开学校创办人张伯苓,认为“强我种族,体育为先”,他曾在南开学校成立40周年时总结道:“南开学校

---

* 本文曾发表于2023年6月27日《天津日报》,第12版。

自成立以来,即以重视体育,为国人倡……”体育受重视,对体育用品的需求和对国货的期待召唤着本国体育用品的生产。南开学校(后改名南开中学)曾与春合结缘,在后者建厂初期起到了至关重要的作用。

建厂之初,春合并没有制球技术,而是对进口球进行模仿。因为质量差,虽然价格低,也无人问津。为了改变这种情况,春合与南开中学合作:向师生提供球试用,并收集使用意见。通过产品与用户的不断磨合,春合终于摸索出了自己的制作技术,提高了产品质量并逐渐打开销路。春合此时的产品,主要是手工缝制的篮球、排球、足球等,以“醒狮”为商标。但产品的稳定性受制于皮革质量。春合决定改变皮革依靠购买的状态,开办制革厂。

制革厂开办的时间,也存在不同的说法,主要集中在20世纪30年代前后。春合购入20多间平房,开办制革厂(春华制革厂)。开工时,请了几位华北制革厂的技术工人,后又聘请制革专业的毕业生石炳星为技师,还聘请了燕山大学制革专业主任张克刚为顾问。不仅如此,春合还与燕京大学和天津工学院的制革系长期保持合作关系。在不间断的技术支持下,春合专用的皮革质量持续提升。对于产品质量,有各类、各地使用者的反馈可供佐证,其中有这样一封写在1933年7月青岛第十七届华北运动会、筹备委员会用笺上的荣誉书:“本届华北运动会,购用贵厂各种运动器械,物质坚实,制造合法。各运动专家无不交口称赞。来日,竞争国际销场,抵制舶来……此致,天津春合体育用品制造厂。”

春合在20世纪30年代前中期快速发展壮大。从建厂到七七事变之前,春合的资金从建厂之初的800元到了八九万元,员工从几人发展到两三百人。除了生产球类、球拍、靴鞋、服装、刀枪剑戟、体操器械等多种体育用品和比赛用具,春合还能够设计和承造与体育相关的建筑工程。据《勤奋体育月报》1935年第8期《天津春合体育用品制造厂产销概述》:“该厂起初出品不过数十种,现在谁不知道能自制出品数千种呢!人称为体育界之武库,谁曰不然!”当时,春合的产品不仅在国内上海、沈阳、长春、汉口、成都、太原等城市发售,还远销新加坡、印度尼西亚、马来西亚、泰国、缅甸、越南和欧美多国。

在员工待遇上,春合超越同时代的许多企业。据1934年第2期《勤奋体育月报》上《天津春合体育用品制造厂厂部及劳工概况》一文,春合员工每天工作

8 小时，最低的工资为十二三元；为员工提供餐食和医疗服务，并为有家眷的员工提供房子和补助；为员工开设运动场，“早晨为郊外游行时间，下午停工后，群趋运动场”，进行各种体育练习或比赛。此外，春合“有教育班，教授工友国文算数，日用常识”，还开设工人子弟学校，对职工子弟开放。春合在产品和管理上的良好把控，为今后的发展打下了坚实的基础。

遗憾的是，春合一片大好的发展前景被社会动荡打断。1937 年七七事变后，日军侵占天津。春合安排员工回原籍避难，局势稍微稳定后，勉强开工。这一时期，春合的生产规模缩小至之前的三分之一，且持续恶化。1939 年 8 月，天津水灾，工厂被淹，春合再次停工。因为工厂和营业部分别在华界和租界，迫于日军对各国租界的封锁，春合被迫营业停顿。后另设售货点，勉强维持，更一度靠给大中华橡胶厂和正泰橡胶厂代销运动鞋，获得一些收入。

而这种惨淡的日子也并未长久。1941 年，日军开始对牛皮进行管制，春合下属制革厂的原料供应出现问题。虽然通过私运和远地采购进行自救，但风险太大且杯水车薪。1945 年日本投降，春合本以为出现了重大转机，但实际上只获得了短暂的喘息机会。随即，内战开始，生产、营商环境依然恶劣。春合仍处于艰难经营的状态中。中华人民共和国成立后，经过一系列的磨合和政府扶持，春合焕发了勃勃生机，生产规模扩大、产品质量不断提升，为我国体育事业的腾飞作出突出贡献，特别是“中华牌”体育器械享誉海内外。

（魏淑赟，天津社会科学院历史研究所）

强强联合 业界翘楚

——近代天津丹华火柴公司*

任吉东

天津丹华原名是天津华昌火柴有限公司，建于1910年，“据分省直隶州知州陈炳墉等呈称：洋货自天津进口者，以火柴为大宗。我国人浮于事，遍地穷民，贻患非浅。爰合同志纠集股本，在天津县西沽地方创立火柴厂，遵照公司律办理，名曰天津华昌火柴股份有限公司。股本定天津行平银150000两。开办时先收75000两，余俟规格大备，用以扩充。一俟批准，即行建厂开办，招募穷苦子弟，以事制造，并延聘良师，于星期日授以粗浅学科，养成人格。”

后因营业困难，不能维持，经各位股东决定与北京丹凤火柴有限公司合并，组成丹华火柴有限公司。据《丹华火柴股份有限公司添招新股启事》(1915年10月10日)称：“本公司由北京丹凤、天津华昌两公司合并而成。除原有股本50万元作为第一次优先股外，现再添招第二次优先股25万元，以供开办东厂及扩充京津两厂之用”。而在《北京丹凤火柴公司——天津华昌火柴公司合并理由书》中给出的合并理由为“凡经营一业，犹之逆水行舟，不进则退，乃常理也；火柴工业之前途亦然。君中国商人大抵于创始而勇于争利；当一业未兴时，则率裹足不前迨成……我国多数火柴业散而不聚者尤为可怖”。因此主张要组建联合大公司，从而使得“一股票所受之利益，二营业上所受之利益，三巩固公司之利益，四两公司相济之利益”“若两公司合并以后，办料则相通、销货则

* 本文曾发表于2023年5月12日《天津日报》，第12版。

相助、人材则交相为用;将来必能成为中国独一无立之大事业也”。而另据张新吾《丹华火柴公司沿革》称:“合并的原因是:①多数股东在两公司都有关系;②规模扩大,容易收容人才;③力量雄厚,可以向设备更为全面的方向发展,重要原料品逐渐自制,脱离依靠外货;④可以加强对外竞争力量,逐渐提高职工待遇等等”。

合并后的丹华火柴公司由孙实甫任理事长,张新吾任董事长。丹华的经营方针是,一方面使京、津两厂致力于制造火柴,尽量发挥原有设备的能力,努力改进制造的技术,货品要在华北占优等地位。另一方面,在奉天省安东县建设东厂,购运木料,制造匣料、轴木及箱板等,供京、津两厂备用。营业方法是在京津东一律以现金出货。在外埠采用包销制,如对保定、石家庄、包头、徐州、龙口等各处,每处约定商号一家为经销店,预交保证金若干,给年息1分,交与相当货量,售完结账,续交新货。价格由厂规定,给予佣金,不得任意抬价。

合并后的丹华火柴公司,年产量达到18000箱至20000箱,其规模仅次于上海大中华火柴公司,在民族资本的火柴业中占第二位,在1923年上海总商会主办的第三届国货展览会上,被选送“供展览而扬国华”。它所以得到飞跃的发展,不仅有“大战爆发后不久,中国的进口来源就被切断。有些工厂的产品供不应求,这些厂处于十分有利的地位”的国际因素,也有国内扶持产业、提高关税、抵制洋货等的催化因素,更有企业自身的产品质量与商业运作的加持。这体现在以下几个方面。

一是注重商品质量与口碑信用。丹华火柴公司非常注重商品质量,一旦遇到产品发生质量问题,即时发现即时销毁。一战期间原料紧缺,丹华厂便临时使用精制过的土硝制造火柴,但经过夏季后却发现该种火柴划火不利,查实后立即当众销毁。还有的火柴因为使用可溶性淀粉制成的胶粉,经过夏季潮湿的天气后出现问题,同样就地销毁。由于丹华火柴厂始终保证产品质量,坚持公开自毁不合格产品,信誉度不断提高,销售量也与日俱增。

二是注重品牌宣传与商标保护。丹华火柴公司十分注意产品商标品牌的使用和保护,不同的牌子的商标占据不同的区域,一种商标在一个地方打开局面后,不就再推广其他的商标。如比较有名的“蜻蜓”商标,正标绘蜻蜓,中侧注“上等火柴公司”四字,背标框形边饰内书“蜻艇”两字;“海马”商标则正标绘海马,中侧注“顶上火柴”四字,背标框形边饰内书“海马”两字;“兔狗”商标正标绘兔狗,中侧注“丹华火柴”四字,背标框形边饰内书“兔狗”两字。“凤牌”商标的设计则体现了更多的元素,正标绘凤凰,嘴叼的双带有英文“无毒的”字样;中侧注“勤俭是道德之本,公德是民国之宝”字样;背标椭圆框内书“丹凤”及上下“丹华公司京厂”“精制上等火柴”;小圆圈内分别注有“凤”“牌”“火”“柴”四字。其他的还有“玉手”“醒狮”“狮牌”“汽车”“电扇”“象牌”“佛手”“彩丹凤牌”“双刀”“安全瓶象”“麟马”等,其商标的设计无论是在取名和图案以及内在涵义上,都蕴含着一定的欣赏价值和艺术价值。作为产品有机组成的重要部分,商标也和火柴本身相辅相成,密不可分,成为品牌宣传和火花收藏的有效途径,进一步促进了产品的多元化发展和整体销售量的快速增长。

《大公报》还专门记载了丹华与河南大中火柴公司的一起商标侵权案件:“商标局自成立以来,中外商人呈请注册者日益增多,均经该局办理。惟商标法施行伊始,商民间有不明商标专用权之意义,竟自模仿冒用者,如河南开封大中火柴公司使用与丹华火柴公司已注册之丹凤商标近似之凤凰商标是也。丹华公司以商标专用权被侵害为理由,诉请开封地审厅禁止使用,现经该审厅于本年一月间判决,大中火柴公司不得再行使用凤凰商标,呈请人即取得专用权,他人即不得使用伪造仿造与注册商标相同或近似之商标。丹华之丹凤商标经商标局于十二年十一月二日发给商标注册证,是其商标专用权已完全获得,大中之凤凰商标与丹凤已注册之丹凤商标图形记号若合符节,为近似显而易见,自不得再行使用。”这充分体现了工商业注册体系的逐步完善,包括丹华火柴公司在内的民族企业在维护产品品牌、保证公司权益方面不断地成熟。

三是注重安全生产与人身保障。在生产环节,丹华火柴公司也非常注重安全性。早期火柴生产所用原料黄磷具有毒性,多有由于吞服黄磷火柴中毒自杀的事例。1924 年,丹华火柴厂向北京农商部呈文要求禁止制造和使用黄磷火柴。这个要求在很短时间内就被批准了。农商部下文决定从 1925 年 1 月 1 日起禁造黄磷火柴,同年 7 月 1 日起禁销。为此,丹华火柴厂生产的丹凤牌火柴盒在侧标上加印了文字宣告“黄磷火柴含有毒性,业由公司呈请禁用”。

而在对待工厂工人上,也体现出近代企业的人道关怀。由于火柴业具有一定的危险性,时有工伤发生,据天津社会局调查,天津丹华火柴公司于民国十六年(1927)八月开始与日商东方人寿保险公司订立合同。每人保额60元,年纳保费0.855元,由公司垫付,工人不出费用。保险之工人,仅限于内工,每月由公司报告一次。遇有死亡,报告于保险公司,经派人查验属实,赔款交由家族享用。民国十八年(1929)计有保险人数909人。民国十七年度死亡者13人,均经赔偿。

而正是由于有了这些经营理念和管理措施,才使得丹华火柴厂"出品行销各省、几乎无人不知",一度为近代华北最大的火柴企业,也成为近代天津民族工业发展的典型与代表。

(任吉东,天津社会科学院历史研究所)

郡新地古　多彩精致

——简述天津工艺美术的创意与发展*

章用秀

工艺美术是城市历史文化的重要组成部分，也是城市发展的精神动力。天津“郡新而地古”，特定的自然地理环境，铸就了天津独特的历史特点和文化内涵。千百年来，天津工艺美术赋予了城市活力，激发了人们对美的追求。

一、天津古代(1840年前)

——从先秦到晚清，天津地域的工艺美术发展多有朝代特色

天津得名虽在明朝初年，但地域历史悠久，文化艺术源远流长。中华人民共和国成立后，文物考古部门在全市范围内进行多次普查、发掘，所获取的大量资料表明，早在原始社会，天津地域即已出现雕塑和彩绘艺术。商周时代的青铜纹饰、金文，反映出天津地域文化艺术历史的悠久和内涵的丰富，以及先民的聪明才智和审美情趣。夏末至商前期的彩绘陶，商末周初的青铜纹饰，西周中期饰有凤鸟纹或饕餮纹的青铜礼器，战国时期刻绘有鱼、鸟动物纹和山形纹的陶壶及兽纹瓦当……从这些出土的器物可以看出，先秦时期天津地域内的工艺美术已取得了一定的成就。

---

* 本文曾发表于2023年6月23日《今晚报》，第20-21版。

自西汉开始,天津平原区域被纳入我国郡县制行政体制,在海河南北分别建立了东平舒县和泉州县,天津在新生的封建制度下得到迅速发展。西汉晚期,天津平原区域发生一次海侵。东汉末年,海河水系形成。汉代的画像石、碑刻,北魏时的铜造像,唐代的摩崖石刻、陶乐俑等反映了西汉至唐代的经济、人文意识和工艺美术的发展状况。

北宋辽金时期,天津地区的雕塑工艺等尤为出色。海河是北宋与辽的界河。海河以北,辽政权以幽蓟地区为农业基地,生产稳定,经济充实,契丹贵族在此修建了许多大型佛教建筑。遗存于今武清区、宝坻区、蓟州区的寺院和佛塔,展现了当时雕塑工艺之精美。渔阳县(今蓟州区)重建的白塔,八角形基座上砖雕一周壶门,内镶乐舞伎图案砖雕,乐舞伎或手挥彩带翩然起舞,或弹奏琵琶、筝,或吹笙、笛、筚篥,或击拍板、方响、毛员鼓、都昙鼓。壶门上有砖雕斗拱和双重栏杆,栏板上雕宝相花和几何形图案。独乐寺重建后,观音阁内十一面观音像,胁侍菩萨像和山门内力士像均重新彩塑。石刻经幢出现在今宝坻区。幢座底部方形台基四面雕佛经故事。台上置须弥座,束腰处刻壶门,内雕有佛像。

辽和北宋政权灭亡,海河南北一并进入金朝的版图。皇统年间在宝坻广济寺(建于辽)修建的石经幢具有较高的历史、艺术价值。县城北台是一处规模颇大的辽金时期墓地,近年曾在此发现六角砖室墓,以及用石函作葬具的墓葬,出土有"金三彩"等许多珍贵文物。

元朝定都北京后,其军需民食均取自江南,漕运繁忙,又增加了海运。延祐三年(1316)改直沽寨为"海津镇",由重兵驻守。随着漕运和盐业的发展,南北通商,贸易兴旺,促进了文化艺术的交流,并传来闽浙一带的"妈祖文化"。坐落在三岔河口附近的天妃宫便创建于元代(后称天后宫,俗称"娘娘宫")。从天后宫大殿梁架的勘察看,现有的大殿不仅是天津市区最古老的建筑实例,也是我国现存最早的天妃、妈祖庙之一。元代,在今天津市宝坻区出了一位鼎鼎大名的"雕塑奇人"——刘元。刘元从事雕塑艺术近半个世纪之久。在中国雕塑史上,他自成一派,世称"刘銮法式"或"刘銮塑"。当时人们称他为塑像奇才,后世认为他的作品都是绝代精品。

明永乐二年(1404),天津因明成祖朱棣经过而得名。1952 年,天津南门外曾出土一块《重修三官庙碑》,碑文上刻有“我祖文皇帝入靖内难,圣驾由此济渡沧州,因赐名天津”字样,并设卫筑城。正统元年(1436),卫学出现,自此,天津城市和文化艺术发展进入新阶段。万历年间,津西杨柳青镇出现民间艺人用手绘制的年画。崇祯年间,出现了印制杨柳青年画的作坊。崇祯十二年(1639)出现了套色印刷。

杨柳青年画,全称“杨柳青木板年画”,属于木版印绘制品,是中国著名的民间木版年画之一。天津杨柳青继承了宋、元绘画的传统,吸收了明代木刻版画、工艺美术、戏剧舞台的形式,采用木版套印和手工彩绘相结合的方法,创立了鲜明活泼、喜气吉祥、富有感人题材的独特风格。2006 年 5 月 20 日,该遗产经国务院批准列入第一批国家级非物质文化遗产名录。

清代早中期的天津工艺美术逐渐走向兴旺。特殊的地理环境、漕运的兴盛、以盐业为一大支柱的沿海经济及临近京都的地位,进一步推进了这里工艺美术的创制。特别是盐商构建私家园林,延纳南北文人学者,进行诗、书、画创作,同时促进了工艺美术的交流与构筑。清乾隆年间是杨柳青年画的兴盛时期。著名的作坊画店有:戴廉增画店、齐健隆画店。此外还有“美丽”“廉增丽”“盛兴”“爱竹斋”“宪章”“高庆云”等画店相继开业。当时,杨柳青镇周围有 30 多个村庄从事年画创作和生产。这个时期,以盐业、漕船起家的“八大家”等富商豪门陆续建造豪华宅第,木雕、砖雕等作为建筑装饰艺术,雕刻细腻、工艺高超,成为天津工艺美术的重要类别,并涌现出多位雕刻高手。天津的民间工艺美术与同时代其他地方相比较,已明显形成自己独特的地方风格。

回顾这段时期,虽然天津地域是从明代开始设卫筑城,但可以看出从夏朝甚至更早的时期开始,天津平原一带已开始工艺美术的多样化创作。随着地理位置在历朝各代的重视程度越来越高,天津地域的工艺美术既吸收了南北各地的文化特色和优势,又持续构建出本地特色。

二、近现代天津(1840—1949)
——融合中西文化,大批的工艺美术匠人和作坊诞生

清咸丰十年(1860),天津被迫开埠通商,英、法、美、日、德、俄、比、意、奥九国先后在天津设立租界,西方的宗教、文化也渗透进来。加之国内洋务派推行“师夷长技”,天津遂成为北方洋务运动的中心,在经济上发展成为沟通中外的工商业发达的大都市。在文化艺术上受到洋务文化的影响,天津开中西文化融合之先河。此时的天津工艺美术在继承明清时期产生的杨柳青木板年画和木雕、刻砖等基础上,出现了“泥人张”彩塑、魏记风筝、“刻砖刘”、“木雕刘”,以及面塑、彩灯等更多领域的优秀代表。杨柳青木版水印年画也进入新的发展时期,在中国木版年画史上与著名的苏州桃花坞年画并称为“南桃北柳”。

天津在19世纪末20世纪初先后推行洋务新政和北洋新政,提倡自强自立,实业救国。清光绪年间,直隶工艺总局设立工艺学堂和实习工场,教授国画、刺绣、提花等科目,成为成批生产工艺美术产品的开端。建于1902年的劝工陈列所以“启迪民智、振兴工商”为宗旨,公开展示机械制造、文教用品、机织印染、工艺美术等本地及外地产品。并对展品进行考评,凡得分最多、独出心裁、创造新颖、能行销国外,且道德与名誉上佳者,皆授予金质奖牌。展示和考评的物品就包括来自民间的工艺美术佳品。这种带有现代意义的举措促进了地毯、瓷艺、剪纸及其他工艺制作的兴旺。

天津地毯素以做工精细、图案优美、配色协调、质地坚韧、具有独特的民族风格和精湛手工技艺而驰名中外。天津地毯的织作技艺是19世纪末20世纪初由北京传入的。“义盛公”是天津的第一家地毯作坊。此后,“义聚恒”“庆生恒”“三顺永”“玉盛永”“协立永”等地毯厂先后成立。当时,天津地毯业有工场、作坊13家,织机近400架。

天津剪纸艺术以“剪纸伊”为代表,借鉴了年画、瓷器和木雕图案,吸收了皮影戏的彩绘艺术,以写意手法,刻画人物、花鸟和图案,把民间手工艺制作推向了艺术创作的高度。

绒绢花即用丝绒或绢制作的花鸟工艺品。至20世纪初时,绒绢花在天津已有100多年的历史。它的产生和发展,与天津的民俗生活密切相关。近代,做绒绢花的艺人,以人称“花儿刘”的武清县(今武清区)刘亨元的作品最为驰名,其作品曾在巴拿马世界博览会上获奖。

通草堆画是一种传统手工艺品。以中草药的通草为原料,以素堆法为主,经过匠心构思、设计、制图、试制、切片加工成通片,精心雕刻成型,绘画组装成堆画。通草堆画具有异香、防虫蛀、不变色的特点。近代以来,天津的通草堆画以吕景龢的作品最佳。1914年、1915年,魏元泰的风筝和吕景龢的通草堆画被选中出国展出,参加了日本、美国的博览会并获奖。

民国时倡导民众从事手工艺劳作。当时,天津是新型教育和文博事业的基地,博物馆事业和艺术教育等均走在国内前列,由此也推动了工艺美术的创制,如出现了空竹艺术等。这同时也有效提升了地毯、挂毯的质量和品位。至于玉雕、抽纱刺绣、工艺制镜、加工珠宝首饰、制作金银摆件等,则形成行业。

在刺绣工艺方面,20世纪初,山东的抽纱刺绣工艺传入天津,形成了以女工家庭抽纱刺绣为特点的手工业生产。

在空竹艺术方面,民国时期众多的空竹品牌中,“刘海风葫芦”成为天津空竹的优秀代表,它的创始人是屈文台,所开的空竹作坊叫“修竹斋”。20世纪20年代,“刘海风葫芦”被杂技艺人王雨田搬上了吴桥杂技舞台。屈文台为杂技表演者特制了杂技表演专用风葫芦,从其平衡度、稳定性以及外观上都精工细作,实为“刘海风葫芦”之精品,深得杂技艺人的赞许。

1919年,天津福利架镜工厂在全国首家引进日本制镜技术,采用银镜反应冷镀工艺生产镜片。20世纪30年代末,张振才等匠人在玻璃料器磨花的基础上创新形成了单面玻璃磨花工艺。由起初磨山水、花草发展到磨人物、鸟兽等多种造型。

珠宝首饰和银摆件的加工也有看点。19世纪中叶,天津出现了首饰生产作坊。20世纪40年代,靳继年将镪、阳、脱等錾刻工艺与搬打、花丝、镶嵌等多种工艺相结合,逐步形成了独具北方特色的银摆件制作流派,使天津银摆件跻身于全国四大流派之列。赵连斌博采中外首饰设计制作技术,制造的“手工刻花戒”被誉为“天津镶活一绝”。

民国中后期,地毯、提花织物等产业受到损害,杨柳青木版水印年画走向衰败。这些情况的产生,不仅源于新兴工业对手工艺产品的冲击和自身工艺的滞后,更有外敌对天津的经济掠夺和政治腐败、时局不稳等因素叠加造成的不良后果。

三、当代天津(1949 年以来)
——民间工艺美术传承与创作面临发展良机

天津解放前,连年战争让天津工艺美术各领域遭受重创,企业倒闭,产品凋零,艺人转行,市场萧条。中华人民共和国成立后,党和政府对发展工艺美术事业十分重视,老艺人归队,招收学徒,传授技艺;组建合作社,扩大生产;制作新产品,研发新品种,工艺美术行业得到迅速恢复和发展。1949 年,天津成立全国第一个“地毯生产合作社”,后又成立“工艺杂品专业联社”;1955 年后,成立了“杨柳青年画合作社”和“泥人张彩塑工作室”。被誉为“三绝”的杨柳青年画、彩塑泥人和魏记风筝,经其从业者长期的创作实践,不断获得发展。1959 年,天津成立了特种工艺公司、特种工艺联社、地毯工业公司、外贸工艺品进出口公司;1973 年,重组了工艺美术工业公司和地毯工业公司。

改革开放以来,天津的工艺美术进一步得到长足的发展。仅工艺美术和地毯两个工业公司,其所属的企事业单位数量就达 70 个,在岗职工 2. 36 万人。产品涉及雕塑、金属、漆器、花画、抽纱刺绣、地毯挂毯、珠宝首饰、民族工艺、美术陶瓷和天然植物纤维编织工艺品等十大类 44 个品种。一批工艺美术作品荣获各级奖项。其中,水胆玛瑙玉雕“蟠桃会”“八仙过海”“牛郎织女”,翡翠玉雕“农家乐”,“风船牌”手工栽绒地毯获得了“全国工艺美术百花奖”金杯奖,并被列为国家珍品收藏。“钟馗嫁妹”牙雕、“葵花牌”艺术蜡制品、“敦煌牌”风筝,以及银器皿摆件“福寿杯”和“胶背地毯”获得了“全国工艺美术百花奖”银杯奖。泥人张彩塑有 5 件作品被中国美术馆永久收藏,有 49 件作品在省市级以上的展览中获奖。1979 年,杨柳青年画在中国美术馆举办了专题展览,并多次在国内外应邀参展。

20 世纪末至 21 世纪初,天津工艺美术行业进入了一个调整、改革和发展的新时期,产业结构和产品结构也在相应调整。工艺美术和地毯两个工业公司已不复存在。许多身怀绝技的老艺人和工艺美术大师去世;许多传统工艺美术品种和技艺一度濒临失传和灭绝。面对新形势和新情况,迫切需要在历史新起点上,在继承和恢复传统的基础上,开创出一条加快推进和实现天津工艺美术行业创新发展的新路来。

在部分工艺美术企业面临困境的同时,天津的民间工艺美术创作和一些民营企业仍一派繁荣景象。20 世纪末 21 世纪初,民间产生的琢画、石绘、工艺毛猴、鱼羽画、刻瓷、微雕、泥娃娃、木偶、泥漫画、抟土泥塑、戏偶、蜡像、烙画、内画壶、匏制葫芦等,不但各具特色,而且各有其代表人物和代表作品。如出现在蓟县(今蓟州区)的抟土泥塑,以其奇特的造型艺术博得专家的赞誉,作品甚至走出了国门。民营企业中亦有专门从事制作和经营贡掸、工艺扇等深受大众欢迎的工艺项目。特别是一大批城镇社区妇女开展的手工编织、刺绣、钩制、机织手绘、结艺等,颇具新意,不仅在国内销售状况良好,而且出口远销。

21 世纪以来,国家启动了“中国民间文化遗产抢救工程”,为天津工艺美术事业的发展提供了一个良好的契机。

2006 年国务院公布的第一批国家级非物质文化遗产名录中,天津市的杨柳青木版年画和泥塑(天津泥人张)被列入“民间美术”范围。在第一批国家级非物质文化遗产扩展项目名录中,天津市南开区的风筝制作技艺(天津风筝魏制作技艺)被列入“传统技艺”范围。在天津市公布的市级非物质文化遗产名录中,有杨柳青剪纸(西青区)、大郑剪纸(东丽区)、盛锡福毡礼帽制作技艺(和平区)、老美华津派旗袍制作技艺(和平区)、汇蚨源吉祥手工布艺技艺(红桥区)、古铜(银)鎏金器修复及复制技艺(河西区)、津门蔡氏贡掸制作技艺(南开区)、刘海空竹制作技艺(南开区)、周记宫灯制作技艺(东丽区)、皮影雕刻技艺(蓟州区)、津派玉雕(红桥区)、麦秸画(津南区)、木版水印技艺(天津杨柳青画社)、葫芦庐葫芦制作技艺(河东区)、许氏戏曲盔头传统制作技艺(和平区)、鹰帽子(猎鹰防护罩)制作技艺(河北区)、家具制作技艺(许氏木匠手工制作技艺)(河北区)、曹子里绢花制作技艺(武清区)等。

各区县也申报了若干“传统技艺”。如西青区的杨柳青风筝、草编柳编技艺等。具有丰富民间工艺资源的宁河县(今宁河区),先后建立了木版年画、剪纸、木雕、根雕、葫芦雕、泥塑、手工制陶、芦绣等民间工艺传承示范基地。宁河下辖的丰台镇、潘庄镇、板桥镇、七里海镇、芦台镇、造甲城镇先后被命名为天津市民间文化艺术之乡。区县级“非遗名录”的建立，不仅同样有助于工艺美术的传统代表作及制作技艺保留住、传下去，还有机会使其放射出新的光彩，创造出新的成果。

四、结语

综合前文，可以看出，天津工艺美术的发展历程，反映出的不仅有时代变迁的印记，也有地域文化的承继；不仅有民间艺人匠人的潜心创制，也渗入了城市经济发展带来的文化交融。当下的天津工艺美术领域，在抢救与挖掘，开发与创新等方面可谓生逢其时。特别是众多民间工艺美术的优秀技艺，已在很大程度上获得了政府和市场的关注和帮扶。加快推进天津工艺美术各领域实现跨越式发展，不仅有利于天津本地工艺美术的继承和发展，也有利于优秀的技艺和匠人获得更多创新机会与更广阔的提升空间。

（章用秀，天津地方史学者）

附 录

考论文史寻津渡 溯源工商有文章

——第一届天津学年会综述

杨 鹏

从地方学的研究内容、研究方法上看,天津学无疑是大有可为之所。天津建城以来的军事、漕运、海运地位,乃至近百年来工商业的成绩在全国都十分显著。天津作为中国重要的北方城市和交通枢纽,有着深厚的文化积淀。

新世纪以来,天津历史文化研究日益活跃。2013 年,任吉东在《理论与现代化》发表文章《史以载道 学以致用:天津史研究与天津学筹创》,首次提出“天津学”概念并予以阐述。为促进天津历史文化研究信息和成果的交流与传播,天津师范大学地方文献研究中心、天津社会科学院历史研究所于 2023 年 12 月 30 日举办了第一届天津学年会。

年会共有各界学者凡 90 人参加,由天津师范大学地方文献研究中心主任王振良教授主持开幕式和闭幕式。开幕式上,天津师范大学古籍保护研究院副院长李华伟教授致欢迎辞,天津社会科学院历史研究所所长任吉东研究员作天津学主旨报告。接下来年会分三组进行学术讨论,分别由万鲁建、侯福志、周醉天主持,并分别在闭幕式上作小组总结报告。每位学者选取了其在 2023 年度发表的与天津历史文化相关的文章进行学术交流,共收到 83 篇文章。各位学者的研究领域十分广泛,涉及天津历史上的地理变迁与文化特征、地方重要历史人物和事件的考证、近代以来的工商业发展和社会公共事业建设等多个角度。时间维度上,上溯三国时期平虏渠的开凿,下及当代人物与事件,一方面可见天津学可涵盖的领域足够广阔,一方面也可见天津地方文化作为天津学的主要研究对象之一,几百年来独具特色、绵延不绝。

各位学者会上提交讨论的论文,按照所涉及的主题,可归入"地理与文化""文学与文献""人物与史事""近代公共事业""近代工商业"五个版块。

一、地理与文化研究

天津是中国唯一有确切建城时间的城市,且天津城市发展在时间上不曾间断,空间范围上也较为固定。细究天津地理辖域的时空变化,研究其如何一步步发展,又如何体现兼容并包的地理空间演化过程,将有助于从地理角度了解天津这座历史文化名城的前世今生以及不同历史阶段的发展轨迹。王中良《明朝建卫之前的天津画像》一文从东汉沼泽时期、唐"三会海口"、北宋的宋辽"界河"、金代"直沽"、元代"海津镇"五个阶段逐次稽考史料,编写而成了一部天津建卫前史。

董欣妍《大运河天津段的前世今生》则以大运河为线索,分四段概述了大运河天津段的历史变迁。

张红侠的《天津与淮扬——大运河与南北文化沟通融合的例证》发现天津曾有"赛淮安""小扬州"之誉,于是将这两个"城市绰号"置于大运河文化传播的视野下进行探究,以此为切入点考察大运河沿线城市的成长、南北方的交流互动,最终将其落实为运河文化传播的一个例证。

周持、刘阳的《试论天津市河海文化体系的构建及其意义》则意在结构化地整合运河文化、海河文化、漕运文化、妈祖文化、港口文化等文化现象,将天津文化构建为综合性的华北地区河海文化体系。

王庆安的《黄河文化、运河文化、海河文化及遗产之滥觞地——曹操开凿平虏渠考》从多个角度,结合史料记载,论述了曹操开凿平虏渠的动因、平虏城的位置、青县古今河道与平虏渠的关系、开凿平虏渠的历史与现实意义等问题。

任云兰《加快推进天津长城文化保护传承利用研究》则指出天津长城历史文化遗产资源丰厚,亟须深入挖掘与梳理。该文提出了加快天津长城文化保护传承利用的多项对策与措施。

尚洁《喜庆浓烈异彩纷呈的津门年俗》讲述了天津是如何在运河文化、码头文化的基础上,兼收并蓄地吸纳来自全国不同省区的民俗风采,形成的独特的年俗。

张晓丹《天后宫祭祀供品》一文则详述了天津天后宫妈祖诞辰祭祀所用时蔬水果、糕点面食、五谷、山珍、红米团、三牲和"八大碗"及其他地方特色的食品的具体情况。

俏皮话是天津语言文化中最具特色的内容之一。谭汝为的《俏皮话窝子天津卫》一文图文并茂地呈现出了天津俏皮话幽默、形象的特征。并指出俏皮话在不断产生的同时,也有数量不少的部分在悄然消失。因而,从日常生活中、人们交谈的口头上搜集俏皮话,进行注解诠释,既是一项民间文学搜集工作,也是一项必要的民间文学遗产保护工作。

津味早餐是天津的一张名片,在饮食文化之中脱颖而出。由国庆的《探觅天津早点的"低调"美味》则避开网红品种,着力发掘老豆腐、白豆腐、秫米粥、杏仁茶等传统天津早餐的特色和历史。

侯福志《武清运河村庄史文化浅说》结合多年的田野调查,在对天津市武清区境内运河沿岸与村庄史相关的历史文化现象作了搜集、归纳、整理和分析的基础上,就运河村史研究中涉及的历史沿革和村庄的演变,诸如洪灾、渡口、拉纤、放河灯以及古地名等,进行系统梳理,并对其中的一些共性问题进行了规律分析。

截至 2019 年,在滨海新区三批非遗项目中,汉沽区域列入国家级非物质文化遗产名录项目 1 项、天津市级 7 项、滨海新区级 16 项。王雅明《汉沽非遗略述》一文介绍了《汉沽飞镲》《大滩王》等颇具盐渔文化元素特色的非遗项目的传承历史、文化特色,为汉沽非遗项目,完成一篇详细的导览。

王铁柱、阮洪臣《良好家风家训的精神家园——宝坻》选取了独特的家训文化视角,从袁黄和《了凡家训》入手,阐释了家训文化在宝坻留下的深远影响和意义。

刘景周《宝辇　浓郁的沽水风情》介绍了国家级非物质文化遗产葛沽宝辇节日活动的诸多细节。

赵华《奇异“女书”扎根天津汉沽》据汉沽女书传承人的讲述，记录了女书如何传到天津、根植天津，并成为第五批天津市级非物质文化遗产的历程。

方博《当七夕遇上年画》以其在参与整理天津杨柳青木版年画博物馆收藏的老画版时所见，及史料中著录的共9块有关牛郎、织女题材的画版为基础，解析了七夕主题是如何成为年画中的情节。

二、文学与文献研究

文学作品与文献史料，在地方文化研究中都是极为重要的材料。咏一方名胜，纪一地民俗，历来都是文学创作中的重要传统。清代诗人查慎行诗文中，咏运河、天津、独流、盘山、宝坻诗凡十九首，文若干，集中另见其与姜宸英、张坦等人的交游唱和，也都是津门诗坛的重要文献。葛培林《查慎行诗文纪天津》即以此为例，加以解说。

田晓东据郑虎文《吞松阁集》所载《查封母王太恭人墓志铭》为基础，勾稽查母王氏生平事迹，兼论郑虎文与查礼的交游，特别是郑、查分韵《玲珑玉》一事的情况予以考察。

笔记与小说，是社会生活在文学创作中的重要反馈。元伟、胡丽娜根据清代乾嘉时期带有鲜明的纪实性和自述色彩的笔记《春泉闻见录》中的诸多内证，考定了作者刘寿眉的生年和大致生平。参合方志文献与《春泉闻见录》记载，进一步完善了宝坻文人刘寿眉之家世亲族。以《春泉闻见录》为例，实证了此类笔记的研究价值。

晚清作家李庆辰的文言短篇小说集《醉茶志怪》，是天津文学史上早期的一部优秀文言短篇小说集，既有地方特色，又具全国影响，林海清在《〈醉茶志怪〉与运河文化》一文中分别从水文化、商贸文化和民俗文化三个层面，揭示《醉茶志怪》中所反映的天津丰富多彩的运河文化。

关注文本的实物载体，即具体藏本，是文献学的基本工作。天津图书馆藏有刘梅真影抄本《李丞相诗集》二卷，刘梅真系袁克文原配夫人。宋文娟在为该钞本撰写的提要中，著录并考释了该书各题跋、钩摹及钤盖印鉴。并考证了《李丞相诗集》单行本、丛书本两个系统及其各自的版本价值。

广东徐绍棨于民国十六年(1927)创建了“南州书楼”,其部分藏书先由天津古籍书店购得,后转售给天津市人民图书馆。胡艳杰的《散落天津的“南州书楼”藏书》一文为天津图书馆藏十三种“南州书楼”旧藏提要,并总结了整理“南州书楼”藏书中所生发的三点启示。

进入近代,新文化运动的开始,使得文学创作进入了更为多样的阶段。张兰普《五四新文化运动与南开大学早期校园文化之互动——1919—1937 年南开大学校园诗歌及其作者略述》一文,以校园诗歌为关注对象、以南开大学为视野范畴、以五四新文化运动为时间背景,展开讨论。解析南开师生在自办的校园刊物上刊载发表的现代白话诗、古代格律诗及译诗,将其作为五四新文化运动的一部分解读。认为其既反映了欧美强势文化对中国传统文化的影响,也是南开师生以开放的心态,积极吸收、迎接域外文明文化的体现;既反映了东西方文化在中国这块古老大地上的融合,又体现了中国传统文化与文学体式向现代过渡的特殊时期的特点。

吕明《天津新文艺出版物的开创和引领——短暂存在的天津人民艺术出版社图书出版珍稀版本记述》一文通过对天津人民艺术出版社(原人民音乐社)11 册有关新音乐运动和工厂文艺等的珍贵出版物的研究分析和版本考证,首次全面准确地再现了这段新文艺出版全过程,揭示了天津对中华人民共和国初期出版工作的贡献。

王垚《津门通俗美术出版荣耀六十载——回眸首届全国连环画评奖上的天津力量》回顾了 1963 年举办的第一届全国连环画评奖活动中天津在通俗美术连环画出版创作上所取得的成绩。

李云《中西文论互鉴中对传统的突破——从张惠言〈水调歌头〉五首比较叶嘉莹与缪钺的说词方法》一文则以张惠言《水调歌头》叶嘉莹与缪钺的说解,探析了词学大家叶嘉莹在说词方法上的成就,及其与缪钺在词学方法上的共性和异同。

宋文彬《百年诗心——写在叶嘉莹先生期颐大庆之际》。叶嘉莹诗词作品中具有“诗史”性质的作品加以阐释,体现了叶嘉莹对中国优秀的文化传统和民族的精神命脉的珍视。

三、人物与史事研究

文集、家谱、方志、科举史料，是考察明清人物生平史事的主要材料来源。这一研究方法已经被较为成熟地运用在地方人物生平考索上。李佳阳《明代岁贡生于道行及其家族考》一文，从康熙《静海县志》、《于氏族谱》中勾稽出生活于明代嘉靖万历间的于道行的生平履历，并进而扩展至逐步理清静海于氏家族的发展史。

吴裕成《津门第一进士和第一岁贡》着眼于天津早期科举史事，在史料中考证出了明成化二年(1466)进士刘钰的生平科第及卫学岁贡制度的建立，为了解天津科举史的发端，提供了重要的结论。

张金声在《清朝儒臣廉兆纶》一文中，整体回顾了宁河乡贤廉兆纶自初得科名、视学江西恰逢太平天国，直至同治时罢职家居中、主讲问津书院的主要事迹。其所依据的主要文献皆为国家图书馆、北京师范大学藏廉氏未刊本。并据朱卷等材料，着力于考察廉氏主讲问津书院的始末和教育成就，将乡先贤表而出之。

王立香、宋健《番禺张维屏与宝坻李光庭交游考》则关注清代中后期著名的诗人学者张维屏与宝坻李光庭，因同在官湖北时，合力抗洪赈灾，此后颇多交游，友情持续终生。从二人本集中，考索其交游之情。

进入民国，研究人物生平可资稽查的史料的种类则更为丰富，这既出于时代较近的原因，也是出于新时代文献载体生态有所变化的缘故。李琦琳《陆文郁、陆文辅清末民初社会活动补遗》即利用文集、报章等材料，考实了中国生物学画派的创始人天津书画家陆文郁及其陆文辅姐弟二人参加禁烟会、天足会的情况，补遗史料所阙，并探析了姐弟淡出禁烟会、天足会的原因。

丰富的材料，使得考证人物生平轨迹中的细节关窍成为可能。近代爱国人物的生平事迹乃至心路历程，则更具研究意义，这不仅关乎史学研究，还关乎家国情感。以津门爱国人士及革命烈士为研究对象的，就有以下几篇。

刘国有的《弓仲韬在北洋法政学堂》一文即关注弓仲韬早年在北洋法政学堂求学这一阶段，如何逐步具备结识李大钊等政治人物，加入以该校校友为中心的政治交际网的可能性。论证了其在此时已初步接触了社会主义和工人运动,而这些革命意识的熏陶,正是他此后接受马克思主义,投身于伟大历史洪流的早期准备。

邹宇《天津早期革命运动中的谌志笃》记述了觉悟社成员,周恩来、邓颖超的挚友,天津学生联合会会长和天津各界联合会主要负责人之一谌志笃的生平。

刘昉《安幸生烈士生平事迹及其对天津革命运动的贡献——纪念天津总工会第一任委员长诞辰120周年》则详述了天津工运事业和工会工作的奠基人、中国劳动组合书记部天津支部书记和天津总工会第一任委员长安幸生烈士短暂而光辉的一生。

何德骞的《爱国企业家赵雁秋》用翔实的史料将天津杰出民族实业家赵雁秋如何创办利中制酸厂,在商业战场上如何抵制日本对硫酸市场的垄断的事迹予以梳理,彰显其为民族工业作出的贡献。

卢永琇《上海美专学生王卓艺术轨迹考》则以天津市立美术馆摄影培训班导师,毕业于上海美专的王卓为研究对象,结合档案、报刊、年谱材料,还原了其艺术轨迹。

王宗征的《评剧改革和创新的先行者——津门山霞社女班主刘翠霞》概述了天津评剧艺术家、"刘派"创始人、山霞社班主刘翠霞在艺术上勇于创新、生活中急公好义但短暂的一生。

齐珏《花园路10号原主人庄乐峰:奉行"勤朴忠诚"的耀华精神》回顾了庄乐峰的生平、办学事迹,并详述了庄氏旧宅的建筑结构和主要特色。

万鲁建《建筑无辜人有愧:徐树强旧居》从和平路睦南道108号的建筑起笔,继而揭示其主人徐树强日伪时期的行径。

更有学者选取大时代中的几代人作为研究对象,如井振武《留美幼童祖孙三代的津沽情缘》则讲述了方伯梁、方皋、方新阳三代人从祖辈入读天津电报学堂、创办唐山路矿学堂,父辈接管中国银行天津分行,孙辈撰文回溯先辈事迹的家族史。

视野向当下延伸,也有学者开始关注当代学术名家的文化活动,如周长庚《周汝昌与海下文化》一文将周汝昌热爱家乡的情怀与"海下文化"的文脉间的关系作出了详细的阐释。

魏暑临《识得读书真理在——吴玉如与南开的因缘》则备述了著名的书法家、诗人、学者、教育家吴玉如与南开系列学校的因缘种种，彰显出地方教育事业和津门文化名家之间的相互作用。

张铁荣《看风景的寻梦人——诗人卞之琳与天津往事》诗人、文学评论家、翻译家、曾任教于南开大学外文系的卞之琳 1934 年至 1949 年的主要经历，并以其在南开期间的往事为主要关注阶段展开记叙。

周春召《穆旦家族与宝坻的渊源》则记述了海宁查氏家族中曾在保底任知县、和县知事的穆旦曾祖父查光泰及其妹婿蔡寿臻、叔祖父查美咸三人的生平事迹。

周贵麟《周汝昌与黄裳的同窗之谊》以周汝昌与黄裳在天津南开中学同学期间的交游为切入点，回顾了周黄二人几十年间的书信唱和文字往来。

高伟《〈商盐坨图〉讲了什么故事》通过解读图像的方法，以《商盐坨图》为线索，阐述了拆坨卸盐、编织席包、装盐杵实、盐锤砸实、上跳装船的工序，并根据海关搬迁的史实，考证了《商盐坨图》绘成的时间下限。

韩吉辰《天津有座"大观园"——运河名园水西庄建园三百周年》综述了历史上的津门名园水西庄的历史与特色，以纪念水西庄建园三百周年。

赵进杰《问津书院的"寿苏会"》记述了天津问津书院山长谭光祜在嘉庆七年(1802)主持的一次"寿苏会"的具体情形，将天津文学史上浓墨重彩的一笔重新表彰出来。

史煜涵《南京路上的红色往事》一文记述了南京路上中共天津地方执行委员会、中共顺直省委、天津城市工作委员会等党的重要机构如何在"一市五治"的城市缝隙区下完成革命工作，让天津成为党领导北方革命活动的重要中心。

周梦媛《八一礼堂的前身》则介绍了 20 世纪 20 年代建成的天津神社及在此进行的日本军国主义活动及其在日本投降后被铲除的情况。

张奎文以《为了忘却的纪念——纪念"急先锋的女子"觉悟社创始人之一张若名诞辰 121 周年》一文为中国妇女解放运动的先驱张若名撰写了一篇革命传记，并辨证了张若名是否参加了"陶然亭会议"等生平中的重要史实。

张洪伟、眭钰璨《"五四"时期天津学生报刊的爱国宣传》概述了五四运动后,天津在兴办报刊的新闻传播业高潮中,涌现的一大批宣传新观念、新思想、新文化、新道德的学生报刊在唤醒民众认知、宣传反帝反封建、主张思想改造和社会改造、传播马克思主义中所发挥的重要作用。

尹树鹏《北辰人主持了天津抗战前夕的学生军训》根据王学颜的回忆,记录了天津抗战史上的一个真实的细节:1937 年 7 月天津的部分大中学生,曾进行了大规模的军事训练并准备参加抗日的实际战斗。

周利成《骆玉笙偷艺》讲述了 1939 年骆玉笙在大观园向"鼓界大王"刘宝全"偷艺"的旧事,记叙了骆玉笙成名早期的一段往事。

张立巍的《天津南敏排球队》一文则关注天津体育事业中排球一项的发展。20 世纪 30 年代南开学校学生严仁颖、张锡祜、孔心语等人创立的南敏体育会的背景之下,南敏排球队的发展和成绩,都在本文中得以呈现。

欧阳康《南开大学百树村历史考》则以南开大学最早的教职工住宅百树村为研究对象,记叙了其形成、变迁、概况和发生于此地的逸闻往事。

孟国《"三级跳坑"》一文回忆了天津居住史上的重要现象"三级跳坑"的成因及房屋改造工程。

四、近代公共事业研究

医疗卫生、国民教育、邮政金融、水利工程,是近代社会公共事业的重要组成部分。出于开埠通商等原因,天津在近代就快速进入了城市化的道路,社会公共事业的建设全面铺开,医疗、教育、通信等领域的发展都在全国具有典型的研究意义,是中国早期现代化的代表性城市。本次会议即有多篇文章深入讨论了天津近代公共事业的建设与发展。

王若然、青木信夫、徐苏斌撰写的《近代天津的公共卫生——英国影响下的流变与承续》一文,以天津为例,论证其公共卫生与城市环境建设如何受到英国军队、宗教团体、都统衙门等不同力量的左右,进而影响到后期的城市规划与建设的过程。

洪卫国、魏巍在《津海关洋员与中国早期现代化》一文中,则通过剖析德璀琳、汉南为代表的津海关洋员们参与天津各项早期现代化事务中的具体实例,分析与评价其在中国早期现代化过程中所发挥的作用与意义。同时兼顾了晚清时期天津的北方贸易港口与商业中心的地理价值、洋务运动的历史背景，和津海关洋员们的特殊身份地位展开了颇具典型意义的研究。

以上诸端，都与晚清以来，国门打开，天津作为通商口岸首当其冲的历史背景有关。而天津本土的公共事业建设，则也有其代表意义。仇润喜《天津民信局始末》一文即将视野转向本体民间建设的包括驿驴、脚力、海客、信客、乡人、流人、车马客、乡关客、信局子、侨批（批局）、麻乡约等在内的各种民间通信组织。查考了民信局从发端到兴盛，直至没落的历史过程。论证了民信局在驿站只传递公牍不理民信的背景下，部分满足了商民对通信的需求，是邮政的一种必要补充。

陈元祯《也谈"3 月 23 日"和中国首份〈邮政公告〉——与刘广实先生商榷并回顾中国近代邮政史两个重要史实》一文结合中国海关档案史料等材料再次论证了 1878 年 3 月 23 日海关书信馆的业务对公众开放，是中国海关以天津为中心试办邮政开端的明确标志。

杨军《原东莱银行大楼：著名民营银行代表》则概述了东莱银行从 1918 年总行创办，1919 年成立天津分行，1926 年天津分行改为总行直至 1952 年公私合营的四十年间的主要历程。

国民教育是社会公共事业的重要组成部分。因为近代天津社会结构的错综复杂，导致天津的教育事业也存在旧学、新学、教会学校等并行发展的情况。

刘宗江《杨柳青崇文书院初考》将杨柳青文昌阁崇文书院历史记载、成立时间、创立者根据史料加以补考。论述了这一运河南的旧学书院的历史沿革、后世影响。

基督教传教士进入中国后开办教会学校，虽然目的在于培养中国籍传教士，但客观上对中国的传统教育和近代教育亦产生了一定的影响。涂小元《浅析晚清时期基督教会学校对天津传统教育和近代教育的影响》以晚清时期的天津为研究对象，从天津的传统教育简述、天津的近代教育梗概、天津的基督教会学校概述、基督教会学校对天津传统教育和近代教育的影响等四个方面加以研究。

尹忠田以民国时期天津第一妇女补习学校成立、女星社接办、1949 年后的沿革变迁为主要内容,撰写了《民国时期天津第一妇女补习学校》一文。

陈鑫《南开大学八里台校区启用一百周年的意义——大学与城市的双向赋能》则关注了自1923年南开大学八里台校区启用以来,在开拓城市空间、建设地方产业、发展社会文化等方面,南开大学与天津城市发展上相互产生的影响作用。

刘新颖《推动地方文化高质量发展实践探索——以天津市“问津书院”为例》综述了十年来,问津书院通过推动天津文献整理、举办学术年会等方式为地方文史资源创新性发展进行实践探索。

水利设施的建设与遗迹保护也是地方公共事业的一部分,更是天津这个沿海而生、依河而兴的城市的重要事业。

张诚《南运河下游疏浚工程始末》关注1936年南运河下游疏浚工程,结合报刊等史料,详细梳理了疏浚工程的前后历程。

周醉天《芦台煤河船闸保护纪实》则以纪实的形式记录了其2019年10月考察该煤河船闸后,所开展的保护该船闸的行动。最终经数年使该船闸被确定为不可移动文物,并开始设计保护利用方案,争取建成船闸公园。

叶修成《宋宗元的治水方案》一文根据《重修天津府志》等史料,天津兵备道宋宗元基于治理天津水患的经验提出的正在芥园大堤开挖引河的建议,并结合晚清民国天津两次水灾的事实,阐述了这条未能施行的治水方案的价值。

五、近代工商业研究

天津是一座现代化国际大都会,工商业是近百年来天津城市赖以发展的最主要产业。天津从运河边的军事要塞,转型为中国北方的工商业中心和航运中心。

曲振明《天津近代商业发展史初探》综论了天津近代商业发展的历史轨迹。分别论述了运河沿岸商业区、中外商品集散地的形成,商业中心因电车开通而扩展,北方商业大都市的形成四个主要的阶段,为天津近代商业史划出清晰的分期和明晰的脉络。

深入到具体案例,则有张绍祖的《周家食堂始末》一文,详述了周家食堂从建立到发展历程中的诸多细节,用丰富的史料讲述了近代天津餐饮业发展中的一个典型案例。

张弛《天津造胰公司的"黑色肥皂"保卫战》讲述了天津造胰有限公司、华胜公司围绕着黑色肥皂专利权之争的来龙去脉,将这一段公案作为天津近代工商业发展中制造业专利争夺的典型案例示诸今人。

成淑君《天津福星面粉公司》、杨楠《永明油漆厂》、刘凤华《华资制革业的翘楚——华北制革厂》、王丽《天津克明料器厂》、魏淑赟《春合体育用品制造厂的兴衰》、任吉东《强强联合　业界翘楚的丹华火柴公司》所论及的都是近百年来天津在面粉、油漆、皮革、火柴、玻璃制造等领域所涌现出的优秀民族企业,为天津近代工业发展史留下了珍贵史料

倪斯霆《中国大戏院:"华北第一摩登剧场"》一文记载了中国大戏院 1936 年开幕初期的历史现场及其在 1939 年、1976 年经历水灾震灾的情况。

张辉发表于《天津电建报》的《1964,天津电建扬名全国》一文则回顾了 1964 年天津电建保定工区安全生产 524 天,及安全工作现场会上所总结的安全管理经验。

章用秀《郡新地古　多彩精致——简述天津工艺美术的创意与发展》则分阶段综述了天津工艺美术制品的发展历史,总结了从先秦到晚清天津地域的工艺美术的朝代特色、近现代的融合中西文化特色和当代困境与机遇并存的现状。

本次会议的论文,从历时的角度上看,关注晚清以前的研究多是以历史人物的生平科第为主的微观研究,进入民国以来则转向了城市建设、民族工商业等相对宏观的视角。不同时代不同城市形态特色下,都形成了可资借鉴的研究范式,天津学研究的内部结构既具有可供其他城市学参考的先行意义,也内化了独具天津特色的研究内容。同时,还出现了多篇研究天津近代公共事业、近代商业发展整体面貌的宏观研究文章,具有很强的理论意义。各类研究所涉及的史料,从方志、史籍、文集,到近代的档案、报刊,基本编织成了天津学研究的基本文献群,这也对学科的形成具有重要的意义。

从 2013 年"天津学"倡议提出至 2023 年第一届天津学年会的召开,这 10 年间,天津历史文化研究的各个领域都取得很大进展,研究队伍稳步扩大、研究

方法逐渐成熟,新的资料不断涌现,学术成果出版加速,交流平台日趋活跃,媒体传播益深益广。在这样的背景下,天津历史文化研究要想实现新的突破,学者之间的一般性交流合作显然已经受到局限,相关学科、组织和平台之间的大合作大交流以及对不同研究领域进行科学化、系统化、理论化整合已经势在必行,加速建设“天津学”的时机已然瓜熟蒂落。

2023年岁末举办的第一届天津学年会,以及基于年会编纂而成的《天津学》集刊,将标志着“天津学”举旗树帜,天津历史文化研究进入新阶段。也希望《天津学》能成为“天津学”研究的重要平台,见证“天津学”的发展。

2024年6月30日于津沽

第一届天津学年会文章目录

（按作者姓名音序排列，83 篇）

陈　鑫：南开大学八里台校区启用一百周年的意义——大学与城市的双向赋能

陈元祯：也谈“3 月 23 日”和中国首份《邮政公告》——与刘广实先生商榷并回顾中国近代邮政史两个重要史实

成淑君：天津福星面粉公司

董欣妍：大运河天津段的前世今生

方　博：当七夕遇上年画

高　伟：《商盐坨图》讲了什么故事

葛培林：查慎行诗文纪天津

韩吉辰：天津曾有座“大观园”——运河名园水西庄园建园三百周年

何德骞：爱国企业家赵雁秋

洪卫国、魏　巍：津海关洋员与中国早期现代化

侯福志：武清运河村庄史文化浅说

胡艳杰：散落天津的“南州书楼”藏书

井振武：留美幼童祖孙三代的津沽情缘

李佳阳：明代岁贡生于道行及其家族考

李琦琳：陆文郁、陆文辅清末民初社会活动补遗

李　云：中西文论互鉴中对传统的突破——从张惠言《水调歌头》五首比

较叶嘉莹与缪钺的说词方法

林海清:《醉茶志怪》与运河文化

刘　昉:安幸生烈士生平事迹及其对天津革命运动的贡献——纪念天津总工会第一任委员长诞辰 120 周年

刘凤华:华资制革业的翘楚——华北制革厂

刘国有:弓仲韬在北洋法政学堂

刘景周:宝辇　浓郁的沽水风情

刘新颖:推动地方文化高质量发展的实践探索——以天津市“问津书院”为例

刘宗江:杨柳青崇文书院初考

卢永琇:上海美专学生王卓艺术轨迹考

吕　明:天津新文艺出版物的开创和引领——短暂存在的天津人民艺术出版社图书出版珍稀版本记述

孟　国:“三级跳坑”

倪斯霆:中国大戏院:“华北第一摩登剧场”

欧阳康:南开大学百树村历史考

齐　珏:花园路 10 号原主人庄乐峰:奉行“勤朴忠诚”的耀华精神

仇润喜:天津民信局始末

曲振明:天津近代商业发展史初探

任吉东:强强联合、业界翘楚的丹华火柴公司

任云兰:加快推进天津长城文化保护传承利用研究

尚　洁:喜庆浓烈异彩纷呈的津门年俗

史煜涵:南京路上的红色往事

宋文彬:百年诗心——写在叶嘉莹先生期颐大庆之际

宋文娟:津门才女刘梅真影抄《李丞相诗集》考述

谭汝为:俏皮话窝子天津卫

田晓东:郑虎文《查封母王太恭人墓志铭》浅释

涂小元:浅析晚清时期基督教会学校对天津传统教育和近代教育的影响

万鲁建:建筑无辜人有愧:徐树强旧居

王立香、宋健:番禺张维屏与宝坻李光庭交游考

王　丽:天津克明料器厂

王庆安:黄河文化、运河文化、海河文化及遗产之滥觞地——曹操开凿平虏渠考

王若然、青木信夫、徐苏斌:近代天津的公共卫生——英国影响下的流变与承续

王铁柱、阮洪臣:良好家风家训的精神家园——宝坻

王雅明:汉沽非遗略述

王　垚:津门通俗美术出版荣耀六十载——回眸首届全国连环画评奖上的天津力量

王中良:明朝建卫之前的天津画像

王宗征:评剧改革和创新的先行者——津门山霞社女班主刘翠霞

魏淑赟:春合体育用品制造厂的兴衰

魏暑临:识得读书真理在——吴玉如与南开的因缘

吴裕成:津门第一进士与第一岁贡

杨　军:原东莱银行大楼:著名民营银行代表

杨　楠:永明油漆厂

叶修成:宋宗元的治水方案

尹树鹏:北辰人主持了天津抗战前夕的学生军训

尹忠田:民国时期天津第一妇女补习学校

由国庆:探觅天津早点的“低调”美味

元　伟、胡丽娜:《春泉闻见录》作者刘寿眉考

张　诚:南运河下游疏浚工程始末

张　弛:天津造胰公司的“黑色肥皂”保卫战

张红侠:天津与淮扬——大运河与南北文化沟通融合的例证

张洪伟、眭钰璨:“五四”时期天津学生报刊的爱国宣传

张　辉:1964,天津电建扬名全国

张金声:清朝儒臣廉兆纶

张奎文:为了忘却的纪念——纪念“急先锋的女子”觉悟社创始人之一张

若名诞辰 121 周年

张兰普:五四新文化运动与南开大学早期校园文化之互动——1919—1937 年南开大学校园诗歌及其作者略述

张立巍:天津南敏排球队

张绍祖:周家食堂始末

张铁荣:看风景的寻梦人——诗人卞之琳与天津往事

张晓丹:天后宫祭祀供品

章用秀:郡新地古　多彩精致——简述天津工艺美术的创意与发展

赵　华:奇异"女书"扎根天津汉沽

赵进杰:问津书院的"寿苏会"

周　持、刘　阳:试论天津市河海文化体系的构建及其意义

周春召:穆旦家族与宝坻的渊源

周贵麟:周汝昌与黄裳的同窗之谊

周利成:骆玉笙偷艺

周梦媛:八一礼堂的前身

周长庚:周汝昌与海下文化

周醉天:芦台煤河船闸保护纪实

邹　宇:天津早期革命运动中的谌志笃

第一届天津学年会征稿启事

新世纪以来,天津历史文化研究日益活跃。为促进天津历史文化研究信息和成果的交流与传播,天津社会科学院历史研究所、天津师范大学地方文献研究中心、天津市问津书院,定于 2023 年 12 月 30 日举办第一届天津学年会,欢迎各界学人积极支持和参与。现将有关事项与要求通告如下:

1. 参会者除特邀嘉宾自主决定之外,须提交 2023 年度发表的文章 1 篇,内容与天津历史文化相关,要求具有学术性和原创性,长度一般不超过 1 万字。请在文末详注所发表的载体、期数(含总期数)、日期、页码等,报纸并请注明版序和版名。文章最末请用括号注明作者工作单位、所在学术团体或者学术身份。

2. 发表文章的载体必须具备下列条件之一:①有正式刊号的期刊或报纸;②有正式书号的独立或连续出版物;③在全市性乃至全国性学术会议上交流过的论文(如收入内部论文集敬请注明编印单位、日期和页码);④天津市级相关专业部门(文史研究馆、政协文史部门、党史研究部门、史志编纂部门、档案编研部门、文物文献收藏部门)审核编印的非正式出版物。

3. 文章内容不得违反政策法律和损害公序良俗,发表文章的印刷品如列入保密范畴或仅供内部研究者谢绝提交。

4. 参会文章请以电子文本形式提交,在 12 月 20 日前发送至电子邮箱:wodejingxinzhai@ sina. com(万鲁建)。文件名请统一设置为"作者姓名:文章题目"格式,文章题目含副标题,如"王振良:镜头中的记忆和屈辱——费利斯·

比特及其在天津的军事摄影活动”。纸质文本一律不接纳。

5. 电子文本提交前请仔细与刊出的纸质文本核对,确保两个文本完全相同。除错字外内容上一律不作修改;注释请统一为脚注,序列号使用①②③……参考文献则统一置于文后,序列号使用[1][2][3]……

6. 文稿正文请统一为小四号宋体,小标题为小四号黑体,前后各空一行。正文行距设置为1.5倍。文章主标题用二号黑体,副标题用小四号仿宋,署名用小四号楷体,三者均置于文首正中。

7. 参会文章经由编委会遴选,将结集为《天津学》年刊,于2024年公开出版。文章发表时配发照片的,请同时提交至邮箱,照片说明文设置为文件名;配发照片含有顺序的,请在文件名中用01、02、03区别;发表时无照片的,不再另行配发。

8. 结集文章均不支付任何形式报酬,每位作者送样书一册以为纪念。

9. 以上所述各类事项会议主办单位拥有最终解释权。

感谢天津学人对天津历史文化研究的关注和支持!

天津社会科学院历史研究所

天津师范大学地方文献研究中心

天津市问津书院

2023年11月18日

编后记

1949 年中华人民共和国成立后,“京津沪”作为固定的语料组合,很长时间里都是高频词汇。然而进入 21 世纪,天津与作为政治中心的北京、作为经济中心的上海之间,各方面距离都在逐渐拉大,所谓“京津沪”几成历史名词。

在城市史研究和城市学建构方面,天津与北京、上海则有着更为明显的鸿沟。1986 年,华东师范大学教授陈旭麓在《上海大学学报》社会科学版发表《上海学刍议》,首次从学理上界定了上海学概念;同年,上海大学成立上海学研究所并举行首届上海学研讨会,正式拉开上海学建设序幕。1994 年,北京大学教授陈平原在《北京日报》发表《“北京学”》短文,提出“关注以北京为代表的都市建设、都市生活、都市文化以及都市书写”,又揭开北京学研究新篇章。在上海与北京学界的积极倡导和实践下,三四十年来上海学、北京学研究突飞猛进,而建设天津学的呼吁却声响极微。

2013 年,天津社会科学院历史研究所任吉东在《理论与现代化》发表文章,题目是《史以载道 学以致用:天津史研究与天津学筹创》,公开提出“天津学”概念并予以阐述。文章指出,新世纪以来天津史研究科研队伍、学科资料、学术成果等方面的发展,为天津学研究的开展奠定了良好基础,而且天津作为历史文化悠久、发展脉络清晰的知名城市具备建立天津学的条件,适时开展天津学研究既是对历史的总结和提炼,也是对未来的指引和蕴势,两者结合能够更好地起到鉴史资治、明史辅政的功用。针对天津学的特色功用和创建途径,文中也提出了理论观点和框架设想。

从2013年天津学倡议提出,至2023年又过去十年时间,天津历史文化研究的各个领域都取得很大进展——研究队伍稳步扩大、资料挖掘不断推进、学术成果出版加速、交流平台日趋活跃、媒体传播益深益广……在这样的背景下,天津历史文化研究要想实现升级,学者之间的一般性交流合作显然已经受到局限,相关学科、组织和平台之间的大合作大交流以及对不同研究领域进行科学化、系统化、理论化整合已经势在必行,加速建设天津学的时机已然瓜熟蒂落。正是在这样的背景下,2023年12月30日,天津师范大学地方文献研究中心和天津社会科学院历史研究所合作举办第一届天津学年会,标志着天津学经过多年酝酿终于举旗树帜,或可视作天津历史文化研究进入新阶段的重要标志。

在第一届天津学年会上,交流各自研究成果之外,针对天津学的概念界定、研究重点、理论方法及未来发展等话题,进行了广泛探讨并达成初步共识。与会学者尤其寄望有关各方深度合作,共赢发展,构筑天津学持续科学发展的基础,从而使天津学研究在立足天津基础上,能够走向全国进而走向世界。

我们倡导天津学理念,并非说过去研究一片空白,而是既有研究已达到相当水平,如果没有更高理念来引领,要想实现新的蝶变非常困难。因此天津学研究之倡导,更大意义是通过搭建高水平开放式平台,促进各路研究力量的沟通与统合。在这个平台上,不同专业可以自由交流,取长补短,相互支撑,通过对各自专业视野之外的瞭望,以捕获新鲜的刺激和意外的灵感。天津学年会和《天津学》集刊,就是我们期待的这样的平台——至于能否实现初衷,尚需时间加以检验。

我们倡导天津学理念,还有个很大的学术风险。虽然在建设天津学的必要性上,各方面很容易即达成共识,但天津学概念的内涵和外延有哪些?天津学建设的远景目标是什么?通过哪些路径和方法来实现?我们相信在较长时期内,这些问题都会公说婆说,难以达成一致意见。然反观上海学和北京学的实践,至今也未能解决这些根本性问题,这就让我们有了树帜之勇气——天津学的旗子,不妨先行扯起来,在研究中完善,在争鸣中前行。

任何研究都是一个学术过程,有起点而没有终点,虽然大多时候起点也是象征性的。或谓万事开头难,并不是真的很难,是我们习惯于瞻前顾后,无论当事人还是旁观者,总在力求一种完美,但现实当然是无法完美,于是也就永远开不了头。第一届天津学年会，就算是个不完美的开头，虽然这个开头有些仓促、有些生硬，而且还有些低调……

这册《天津学》发刊号的编辑，主要由我的同事杨鹏老师操持，编竟交稿已近三个月，这篇编后记也断续地写了近三个月，其间除冗事丛杂之外，更多的是思路磕磕绊绊，不知该说些什么和怎样说。如今出版日期迫近，已经不容我继续拖延，因此趁国庆假期勉还此债。其间拉杂随性，言难尽意也。

最后，要特别感谢天津文史界耆宿罗澍伟先生，他在百忙之中为本书拨冗题签，让《天津学》发刊号有了特殊纪念意义！

王振良

甲辰寒露前夕于沽上未知止斋